깜장 병아리 '빼떼기'의 눈물겨운 일생!

동화작가 권정생 10주기 추모 그림책
화가 김환영이 12년 만에 완성한 역작

권정생 할아버지가 들려주는 보탤 것도 뺄 것도 없는 슬픔의 한 바다.
"어쩌면 우리는 모두가 빼떼기인지 모릅니다." 동화작가 박기범
권정생 세계관을 헤아리며 12년을 준비해 그린 그림. 한국일보
생명의 숙명을 슬프면서도 아름답게 그렸다. 동아일보
전쟁의 아픔과 작은 생명의 소중함, 장애에 대한 차별을 짚는다. 부산일보

● 권정생 문학 그림책 2
빼떼기
권정생 글 | 김환영 그림 | 값 15,000원

토론 주제 전쟁, 장애에 대한 차별

노각 씨네 옥상 꿀벌(별별이웃 01)
조혜란 글·그림 | 값 12,000원

빌딩 숲에서 꿀벌을 키워요!
평범한 노각 씨의 새로운 도전

토론 주제 대안적인 삶, 도시와 자연

아프리카 초콜릿
장선환 글·그림 | 값 12,000원

아프리카 초원에 떨어진 초콜릿 하나가
가져온 동물들의 한바탕 대소동!

토론 주제 자연과 인간의 공존, 동물 보호

우리는 엄마와 딸
정호선 글·그림 | 값 12,000원

사소한 일상에 담긴
모녀간의 가슴 뭉클한 사랑

토론 주제 다양한 가족 형태, 가족 내 역할

www.changbi.com 031-955-3333  Changbi Publishers

국제앰네스티와 공동 작업한 세상에 단 하나뿐인 그림책!

우리가 꿈꾸는 자유

자유에 대한 신념과 철학이 담긴 생생한 명언을 통해 자유의 의미를 알려 줍니다.

글 넬슨 만델라 외 16명 | 그림 로저 멜로 외 18명 | 값 12,000원
* 2016 인천서부교육지원청 추천도서

우리는 모두 소중해요

세계인권선언 30개 조항을 이해하기 쉽고 재미있게 알려 줍니다.

글 국제앰네스티 | 그림 존 버닝햄 외 27명 | 값 12,000원
* 아침독서운동본부 추천도서
* 어린이문화진흥회 선정도서

평등하고 평화로운 세상을 상상하며 인류에게 전하는 강렬한 메시지!

존 레논의 불후의 명곡 〈이매진〉 가사에 아름다운 그림을 더해 국제앰네스티와 공동으로 출판하는 책이에요. 감동으로 가득한 이 책을 보며 평화로운 세상을 상상해 봐요.

글 존 레논 | 그림 장 줄리 | 머리말 요코 오노 레논 | 값 12,000원

이 책들의 인세는 모두 국제앰네스티에 기부됩니다.

사파리 이럴 때 그림책

자라나는 아이들이 일상에서 맞닥뜨리게 되는 다양한 상황을 좋은 글과 아름다운 그림으로 느끼며 이야기해 보세요.

참배려를 알고 싶은 친구에게

상대방의 입장에서 생각해 보는 참배려의 의미!

여자아이와 동물은 같은 곳에서 같이 있었지만 생각이 아주 달랐어요. 둘은 과연 서로의 마음을 잘 알고 있는 걸까요?

글·그림 피오나 로버튼 | 옮김 이정은
값 10,800원

* 허밍턴포스트가 선정한 영국 최고의 어린이책

자신감이 필요한 친구에게

유쾌하고 통쾌한 모험을 통해 자신감을 키워 주는 그림책!

꼬마 원숭이는 밀림에서 가장 키가 작아요. 하지만 작은 키 덕분에 누구보다 크고 멋진 모험을 할 수 있었답니다.

글·그림 마르타 알테스 | 옮김 엄혜숙
값 10,800원

홈페이지 www.safaribook.co.kr | 전화번호 02-2651-6121

문의 02 335 4422 | 가치있는 삶의 동반자

그림책으로 만나는 생애 첫 한국사

그림으로 미리 보고 이야기로 먼저 만나는 술술좔좔 우리 역사!

1권
우리나라의 탄생, 고조선 역사와 단군 신화
맨 처음 우리나라 고조선
이현 글 | 이광익 그림 | 48쪽 | 13000원

2권
부여, 고구려, 백제, 신라, 가야 등장과 건국 신화
따로 또 같이 삼국 탄생
이현 글 | 권문희 그림 | 48쪽 | 13000원

한국사의 즐거운 첫인상을 만들어 주는 책 | 꼭 필요한 역사 지식만 뽑아 담은 책 | 환상적인 그림으로 역사적 상상력을 더해 주는 책

나의 첫 역사책은 고대부터 현대까지 시대별 한국사를 담아 총 25권으로 출간될 예정입니다.

자연의 소중함을 이야기하는 환경 그림 동화책

**북극의 얼음이 녹아 버리면,
북극 동물들의 삶은 어떻게 바뀔까요?**

환경 보호의 중요성을 담은 재밌는 동화로 지구를 지키는 것이 우리 모두의 일임을 아이들 스스로 깨닫게 하는 책

북극곰에게 냉장고를 보내야겠어

김현태 글 | 이범 그림 | 48쪽 | 12,000원

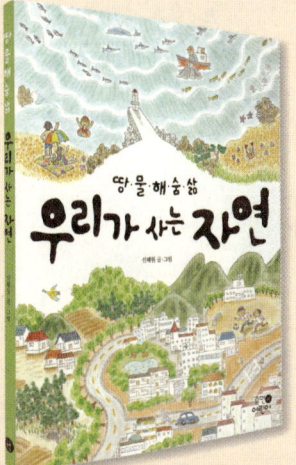

**땅, 물, 해가 있어야 숨을 쉬며 삶을 살 수 있어.
자연과 우리는 하나로 이어진 생명체야.**

어린이가 꼭 알아야 할 자연의 모든 것을 그림에 담아
자연의 원리와 소중함을 알려 주는 내 아이 맞춤형 자연 환경 그림책

우리가 사는 자연

신혜원 글·그림 | 68쪽 | 14,000원

우리 별 지구의 자연 현상을 바라보는
새로운 관점을 길러 주는 최고의 과학 그림책!

|씨드북 똑똑박사 시리즈|

1. 뱀이 하품할 때 지진이 난다고?
2. 붉은 뱀이 사계절을 만든다고?
3. 천둥새의 날갯짓이 바람이라고?
4. 거인의 눈이 태양이라고?

**2017 씨드북 똑똑박사 시리즈
출간 기념 이벤트**

이벤트 1
여섯 종류로 조립 가능하며,
재생 에너지를 직접 체험할 수 있는
교육 완구 '**태양열 장난감 키트**' 증정!

이벤트 2
퀴즈를 맞히며 지식을 쑥쑥 늘릴 수 있는
한정판 똑똑박사 대결 카드 16종 증정!

* 초판 한정 (소진 시까지)

지구의 자연 현상에 대해 신비로운 신화와 과학적 사실을 두루두루 알려 주는 책으로,
지진과 사계절과 바람과 태양에 대해 풍부한 이야깃거리와 지식이 가득 담겨 있습니다.
여느 과학 그림책과는 달리 신화와 과학을 조합해 아이들의 상상력과 지적 호기심을 북돋우고자 합니다.
인문학적 상상력과 다양한 과학 지식을 풍부하게 키워 줄 〈씨드북 똑똑박사〉 시리즈를 지금 만나 보세요!
유다정 지음 | 조은정 그림 | 윤미연 감수 | ISBN 9791160510799 | 값 48,000원(각 권 12,000원)

건강한 꿈을 꾸는 작은 씨앗 씨드북
03997 서울특별시 마포구 월드컵로16길 52-23(서교동 469-34) TEL: 02-739-1666 FAX: 0303-0947-4884

생각을 키우고 마음을 다독이는 봄볕의 따뜻한 그림책

건강한 생각과 따뜻한 감성을 키우는 즐거운 책 읽기의 세계로 초대합니다.

생각 쑥쑥!

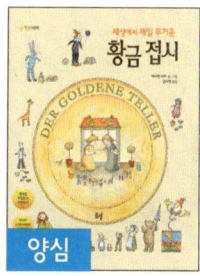
세상에서 가장 무거운 황금접시
잘못을 했을 땐 솔직하게 사과하면 되지요!
버나뎃 와츠 글,그림
김서정 옮김
양심

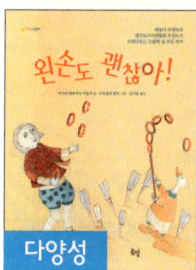
왼손도 괜찮아!
다름과 소수의 의견도 틀린 것이 아니에요.
마리아 테레지아 뢰슬러 글
브루넬라 발디 그림
김서정 옮김
다양성

도시는 어떻게 만들어졌을까?
그림책으로 보는 도시의 흥망성쇠
에릭 바튀 글,그림
박철화 옮김
생태

대단해, 아담!
공연 예술의 가치와, 노동의 가치
에다 라이늘 글,그림
김서정 옮김
권리

평화 마을을 찾아서
모두가 행복하게 살 수 있는 평화 마을은 어디에 있을까요?
상드린 뒤마 루아 글
제롬 페라 그림
박철화 옮김
난민

우리 엄마는 외국인
모습은 달라도 모두가 다 똑같은 엄마에요!
줄리안 무어 글
메일로 소 그림
박철화 옮김
다문화

소원의 나비
가족과 가족이 만나 새 가족이 되었어요!
전윤호 글
지현경 그림
가정

넘어 져도 괜찮아!
상처도 시간이 지나면 재미있는 추억이 되지요.
일란 브렌만 글
이오닛 질베르만 그림
박나경 옮김
극복

우리 할머니
할머니가 아픈 어른들이 모여 사는 새 집으로 이사했어요.
제시카 셰퍼드 글,그림
권규헌 옮김
복지

마음 톡톡톡!

마리의 인형
마음을 나누면 정말로 행복해져요!
루이제 파쇼 글
로저 뒤바젱 그림
우현옥 옮김
행복

꼬마 책도둑
엄마가 오늘 밤에는 어떤 책을 읽어주실까요?
헬렌 도허티 글
토머스 도허티 그림
박철화 옮김
독서

해적 고양이
고양이는 어떻게 '야옹야옹' 울게 되었을까요?
피터 벤틀리 글
짐 필드 그림
김서정 옮김
웃음

마법의 주문
이불을 돌돌돌, 베개를 착착착 재미있게 놀아요!
길선영 글 이은선 그림
놀이

공룡 똥
공룡들이 아무 데나 똥을 싸고 다녀요!
앤드루 윌 글
조엘 드레드미 그림
권규헌 옮김
웃음

비야 놀자!
비 오는 날 엄마와 건이의 행복한 노래
유명금 글,그림
놀이

토토의 큰그림책!
크게 보면, 색다르게 보여요!

나는 나의 주인(381*415mm)
채인선 글 | 안은진 그림

위대한 건축가 무무(387*365mm)
김리라 글·그림

책 읽는 유령 크니기(342*450mm)
벤야민 좀머할더 글·그림 | 루시드 폴 옮김

방귀를 조심해(380*380mm)
로리 코엥 글 | 니콜라 구니 그림 | 바람숲아이 옮김

잘 자, 올빼미야!(380*475mm)
그렉 피졸리 글·그림 | 김경연 옮김

내 동생은 늑대(385*385mm)
에이미 다이크맨 글 | 자카리아 오호라 그림 | 서남희 옮김

독수리와 굴뚝새(381*514mm)
제인 구달 글 | 알렉산더 라이히슈타인 그림
최재천, 김목영 옮김

네가 일등이야!(380*475mm)
그렉 피졸리 글·그림 | 김경연 옮김

수박씨를 삼켰어!(380*475mm)
그렉 피졸리 글·그림 | 김경연 옮김

각 권 60,000원 | 계속 출간됩니다.

토토의 큰그림책 📖 빅북

토토북 그림책을 좋아하는 아이들과 도서관 사서 선생님, 학교 현장에서 아이들을 가르치는 현직 선생님들이 많이 아껴 주신 책을 가려 뽑아 크게 확대해서 제작한 책입니다. 더 큰 책으로 더 가까이 아이와 어른이 함께 교감하며 소통할 수 있어요.

02-332-6255 | www.totobook.com

작은 호기심으로 읽고 토론하는
한림지식그림책 시리즈 목록

달에 가고 싶어요
사다리부터 로켓까지
달에 가는 36가지 방법

어떻게 달에 갈 수 있을까요? 달에 가는 다양한 방법으로 알아보는 달과 지구의 거리 그리고 로켓의 구조와 원리를 세밀하고 매력적인 그림과 함께 만나 보세요.

마쓰오카 도오루 글·그림 | 김경원 옮김 | 40쪽 | 11,000원
ISBN 9788970947945 | KDC 400

주제어 지구, 달, 로켓

나를 끌어당기는 힘, 중력!
나는 왜 무게가 있을까요? 무게와 힘, 중력과 만유인력의 과학적 개념을 쉽고 재미있는 이야기와 예술적인 그림으로 알려 주는 과학 입문 지식그림책입니다.

이케우치 사토루 글 | 스즈키 코지 그림 | 김경원 옮김 | 36쪽 | 11,000원
ISBN 9788970947952 | KDC 400

주제어 무게, 힘, 중력, 만유인력

그 집에 책이 산다
둘둘 말까 꿰맬까 책의 역사

헌책을 모으는 할아버지 그리고 호기심 많은 소년 재율이와 함께 책의 역사, 종이의 발달, 책 형태의 변화, 다양한 제본 방법 등 책에 대한 모든 궁금증을 해결합니다.

이윤민 글·그림 | 40쪽 | 11,000원 | ISBN 9788970948065 | KDC 010

주제어 책, 종이, 책의 역사

학교 가는 길
16개 나라에서 모인 17명 아이들의 학교 가는 길을 통해 세계 곳곳의 독특하고 다양한 문화를 알아보면서 다양성에 대한 이해를 넓힐 수 있습니다.

한태희 글·그림 | 44쪽 | 12,000원 | ISBN 9788970948218 | KDC 980

주제어 학교, 친구, 문화

사람이 뭐예요?
날개도 아가미도 날카로운 발톱도 없지만 자유롭게 하늘과 바다를 누비며 살아가는 사람들! 동물들의 시선으로 사람의 신체, 탄생, 생활 모습 등을 흥미롭게 바라봅니다. 사람이란 뭘까요?

문종훈 글·그림 | 46쪽 | 13,000원 | ISBN 9788970948683 | KDC 400

주제어 인체, 동물, 신체, 탐구

드로잉 탐정단
도서관 책 도둑을 잡아라!

작은 도서관에 그림책이 몽땅 사라졌다! 몽타주, 프리타주, 픽토그램 등 다양한 드로잉 기법을 활용해 범인의 흔적을 쫓는 드로잉 탐정단과 함께 범인을 찾아보세요.

유진 글·그림 | 52쪽 | 13,000원 | ISBN 9788970948713 | KDC 650

주제어 드로잉, 미술, 탐정, 도서관

꼬리가 없어!
다운이와 동물 친구들은 뼈 있는 동물들에게는 대부분 꼬리가 있는데 사람과 코알라에게는 꼬리가 없다는 것을 알게 된다. 뼈 있는 동물 중에 꼬리가 없는 동물이 있는 이유는 무엇일까? 그 이유를 찾으며 꼬리의 다양한 역할과 특징도 배울 수 있다.

이누즈카 노리히사 글 | 오시마 히로코 그림 | 강방화 옮김 | 40쪽 | 11,000원
ISBN 9788970948973 | KDC 490

주제어 꼬리, 동물, 사람, 진화

공룡 엑스레이
어딘가 아픈 공룡들이 병원으로 모인다. 증상을 말하고 엑스레이를 찍는 공룡들. 의사 선생님은 진료 기록 카드를 작성하며 각 공룡에게 알맞은 치료법을 알려 준다. 공룡의 뼈 모양, 생태와 특징에 대해 알 수 있다. 이야기와 유머, 풍부한 정보가 있는 공룡 지식그림책이다.

경혜원 글·그림 | 52쪽 | 13,000원 | ISBN 9788970949635 | KDC 490

주제어 공룡, 병원, 뼈, 엑스레이

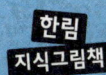

작은 호기심에서 시작된 커다란 발견!
다양한 지식과 이야기로 아이들이 자랍니다.

전화 02-735-7551~4 홈페이지 www.hollym.co.kr

한림출판사 Hollym

아이부터 어른까지
함께 읽고, 생각하는 삶!

가족의 삶

엄마가 만들었어
하세가와 요시후미 글·그림

아빠가 돌아가신 나는 엄마, 누나와 살아요. 그래도 나는 끄떡없어요. 재봉틀로 뭐든 만들어 주는 엄마가 있으니까요. 그런데 학교에서 아빠를 데리고 오래요. 과연 엄마는 아빠도 만들 수 있을까요?

> **생각해요** 다양한 가족의 형태에 대해 이야기해 보아요.

꿈꾸는 삶

발명가 로지의 빛나는 실패작
안드레아 비티 글 | 데이비드 로버츠 그림

발명가가 꿈인 로지는 기발한 발명품들을 선보이지만, 삼촌은 로지를 비웃었어요. 부끄럼쟁이가 된 로지는 할머니를 위해 다시 한번 용기를 내요. 진짜 실패란 '포기'니까요!

> **생각해요** 진짜 실패란 무엇이라고 생각하는지 이야기해 보아요.

놀라운 삶

바다거북, 생명의 여행
스즈키 마모루 글·그림

알에서 깨어난 아기 바다거북들이 바다로 향해요. 하지만 그곳은 목적지가 아니라 머나먼 여행의 출발점이지요. 태평양 2만 킬로미터를 가로지르는 웅장한 여행! 자연의 신비로움과 생명의 숭고함을 느껴요.

> **생각해요** 바다거북을 위해 우리가 할 수 있는 노력은 무엇이 있을까요?

더불어 삶

절반 줘
야마시타 하루오 글 | 초 신타 그림

뜨거운 여름, 토끼와 원숭이의 낚싯대에 엄청난 것이 걸려들었어요! 친구들과 함께 건진 것은 바다예요. 모두의 것으로 정한 바다! 함께 나누는 즐거움을 느껴요.

> **생각해요** 절대로 나눌 수 없는 것은 무엇인가요?

맞서는 삶

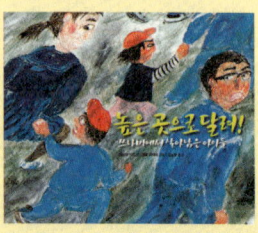

높은 곳으로 달려!
사시다 가즈 글 | 이토 히데오 그림

동일본 대지진에서 마을 사람들을 구한 것은 아이들이었습니다. 아이들은 두려움에 떠는 사람들과 끝까지 함께 달렸습니다. 어떤 순간에도 포기하지 않았을 때 일어나는 기적!

> **생각해요** 나라면 자연재해에서 어떻게 대처했을까요?

좋아서 껴안았는데, 왜?
이현혜 글 | 이효실 그림

준수는 지아가 좋아서 꽉 껴안았는데 지아가 막 화를 내요. 나라 사이의 국경선, 차도와 인도의 구분처럼 사람 사이에도 경계선이 있어서 마음대로 넘으면 안돼요. 경계 존중의 개념과 실천 방법을 담은 책!

생각해요 나와 남을 지키는 방법에 대해 이야기해 보아요.

지키는 삶

첼로, 노래하는 나무
이세 히데코 글 · 그림

할아버지는 나무를 키우고, 아빠는 그 나무로 첼로를 만들고, 소년은 아빠가 만든 첼로를 켭니다. 첼로의 선율에는 작곡가, 연주가, 숲, 비, 새소리 모두가 담겼습니다. 모두를 이어 주는 나무의 노래!

생각해요 사람과 사람을 이어 주는 것으로 무엇이 있을까요?

이어진 삶

모두에게 배웠어
고미 타로 글 · 그림

아이가 고양이를 보고 걷고, 나비를 보고 꽃향기를 맡아요. 아이는 모든 것을 관찰하고, 모두에게 배우지요. 무럭무럭 훌륭하게 자라날 우리 아이들을 위한 고미 타로의 성장 수업!

생각해요 나는 누군가에게 무엇을 배우며 자랐나요?

자라는 삶

위험한 책
존 라이트 글 | 리사 에반스 그림

먼지 하나 없는 도시에 사는 브릭은 책에서 한 번도 본 적 없는 꽃이라는 식물을 봅니다. 그리고 힘겹게 구한 꽃씨와 먼지 한 컵으로 세상에 꽃을 심자고 다짐하지요. 정말로 중요한 것이 무엇인지를 알게 하는 책.

생각해요 책에 담아 보존해야 할 것은 무엇일까요?

책읽는 삶

이럴 때 너라면?
고미 타로 글 · 그림

산에 올라가는 길이 여러 가지일 때, 갓 구운 빵 색깔이 이상할 때! 너라면 어떻게 할래? 재미있는 열세 가지 상황에 답하며 나만의 생각을 다지고 창의력을 길러요.

생각해요 가장 어려웠거나 후회했던 선택이 있나요? 다시 돌아간다면 어떤 선택을 할까요?

철학하는 삶

첫 번째 질문
오사다 히로시 글 | 이세 히데코 그림

나는 나에 대해 얼마나 잘 알까요? 나를 향한 질문에 답을 해 나가며 스스로를 들여다보고 곰곰이 생각하게 하는 아름다운 시 그림책. 나를 알고 세상을 살아가는 힘을 얻습니다.

생각해요 나는 무엇을 할 때 가장 행복한가요?

행복한 삶

Tel 031-955-5242(편집), 5243(영업) Fax 031-622-9413

숲에서
보낸
마법 같은
하루

**2017 랑데르노 문학상
어린이 그림책 부문 수상작!**

**볼로냐 라가치 상 수상 작가
베아트리체 알레마냐의 신작!**

베아트리체 알레마냐 지음 | 이세진 옮김

독특한 상상력과 그녀만의 그림 스타일로 많은 사랑을 받고 있는 베아트리체 알레마냐의 그림책에는 반복되는 서사 구조가 있습니다. 남들과는 어딘가 달라 소외감을 느끼고, 항상 무언가가 부족하다고 생각하는 주인공이 자기 자리를 찾아가 행복과 만족감을 느끼게 된다는 이야기입니다.

『숲에서 보낸 마법 같은 하루』에서 역시 아빠의 부재로 인해 엄마와 단둘이 늘 똑같은 휴일을 보내던 주인공 아이가 비 오는 날 시골 풍경으로 들어가 자연 속에서 느끼게 되는 감정의 변화와 자기 자신을 새롭게 발견하는 과정을 작가만의 섬세하고 감성적인 방식으로 보여줍니다.

1670-1245 | www.mediachangbi.com 미디어창비

청어람아이 2017년 신간 그림책

마당 위 쑥쑥 땅 아래 꿈틀
살아 숨 쉬는 생태마당의 사계절

케이트 메스너 글 · 크리스토퍼 실라스 닐 그림
김희정 옮김 | 56쪽 | 값 12,000원

책을 펼치면 쑥쑥, 꿈틀대는 생명의 합창.
시적인 글과 서정적인 그림 속, 살아 있는 생태계의 현장!
우리에게 자연의 순리와 생명의 소중함을 일깨워 주는 책.

엄마가 너에 대해 책을 쓴다면
**엄마의 사랑이 햇살처럼
아이 마음을 밝히는 아름다운 책**

스테파니 올렌백 글 · 데니스 홈즈 그림
김희정 옮김 | 40쪽 | 값 12,000원

그림 속, 숨은 단어들을 찾아 넘기다 보면
어느새 가슴 깊이 퍼지는 엄마의 뭉클한 사랑.

루나와 나
**세상에서 가장 큰 나무 루나와
숲을 지켜 낸 소녀의 우정 이야기**

제니 수 코스테키-쇼 글 · 그림
김희정 옮김 | 40쪽 | 값 12,000원

숲을 지키려고 나무 위에서 738일을 견딘 용감한 소녀의 감동 실화!
자연과의 약속을 지키고 우정을 나눈 소녀의 이야기를 통해
우리가 지켜야 할 미래환경과 가치를 일깨워 주는 책.

세상의 모든 나무를 사막에 심는다면
**도시의 운명을 바꾼 한 여성 식물학자의
꼿꼿한 나무 사랑 이야기**

H. 조셉 홉킨스 글 · 질 맥엘머리 그림
김희정 옮김 | 32쪽 | 값 12,000원

그저 나무가 좋았던 여자아이가 평생을 바쳐 일궈 낸 푸른 숲과 기적 같은 도시 이야기.
편견과 관습에 굴하지 않고 환경과 가치, 더 나은 미래에 도전했던
19세기의 한 여성 식물학자가 21세기 어린이들에게 보내는 감동의 메시지!

청어람아이

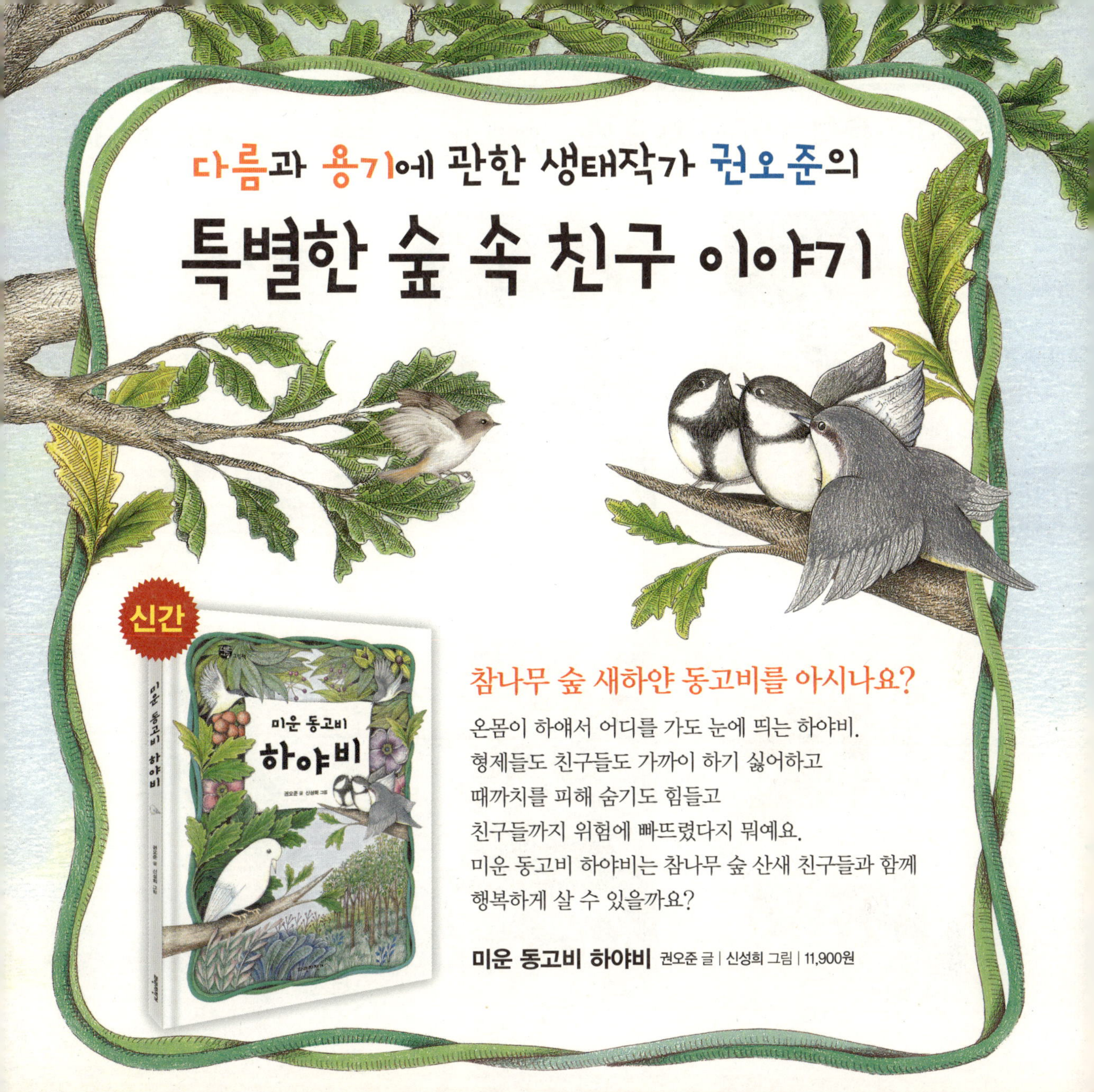
다름과 용기에 관한 생태작가 권오준의
특별한 숲 속 친구 이야기
신간
미운 동고비
하야비
참나무 숲 새하얀 동고비를 아시나요?
온몸이 하얘서 어디를 가도 눈에 띄는 하야비.
형제들도 친구들도 가까이 하기 싫어하고
때까치를 피해 숨기도 힘들고
친구들까지 위험에 빠뜨렸다지 뭐예요.
미운 동고비 하야비는 참나무 숲 산새 친구들과 함께
행복하게 살 수 있을까요?
미운 동고비 하야비 권오준 글 | 신성희 그림 | 11,900원
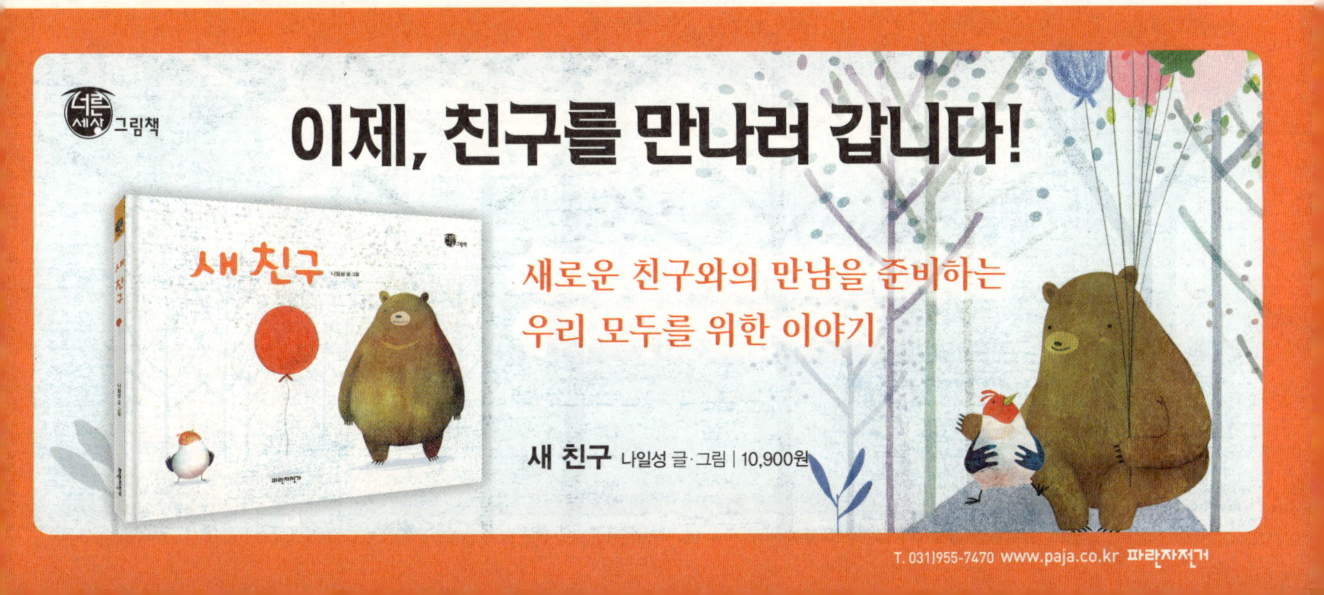
너른세상 그림책
이제, 친구를 만나러 갑니다!
새 친구
새로운 친구와의 만남을 준비하는
우리 모두를 위한 이야기
새 친구 나일성 글·그림 | 10,900원
T. 031)955-7470 www.paja.co.kr 파란자전거

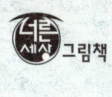

중국 아동문학 100년 대표선

가까운 이웃, 중국. 그들의 삶과 생각을 문학으로 만납니다.

종이 인형
인젠링 지음 | 김명희 옮김

빨간 머리핀
청웨이 지음 | 신영미 옮김

올해 일곱 살
류젠핑 지음 | 유소영 옮김

유머 삼국지
저우루이 지음 | 한운진 옮김

제3군단
장즈루 지음 · 황보경 옮김

날고 싶은 고양이
천보추이 지음 · 황보경 옮김

건냐오의 백합계곡 차오원쉬엔 지음 · 전수정 옮김	너는 내 여동생 펑슈에쥔 지음 · 펑팅 그림 · 유소영 옮김	늑대박쥐 빙보 지음 · 박경숙 옮김
뻔랑은 너무너무 엉뚱해 탕쑤란 지음 · 김순화 옮김	샤오뿌, 어디 가니 쑨여우쥔 지음 · 남해선 옮김	용감하다 꼬끼오 허이 지음 · 두전하 옮김
안녕, 난 위위야 거빙 지음 · 김명희 옮김	사냥꾼을 잡은 여우 진진 지음 · 황보경 옮김	바다 마법서 장자화 지음 · 전수정 옮김
깜빡 깜박이와 투덜 투덜이 런룽룽 지음 · 신영미 옮김	아이완의 수선화 황베이자 지음 · 유소영 옮김	어린 친구들에게 빙신 지음 · 양춘희 옮김
만샨과 치히로 쉐타오 지음 · 전수정 옮김	허수아비 예성타오 지음 · 한운진 옮김	초원의 맹견 헤이허 지음 · 전수정 옮김
여섯 번째 머리카락 창신강 지음 · 전수정 옮김	다음에 다음에 옌원징 지음 · 박경숙 옮김	엄지소 베이동 지음 · 김명희 옮김
나무 인형 우뚜뚜 진보 지음 · 양은선 옮김	마왕 투투 장텐이 지음 · 황보경 옮김	귀뚜라미 싸움 런다린 지음 · 김순화 옮김

BOP Bologna Prize Best Children's Publishers of the Year

2017 볼로냐국제 아동도서전

보림출판사 볼로냐국제아동도서전
《올해 최고의 출판사》 수상

(주)보림출판사 | 경기도 파주시 광인사길 88 (문발동) | TEL 031 955 3456 | FAX 031 955 3500 | www.borimpress.com

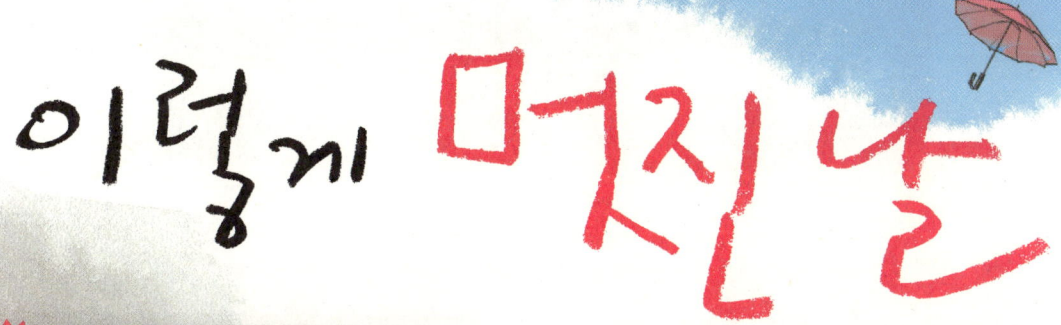

보스턴 글로브 혼 북 명예상, 뉴욕 타임스 우수 그림책 수상
한국인 최초 안데르센 상 최종 후보 **이수지**의 신작

이렇게 멋진 날

**바라보기만 해도
저절로 행복해진다.** —《워싱턴 포스트》

어떤 날씨에도 즐거움을 찾아내는 아이들의
보석 같은 능력을 보여 주는 책 —《커커스》

이 여름, 아이와 함께 읽기에 더할 나위 없이
완벽한 그림책! —《스쿨라이브러리 저널》

한국, 미국, 이탈리아, 중국 동시 출간!

리처드 잭슨 글 | 이수지 그림·옮김 | 40쪽 | 값 12,000원

02)515-2000(내선1)
www.bir.co.kr 비룡소

비룡소의 그림동화 248

★이수지의 그림동화

근간

비룡소의 그림동화 246
선 이수지 글·그림 | 값 15,000원
소녀의 스케이트의 날과 화가의 연필 끝이
만들어 낸 마법 같은 이야기
2017년 11월 출간 예정!

비룡소의 그림동화 204
파도야 놀자 이수지 글·그림 | 값 11,000원
뉴욕 타임스 우수 그림책 선정 도서, 경기도학교도서관
사서협의회 추천 도서, 국립어린이청소년도서관 추천
도서, 동원 책꾸러기 추천 도서, 북스타트 추천 도서,
아침독서 추천 도서, 어린이도서연구회 권장 도서

비룡소의 그림동화 234
아빠, 나한테 물어봐
버나드 와버 글·이수지 그림, 옮김 | 값 15,000원
뉴욕 타임스 우수 그림책 선정 도서, 경기도학교도서
관사서협의회 추천 도서, 아침독서 추천 도서, 한국경
제·예스24 선정 2015 올해의 책

비룡소의 그림동화 209
그림자 놀이 이수지 글·그림 | 값 15,000원
뉴욕 타임스 우수 그림책 선정 도서, 경기문화재단 우수
아동도서, 국립어린이청소년도서관 추천 도서, 동원 책꾸
러기 추천 도서, 어린이도서연구회 권장 도서, 열린어린이
선정 좋은 어린이책, 학교도서관사서협의회 추천 도서

토론 그림책 365
CONTENTS

I. 그림책으로 토론하기

- 028 독서토론, 그림책으로 쉽게 시작하세요 **이윤희**
- 033 천천히 읽고 움직이며 배우는 그림책 이야기 **조승연**
- 038 그림책으로 요모조모 탐험하는 '논다는 것' **박혜미**
- 044 여백과 그림을 마주보며 저마다의 생각을 나눠요 **전윤경**
- 047 그림책 한 조각, 쉼표 한 조각 **류재향**
- 052 그림책으로 질문이 있는 교실을 만들어요 **권현숙**

II. 토론을 위한 좋은 그림책 추천

1. 가족과 삶
- 060 가족 안팎의 얼굴, 소통과 공감
- 065 엄마와 함께
- 069 아빠와 함께
- 072 엄마는, 소리치거나 무시하거나 벌주거나
- 075 형제자매와 남매들의 이야기, 혼자가 좋아?
- 079 노년의 삶, 우리의 미래를 보살핌

2. 꿈꾸는 삶
- 086 어떤 이의 꿈
- 092 꿈을 이루는 의지와 투지
- 094 꿈에 도전하면 얻게 되는 선물
- 099 예술을 위한, 예술에 의한, 예술가의 꿈
- 105 장인의 손에서 살아난 꿈같은 그림
- 107 엉뚱해도 좋아, 상상의 날개 펼치기

권정생 작가의 가슴을 따뜻하게 하는 글,
정승각 작가가 17년간 혼신을 다한 그림의 아름다운 콜라보레이션!

금강산 호랑이

권정생 글 · 정승각 그림 | 값 16,000원

한·일 동시 출간!

아버지의 원수를 갚기 위해 금강산 호랑이에 맞서는 소년 유복이의 성장담!

권정생의 이야기는 언제 들어도 따뜻하다. 마음을 따뜻하게 한다. 옛이야기는 음악 듣기에 비유를 한다. 가만히 몇 번을 들어보았다. 말이 곧 음악이다. 말의 리듬이 있다. 가만히 이야기를 듣고 있으면 말이 음악처럼 마음에 온갖 그림을 풀어 놓는다. 잔잔했던 마음속에 감정의 파도를 일으킨다. 호랑이를 볼 수는 없지만, 마음속으로는 얼마든지 만날 수 있고 느낄 수도 있다. 옛이야기 속 금강산은 언제든 우리 마음속 영혼의 고향과 같이 존재하는 것이다.

이재복_아동문학 평론가

 함께 읽으면 좋은 길벗어린이 권정생 작품

강아지똥 (그림책, 보드북)   노래하는 강아지똥   오소리네 집 꽃밭   아기너구리네 봄맞이   황소 아저씨

길벗어린이   www.gilbutkid.co.kr

3. 놀라운 삶

- 112 돌고 도는 우리들의 삶
- 116 동물의 보금자리 숲, 산, 들
- 121 우리의 문화유산 답사기
- 124 같은 시간 다른 느낌, 시간의 상대성
- 126 더 가까워진 우주
- 129 우리를 끌어당기는 힘, 중력
- 131 자세히 보면 더 놀라운 세상
- 136 일상의 발견, 일상 산책

4. 더불어 삶

- 140 숲을 떠나온 곰
- 142 입장 바꿔 생각을 해봐
- 144 서로 다르기에 더 아름다운 세상
- 148 훌륭한 이웃의 조건
- 153 다양성의 인정
- 158 나와 너가 아닌 우리
- 166 평화의 가치를 묻다
- 168 사라져 가는 것들
- 170 다양한 문화에 관심을 가져요
- 172 우리 모두의 안식처, 숲
- 175 먼저 손 내미는 용기
- 178 새로운 가족의 탄생
- 180 우리 서로 있는 그대로 보고 소통해요
- 182 서로 다른 우리, 손잡고 함께
- 184 노동이 건강한 사회 구성원으로 살아간다는 것
- 187 잠깐 멈추고, 이웃의 이야기를 들어 보세요

5. 맞서는 삶

- 192 국가 폭력이라는 어두운 그림자에 맞서는 작은 용기
- 194 건강한 세상을 만들기 위한 노력
- 199 여전히 끝나지 않은 비극, 전쟁
- 206 자유는 저절로 얻은 것이 아니다
- 208 인생은 칠전팔기
- 210 탈핵 사회로 가는 길
- 212 어린이에게도 권리가 있어
- 214 본연의 모습을 발견하기
- 216 모두가 평등한 사회는 없다
- 218 개발이라는 광기

6. 이어진 삶

- 222 함께 살아남기 위해 선택할 일
- 224 생명을 길러내는 일
- 227 멸종 위기에 대처하는 우리의 자세
- 230 모든 감각을 생태로 이어가야 할 때
- 234 그래도 씨앗은 새싹을 틔우고
- 237 이토록 소중한 물
- 240 사라지는 것에는 이유가 있다
- 243 도시화·산업화가 우리에게 남긴 것
- 246 그렇게 태어난 사람이다
- 248 우리가 정말 너무 몰랐던 모기
- 250 누구나 누는 똥, 어디로 갈까?
- 252 가치를 헤아릴 수 없는 물건들 이야기
- 254 기술의 발전과 예술이 된 기술
- 257 마음을 잇는 약속의 순간들
- 259 먹시 않고 살 수는 없을까?
- 264 옷, 집, 길과 꿀벌로 보는 인류 문명사
- 266 지금을 있게 한 시간에서 온 선물
- 270 삶은 자연과 함께 이어진다

그림책은 혼자 읽는 게 아니라 마음을 나누며 읽는 것이다!

그림책을 고르는 방법부터
대화를 나누는 방법까지-
유아독서교육연구소장 권옥경의
특별한 그림책 읽기

태어나서 만5세까지, 생각을 키우는 그림책 읽기
그림책 읽어주는 시간

권옥경 지음 | 240쪽 | 15,000원

그림책을 읽어주기에 좋은 시간, 아이들에게 독서습관을 만들어주는 방법, 그림책의 다양한 장르 등 그림책을 읽어주기 전에 알아야 할 지침들을 담았다. 그림책을 한 권 한 권 깊이 들여다보면서, 아이의 반응에 대답하며 소통하는 방법, 한 권의 책을 읽고 다른 책으로 독서를 유도하는 방법, 그림책을 시시하게 생각하는 아이에게 소개하면 좋은 책 등 구체적인 노하우를 전한다.

북바이북

북바이북은 한국출판마케팅연구소의
임프린트입니다.
전화 02-336-5675
팩스 02-337-5347

7. 자라는 삶

- 274 몸과 마음이 자라는 아이들
- 278 '나는 누구인가'에 대한 성찰
- 282 기쁨과 슬픔 고르게 마주하며 자라기
- 285 혼자서도 잘해요
- 288 두려움에게 인사하는 법
- 290 마음도 자란다
- 292 역할과 책임에 대한 생각
- 295 이런 지지자만 있다면

8. 책 보는 삶

- 300 책을 통해 만나는 이야기의 힘
- 305 새로운 삶을 여는 책을 만남
- 310 책이 우리에게 들려주는 이야기

9. 생각하는 삶

- 316 나와 다른 생각
- 318 무엇을 어떻게 가졌는가?
- 321 죽음과 삶은 쌍둥이다
- 326 왜 사랑인지 묻는다
- 328 '너' 없는 '나'는 없다
- 330 대상의 본질을 보다
- 332 사람도 역시 동물
- 334 무한을 생각하며 영원을 꿈꾼다
- 336 저마다의 삶
- 338 모두의 아름다운 집
- 340 그 사정의 진짜 이유
- 342 시간과 사건에 대해 몰랐던 이야기

10. 행복한 삶

- 346 행복으로부터 멀어지는 방법
- 348 완벽하면 행복할까?
- 350 스스로 찾아가는 행복의 가치
- 352 행복하기 힘든 조건
- 354 찾기 힘들 만큼 작아도, 찾는다면야 행복
- 356 행운과 불운은 같은 얼굴을 가졌다

- 358 책 이름으로 찾아보기

토론 그림책 365

1판 1쇄 발행	2017년 08월 28일
1판 4쇄 발행	2021년 06월 30일

엮은이	김혜진, 박성희, 박신옥, 이동림 외 학교도서관저널 도서추천위원회
펴낸이	한기호
편집주간	연용호
편집	최문희, 서정원
디자인	오희령
표지그림	오희령
인쇄	예림인쇄
펴낸곳	(주)학교도서관저널
출판등록	제2009-000231호(2009년 10월 15일)
주소	서울시 마포구 동교로 12안길 14 3층
전화	02-322-9677
팩스	02-6918-0818
전자우편	slj@hanmail.net
홈페이지	www.slj.co.kr

ISBN: 978-89-6915-035-6 03020 값 30,000원

잘못 만들어진 책은 구입하신 곳에서 바꾸어 드립니다.

좋은 그림책을 고르는 아주 특별한 기준!
테마 서평집 그림책 365 시리즈

『그림책 365』 『그림책 365 vol.2』
학교도서관저널 도서추천위원회 엮음 | 각 400쪽, 364쪽 | 30,000원

2000년대부터 최근까지 출간된 좋은 그림책을 각각 365권씩 담았습니다.
그림책 읽기에 도움이 될 만한 길잡이 내용도 함께 실었습니다.

아이들에게 어떤 그림책을 읽어 줄까 고민하는 **교사나 부모**,
그림책에 대해 궁금한 점이 많고 깊이 있게 이해하고 싶은 **아이와 어른**,
집, 교실, 도서관 등에서 **그림책을 활용해 다양한 활동을 하고자 하는 사람들**에게 권합니다.

 아이도 어른도 흥미롭게 접할 수 있는 그림책이 가득!
 일상에서 상상으로, 그림책을 주제별로 나눠 폭넓게 소개!
 세계 다양한 나라의 수준 높은 그림책 추천!
 현장의 사서·교사·전문가가 엄선하고 쓴 서평들!
 유치해? 심심해? 가벼워? 그림책에 대한 편견을 지울 책 모음!

02-322-9677
www.slj.co.kr

다시 좋은 그림책들을 모으다가, 요즘 그림책 생각

김혜진 그림책 독립연구자

다시 365권의 그림책이 모였다

2017년, 그림책 분과(학교도서관저널 도서추천위원회)가 또 바빠졌다. 365 시리즈는 매년 만들어지지만 2년 연속 그림책이라니! 작년 『그림책 365 vol.2』를 출간하고 난 뒤 숨 돌리기 무섭게 또 365권의 그림책을 모은 까닭은 무엇일까? 바로 토론 때문이다. 학교 현장에서 토론에 대한 관심은 어느 때보다 높다. 특히 독서토론 열풍은 대단해서 초등학생부터 중·고등학생까지 독서토론 수업을 받아보지 않은 학생은 거의 없을 것이다. 어쨌든 독서토론을 할 때, 중요한 건 어떤 책으로 하는가이다. 다른 토론과는 달리 독서토론은 미리 책을 읽어오지 않으면 토론에 참여하기가 힘들다. 그러니 바로 그 자리에서 읽고 토론할 수 있는 짧은 텍스트가 필요하다는 생각을 하게 된다. 그래서 그림책이다.

그림책은 문학이다

평소에 초등 고학년은 물론 중학년도 그림책 볼 일이 많지 않다. 그렇다고 중·고등학생들이 그림책을 읽을까? 청소년들은 그림책을 만날 일이 거의 없다. 글만 읽을 줄 알면 그림책은 치워지기 마련이다. 그림책의 탄생 자체가 유아를 위한 것이었기 때문이다. 문자 습득이 안 된 아이들을 1차 독자로 해서 탄생한 그림책은 예술 작품이기보다 한글 교육이 목적인 경우가 많았다. 그렇다 해도 그림책의 그림은 이야기를 전달하기 위해 최선을 다한 텍스트라는 것을 기억해야 한다. 그렇게 고민해 온 결과 오늘날 그림책은 어떤 문학보다 다양하고 풍성한 내용과 주제를 담은 텍스트로 급부상하고 있다. '그림인데 문학이라니요?'라고 묻는 이가 있을지 모르겠다. 그렇다. 정보와 지식을 전달하는 그림책 이외에 서사가 있는 모든 그림책은 분명 문학이다. 그저 그림 한 장이 아니라 이야기를 연결하기 위해 연출한 그림들의 연결이기 때문이다. 그러니 그림책을 그림으로만 보지 않기를 바란다.

부쩍 높아진 그림책에 대한 관심

오늘에 와서 그림책에 더 많은 관심이 쏠리는 현상은 어쩌면 예견된 자연스러운 일이다. 태어날 때부터 이미지의 홍수 속에서 살게 되는 아이들은 어지간한 이미지에는 별 감흥이 없다. 그러니 좀 더 아름답고 의미 있는 이미지를 매 순간 업그레이드 된 것으로 만나기를 원한다. 그림책을 만드는 이들만 더 고달파졌다. 이미지만으로 선택받기 위해 얼마나 많은 자료를 준비하고 얼마나 오랜 시간에 걸쳐 습작을 반복해야 하는지 모른다. 그림책 만들기 강좌도 다양해졌다. 예전과 달라진 점은 일러스트레이션 중심의 그림책 강좌에서 이제는 문학가, 디자이너, 편집자들의 참여로 한층 더 심화되었다는 것이다. 초보 그림책 작가 양성은 물론 국제 도서전을 겨냥하는 작가 배출을 위한 강좌도 몇 년째 성행하고 있다. 1, 2년 안에 걸출한 작가를 낸다는 것에 의문이 들지만 이런 추세라면 이미지만 도드라진 책이 아니라 탄탄한 서사의 그림책이 나올 수도 있겠다는 생각도 해본다.

그림책을 안내하는 사람을 양성하는 강좌도 많다. 미술관과 박물관에서 요구되는 그림책 큐레이터, 독서 지도사의 세분화된 형태인 그림책 지도사 등이 그것이다. 제주, 원주, 순천에서 그림책 작가들이 여는 강좌도 있다. 그림책 미술관과 박물관은 물론 그림책만을 전문으로 소개하고 판매하는 작은 서점들도 전국에 걸쳐 생겨나고 있다. 그 서점들 중에는 게스트하우스를 겸하는 곳도 있다. 마찬가지로 그림책 전문 출판사도 많아지는 추세다. 거의 독립출판 수준인 경우도 있지만 독특한 시각의 해외 그림책을 들여온다거나 국내 작가들을 교육하고 발굴하는 그만큼의 안목을 지닌 기획자들이 많아졌다는 의미일 것이다.

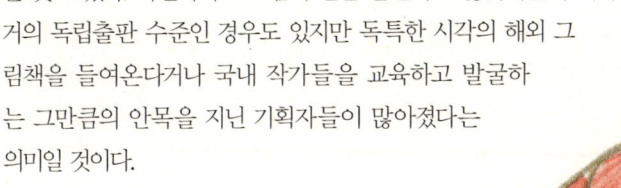

모든 연령이 즐길 수 있는 그림책이 많지만…

그림책을 보는 독자층도 조금씩 변화의 움직임을 보인다. 그림책을 읽기 위해 돈을 쓰는 20~30대가 늘었다는 통계 결과들이 그것이다. 사실 이와 관련해서 아쉬운 부분이 많다. 전체 연령이 모두 함께 즐길 수 있는 그림책이 얼마나 많은데 아직도 이런 정도니 말이다. 그렇더라도 이런저런 저변 확대를 통해 우리나라의 좋은 그림책 작가들의 작품이 출간될 수 있다면 더 바랄 것이 없겠다. 아직은 외국 그림책이 월등하다는 것을 감안하면 우리의 그림책 교육 시스템이 아직은 자리가 덜 잡힌 게 아닌가 싶다. 아름다운 일러스트레이션은 많지만 완성도 높은 그림책에 대해서는 아쉬움이 많다. 작년과 올해에 걸쳐 그림책을 365권씩 고르다 보니 이런 아쉬움은 더 크다.

우리 그림책을 향한 아쉬움과 기대

『그림책 365 vol.2』에서는 되도록 한국 그림책의 분량을 적정선에 맞추려고 했다. 하지만 토론 주제를 도출해야 할 이번 책은 한국의 그림책을 선정하기가 어려울 수밖에 없었다. 이야기의 주제나 완성도를 고려할 때 주제가 선명하지 않으니 그 주제를 따라가는 이야기 그림의 완성도도 기대에 미치지 못했다. '무슨 소린가, 한국 작가들의 그림책이 얼마나 많은데?'라고 항의할 수도 있을 것이다. 많이 나오기는 했다. 그간 후학을 양성하는 일들로 바쁘던 기성 인기 작가들의 책들도 출간되었다. 하지만 기성작가들은 여전히 힘이 너무 많이 들어갔다. 힘 좀 뺐으면 했는데 신인 작가들의 경우엔 너무 힘을 빼서 탈이다. 이야기도 뒷도 없는 아무 이미지 대잔치를 벌이는 책들이 줄줄이 나오고 있으니 말이다. 그림책 안에서 여전히 아이들의 역할이 미진하다. 아이들을 대변하는 주인공 캐릭터 역시 강력하지 않다. 강력한 캐릭터 하나만으로도 이야기의 절반은 완성된다. 서사를 이끄는 이미지 요소들의 배치도 아직 서투르다. 장면 배치도 우왕좌왕이어서 페이지만 많아지는 책들도 있다. 해외 도서전에서 상을 받은 작가들의 후속작도 많이 아쉽다. 그래도 중요한 철학적 주제를 무겁지 않은 터치의 그림으로 세련되게 표현하는 작가들이 하나둘 나오고 있다는 점은 희망적이다.

그림책 비평이 필요한 시기, 좋은 그림책 추천부터
유명 대학 국문과 교수님들은 아동문학에 무슨 비평이 있는가라고 되묻는 마당이지만 이제라도 그림책 비평의 필요성을 주장하고 싶다. 현재 국내에 그림책 비평은 없다고 본다. 가끔 온라인 서점과 일간지에 등장하는 평론들에서는 그림책을 두고 무엇을 말해야 하는지에 대한 혼란스러움만 보인다. 그림책 체험 수기라고나 해야 할까? 올해 평론 강좌가 생겼다고 하니 기다려 보기로 하자. 그들이 그들의 일을 할 때 우리는 토론을 위한 그림책 365권을 추천한다. 문학 그림책이 대부분이지만 과학과 인문 등 지식 그림책도 포함되었다. 지식 그림책이라고는 해도 문학 그림책 이상으로 서사를 지닌 책들이다.

그림책, 감상에서 시작해서 토론으로
그림책으로 하는 토론은 교사에게도 아이들에게도 다양한 시선과 만나게 해 줄 것이다. 그렇다고 그림책처럼 감상 포인트가 풍성한 텍스트를 토론만을 위한 도구로 써서는 안 될 것이다. 우선 감상이 먼저다. 이번에 그림책들을 모으면서 그림책이 들려주는 이야기 속에서 토론할 만한 것을 찾자고 생각하다가 '삶'에 집중했고, 10가지 삶에 관련된 테마를 정했다. 그 10가지 아래에 100여 개의 작은 테마를 나누어 놓았다. 책에 담은 그림책에 대한 정보를 바탕으로 충분히 감상한 후에 토론으로 넘어가 보자. 그림책은 결단코 유아용이 아니다.

주체적으로 생각하고 말하는 능력을 키우는 것이 교육의 중요한 목적으로 부각되면서, 여러 교육 현장에서 토론을 활용한 교육 활동이 고르게 이루어지고 있다. 독서토론도 그중 하나인데, 초·중·고등학교 교실과 도서관에서 다양한 형태로 진행되는 것을 볼 수 있다. 좋은 독서토론 방법이 여럿 있겠지만, 그림책을 활용한 토론을 추천한다. 그 가치와 효과, 진행 방법에 대해서는 다음 글들을 통해 확인하기 바란다. 초·중·고 교육 현장에서 직접 진행했던 선생님들의 깊은 생각과 알찬 노하우들을 참고할 수 있을 것이다.

독서토론, 그림책으로 쉽게 시작하세요
모두가 고르게 참여할 수 있는 교실 속 토론 이끌기   이윤희

천천히 읽고 움직이며 배우는 그림책 이야기
『돼지책』을 활용한 회전목마 토론과 핫시팅 토론 수업   조승연

그림책으로 요모조모 탐험하는 '논다는 것'
『논다는 건 뭘까?』와 연관 지어 다양하게 체험하는 독서토론   박혜미

여백과 그림을 마주보며 저마다의 생각을 나눠요
아이들과 『슈퍼 거북』으로 함께한 그림책 활동   전윤경

그림책 한 조각, 쉼표 한 조각
몸 그림책 만들기 활동과 밤샘독서 그림책 토론   류재향

그림책으로 질문이 있는 교실을 만들어요
사회과 수업에서 실천하는 모둠별 그림책 토론 마당   권현숙

독서토론, 그림책으로 쉽게 시작하세요
모두가 고르게 참여할 수 있는 교실 속 토론 이끌기

이윤희 용인 정평초 사서교사

그림책은 짧은 이야기 속에서 생각거리를 주는 내용이 많아 토론 활동 자료로 많이 활용되고 있다. 그림책을 활용하면 논거를 찾는 데에는 어려움이 따르기도 하지만, 1차시(40분) 안에 토론이 가능하고, 쉬운 글과 그림으로 표현되어 있기에 학급 내에서 대부분 학생들이 이해할 수 있으며 논제의 수준을 달리하면 다양한 학년에 적용할 수 있다.

그림책 선정하기

토론에 활용하기 위한 그림책은 도덕적으로 누구나 똑같은 해답을 가질 법한 내용의 책보다는 다양한 생각을 가질 수 있게 해 주는 것이어야 한다. '예, 아니오' 또는 '옳다, 그르다'라는 대답으로 한정되는 내용의 그림책으로는 활발한 토론을 진행할 수 없다. 또한 토론을 배우기 위한 과정에서 그림책을 활용하고자 한다면, 토론의 형식에 따라 그림책 선정이 달라져야 한다. 찬반 토론을 위한 그림책이라면 찬성과 반대로 적절하게 나눌 수 있는 주제를 가진 그림책을 선정해야 한다. 서로의 의견을 나누기 위한 토의 형식의 활동을 진행하고자 한다면 다양한 아이디어를 제시할 수 있는 주제의 책을 선정해야 한다. 예를 들어, 『나무가 사라진 나라』(후지 마치코 지음)가 나무를 베어 목장을 만들 것인가에 대해 찬성과 반대로 나누어 토론을 할 수 있는 책이라면, 『에헴! 아저씨와 에그! 아줌마』(박미정 지음)는 여성과 남성의 역할에 대해 이야기를 나누어 보면서 양성평등을 위한 다양한 아이디어를 모을 수 있게 하는 책이다.

그림책 읽기

독서토론에서 가장 중요한 것은 토론에 참여하는 학생들이 책을 충분히 읽고 참여해야 한다는 것이다. 긴 내용을 가진 책이라면 참여 대상자에게 읽어 오게 하거나 읽는 시간을 따로 할애해야 하지만, 앞서 말한 것처럼 그림책은 토론 수업 당일에 다 함께 읽을 수 있기 때문에 참여 대상자들 모두가 책을 읽고 참여할 수 있다. 그림책 내용이 초입부터 결론이 지어져 있다면 학생들의 생각에 영향을 줄 수 있기에 뒷이야기를 모르는 상태에서 이야기를 나눌 수 있도록 내용을 적절히 잘라서 활용하면 좋다. 참여 인원만큼 책을 준비할 수 없을 땐 전체 내용을 PPT 자료로 만들어 아이들에게 돌아가면서 소리 내어 책을 읽을 기회를 주면 더 집중하여 책을 읽을 수 있다. 이때 제작한 그림책 PPT 자료를 학교에서 교육 자료로만 사용하는 것이 아니라면 저작권에 위배될 수 있으니 주의해야 한다. 독서토론의 핵심은 책을 읽으면서 문제점을 발견하고 논제를 정하여 함께 의견을 나누는 것이기에 아이들이 책을 읽으면서 스스로 문제점을 발견할 수 있도록 발문하는 시간을 갖는 것이 좋다.

토론 전 약속 정하기

토론 활동을 시작하기 전에는 아이들에게 토론 시 지켜야 할 점을 꼭 알려주고 지키도록 함께 약속한다. 수업을 할 때에는 활동지에 스스로 기록할 수 있도록 하고, 토론 후 자신의 태도를 평가할 수 있는 내용도 활동지에 포함시키면 좋다. 학생들에게 토론 전 논제가 주어졌을 때, 생각하는 시간을 주며 활동지에 기록하게 하는데, 다른 학생들의 생각에 영향을 주지 않도록 서로 이야기를 나누지 못하도록 한다.

> **토론할 때 지켜야 할 약속 다섯 가지**
> 첫째, 책을 꼼꼼히 다 읽기
> 둘째, 다른 사람의 의견을 귀 기울여 듣기
> 셋째, 자신의 의견을 정확하게 표현하기
> 넷째, 논리적인 근거를 말하여 설득하기
> 다섯째, 어떤 의견에도 진지하게 참여하기

초등학생들은 다른 친구의 의견을 귀 기울여 듣는 태도가 부족할 수 있기 때문에 활동지에 다른 친구의 이름과 발표 내용을 기록하는 공간을 만들어 준다. 또한 한 아이가 장난스러운 내용을 말하면 전체 분위기가 흐트러질 수 있기 때문에 의견을 말하기 전에 학생들의 활동지를 미리 봐 두어 미리 주의를 주는 것도 필요하다.

사례 1 다양한 의견을 나누는 독서토론

다양한 아이디어를 생산해 내기 위한 토론 활동을 할 때 가장 많이 활용하는 그림책은 『못된 늑대와 어리석은 양들의 이야기』(클레망 샤베르 지음)이다. 아이들에게 친숙한 양과 늑대가 나오고 그림도 재미있게 표현하여 책을 읽고 의견을 나눌 때 아이들이 재미있게 참여할 수 있다. 책에는 양들이 회의를 하지만 서로의 의견을 무시하는 대목도 있어서 바른 토론 태도를 배울 수 있는 좋은 자료가 된다.

> 책 속 문제점 : 늑대가 와서 양들을 잡아먹는다 + 양들은 서로의 의견을 무시한다

책 속 문제점에 대해 이야기해 본 후 학생들이 '내가 책 속의 양이라면 늑대에게 어떻게 잡아 먹히지 않을 수 있을까?'에 대한 이야기를 나누는 활동을 한다. 가운데 학년 이상의 학생들은 학급 회의를 해 본 경험이 많기에 학급 회의를 하듯이 토론 활동을 하게 하면 좋다. 학급 전체가 회의에 참여하면 발표할 기회가 적기 때문에 참여한 학생이 모두 자신의 의견을 발표할

수 있도록 모둠 활동을 권장한다. 토론 활동을 많이 해본 학생들을 대상으로 한다면, 학생들의 의견을 모아서 논제를 만들어 보는 것도 좋다.

> **논제** : 늑대에게 잡아먹히지 않기 위해 우리가 어떻게 하면 좋을까?

남학생들은 각종 무기를 만들어 늑대를 죽인다는 등 과격한 의견을 많이 발표하는데, 이때 토론 분위기에 영향을 줄 만한 내용이라면 주의를 줘야 한다. 또한 아이들에게 의견을 내는 주체가 '양'이라는 것을 인식시켜 줄 필요가 있는데, 이는 회의 주체들이 실천 가능한 방법을 제시하도록 안내해야 하기 때문이다. 수업 시간이 할애된다면 모둠별로 가장 좋은 의견을 선택한 후, 학급 전체가 다시 회의를 해서 가장 좋은 의견을 가려내 보는 것도 좋다.

사례 2 찬반 토론 1

가장 쉽게 찬반 토론에 활용할 수 있는 그림책이 『나무가 사라진 나라』(후지 마치코 지음)이다. '쫌더 나라(도시)'의 햄버거 사장이 돈을 벌기 위해서는 소를 기를 목장이 필요한데, '쭈욱 나라(농촌)'의 나무를 베어 그곳에 목장을 지으려고 하는 내용을 담고 있다. 낮은 학년의 아이들이라면 대부분 나무를 보호하자는 생각을 가진 경우가 많지만, 높은 학년의 아이들로 갈수록 개발을 해야 경제가 발전할 수 있으니 목장을 만들자는 의견들이 많아져서 활발한 토론이 이뤄진다. 찬반 토론을 할 때, 너무 한쪽 방향을 지지하는 학생들이 많으면 교사가 임의로 찬성 측과 반대 측을 나누어 주는 것이 좋다. 토론 대회에서는 추첨 등을 통해 찬반 입장을 나누기도 하는데, 인원수가 적절하게 배분되면 토론 활동이 활발하게 이루어질 뿐 아니라 찬성으로 생각하던 학생도 반대의 의견을 내기 위해 더 고민하고 조사하면서 다른 의견을 이해하는 태도를 기를 수 있다.

"개발할까? 보호할까?" 독서토론 활동지

> **책 속 문제점** : 햄버거 사장이 나무를 베어 목장을 지으려고 한다

햄버거 사장이 자신의 이익을 위해 목장을 만들려고 하지만 그로 인해 주민들도 돈을 벌 수 있고 살기 편해질 수 있다. '그러면 여러분은 어떤 선택을 할 것인가?'라는 논제를 통해 자신이 '쭈욱 나라'의 주민이라 생각하고 학생들과 토론을 해 본다.

논제 : 나무를 베어 목장을 만들자(개발 하자)

이때 다양한 토론 방법을 적용할 수 있는데, 찬반 토론에는 전반전(입론·반론), 작전타임(숙의시간), 교차 질의, 후반전(재반론, 최종변론)으로 진행되는 '교차 쟁점식 토론'을 많이 활용한다.

〈토론 진행 순서〉

순	단계	활동 내용	시간
1	논제 발표	사회자의 논제 설명 및 진행 안내	5분
2	찬성 측 입론 반대 측 반론	찬성 측 주장 펼치기(3분) 반대 측 반론(1분) – 질의 아님	4분
3	반대 측 입론 찬성 측 반론	반대 측 주장 펼치기(3분) 찬성 측 반론(1분) – 질의 아님	4분
4		작전 타임	3분
5	교차 질의	반대 측 질문 – 찬성 측 응답(2분) 찬성 측 질문 – 반대 측 응답(2분)	4분
6	재반론	찬성 측 반론(2분) 반대 측 반론(2분)	4분
7	최종 변론	반대 입장, 찬성 입장 순으로 각각 2분씩	4분

토론의 형식을 활용하지 않고 자유롭게 찬성과 반대 측으로 나누어 진행할 수도 있는데, 이때에도 발표 시간과 질문 시간에 제한을 주어야 주어진 시간 내에 원활한 토론 활동을 할 수 있다. 토론을 할 때에는 구체적인 근거를 들어 자신의 주장을 이어나가야 하는데, 그림책만으로는 근거를 찾기 충분하지 않기에 아이들에게 개발의 장단점 등 자료를 조사할 수 있는 시간을 주어 더 의미 있는 토론 활동이 될 수 있도록 해야 한다.

찬반 토론 2

찬반 토론은 학급의 모든 인원이 토론에 활발히 참여하기 어렵다는 단점이 있다. 소극적인 학생들도 참여하게 할 수 있는 방법이 배심원 토론(패널 토론)이다. 토론에 적극적이고 논거를 충분히 가진 학생을 전문가 그룹으로, 소극적인 학생들을 배심원으로 편성하여 진행하는 것이다. 이때 활용할 수 있는 그림책이 『샌지와 빵집 주인』(로빈 자네스 지음)과 『늑대가 들려주는 아기돼지 삼형제 이야기』(존 셰스카 지음)이다. 『샌지와 빵집 주인』은 여행하던 주인공 샌지가 숙소에서 빵집에서 올라오는 냄새를 기계로 맡다가, 빵 냄새 값을 달라는 빵집 주인에 의해 재판장까지 가게 되는 내용이다. 『늑대가 들려주는 아기돼지 삼형제 이야기』는 감옥에 들어간 늑대가 늑대의 입장에서 억울함을 호소하는 내용이 담겨 있다. 두 이야기는 재판하는 장면을 적용할 수 있기 때문에 전문가 그룹은 변호사, 검사 등으로 나머지 학생들은 배심원단으로 역할을 정하여 재판하듯이 토론 활동을 진행할 수 있다. 『샌지와 빵집 주인』으로 배심원 토론을 하고자 한다면, 이 책은 재판의 결과가 통쾌한 장면으로 나오기 때문에 토론을 할 때에는 재판 전 상황까지만 책을 읽도록 한다.

책 속 문제점 : 샌지가 기계로 빵 냄새를 맡아서, 빵집 주인이 빵 냄새 값을 달라고 한다

샌지가 그냥 날아오는 빵 냄새를 맡았다면 다수가 샌지의 편이 되기 때문에 '기계를 만들어 냄새를 맡았다'는 것을 강조해 주어야 한다. 이 활동 내용은 민사재판이라고도 할 수 있어서, 재판의 형식이지만 검사는 없이 전문가 그룹은 샌지 측과 빵집 주인 측의 변호인들의 역할을 해 주면 된다.

논제 : 샌지는 빵집 주인에게 빵 냄새 값을 주어야 한다

"빵 냄새 값을 내야 할까?" 독서토론 활동지

샌지 측과 빵집 주인 측의 변호인들은 '빵 냄새는 값으로 보상할 수 있는 것이 아니다', '샌지가 기계를 이용해 빵 냄새를 맡았기 때문에 빵집 매출에 영향을 주었다' 등의 논거를 들어 주장을 펼쳐야 하는데, 이때 양측 서로에게 주장을 펼치는 것이 아니라 배심원들을 설득해야 한다는 점이 일반 찬반 토론과 다르다고 할 수 있다. 배심원들은 양측 변호인의 주장을 듣고 어느 편을 들어줄 것인지 따로 의견을 나눌 시간을 가진 후 다수결의 방법으로 평결을 내린다.

독서토론을 할 때 가장 중요한 것이 책을 다 읽고 참여하는 것인데, 그림책은 초등학생들이 짧은 시간에 읽고 재미있게 참여할 수 있게 하는 좋은 자료가 되어 준다. 글과 그림 속에 담긴 많은 이야기에 대해 서로의 의견을 나누면서 다양한 시각에서 살펴보고 깊게 생각할 수 있는 토론 시간들을 꾸준히 가진다면, 혼자 책을 읽는 것보다 타인의 마음을 공감하고 바르게 소통하는 방법을 자연스럽게 배울 수 있을 것이다.

천천히 읽고 움직이며 배우는 그림책 이야기
『돼지책』을 활용한 회전목마 토론과 핫시팅 토론 수업

조승연 오산 필봉초 교사

학생과 교사, 모두에게 유용한 그림책

나는 처음 토론 교육을 시작할 때 몇 가지 어려움과 만났다. 첫째, 모든 아이들이 참여하지 못한다. 논리력이 뛰어난 몇몇 아이들이 대표로 토론을 하게 되고, 나머지 아이들은 방관자 역할을 하게 된다. 둘째, 어떤 논제로 해야 할지 몰라 학생들의 흥미가 떨어진다. 실생활 속의 주제로 토론하게 되면, 아이들이 준비할 자료가 부족해서 말싸움으로 번지기 쉽다. 셋째, 교사가 준비할 것이 많다. 학생 입장에서 토론을 처음 접하면 정보를 모아 정리하고, 주장하고 질문하고 반론하고 재반론 하는 등 할일이 많다. 결국 학생들의 부담을 덜기 위해 교사가 논제 선정 및 예시 자료 등 준비할 것이 많아지게 된다.

이를 극복하기 위한 탁월한 방안이 그림책 토론이다. 그림책 토론을 하면 책을 깊게, 여러 번 읽을 수 있다. 행간 사이의 의미나 조사의 의미까지 살펴보게 된다. 그 어느 때보다도 능동적으로 책을 읽게 된다. 또한 학급 전체가 토론에 참여할 수 있다. 학생들은 그림이 있기에, 내용이 어렵지 않기에 그림책 토론 시간을 편안히 여길 수 있다. 실제로 평소 발표를 거의 안한 학생조차 반짝이는 눈빛을 하며 토론에 참여하는 것을 쉽게 볼 수 있다.

교사와 학생의 토론 준비에 대한 부담 또한 적다. 그림책 토론은 별도의 자료 조사 없이 그림책 속의 텍스트를 자료로 삼는다. 즉, 인터넷 검색 없이도 교실 안에서 토론 준비가 충분하다. 마지막으로 그림책 속의 논제는 유행이 없다. 스마트폰 사용이나 화장 등의 논제는 시대에 따라 수요가 달라진다. 이와 달리 대부분의 그림책들이 시대에 구애받지 않는 중요한 가치를 주제로 삼기에 그림책의 논제는 10년 혹은 20년 뒤에도 토론할 가치가 충분하다. 그리하여 그동안 아이들과 나눴던 그림책 토론 활동을 풀어봤다.

토론 활동

가. 회전목마 토론

(1) 토론 준비(1차시)

-그림책 읽기

첫째, 표지를 읽는다. 표지의 그림과 제목만 보고 이야기를 예상해 보는 활동을 해본다. 학생들은 같은 그림을 보고 다르게 해석하게

되고, 자연스레 토론이 벌어진다. 차후 벌어질 토론에 충분한 동기 유발이 된다.
둘째, 그림을 먼저 읽은 뒤에 이야기를 읽는다. 페이지마다 그림과 글이 같이 있다. 그림을 먼저 읽으면 이야기 진행을 예상해 보게 된다. 그림 읽기 이후 글을 읽을 때 학생들은 마치 작가와 대화하는 느낌을 받게 된다.

- 논제 고르기

찬반이 나뉘는 논제를 활용한다. 그림책을 읽을 때 등장인물 사이의 갈등이 있거나, 인물의 내적 갈등이 있는 부분이라면 얼마든지 논제로 만들 수 있다.

<논제의 예시>

제목	출판사	저자	논제
『스갱 아저씨의 염소』	파랑새	알퐁스 도데	블랑께뜨의 탈출은 옳은 선택이다.
『슈퍼 거북』	책읽는곰	유설화	주변의 기대는 꾸물이에게 도움이 되었다.
『100만 번 산 고양이』	비룡소	사노 요코	고양이는 다음에 또 다시 태어나야 한다.

- 말할 내용 준비하기

아이들에게 자신이 말할 내용을 미리 써서 이야기하게 한다. 1분 동안 말할 내용을 글로 쓰면, 생각보다 양이 상당하다. 또한, 상대의 말을 받아 적을 수 있는 종이도 준비하게 한다.

(2) 회전목마 토론(2차시)
- 4분 토론(시간은 교실 여건에 따라 변화 가능하다)

토론 순서	찬성 측	반대 측
1	찬성 측 주장(1분)	
2		반대 측이 찬성 측에게 질문(1분)
3		반대 측 주장(1분)
4	찬성 측이 반대 측에게 질문(1분)	

토론에는 '입증 책임'이 있다. 즉, 자신이 주장한 내용을 자신이 책임진다는 것이다. 대개 사대사 토론이나 그 이상의 토론의 경우는 주장한 사람이 질문을 받지 않는다. 그렇게 되면 주장한 사람이 주장을 끝낸 뒤 토론에 더 이상 집중하지 않게 된다. 따라서 위와 같이 자신이 주장한 내용에 대해 상대가 질문을 하고, 대답을 해야 한다. 그러면 주장하는 사람이 듣는 이의 질문을 고려하여 주장을 준비할 수 있게 된다.

- 자리 배치

방법은 크게 두 가지가 있다. 첫 번째 방법은 의자로 원을 만드는 방법이다. 책상을 벽으로 밀고, 학생들이 의자를 교실 가운데로 가지고 모인다. 안쪽 원 하나, 바깥 원 하나를 만든다. 학

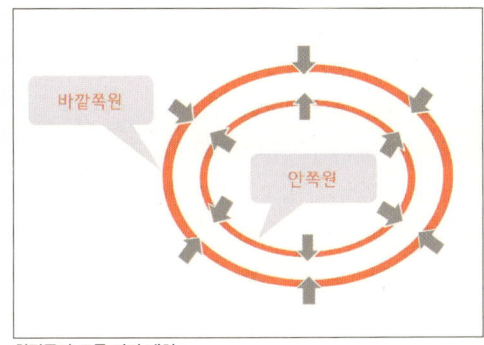
회전목마 토론 자리 배치

회전목마 토론 활동 모습

생들은 서로 일대일로 마주보고 토론하게 된다. 두 번째 방법은 앉은 자리에서 곧바로 하는 방법이다. 자리를 옮길 여유가 없을 때 사용하면 좋다. 짝과 함께 일대일로 토론을 한다.

-짝 교대·찬반 교대

의자를 원으로 만들고 짝을 바꿀 때는 한쪽 원의 학생들은 가만히 있고, 다른 한쪽 원의 친구가 한두 칸씩 옆으로 이동하면 바뀐다. 책상을 그대로 두고 자리를 바꿀 때는 왼쪽이든 오른쪽이든 한쪽의 학생을 한두 칸 씩 뒤로 밀어내기로 교대하면 된다. 4분이면 1번의 토론이 끝나기 때문에 40분 시간동안 최대 9~10번의 토론이 가능하다.

3~4번의 토론이 끝나면 찬성 측과 반대 측이 교대를 한다. 학생들에게 한 가지 논제에 찬반 모두 경험을 하게 해야 한다. 자신과 입장이 반대인 역할로 토론했을 때, 상대방의 입장을 가장 잘 이해하게 된다. 또한 서로 주장하는 입장을 바꿔 보면 토론의 흥미도가 한층 올라간다.

4분간 진행되는 이 토론은 교과 수업 중 활동의 하나로 폭 넓게 사용될 수 있다. 예를 들어 5학년 사회 과목 중 노사 갈등에 관한 수업에서 한쪽은 노동자, 다른 한쪽은 사용자 측에서 4분간 토론을 했다. 이후 입장을 바꾸어 토론해 보니 10분 동안 노동자와 사용자 입장 모두의 편이 되어 보는 시간을 가질 수 있었다.

나. 핫시팅 토론

핫시팅 토론 기법은 교육연극 기법 중 하나이다. 학생들이 텍스트 속 인물이 되어서 서로 대화를 나눈다. 때로는 빈 의자를 두고 그 인물이 있다고 가정하고 질문을 하기도 한다. 역할을 맡은 학생은 텍스트 속의 인물을 연기해야 한다. 역할을 맡은 학생은 그 역할을 최대한 분석하게 된다. 또한 그 역할에 감정을 이입하게 된다. 질문을 하는 학생은 텍스트 속의 인물과 대화하는 경험을 갖게 된다. 『돼지책』(앤서니 브라운 지음)으로 핫시팅 토론 수업을 해 보았다.

(1) 그림책 읽기

『돼지책』을 살펴보면 아버지인 피곳 씨와 아들인 패트릭과 사이먼은 엄마를 가정부 취급한다. 엄마는 직장을 다니며 온갖 집안일은 혼자서 다한다. 어느 날 너무 지친 엄마는 집을 나간다. 피곳과 아들들은 돼지가 된다. 먹는 것도, 청소하는 것도 우왕좌왕 하는 그들은 피곳 부인의 소중함을 알게 된다. 피곳 부인이 돌아오자 이들은 그 동안의 일을 사과하고, 집안일을 함께 한다. 책을 통해 양성평등, 가족 구성원의 역할 등 다양한 주제에 대해 이야기할 수 있다.

(2) 등장인물에게 묻고 싶은 질문 만들기

모둠별로 역할의 수만큼 활동지를 나눠 준다. 별 다른 양식 없이 활용할 수도 있다. 인물별로 각각 한 장에 질문을 적도록 한다. 그 이유는 역할별로 학생들이 모이면, 각 역할에게 질문한 활동지를 모아서 주기 위해서다. 아래의 표는 학생들이 모둠별로 작성한 예시다.

〈역할별 질문 모으기〉

역할	질문
피곳	- 왜 피곳씨는 아내에게 아줌마라고 했나요? - 피곳 부인이 집을 나갔을 때 어떤 기분이었나요? - 부인을 사랑하셨나요? - 아내가 집을 나갔을 때 어떤 점이 힘들었나요? - 아내가 집에 돌아왔을 때 어떤 약속을 하셨나요?
피곳 부인	- 왜 가족들에게 도와달라고 하지 않았나요? - 집을 나갔을 때 어떤 기분이었나요? - 다시 집으로 돌아오게 된 이유는 무엇인가요? - 마지막에 행복한 표정을 지은 이유는 무엇인가요?
사이먼, 패트릭	- 왜 집안일을 도와주지 않았나요? - 엄마가 집을 나갔을 때 어떤 점이 힘들었나요? - 스스로 할 수 있는 집안일로는 어떤 것들이 있나요?

(3) 역할 정하고 토의하기

대표적인 역할은 피곳 씨, 피곳 부인, 사이먼과 패트릭 형제로 나누었다. 학생들이 작성하여 모은 질문지를 각각 맡은 역할에게 전달한다. 각 역할별로 받은 질문을 보고 토의하며 다음 활동 준비를 한다.

(4) 토론하기

아이들을 교실 모서리에 역할별로 서게 한다. 모서리에는 역할 대표가 질문을 받고 답을 한다. 나머지 학생은 자유롭게 다니면서 각 역할에게 질문하고 답을 듣는다. 시간이 지나면 더 이상 질문이 없다는 학생이 나오게 된다. 이런 경우에는 다른 친구들이 하는 질문과 그 답을 듣도록 한다.

핫시팅 토론 자리 배치

핫시팅 토론 활동 모습

역할별 유의할 점

역할 대표 역할 대표는 질문자들에게 질문을 받고 대답을 한다. 답변은 역할 대표만 할 수 있다. 예비 대표와 교대를 했을 경우 질문자 역할을 한다.

예비 대표 역할 대표가 질문하기 대답하기 어려운 질문이 생겼을 때, 혹은 더 좋은 대답을 알고 있을 때 역할 대표 자리에 앉아서 대표 역할을 한다. 10분 이상 혼자서 질문을 받는 것은 초등학생에게 쉽지 않은 일이며, 다양한 학생이 답변할 경우 더 다양한 사고를 촉진할 수 있다.

질문자 자유롭게 다니면서 각 역할 대표에게 질문을 한다. 한 번에 한 가지 질문을 할 수 있다. 같은 역할에 또 다른 질문이 생기면 줄 맨 뒤로 이동하여 차례를 기다린다. 모형 마이크(토킹 스틱)를 든 사람만 이야기할 수 있으며, 질문 뒤 다음 질문자에게 마이크를 넘긴다. 마이크를 두는 이유는 발언권 제한을 함으로써 교실이 소란스럽지 않게 하고, 마이크를 든 학생이 질문에 집중하도록 하기 위해서다.

그림책 수업으로 다 함께 즐기다

우리 반의 한 아이는 평소 수업시간에 집중을 잘 하지 못했다. 대부분의 과목을 공부할 때 그림을 그리거나 손장난을 하곤 했다. 자존감도 낮아 충분히 해낼 수 있는 쉬운 활동도 시작부터 하지 않는 경향이 있었다. 또한 뚱뚱한 외모에 친구들이 자신을 자주 놀리거나 무시한다고 여겼다. 친구들과의 대화도 거의 없었다. 친구들이 놀린다고 등교 거부를 하기도 했다.

그런데 핫시팅 기법을 활용한 수업에 이 아이가 질문을 하기 시작했다. 평소 어두웠던 표정도 온데 간데없이 아주 즐거운 표정을 하며 질문을 한다. 읽었던 그림책을 달라고 하더니 수업을 마치고 난 뒤 쉬는 시간에 다시 책을 읽는다. 못했던 질문이 있었다며 아쉬워한다. 이 아이는 그림책을 여러 번 읽었다. 그림도 자세히 살펴보았다. 평소 어울리지 못했던 친구에게 질문도 하고 답도 들었다. 누구에게 어떤 질문을 할지 즐거운 고민도 했다.

아이가 방과 후 내게 인사를 하며 이런 말을 했다. "선생님, 오늘 『돼지책』 수업 재밌었어요!"

그림책으로 요모조모 탐험하는 '논다는 것'
『논다는 건 뭘까?』와 연관 지어 다양하게 체험하는 독서토론

박혜미 수원 천천고 사서교사

"가끔 공부하다 지칠 때면 어릴 적에 엄마 무릎에 앉아 읽던 그림책이 생각나요."
"글자가 많지 않고 그림이 예쁜 그림책을 보는 것만으로도 마음이 안정돼요."
"아끼는 그림책이 있었는데 이제 다 컸으니 볼 필요 없다고 엄마가 버렸을 때 속상했어요."

청소년 그림책 토론의 첫 수업 때 그림책에 대한 느낌을 물었더니 아이들이 들려준 이야기다. 아이들은 처음으로 접한 책이 그림책이며, 그림책으로 독서에 관심을 갖게 되었다고 했다. 그런데 지금 이들 곁에는 그림책이 없다. 그림책을 여전히 어린이용 책으로 여기기 때문이다. 면밀히 살펴보면 일반 책들과 마찬가지로 그림책도 유아용, 어린이용, 청소년용 및 어른용 등으로 구분된다. 그림이 많이 포함되었다고 해서 모든 그림책이 어린이용인 것은 아니다.

우리 학교도서관에서는 청소년들에게 문제의식을 해결하고 창의적 사고를 돕는 책을 골라 학생들과 함께 그림책 수다를 나눈다. 여러 해 동안 그림책으로 토론해 보니 다양한 긍정적인 효과를 볼 수 있었다. 우선, 학업에 지친 청소년들에게 유년의 기억을 떠오르게 하여 마음에 안정감을 준다. 특히 어린 시절에 읽었던 그림책을 다시 읽게 되었을 때 유년의 상황과 느낌을 긍정적으로 되살리는 경우가 많다. 그리고 그림책의 내용 파악뿐 아니라 그림을 읽는 방법을 터득하게 되어 그림 속에 숨은 이야기나 장치를 알아가는 재미를 느끼게 된다. 또한 아이들이 책을 읽어오지 않아서 독서토론에 장애가 생기는 문제가 없다. 그림책을 현장에서 함께 읽고서 토론 수업이 가능하기 때문이다. 그동안 우리 학생들과 나눈 그림책 토론 수업 가운데 기억에 남아 공유하고 싶은 사례를 소개한다.

『논다는 건 뭘까?』로 함께한 수업

이 책은 스마트폰에 빠져 혼자 놀기에 집중하는 아이들에게 '함께 놀기'에 대한 이야기를 들려준다. 놀이는 함께 노는 다른 친구의 생각을 들으면서 타인을 수용하게 한다. 더 재미있게 놀기 위해 새로운 규칙과 방법을 추가하면서 생각이 넓어지기도 한다. 또한 새로운 것을 알게 되기도 하고, 재미를 좇아 에너지를 맘껏 발산하다 보면 내 앞의 어려움을 극복할 것만 같은 용기를 준다. 여기에 청소년 성장소설 『우리들의 비밀 놀이 연구소』(조유나 지음)와 인문 서적 『논다는 것』(이명석 지음)의 주요 내용을 접목했더니 효과가 배가 되었다.

『우리들의 비밀 놀이 연구소』는 청소년들의 놀이 문화에 대해 연구하는 박사님과 그 연구를 돕기 위해 청소년들의 놀이 행태를 조사하는 주인공 박명수를 중심으로 펼쳐지는 이야기다. 청소년들이 가진 놀이에 대한 고민 상담 과정에서, 경쟁 구도에서 벗어나 서로 도우면서도

『논다는 건 뭘까?』
김용택 지음 | 김진화 그림 | 미세기 | 2016

성취감을 맛보는 방법을 알게 한다.

『논다는 것』은 '오늘 놀아야 내일이 열린다'라는 부제목처럼 놀이가 인생의 축소판임을 잘 알려 준다. 충분히 놀면서 청소년기를 지냈던 저자의 경험담과 놀이에 대한 인문학적 관점을 잘 버무려 성공에 대한 불안이 있는 청소년들에게 해결의 실마리를 제공한다. 수업에 앞서 우선 요즘 청소년들이 느끼는 '논다'라는 행위에 대해 궁금했다. 아이들에게 '논다'의 반대말을 생각해 보게 하니 그들이 가진 '논다'에 대한 생각을 유추할 수 있었다. 아이들은 '논다'의 반대말을 이렇게 내놓았다.

> '논다'의 반대말
> 일하다, 공부하다, 잔다, 아무것도 안 한다, 억지로 한다, 재미없다 불편한 것이다, 불안하다

첫 번째, 생각 열기

공부하는 미덕만 강조되어 '논다'라는 것에 죄의식을 갖게 된 청소년들에게 과연 '논다'라는 건 뭘까? 그림책을 읽기 전에 청소년들의 놀이 실태에 대해 생각해 보는 시간을 가졌다. 총 3 Round에 걸쳐 생각을 확장하도록 이끌었다.

> **준비물**
> 포스트잇(3cm × 1.5cm) : 1인당 7장씩 적되, 1장에 놀이 1가지를 적는다.
> 사인펜 : 모둠원들이 함께 읽을 수 있도록 큰 글씨로, 진한 색깔로 적는다.
> 활동지(B4 또는 A3 크기) : 모둠 테이블 가운데에 놓고 그 위에 포스트잇을 붙인다.

Round 1 아는 놀이, 해 본 놀이, 하고 싶은 놀이

요즘 청소년들이 알고 있는 놀이로는 어떤 것들이 있을까? 또한 해 본 놀이는 무엇일까? 앞으로 해보고 싶은 놀이는 무엇이 있을까? 이를 포스트잇에 적어 활동지에 붙였다.

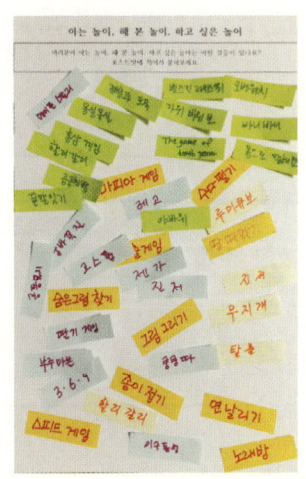

Round 2 혼자 또는 여럿이 즐기는 놀이

좋아하는 것을 여럿이 함께하는 놀이도 있고, 혼자서 하는 놀이도 있다. 여럿이 함께해야 재미있는, 혼자서도 재미있는 놀이에는 무엇이 있을까? Round 1에서 붙였던 포스트잇을 떼어서 Round 2 활동지에 분류하여 붙였다.

Round 3 나의 놀이는 어떤 기능이 있을까?

이명석 저자의 『논다는 것』에는 놀이를 하면서 얻을 수 있는 것들을 다음과 같이 분류하여 소개한다. 아이들이 즐겁게 했던 놀이에는 어떤 기능이 숨어 있을지 생각해 봤다. Round 2에서 붙였던 포스트잇을 떼어서 Round 3 활동지에 분류하여 붙였다. 아이들은 총 3 Round의 과정을 통해 그저 재미있어서 했던 놀이들이 일상의 탈출구일 뿐 아니라 사회에 적응할 수 있도록 돕는 과정이었음을 새삼 알게 되었다.

〈Round 3 활동지 : 나의 놀이는 어떤 기능이 있을까?〉

휴식 쉬지 않고 일만 할 수는 없잖아?	잉여 에너지 소비 몸을 움직여 남은 에너지를 다 써야지.
반복과 모방 우리 선조들이 해 왔던 일을 반복하는 거야.	생활의 준비와 사회적 관계 쉽고 재미있는 놀이로 미래를 준비해.
자기 현실과 마음의 정화 자기를 표현하고 나쁜 욕망을 대리 충족해.	일탈 또는 소망의 충족 장난치고 벗어나면서 꿈을 키워 봐.

두 번째, 그림책 읽기

총 32명의 학생들이 4명씩 8모둠으로 나눠 앉고, 그림책은 프레젠테이션으로 제작해 읽었다. 소그룹의 인원이라면 그림책을 진행자가 읽어 주어도 좋고, 그림책 여러 권을 준비하여 두어 명씩 읽게 해도 좋다.

세 번째, 토론하기

토론에 앞서 자신의 의견이나 생각을 다른 사람이 볼 수 있도록 네임텐트를 만들었다. 네임텐트를 활용하는 방법은 아래와 같다.

네임텐트 활용 방법
- A4 종이를 옆의 그림과 같이 세로로 먼저 접고, 접은 채로 가로로 세 번 접어 삼각기둥 모양의 네임텐트를 만든다.
- 네임텐트를 자기 앞에 놓고 발문에 대한 자신의 생각이나 입장을 적어 공개한다.
- 네임텐트의 한 면에 한 가지 발문에 대한 답을 적고, 그 다음 발문은 새로운 면에 적는다.

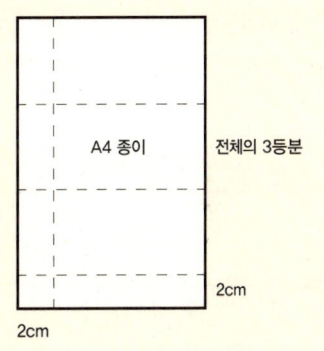

토론 방법
1. 8개의 발문을 B4 또는 A3 크기에 큰 글씨로 출력하여 각 모둠 테이블 가운데에 놓는다.
2. 모둠원들이 각자 자기의 네임텐트와 사인펜 1자루를 들고 모두 일어나 각 테이블 위에 놓인 발문을 읽는다.
3. 각자 토론하고 싶은 발문 테이블을 선택하여 앉는다. 이때 모둠당 4명이 넘지 않게 한다.
4. 구성원이 다 채워지면 1분간 발문을 읽고 네임텐트에 자신의 의견을 적는다. 이때 구구절절 긴 문장으로 적지 않고 핵심어나 간단한 문장으로 적는다.
5. 작성한 네임텐트는 모둠원들이 읽을 수 있는 방향으로 돌려놓는다.
6. 4분 동안 네임텐트에 적은 의견을 바탕으로 모둠원끼리 토론한다.
7. 주어진 시간이 종료되면 다시 토론하고 싶은 발문을 찾아 새로운 모둠을 골라 앉는다.
8. 위와 동일한 방법을 반복하여 모든 발문을 토론한다.

<『논다는 것』 독서활동 발문>

1. 저자는 공부하는 것이 즐거운 친구도 있다고 말합니다. 그런 사람에게는 공부도 놀이가 될 수 있을까요?
2. 여럿이 놀다 보면 서로 생각이 달라서 다툴 때가 있습니다. 그럴 때 여러분은 어떻게 해결하는 편인가요?
3. 숲이나 강 등 자연에서도 놀이를 즐길 수 있습니다. 여러분이 즐거웠던 자연에서의 놀이는 무엇이 있었나요?
4. 강에서 놀면 강을 알게 되고, 숲에서 놀면 숲을 알게 되고, 친구랑 놀다보면 친구를 더 알게 됩니다. 놀다가 새로운 것을 알게 된 경험을 나눠 봅시다.
5. 자꾸 마음이 가는 것, 자꾸 해 보고 싶은 것이 바로 좋아하는 것입니다. 좋아하면 열심히 하고 열심히 하면 잘 할 수 있게 됩니다. 저자는 스스로 좋아하는 것을 찾아보라고 말합니다. 여러분이 관심을 갖고 좋아하는 일에는 무엇이 있나요?
6. 놀다 보면 힘이 쌓이고, 그 힘이 어려움을 이겨 낼 수 있도록 도와줄 수 있습니다. 놀이를 통해 우리가 얻을 수 있는 것은 무엇이 있을까요?
7. 좋아하는 것을 찾으면 더 재미있게 놀 수 있고, 자꾸 해 보고 싶은 것이 내가 좋아하는 것이 되기도 합니다. 여러분이 즐겨 하는 놀이는 무엇이 있나요? 또 그것을 할 때 어떠한 감정을 느끼나요?

내가 좋아하는 놀이	놀이할 때의 감정

8. 『우리들의 비밀 놀이 연구소』에는 청소년들이 놀이를 즐길 때 겪는 고민이 정리되어 있습니다. 여러분은 어떤 고민에 공감이 되나요? 그리고 공감이 되는 이유를 소개해 주세요.

놀 시간 따윈 없어요. 쉬지 않고 공부만 하는데도 만년 2등이라 늘 1등하는 ○○이 너무 미워요. 그래서 나는 여전히 공부하느라 바빠요.	
음악하면 굶어 죽는다는데… 나는 음악이 좋아서 래퍼가 되는 게 꿈인데, 제대로 된 음악 공부 할 시간이 없어 속상해요. 게다가 어른들은 음악하면 굶어 죽는다며 취미로만 하래요.	
덕후질을 하는 나는 잉여인간일까요? 나는 라이트 노벨 읽는 걸 좋아하는데, 어른들은 쓸데없는 것에 관심을 가져서 머리에 똥이 한가득 찼다고 비난해요.	
놀기엔 용돈이 부족해요. 친구들과 놀려면 돈이 필요한데 용돈이 부족해요. 그래서 친구들 모임에 자주 빠지니 소외된 느낌이 들어요.	
남을 괴롭혀야 재미있는 것도 놀이일까요? 다른 사람을 우스꽝스럽게 그림을 그리거나 의도적으로 조롱하는 표현을 해서 즐거운 것도 놀이일까요?	

네 번째, 활동하기 1 : 우리들의 놀이 알림 표지판 만들기

놀면서 느끼는 감정과 놀이가 필요한 이유 그리고 청소년들의 놀 권리에 대해 토론해 봤다. 청소년들에게 놀 시간을 주는 것도 중요하지만 방해받지 않고 안전하게 놀 수 있는 공간이 부족하다는 의견이 많았다. 그래서 청소년들의 놀이 공간을 구분하여 그 것을 알리는 표지판을 만들어 봤다.

청소년 놀이 알림판 학생 작품

'우리들의 놀이 알림 표지판'은 청소년들이 맘껏 놀 수 있는 공간임을 알리는 역할을 한다. 이곳에 들어간 청소년에게는 놀이를 충분히 즐길 수 있는 시간과 공간을 보장해 줘야 한다. 대신 이곳을 이용하는 청소년도 청소년 신분에 벗어나는 행동은 하지 않기로 약속한다. 『논다는 것』에는 외국의 사례를 들어 아이들이 노는 장소임을 알리는 사진이 소개되어 있다. 이것을 응용하여 포스트잇(7.5cm x 7.5cm)과 사인펜을 활용해 청소년 놀이 알림 표지판을 만들었다.

다섯 번째, 활동하기 2 : 청소년 동행카드 사용 예산 짜기

최근 들어 청소년들이 놀이를 즐기기 위해서는 공간뿐 아니라 그에 적절한 돈도 필요하다는 의견이 두텁다. 놀이를 위한 지출만 할 수 있도록 금전적 지원이 있으면 좋겠다는 바람도 많다. 최근 서울시 성북구는 청소년들을 위한 동행카드를 발급했다. 과도한 입시 경쟁에 찌든 청소년들에게 다양한 경험과 놀이를 지원하기 위한 취지로 만들었다고 한다. 동행카드 발급과 관련한 기사를 읽어 보고 아이들이 청소년 동행카드를 발급 받는다면 어떻게 사용할까? 청소년 동행카드를 발급한 취지에 맞도록 상세한 계획을 세우도록 했다.

〈청소년 동행카드 예산 짜기〉

청소년 동행카드 사용 내역(예산)	
항목	지출 금액
총액	100,000원

이 세상의 모든 독서가 그림책을 읽듯, 놀이를 하듯 재미있게 이뤄진다면 얼마나 좋을까? 독서토론을 놀이처럼 즐기기 바라는 마음에 독서수업을 시작할 때 늘 첫 책으로 『논다는 건 뭘까?』를 사용하곤 한다. 지금도 우리는 그림책으로 세상을 바라보는 시선을 키워가고 있다. 그리고 더 많은 이들이 청소년들과 함께하는 그림책 토론을 하길 권한다.

여백과 그림을 마주보며 저마다의 생각을 나눠요
아이들과 『슈퍼 거북』으로 함께한 그림책 활동

전윤경 서울 봉영여중 사서

그림책으로 생각을 나눈다는 것

그림책은 아이들에게 전달하고자 하는 가치를 재미있게 담아낸다. 아이들은 글에 얽매이지 않고 생각과 감정을 그림과 여백에 맘껏 투영할 수도 있다. 또한 그림책은 아이들에게 다양한 궁금증을 만들어내고, 때로는 다른 친구의 이야기를 통해 자신의 생각을 확장해 나갈 수 있도록 돕는 역할을 한다. 그래서 그림책 토론은 아이들에게 일반 토론처럼 부담스럽지 않지만 즐겁고, 때로는 생각이 확장되는 경험을 하는 데에 안성맞춤이다.

그림책 토론 과정 살펴보기

첫 번째, 아이들과 그림책의 교집합 만들기

중학생 아이들에게 그림책으로 토론을 하자고 하면 "저희는 초등학생이 아니라고요!" "유치해요~" 등등 볼멘소리가 쏟아져 나오기 마련이다. 이는 그림책과 자신과의 공통점을 발견하지 못했기 때문일 것이다. 그 공통점을 찾기 위해 '아이들과 그림책의 교집합 만들기'를 한다.

이 활동은 분산된 아이들의 주의를 온전히 그림책으로 모으기 위한 사전 활동이며, 작가를 친근한 이웃처럼 생각하게 할 수 있게 하는 작업이기도 하다. 우선 작가의 사진, 생애, 저작 의도 등을 아이들에게 알려준다. 이름으로만 알던 작가의 얼굴을 보고, 작가의 아픔과 생각을 엿볼 때쯤이면 아이들은 어느새 그림책과 나만의 공통점을 발견하고 책에 쏘옥 빠져든다.

다음으로, 그림책 표지를 보고 이야기를 상상하여 이야기를 구성해 보도록 한다. 저마다 상상한 이야기와 그림책 내용이 얼마나 일치하는지 혹은 다른지에 관심을 가지게 된다면 이야기의 흐름이 못내 궁금해서 아이들이 그림책에 집중할 수밖에 없다.

두 번째, 그림책 함께 읽기

아이들이 그림책에 관심을 보이기 시작했다면 함께 책 읽기에 푹 빠져 보는 과정이 이어진다. 단, 원활한 토론을 위해 책을 읽으며 각자 궁금한 부분이 있다면 잘 기억해 두어야 한다고 사전에 이야기해야 한다.

중학교 3학년 독서동아리 아이들과 함께 『슈퍼 거북』(유설화 지음)을 읽고 토론을 진행했다. 이들은 표지를 보고 『토끼와 거북이』의 뒷이야기 아니냐며 벌써부터 관심을 보이기 시작했다. 『슈퍼 거북』은 거북이를 느리다고 얕본 토끼가 경주에서 지고 난 후의 이야기다. 토끼와의 경주에서 이긴 슈퍼 거북 꾸물이는 동물들을 실망시키고 싶지 않아 진짜 슈퍼 거북이가 되기로 결심하고, 도서관에서 빨라지는 방법에 관한 책을 읽고 연습을 거듭한다. 그 결과, 꾸물이는 세상에서 가장 빠른 진짜 슈퍼 거북이가 돼서 토끼와 두 번째 경주를 하게 된다. 꾸물이의 변화에 주목하며 아이들이 함께 읽었다.

세 번째, 소감과 별점 나누기

『슈퍼 거북』을 읽고 난 뒤에는 아이들 모두가 돌아가며 소감을 1~2분간 나누는 시간을 가졌다. 아이들은 "꾸물이는 바보 같아요. 주위 사람들 때문에 나가기 싫은 경주에 나갔잖아요. 안 나갔으면 놀림 받지 않았

『슈퍼 거북』
유설화 지음 | 책읽는곰 | 2014

을 텐데요.", "자기가 정말 하고 싶던 일을 했다면 꾸물이가 행복했을 것 같아요.", "진짜 슈퍼 거북이가 되기로 결심하고 하루도 빠짐없이 운동을 하는 꾸물이가 대단한 것 같아요.", "남들 때문이라도 진짜 빨라졌으니 꾸물이도 조금은 행복하지 않았을까요?"라고 말한다.

네 번째, WHY 질문 만들기

일본 작가 사이토 다카시는 "세상에는 무리해서 끝까지 책을 읽고도 그 내용을 다른 사람에게 설명하지 못하는 사람이 많다."라고 말하면서 그 이유를 출력을 전제로 머리에 입력하지 않았기 때문이라고 이야기한다. 이러한 이유로 토론을 위한 책 읽기는 일반 책 읽기와는 구별된다고 볼 수 있다. 혼자 읽고 느끼는 것에서 더 나아가, 누군가와 함께 읽고 서로의 생각을 공유할 수 있는 것이 토론의 묘미가 아닐까? 그래서 처음 토론을 하게 되면 아이들은 토론 독서와 일반 독서의 차이점 때문에 종종 혼란스러워하기도 한다. 이때 중요한 것은 '남이 나의 질문을 어떻게 생각할까?'를 고민하지 말고, 단순히 떠오르는 질문부터 무거운 질문까지 어떤 질문이라도 상관없다는 생각으로 질문을 하는 것이다. 질문을 만드는 과정만으로도 좋은 토론이 될 수 있기 때문이다.

그림책 토론의 순서

① 모든 참여자가 1~2분간 그림책을 읽은 소감과 별점 이야기하기
② 3~4명씩 모둠 만들기
③ 모둠원 모두가 질문 2~3가지씩 포스트잇에 작성하기
④ 모둠원의 질문을 모아서 비슷한 질문끼리 묶기
⑤ 모둠 전체에서 나온 질문 중 1~2가지 선정하여 토론하기
⑥ 토론 후 가장 인상 깊었던 말이나 글을 작성하고 발표하기

모둠별로 나온 질문과 선정된 질문을 살펴보면 "타인의 시선을 의식하며 살아가는 것이 옳을까?", "나답게 산다는 건 무엇일까?", "꾸물이는 진정한 슈퍼 거북이 되기 위해 제일 먼저 왜 도서관으로 갔을까?", "만약 내가 꾸물이라면 슈퍼 거북으로 사는 게 행복할까? 아니면 원래 꾸물이로 사는 게 더 행복할까?" 등이다.

비슷한 질문들을 묶고 그중 하나의 질문을 토론 주제로 선정했는데 1조 아이들은 "나답게 산다는 건 뭘까?"를, 2조와 3조 아이들은 "내가 만약 꾸물이라면 슈퍼 거북으로 사는 게 행복할까, 원래의 꾸물이로 사는 게 행복할까?"를 모둠 질문으로 선택하여 토론을 진행했다.

다섯 번째, 브레인라이팅 타임
토론을 진행한 후, 토론 내용 중 가장 기억에 남는 의견이나 소감 한 문장을 활동지에 작성하고 모둠별로 발표하는 시간을 가졌다. "그림책으로 보니까 재미있었어요. 예쁜 그림이 맘에 들어요.", "저도 꾸물이처럼 남들을 의식하며 산다는 생각이 들었어요. 남을 의식한다는 게 다 나쁜 것만은 아니지만 솔직한 제가 되고 싶어요.", "『꽃들에게 희망을』이 떠올랐어요. 남들이 모두 애벌레기둥에 올라가니까 자신이 원하지도 않는데도 애벌레 기둥에 올라가는 호랑나비처럼 남들이 하니까 하는 건 위험한 것 같아요.", "나답게 산다는 것에 책임이 따른다는 말이 가장 기억에 남아요." 등 아이들은 다양한 의견을 쏟아냈다.

"너의 생각도 옳고 나의 생각도 옳아"

그림책을 이용하여 토론을 할 경우, 지도자는 책이 품은 속뜻을 충분히 인식하고 고려해야 한다. 그러기 위해서는 그림책과 관련한 다양한 사이트를 탐색해 보고, 작가에 대해 검색하여 해당 그림책에 내포된 작가의 뜻을 숙지하는 것이 중요하다. 또한 그림책 토론은 디베이트 토론이나 일반 토론과는 달리, 명확한 정답을 요하는 것이 아니라서, 토론 참가자가 큰 부담을 느끼지 않고 책을 접할 수 있다. 그림책 토론은 아이들이 "너의 생각도 옳고 나의 생각도 옳아."라고 하면서 자유로이 이야기를 나눌 수 있는 체험을 할 수 있게 해 주기 때문에 유의미하다.

그림책 한 조각, 쉼표 한 조각
몸 그림책 만들기 활동과 밤샘독서 그림책 토론

류재향 이천고 국어교사

그림책을 들고 수업에 들어가면 아이들 얼굴에는 피식 웃음이 스친다. 아마도 '고등학생에게 그림책이라니, 너무 유치한 거 아냐?' 하는 생각 때문일 것이다. 맞다. 내가 근무하는 학교는 남자아이들만 우글우글하는 남고다. "선생님의 감수성은 남고에 어울리지 않아요!"라는 말을 이 고등학교에 온 첫 해에 들었으니까. 아마도 아이들은 남자 고등학생에게 어울리는 정서가 따로 있다고 생각한 모양이다. 그리고 그에 적합한 대우를 원했던 것 같기도 하다. 그런 아이들에게 나는 일부러라도 그림책을 읽히고 싶다. 그림책이 주는 강렬함 속으로 그들을 초대하고 싶다.

시험이 끝난 후 그림책 읽기를!

2차 지필평가가 끝났다. 방학 전 일주일 정도 남은 이 시간은 그림책 수업을 하기에 딱 좋다. 내가 맡은 아이들은 고3이다. 허걱! 고3인데 수능 준비 안하고 그림책 수업을 한다고? 놀랄 사람도 있겠지만, 대한민국 일반계 고등학교에서 1학기 2차 지필평가가 끝났다는 건 아주 특별한 의미가 있다. 그림책 수업이 아니라 그 무엇이라도 할 수 있다. 아이들을 도서관으로 불러 모았다.

"얘들아, 오늘부터 선생님이랑 그림책 수업을 할 거야."

선생님의 마음을 잘 읽어 주고 응원하는 몇몇 아이들은 "와아!"라고 격려의 환호성을 질렀고, 시험이 끝났으니 쉴 수 있는 시간을 줬으면 하고 생각하는 아이들은 "에이~"라고 실망감을 드러냈다.

"그림책으로 수업한다고 하니까 좀 유치하다는 생각이 들지?"라고 묻자 이구동성으로 "예!"라고 답한다.

"그래, 그럴 거야. 하지만 얘들아, 너희들 19살이잖아. 이제 곧 아빠가 될 거야. 그림책의 세계를 모르고 아빠가 된다면 좋은 아빠가 될 수 없어. 이때가 아니면 영영 너희는 그림책을 만나지 못하게 될지도 몰라."

여기저기서 웃음이 터지기도 하고, 여자 친구를 사귀는 아이들을 향해 의미심장한 미소와 짓궂은 농담을 던지면서 아이들은 선생님의 얘기를 듣는다.

"너희들도 어렸을 때는 그림책 많이 봤지? 근데 그때는 그림책이라는 말보다는 동화책이라는 말을 더 많이 썼을 거야. 그리고 그림은 텍스트를 돕는 보조적인 역할만 했을 거고. 근데 요즘엔 그림으로만 구성된 그림책, 텍스트만큼이나 그림이 중요한 역할을 하는 그림책 들이 많이 출판되고 있어. 어른을 위한 그림책이라는 말을 할 정도로 철학적 깊이가 있는 책들이 많지. 어때? 뭔가 있어 보이지 않니? 선생님과 함께 그림책 수업 속으로 들어가 볼까?"
　이쯤 이야기하고 나면 아이들은 교사의 의도와 수업의 가치에 대해 동의하고 좋은 마음으로 수업에 참여한다.

5살 어린이의 마음으로 돌아가기[1]

바로 그림책을 들고 수업을 시작해도 좋지만, 뻣뻣해진 남자아이들의 마음을 말랑말랑하게 만들어 놓고 싶어서 나는 색종이에 이름 쓰기를 먼저 한다. 탁자에 늘어놓은 갖가지 색종이 중에서 저마다 원하는 색깔의 종이를 한 장씩 가져가, 그 색종이에 소속과 이름을 적는다. 단, 평소에 쓰지 않던 손(오른손을 주로 쓰는 사람은 왼손, 왼손을 주로 쓰는 사람은 오른손)으로 적어야 한다. 불편한 쪽의 손으로 쓰는 글씨는 모든 것에 서툴렀던 어린 시절을 상기하는 데 제격이다. 비뚤비뚤 글씨를 쓰고 난 아이들에게 묻는다.
　"글씨 쓰기가 많이 힘들었지? 몇 살 때로 돌아간 것 같았어?"
　다양한 대답이 나오지만 5~6살 정도를 상기하는 아이들이 많았다.
　"불편한 쪽 손으로 쓰는 글씨는 바로 그 어린 시절, 너희들의 동심을 소환하기 위한 거였어. 자, 다섯 살 아이들아, 그림책을 읽어 볼까?"
　공감대가 형성되고 나면 이런 오글거림도 수용해 주는 것이 착한 우리 아이들이다.

자신을 억눌렀던 금기를 떠올려 토론하기

첫 번째로 읽어 준 책은 『똑똑해지는 약』으로, 약아빠진 메메에게 속아 넘어가는 칠칠이 얘기다. 교사와 아이가 메메와 칠칠이 역을 맡아 함께 읽으면 그 재미가 더 크다. 아이들은 이 이야기를 매우 재밌어 한다. 그 이유가 항문기에 억눌렸던 금기 때문이라는 부연 설명을 하면 아이들은 저절로 고개를 끄덕인다. 이제 좀 전에 이름을 적고 잠시 내려놨던 색종이를 들어 카메라를 접게 한다. 카메라를 접는 것만으로도 아이들은 유치원생이 된 것처럼 즐거워한다. 다 접은 카메라를 들어 눈에 대고 촬영을 한다. 지금 현재를 찍는 것이 아니라, 어릴 적 자신에게 부여됐던 금기들을 떠올려 촬영하는 것이다. 촬영한 장면은 나눠 준 A4 용지에, 불편

『똑똑해지는 약』
마크 서머셋 지음 | 로완 서머셋 그림 |
이순영 옮김 | 북극곰 | 2013

---

[1] 불편한 쪽 손으로 글씨 쓰기와 카메라를 접어 과거의 기억을 떠올리는 활동은 신혜은 교수님(경동대 유아교육과)의 '몸 그림책 만들기' 강의를 듣고 적용한 것이다.

함께 그림책을 읽는 아이들

한 쪽 손으로 그려야 한다. 느릿느릿 꼬불꼬불 힘겹게 그린 그림을 친구들과 공유하며, 어릴 적 금기가 현재의 자신에게 남긴 흔적들을 살피는 시간을 갖는다. 또한 금기는 왜 만들어지고, 누가 만드는 것이며, 금기에 갇히는 사람과 금기를 뛰어넘는 사람은 어떤 삶을 사는지 등에 대해 이야기를 나누다 보면 사회와 개인의 관계, 통제와 저항에 대해 토론의 주제를 넓혀갈 수 있다.

이야기 만들고 토론하기

두 번째로 만난 책은 『공원을 헤엄치는 붉은 물고기』(곤잘로 모우레 글, 알리시아 바렐라 그림)'. 이 책의 특징은 전반부가 모두 그림으로만 구성돼 있다는 점이다. 공원을 산책하는 많은 사람들 중에서 한 사람을 택해 그를 주인공으로 하는 이야기 한 편을 만들어 볼 수 있다. 각자의 상상력으로 자유롭게 이야기를 만든 후, 같은 주인공을 선택한 아이들끼리 모여서 서로의 이야기를 비교해 본다. 아이들은 자신의 머릿속을 들킨 듯 비슷한 이야기에 놀라워하기도 하고, 전혀 다른 이야기 전개에 흥미를 보이기도 한다. 이 그림책의 뒤편에는 작가가 상상한 주인공들의 이야기가 수록돼 있다. 이야기

『공원을 헤엄치는 붉은 물고기』
곤살로 모우레 지음 | 알리시아 바렐라 그림 |
이순영 옮김 | 북극곰 | 2016

만들기가 끝난 후 작가의 이야기를 함께 읽어 보는 것도 재미있다. 이 책으로는 같은 그림을 보고도 서로 다른 상상을 하는 '다름'에 대해서, 책을 읽을 때 저자의 의도대로 읽어야 하는지 독자의 해석과 상상력을 중시하며 읽어야 하는지에 대해서 토론해 볼 수 있다.

위의 수업은 모두 세 시간에 걸쳐서 진행되었다. 토론에 앞서 그림책의 신세계를 경험하게 해 주려는 의도가 컸던 수업이다. 다음의 사례는 그림책을 가지고 아이들 스스로 이야기를 나누고, 논제를 찾아 토론할 수 있는 방법에 대해서다.

밤샘독서에서 그림책 만나기

우리 학교는 매해 1학기를 밤샘독서 행사로 마무리한다. 이름 하여 '책이 빛나는 밤'. 학교도서관 사서선생님이 중심이 되어 이뤄지는 이 행사는, 저녁부터 다음 날 아침까지 책도 읽고 토론도 하고 책장에서 보물찾기도 하면서 그야말로 도서관에서 밤을 새우는 일이다. 놀면서 밤새우기도 힘이 드는 일인데, 아이들은 책을 읽으면서 밤을 새우는 그 어려운 일에 흔쾌히 도전한다. 정말 기특하게도.

<밤샘독서에서 활용한 그림책 목록>

책 제목	글	그림	출판사
『감기 걸린 물고기』	박정섭	박정섭	사계절출판사
『갈색 아침』	프랑크 파블로프	레오니트 시멜코프	휴먼어린이
『꾸다, 드디어 알을 낳다』	줄리 파슈키스	줄리 파슈키스	북극곰
『나는 아직도 아픕니다』	최유정	이홍원	평화를품은책
『난 곰인 채로 있고 싶은데…』	요르크 슈타이너	요르크 뮐러	비룡소
『단추 스프』	오브리 데이비스	오브리 데이비스	국민서관
『매듭을 묶으며』	빌 마틴 주니어 외	테드 랜드	사계절출판사
『무릎 딱지』	샤를로트 문드리크	올리비에 탈레크	한울림어린이
『보이지 않는 아이』	트루디 루드위그	패트리스 바톤	책과콩나무
『블랙 독』	레비 핀폴드	레비 핀폴드	북스토리아이
『빨간 늑대』	마가렛 섀넌	마가렛 섀넌	베틀북
『양철곰』	이기훈	이기훈	리잼
『애너벨의 신기한 털실』	맥 바넷	존 클라센	길벗어린이
『이럴 수 있는 거야?』	페터 쉐소우	페터 쉐소우	비룡소
『애너벨의 신기한 털실』	피터 H. 레이놀즈	피터 H. 레이놀즈	문학동네
『점』	김란주	타니아손	파란자전거

첫 번째, 그림책으로 하는 시작하기[2]

밤샘독서의 첫머리는 아이들이 독서토론에 가까워지도록 돕는 데 할애했다. 두 시간 정도 짧은(?) 시간에 독서토론의 방법과 과정을 안내한다. 이때 역시 그림책이 제격이다. 고등학생들도 흥미를 가지고 읽을 수 있는 그림책. 서사의 힘이 있어서 독서토론하기에 좋은 그림책. 이번 행사에 활용할 그림책을 선택할 때 정한 기준이다.

두 번째, 모둠별로 선택한 책 읽기

우선, 아이들에게 그림책들을 앞에 쭉 늘어놓고 소개를 했다.
 "얘들아 이 책은 '조장된 공포의 실상'을 얘기하고 있어. 관심 있는 모둠은 자세히 읽어 봐. 또 이 책은 '할아버지에게서 손자로 이어지는 인디언의 지혜'에 관한 책이고…"
 짧은 설명만으로도 각 모둠은 자신들의 관심사나 흥미에 따라 함께 읽을 책을 골랐다. 물론 표지 그림이 책을 선택하는 데 큰 역할을 하기도 한다. 선택한 책을 모둠별로 읽을 때 모둠원 모두가 돌아가며 읽거나 목소리 좋은 한 사람이 읽어 주라고 했다. 대신 나머지 친구들은 그림에 주목하면서 텍스트는 귀로만 들었으면 좋겠다고, 텍스트만큼이나 힘이 센 것이 그림이라는 설명도 곁들이면서. 아이들은 생각보다 진지하게 책에 몰입한다. 실제 수업을 해보면 그림책에 대한 아이들의 흥미도가 매우 높다는 걸 알 수 있다.
 책을 읽으면서 혹은 읽고 나서 아이들은 인상 깊은 구절과 이야기 나누고 싶은 주제를 메모

---

[2] '경기도중등독서교육연구회(http://cafe.daum.net/book-read)'의 두 시간 독서토론의 과정을 활용했다.

해야 한다. 이 메모가 토론의 씨앗이 되기 때문이다. 이때도 그림책은 다른 책에 비해 강점을 갖는다. 아이들은 여러 번 책을 뒤적이며 책의 내용을 곱씹고 자신에게 전해진 감동과 메시지를 정리할 수 있기 때문이다.

세 번째, 모둠별 토론과 발표
이제 각 모둠의 사회자가 토론을 이끌어야 한다. 각 모둠의 사회자와 발표자, 기록자, 공감자는 어떤 역할을 담당해야 하는지 바로 이 단계에서 안내를 해야 토론이 원활하게 진행된다. 사회자의 안내에 따라 책에서 느낀 감동과 얻은 생각거리를 가지고 이야기를 나누다 보면 짧은 글과 그림에서 이렇게 풍성한 이야깃거리가 생겨난다는 사실에 아이들은 신기함을 느낀다. 그리고 그림책에 대해 가졌던 편견을 내려놓게 됐다는 아이들도 많다.

　대부분 교사들은 토론의 주제를 본인이 제시해야 한다는 강박을 가지고 있다. 아마도 애써 기획한 수업이 산으로 가는 걸 막아야 한다는 책임감 때문일 것이다. 하지만 그렇게 되면 아이들 입장에서는 스스로 고민하고 자율적으로 선택한 주제가 아니기에 토론에 수동적일 수밖에 없다. 아이들이 책을 읽으면서 떠올렸던 궁금증, 친구들과 이야기 나누고 싶었던 질문들을 모아 놓고 의미와 재미를 두 축으로 하여 모둠의 토론 주제를 정하면 토론은 훨씬 더 흥미롭고 치열하게 진행된다. 또한 아이들 스스로 던진 질문이 논제 정하기의 어려움을 쉽게 해결할 수 있다는 장점도 따른다. 아이들이 토론을 마치고 발표하는 걸 들어보면 교사의 개입 없이도 의도한 주제를 잘 선정하고 이야기를 나눴다는 것을 알 수 있다.

그림책으로 토론하는 아이들

책 한 권을 읽고 독서토론을 하는 것은 멋지고 훌륭한 일이다. 우리는 그런 독서토론을 꿈꾸지만 도전하기가 쉽지 않다. 그에 비해 그림책을 어렵다고 생각하는 사람은 거의 없다. 그림책에서 제시하는 가치는 쉽게 손에 잡힌다. 텍스트에 대한 부담이 없으니 읽고 이야기 나누는 것에 대한 부담도 적어진다. 누구나 말 한마디 정도는 얹어볼 수 있다. 게다가 텍스트가 짧거나 아예 없기도 해서 진도에 쫓기지 않고 수업에 적용할 수 있다. 수업의 목표에 맞는 그림책을 선택해서 활용한다면 수업의 효과를 몇 배로 늘릴 수도 있다. 짧지만 강력한 텍스트와 마음을 몽글몽글하게 만드는 사랑스러운 그림이 자연스레 말문을 트이게 하는 그림책. 그림책을 읽고 토론하는 것 역시 다른 독서토론만큼이나 감동적이고 멋진 일이다.

그림책으로 질문이 있는 교실을 만들어요
사회과 수업에서 실천하는 모둠별 그림책 토론 마당

권현숙 남양주 호평고 사회교사

학생들은 교사들이 생각하는 것보다 훨씬 더 많은 잠재적 능력을 갖고 있다. 그러한 잠재력을 볼 수 있는 교사의 눈이 협소하다는 것을 수년간 토론 수업을 하며 터득하게 되었다. 무한한 가능성을 가진 아이들을 사회 교과서 안에만 가둬 놓고 평가할 수 없다는 것을 깨달았다. 그들의 이야기를 쏟아낼 장(場)을 나의 교실 수업에서 마련해 주고 싶었다. 사회 시간에 그림책으로 발제하고 토의하고 각자의 의견과 주장을 나누는 가운데, 학생들은 웃고 떠들며 자유를 경험한다. 서로 손뼉을 치며 박장대소하고 상대방과 생각이 다를 때에는 진지하게 고민하고 열을 내며 토의할 때도 있다. 질의하고 답변하고 주장하는 가운데 왜 그러한지를 알게 되고 상대를 이해하고 공감하는 사람을 키우는 것이 우리 교육이 추구하는 진정한 의미의 민주시민 교육이 아닐까?

그림책 토론 수업을 하면 좋은 이유

그림책 토론은 각 교과별 교육과정 성취 기준에 부합하는 핵심 개념과 질문에 대하여 주제별로 통합적 접근을 실천할 수 있는 수업 모형이다. 앞으로의 새로운 교육 패러다임은 교과 간 경계를 허물고 기존의 학문 개념을 넘어서는 주제별 접근이 필요한데, 그림책 토론 수업은 이를 실제 수업에서 적용할 수 있는 효과적인 수업 방법이 될 수 있다.

또한 그림책은 아이들에게 철학적 호기심을 가져다 줄 수 있다. 그림책을 같이 읽고 질문을 만들며 추론해 나가는 과정에서 아이들은 사물의 본질이 무엇인지를 파헤치고자 하는 호기심, 자연 현상과 사회 현상의 구분과 연결, 세상과의 확장, 어떠한 현상의 원인과 해결 방법에 대한 탐구 등을 통해 다양한 측면에서의 사고의 확장을 경험할 수 있다.

뿐만 아니라 2015 개정 교육과정이 추구하는 학습자의 핵심 역량을 달성할 수 있다. 글과 그림의 조합으로 새로운 의미를 찾아내는 발제 및 토론 활동을 통해 비판적 사고력, 창의적 사고력을 키울 수 있다. 아이들은 새로운 상황에 대한 다양한 문제 해결력, 타인과 토론하는 과정에서 자기 존중감, 대인관계 능력 및 의사소통 능력도 함양할 수 있게 된다.

토론을 하기 전에

Q. 그림책 선정 기준은 어떻게 정해야 할까요?
통합 사회 교육과정의 핵심 개념과 성취 기준에 근거한 철학적 토론이 가능한 그림책을 선정해야 한다. 즉, 그림책을 읽었을 때 하나의 주제로 선명하게 정의 내릴 수 있는 그림책보다는 여러 측면의 개연성을 가지고 토의하고 추론할 수 있는 열린 토론이 가능한 그림책을 선정하는 것이 좋다.

Q. 모둠별로 그림책을 반드시 구입해야 할까요?
그림책 토론 수업은 아이들이 글과 그림을 자세히 보며 읽을 수 있어야 효과적이다. 책을 자세히 보고 그림을 해석하며 다양하게 접근해야 하므로 가급적 모둠별로 그림책을 주고 수업을 진행하는 것을 권장한다. 각 학교의 교과수업 활동 예산이 책정되어 있으므로 예산 편성 시 도서 구입비(4명당 1권)를 신청하여 구입하도록 한다.

Q. 교사가 그림책을 수업 도입부에서 꼭 읽어 주어야 할까요?
학생이 학급 친구들에게 직접 읽어 줄 수도 있지만 수업 도입 부분에서 책의 서술 방식, 책에 얽힌 특별한 사연, 작가 소개 등 교사가 책에 대해 소개를 하는 것이 좋다. 그림책을 한 장씩 넘기며 자연스럽게 읽어 주면, 학생들은 그림책의 매력에 쉽게 빠져들고 독서에 대한 흥미도 느낄 수 있게 된다.

Q. 아이들이 스스로 질문을 만들 수 있도록 하려면 어떻게 이끌어야 할까요?
교사는 학생들이 토론을 하기 앞서, 질문을 만들 수 있도록 질문의 예시를 한 가지 제시하고 간략히 설명해야 한다. 아이들에게 텍스트, 구성, 그림, 이야기, 인물, 상황 등에 대해 토의해 보고 싶거나 궁금한 점을 어떤 형태의 질문으로도 만들 수 있음을 강조하고 자유로운 수업 분위기를 조성해야 한다. 이때, 교사가 질문의 종류를 상세히 나누거나 질문의 위계 등에 대해 사전에 교수하지 않도록 한다. 교사 입장에서 좋은 질문, 수준 높은 질문을 만들도록 강조하면 학생들은 지레 겁을 먹고 질문을 만드는 것에 부담을 가질 수 있기 때문이다. 따라서 학생들이 용감하게 다양한 형태의 질문을 만들 수 있도록 독려해 주는 것이 좋다.

토론 과정 살펴보기

① 사전 준비	·그림책 선정 및 모둠별 도서 구입하기
② 그림책 발제 토론 수업(1차시)	·교사의 스토리텔링/그림책 읽기 ·개별 질문 만들기 ·모둠별 대표 질문 선정 토의하기 ·전체 토의하기 : 질문을 만든 원인 및 선정 이유 발표, 토의하기 ·학급 토론 논제 선정하기 ·정리 및 평가하기 : 그림책 평가, 토론 내용 및 과정 평가
③ 다양한 토론 수업 (2~3차시)	·디베이트/월드카페/소크라틱 세미나/역할극/글쓰기 등 수업 활용

아이들의 변화 과정 살펴보기

① 그림책 읽는 과정	·교사가 읽어 주는 그림책 감상을 통해 그림책의 매력을 알게 되고 독서에 흥미를 갖게 된다.	
② 질문 만드는 과정	·주도적으로 질문을 만드는 과정을 통해 학습자가 수업의 주체임을 알게 된다. ·자신의 경험, 지적 인지 체계, 가치 체계와 충돌이 있거나 지적 호기심이 생기는 부분에서 질문이 생성되므로 학습 동기가 생겨 유의미한 경험을 하게 된다.	
	그림책 다시 보기	마음에 드는 장면이나 한 문장 찾기
	성찰하기	자신의 경험 이야기하기
	질문 만들기	개인별 궁금한 질문 2~3개 만들기
	모둠 대표 질문 선정하기	6~8개 질문 중 모둠 대표 질문 1개 선정하기
③ 토론 진행 과정	·질문을 만든 이유와 선정 원인 등을 토의하면, 자신의 가치가 명료해지고 내면화된다. ·자신의 가치와 충돌할 경우 타인의 의견을 수용하거나 비판하게 됨으로써 비판적 사고력, 의사소통 능력을 함양할 수 있게 된다. ·다양한 현상에 대한 탐구와 추론을 통해 통합적 관점을 갖게 된다.	
④ 논제 추출 과정	·공통의 관심사를 가진 토론 논제를 선정함으로써 공동체 의식 및 문제 해결 능력을 키우게 된다.	

『돼지책』으로 함께 생각 나누기

다음은 『돼지책』을 읽고 아이들이 스스로 질문을 만들어 보고, 이에 대해 다 같이 자유로이 이야기를 주고받은 내용이다.

학생 질문	의견과 반응	분석
왜 갑자기 엄마는 가출을 했을까?	"부모 중 어느 한쪽이라도 상황이 힘들었다면, 가족들에게 힘들다고 사전에 말로 표현을 해야 자녀들도 그 부모의 마음을 헤아릴 수 있고 이해할 수 있어요."	조손 가정, 한부모 가정을 가진 학생들은 엄마, 아빠의 부재로 인한 상처를 책 속 엄마의 가출을 보며 분노를 표현했고, 자신의 상황과 동일시하기도 했다. 그리고 부모의 상황을 알고 싶어 했고, 힘들면 사전에 말을 해 줬어야 한다고 했다.
엄마는 왜 얼굴 표정이 없을까?	그림을 통해 엄마의 얼굴 표정을 보이지 않음을 확인하고, 작가의 의도를 궁금해 하며 토의했음	작가는 다른 가족들의 얼굴 표정은 여러 장면에서 보여 주는데, 엄마의 얼굴 표정은 보여 주지 않는다. 작가가 의도적으로 엄마의 마음을 그림으로 표현한 것이라고 추론하며, 자신들도 마음이 힘들 때에는 누구에게도 얼굴을 보여 주고 싶지 않다고 했다.
피곳, 사이먼과 패트릭은 왜 엄마를 기다리기만 할까?	"엄마가 계시지 않아서 집안이 엉망인데도, 왜 엄마를 적극적으로 찾지 않는지 궁금해요."	아이들은 왜 엄마가 오기만을 기다리기만 하는지 이상하다며 이 가족의 결집력이 없다고 추론했다.
마지막 장면에서 엄마는 차 수리를 하면서 왜 활짝 웃고 있을까?	엄마가 차 수리를 하며 행복한 표정을 짓는 이유를 다양하게 추론함	학생들은 이 질문에서 다양한 추론을 펼쳤다. "그동안 엄마가 정말 좋아했던 일은 차를 수리하는 것"이라고 하거나, "차를 고쳐서 엄마는 멀리 떠나려는 준비를 하려는 것이다." 라는 등 토의가 이뤄졌다.

학생이 주인공이 되는 수업 완성하기

도무지 책을 읽으려고도, 수업을 들으려고도 하지 않던 학생들이 서로 자연스레 의견을 주고받는 것을 보면서, 아이들이 지금껏 교실에서 자신의 이야기를 자유로이 말할 기회가 주어지지 않았다는 생각이 들었다. 내가 만난 학생들 대부분은 학업 성적과는 상관없이 자신의 내면 깊은 곳에서 삶에서 본질적으로 중요한 것은 무엇인지, 가치 있고 의미 있는 것이 무엇인지를 말하고 싶어 하며 찾고 있었다. 교사는 단지 그 시간과 표현의 자유를 허용해 주고 용납해 주면 된다. 교사가 굳이 자신의 언어로 더 보태지 않아도 된다.

요즘 교육계에서는 4차 산업혁명의 시대, 인공지능, 사물 인터넷이 지배하여 미래가 불확실하다는 등 미래 교육에 대해 낙관적이지만은 않은 담론들을 쏟아내고 있다. 테크놀로지가 지배하는 미래 사회에서는 오히려 아날로그적인 감성과 자기 성찰과 인간의 주체성이 회복되는 교육이 이루어져야 하지 않을까? 나는 학생들이 자기 삶의 주체가 되게 하는 수업, 그들이 지금 현재의 모습만으로도 충분히 소중하고 아름다운 존재임을 스스로 깨닫게 하는 수업을 꿈꾸고 실천하려 한다. 그림책 토론 수업은 우리 교실에서 그 소박한 꿈을 이루게 하는 수업이기도 하다.

사람을 생각하다 삶을 생각한다

처음엔 이야기를 생각했다. 이야기는 의사소통을 전제로 하니 혼자서는 별 의미가 없다. 적어도 두 사람은 있어야 한다. 그러고 보니 '사람'이다. 이야기를 주고받으며 의사소통을 하는 '대화'를 생각해도 역시 두 사람 이상은 필요하다. '사람', '사람' 자꾸 읊다가 솔까, 버카충, 이생망, 길막, 문상, 안물, 팬아저, 고답이를 일상어로 쓰는 아이들처럼 '삶'으로 줄여본다. 결국 사는 일 혹은 살아있음에서 유래한 말, '숨'의 어원이기도 한 '삶'에 대해 생각을 집중하기로 했다. 그림책이 들려주는 이야기 속에서 토론할 만한 것을 찾자고 생각해 보니 삶의 다양한 면을 보게 되었다. 그렇게 10가지 삶이란 테마가 정해졌다. 10가지 테마를 다시 100여 개의 작은 테마로 나누어 보았다. 각 테마별로 소개하는 책이, 두 권뿐인 것도 있고 스무 권 넘는 것도 있다. 100여 개의 테마마다 활용에 대한 자그마한 안내가 있다. 꼭 그렇게 사용하지 않아도 무방하다.

가족과 삶
꿈꾸는 삶
놀라운 삶
더불어 삶
맞서는 삶
이어진 삶
자라는 삶
책 보는 삶
생각하는 삶
행복한 삶

테마 분류 및 추천도서 선정,
테마 도입글 및 책 소개 글 작성:

김혜진 그림책 독립연구자
박성희 여주 이포초 사서교사
박신옥 서울서교초 교사
이동림 진해 남산초 교사

+ 학교도서관저널 도서추천위원회

가족과 삶

가족으로부터 생명이 시작된다. 그렇다고 가족이 답이라고 주장하려는 것은 아니다. 가족주의를 짚으려는 것도 아니다. 가족 안에서 겪는 일들은 사적일 수 있으므로 구성원간의 관계나 나이 듦에 관한 이야기를 테마로 정했다. 새로운 가족이 만들어지는 상황도 있고 단출한 가족을 다룬 이야기도 있다. 양육에 관한 이야기도 있고 다양한 형태의 가족을 소개하는 책도 있다. 남매들의 이야기나 형제자매들의 이야기도 있다. 가족 안에서 자기 자리를 알고 제 몫을 해내는 아이가 주인공인 책도 있다. 돌봄과 위로, 사랑과 그리움, 소통과 이별이 있는 가족과 살아가는 이야기로 이런저런 토론을 해보자.

 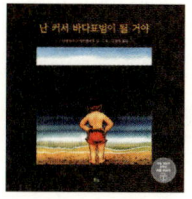   

  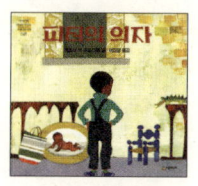 

토론 그림책 추천 · 가족과 삶

가족 안팎의 얼굴, 소통과 공감

아이에게 가족은 처음엔 울타리다. 그러다 자신을 옥죄고 가두는 느낌으로 바뀌어가고 어느 순간 깨치고 나갈 껍질이 된다. 깨고 나간 세상에서 꽤 긴 시간을 떠돌다 돌아온 아이를 안아 줄 따뜻한 자리가 되어 주기도 한다. 혈연이든 그것을 넘어선 것이든 가족을 이루는 구성원에 대한 여러 가지 생각들이 담긴 책을 모았다. 전설과 같은 이야기도 있고 바로 곁에 있는 가족에 대해 하는 이야기도 있다. 가족의 다양한 형태를 편견 없이 균형 잡힌 시선으로 이야기하는 책도 있다. 이야기 속 가족 구성원들은 세대를 건너 각기 다른 생각과 삶의 방식을 맞춰나가고 관계를 잘 유지하기 위해 애쓴다. 우리의 가족도 마찬가지일 것이다. 가족 안팎의 다양한 문제와 가족 개념의 변화 등에 대해 가장 예민하게 맞을 수밖에 없는 존재가 아이들이다. 그러니 너무 심각하지 않게 조금 떨어진 자리에서 여러 가족을 살펴보고 이해할 수 있는 시간이 필요할 것이다. 아이들은 미래에 새로운 가족을 만들어갈 존재이기 때문이다.

 **함께 읽고 이야기 나누기**

- 가족 구성원의 장단점에 대해 생각해 보자.
- 가족 간의 관계를 건강하게 유지하기 위해 우리가 할 수 있는 일은 무엇이 있을까?
- 다양한 가족의 형태가 시사하는 바는 무엇인가?

001 근사한 우리가족
로랑 모로 지음 | 박정연 옮김 | 로그프레스 | 28쪽 | 2014.11.11 | 13,000원

아이 눈에 비치는 가족의 모습이 다양하다. 일상 속에서 보여 주는 저마다의 성격과 습관, 생김새에 따라 사자도 되었다가 기린도 된다. 아이에게 가장 비중 있는 가족 구성원은 단연 힘센 오빠다. 맨 처음 힘세고 고집스런 오빠 이야기를 코끼리에 빗대어 소개하는데, 놀이터 전체를 마비시킬 만큼 대단한 위력을 가진 듯 그려 놓았다. 가족들 각자의 성격을 하나의 개념으로 단순화하지 않은 점이 놀랍다. 상황에 따라 복합적으로 드러나는 성격을 한쪽에 편중되지 않게 써놓은 세심한 비유가 책의 재미를 돕는다. 선명한 대비를 이루는 색채와 자유로운 선이 보여 주는 다양성과 개성이 가족과 아이 주변을 감싸고 있다.

-자신을 한 가지 동물에 비유해 보고 그 이유는 무엇인지 서로 이야기해 보자.

002 난 커서 바다표범이 될 거야
니콜라우스 하이델바흐 지음 | 김경연 옮김 | 풀빛 | 40쪽 | 2015.05.14 | 12,000원

유럽의 셀키 전설을 모티브로 한 이야기다. 어느 날 아이는 자신의 엄마가 바다와 육지를 오가며 살 수 있는 신비로운 존재라는 것을 알게 된다. 배우지도 않은 수영을 척척 할 수 있던 아이는 꿈속에서 자기 존재의 근원이 된 먼 바다 속 존재들을 차례로 만난다. 그리고 얼마 후 이제껏 평범한 일상을 지내듯 두 공간을 오가던 엄마가 다시 오지 않을 길을 떠났다는 것을 알게 된다. 가족에게 일어날 수 있는 여러 가지 사건들 중 급작스런 실종이나 죽음으로 인한 이별은 아이에게 무엇을 남기게 될까? 주인공은 뜻밖에 의연한 모습이다.

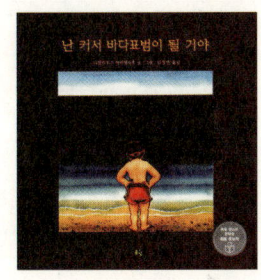

-나는 어디에서 왔는지 상상해 본 적이 있는가? 친구들과 함께 이야기해 보자.

003 다시 그곳에
나탈리아 체르니세바 지음 | JEI재능교육 | 36쪽 | 2015.09.21 | 10,000원

버스를 타고 도시를 벗어나 시골길을 달려 여자가 내린 곳은 텅 빈 벌판 한가운데다. 멀리 아주 작은 집 한 채가 보인다. 멀어서 작은 줄 알았던 그 집은 실제 알아보기 힘들 정도로 작고 초라하다. 그 집 앞에 선 거대한 그녀 곁으로 집 크기와 꼭 맞는 한 사람이 다가온다. 할머니다. 격한 입맞춤으로 반가움을 전하고 식탁 앞에 선 여자와 할머니. 할머니가 끓인 스프 한 숟갈을 뜬 여자는 어느새 할머니 품에 쏙 안길 정도로 작아져 있다. 언제든 돌아간다면 같은 자리를 지키고 기다려 주는 가족에 대한 사랑을 그린 이야기다. KROK 애니메이션 상을 받은 작품을 그림책으로 편집했다. 그림은 익숙하고 단정한 붓선이 아닌 거칠고 무심한 듯 자유롭게 표현한 모노톤의 세련된 그림이다. 적절한 여백과 간간이 쓰인 컬러가 생각하는 시간을 더 풍성하게 만든다.

-나에게 '고향'은 어떤 의미인지 이야기하고 친구들의 생각도 들어 보자.

004 가족이 된 고양이 모냐와 멀로
김규희 지음 | 살림어린이 | 48쪽 | 2016.05.20 | 10,000원

모냐의 엄마는 처음부터 가족이란 울타리를 알지 못한 채 길거리를 떠돌던 고양이였다. 그러다 위험한 찻길에서 구조된 뒤 따뜻한 공간에서 새끼를 낳을 수 있었는데 모냐는 여섯 번째로 태어난 아이다. 얼마 후 모냐는 다른 형제들과 헤어져 어느 화실에 입양된다. 그곳엔 까칠해 보이는 멀로가 이미 터를 잡고 있다. 엄마도 형제도 없이 홀로 남은 모냐에게 멀로는 어느새 다정한 가족이 되어 주었다. 쉬운 일은 아니었다. 새로운 가족을 받아들인다는 것은 고양이나 사람에게나 무척 힘이 드는 일이다. 모두가 체감할 정도로 이제는 가족 구성의 개념조차 달라지고 있다. 일상의 사소해 보이는 일들을 같은 시간, 같은 공간에서 함께하는 모냐와 멀로는 이제 가족이다. 수묵의 차분한 분위기가 책장을 조용조용 가만가만 집중하여 넘기게 한다.

-잠시라도 가족과 떨어져 지낸 경험이 있다면 이야기해 보자.

005 모든 가족은 특별해요

토드 파 지음 | 원선화 옮김 | 문학동네 | 30쪽 | 2005.05.20 | 9,800원

이 책에 대해 글이 많지 않다거나 그림이 너무 만화 같다고 말하는 것은 실례다. 쓱 보기에 너무 간단해 보이는 책 안에는 우리가 상상하는 것 이상으로 진지한 가족에 대한 성찰이 있다. 사람만이 아니라 강아지, 고양이, 물고기와 새 등도 등장시켜 조금은 낯설어 보일 수 있는 상황을 한두 겹 포장해 놓았다. 그렇다고 아이들이 진실을 모를 거라 생각하면 오산이다. 작가가 돌려 말하고자 하는 것을 아이들은 바로 알아차릴 수 있다. 엄마와만 살거나 아빠와만 사는 가족은 물론, 재혼 가족, 각기 다른 개성을 가진 가족도 보다 유연하게 받아들일 수 있는 게 아이들의 장점이다. 모든 가족은 달라도 하나 같이 기쁜 날과 슬픈 날을 함께하리라는 무구한 믿음, 어른들이 아이들에게 배워야 할 덕목이다.

- 내 가족과 다른 형태의 가족을 인정한다는 것은 어떤 의미일까?
- 가족이란 이름으로 함께 사는 사람들이 갖는 특별함은 무엇일까?

006 세상의 모든 가족

알렉산드라 막사이너 지음 | 앙케 쿨 그림 | 김완균 옮김 | 푸른숲주니어 | 32쪽 | 2014.10.17 | 10,000원

가족을 줄곧 전통적인 형태의 개념으로 이해해 왔다면 이제는 조금 수정이 필요할 때인 듯하다. 이미 많은 전통적인 가족들이 부서지고 다시 이어지는 과정들을 겪고 있다. 가족 내 상황도 다르지 않다. 새로 가족이 만들어지고, 새 가족의 구성원이 되는 과정을 아이들도 다양한 방식으로 학습해 오고 있다. 이 책은 원시시대부터 현재까지 우여곡절을 겪으며 이어져 온 가족의 여러 모습들을 어느 한곳에 치우침 없이 기술하고 그려냈다. 동굴 안에서 살던 가족과 이혼과 재혼으로 복잡해진 관계 속에서도 가족의 소중함에 대한 생각들을 이야기한다. 이 책은 내 가족은 물론 다른 가족들을 관찰하며, 급조된 가족이나 낯선 구성들을 편견 없이 이해하고 받아들일 수 있도록 안내하는 데 도움이 될 듯하다.

- 가족의 소중함을 느낄 때는 언제인지 서로 이야기해 보고 그 까닭을 말해 보자.

007 위대한 가족

윤진현 지음 | 천개의바람 | 40쪽 | 2016.06.20 | 11,000원

각자 큰 장점을 가졌지만 막상 그 장점이 가족 안에서 더 큰 단점으로 작용하게 된 가족이 있다. 힘이 너무 센 나머지 코 고는 일도 너무 힘껏 하는 아빠, 다 잘하지만 잔소리까지 폭풍처럼 쏟아붓는 엄마, 가족 모두를 이겨먹는 권투 선수 형. 이게 다가 아니다. 서로가 끔찍해 하며 벽을 쌓다 보니 서로 얼굴 볼 일이 없고 각자 따로 살게 된다. 벽을 쌓고 홀로 있게 된 시점엔 다 좋았다. 하지만 뭔가 아쉬워지기 시작한다. 서로를 인정해 주지 않는 한, 각자의 장점이 빛날 일도 없고, 그래서 더 힘이 날 일도 없어진 것이다. 결국 이 가족이 벽을 허물고 다시 어울려 살기로 한 결심은 자신들을 진짜 위대하게 만들어 주었다. 가족 구성원은 자기 맘에 드는 사람들로만 모아서 꾸릴 수 있는 것이 아니다. 그런데 생각해 보면 시작은 좋은 사람과 함께한 거였다.

- 가족끼리 서로를 존중하지 않는다면 어떤 일이 벌어질까?
- 가족끼리 쌓은 마음의 벽은 어떤 것이 있을까? 허물어버릴 방법을 제안해 보자.

008 최고로 멋진 놀이였어!

말라 프레이지 지음 | 육아리 옮김 | 뜨인돌어린이 | 40쪽 | 2014.07.31 | 11,000원

세대 간 마음의 거리를 좁히는 방법은 그저 일상을 함께하는 것만으로도 충분하다는 이야기. 도시 생활에 익숙한 아이들과 시골에 사는 조부모와의 만남이 순조로울 리 없다고 생각할 수 있을 것이다. 하지만 왠지 엇나간 사랑의 화살표처럼 계속 삐걱대지 않을까 싶은 우려는 접어둬도 괜찮겠다. 할아버지와 할머니가 제공하는 많은 것들은 의외로 흥미로운 것이어서 아이들은 나름대로 한껏 즐긴다. 초코 시럽 듬뿍 얹은 아이스크림, 쓰러질 듯 탑처럼 쌓인 바나나 와플, 오래된 망원경으로 관찰하는 친구 얼굴 등. 별 기대 없던 아이들은 자연 캠프보다 더 신나는 일상 속에서 자신들이 직접 만들어낸 것들로 신나게 논다. 집 안팎의 사소한 물건들도 아이들 손에서 즐거운 놀이를 만들어내는 특별한 것이 된다. 그림으로 읽는 아이들 마음도 재미나다.

- 할아버지 할머니와 함께 즐겁게 할 수 있는 놀이에 대해 이야기해 보자.

엄마와 함께

양육의 많은 부분을 담당하는 엄마라는 존재는 아이들에게 많은 영향을 끼친다. 가족을 생각하면 대체로 먼저 떠오르는 사람도 엄마다. 그것이 엄마의 무게다. 학교와 학원이 아니라면 아이들의 일상은 엄마와 함께 이뤄지고 조직된다. 그러니 엄마에 대한 책, 엄마를 두고 이야기하는 책들도 많이 나온다. 그중 엄마를 이해할 수 있거나 엄마에 대해 생각해 보게 하는 책 위주로 모았다. 너무 바쁜 일상을 사는 엄마를 그대로 보여 주는 책, 엄마가 나고 자란 과정과 일생을 돌아보거나 우리가 몰랐던 엄마 모습에 관한 책도 있다. 함께 눈을 맞추거나 같은 방향을 바라보는 일이 아이와 엄마에게 어떤 의미일지 생각해볼 수 있는 이야기도 있다. 연령이 낮을수록 엄마는 '그냥 엄마'이지 뭔가 달리 생각해 볼 일은 없을 것 같다. 하지만 자라면서 간혹 엄마는 어떤 사람인지, 내가 존재하기 이전의 엄마는 어땠는지 궁금해 할 수도 있다. 나와 함께, 나를 위해 사는 엄마 말고 '한 사람'으로서의 엄마 모습에 대한 이해도 필요할 것이다.

함께 읽고 이야기 나누기

- 엄마는 어떤 존재인지 생각해 보자.
- 내가 생각하는 엄마와 책 속의 엄마는 어떻게 다른지 비교하고 이야기해 보자.

009 엄마가 말이 됐어요

지메나 텔로 지음 | 조경실 옮김 | 듬북 | 44쪽 | 2017.06.30 | 13,000원

직장을 다니면서 아이 둘을 키우기에 엄마 혼자는 너무 벅차다. 그런데 엄마들 대부분은 그 어려운 걸 해내며 산다. 시간에 맞춰 해야 할 일은 많은데 매번 그것에 맞춰 사는 일은 녹록치 않다. 그렇게 사는 엄마들이 생각보다 많다. 해야 할 일은 너무 많고 아이들 학교 시간도 못 지키게 된 엄마가 어느 날 말이 되었다. 말이 된 엄마는 쏜살같이 달려가 정확한 시간에 맞춰 도착할 수 있게 된다. 하지만 사람이었을 때 할 수 있던 다른 일은 못한다. 이 사회는 엄마가 말이 되어야 할 정도로 일상이 바쁜가? 이야기 속 엄마를 속도를 늦추지 못하는 사람으로 치부해서는 안 된다. 무엇이 문제일까?

-일하느라 바쁜 엄마를 볼 때 어떤 생각이 드는가?

010 엄마의 초상화

유지연 지음 | 이야기꽃 | 32쪽 | 2014.09.15 | 12,000원

대개 엄마는 그냥 '내 엄마'일 뿐 '한 개인'이나 '독립된 여성'이라고 생각하며 살게 되지 않는다. 우리들이 기억하는 엄마가 있는 풍경은 빨래를 걷고 요리를 하고 청소기를 돌리거나 텔레비전 드라마를 보며 마늘을 까는 모습일지 모른다. 작가도 마찬가지였다. 공들여 그린 초상화 속 엄마는 그저 작가의 엄마일 뿐이었다. 엄마는 딸이 그린 초상화를 마다하고 어디선가 따로 그려온 초상화를 좋아라 하셨단다. 엄마 미영 씨는 여자였고 한 개인이었으며 가슴에 뜨거운 것을 품은 사람이었다. 모든 엄마들이 그럴 것이다. 두 개의 초상화를 교차하여 보여 주며 행복한 엄마 미영 씨와 집안일을 하는 엄마를 비교하여 보여 주는 연출이 재미있다.

-내가 모르는 낯선 느낌의 엄마 얼굴을 발견한 적이 있는가? 있다면 어떤 경우였는가?

011 엄마, 잠깐만!

앙트아네트 포티스 지음 | 노경실 옮김 | 한솔수북 | 32쪽 | 2015.07.30 | 11,000원

아이들이 다급한 상황에서 처음 부르는 단어는 대부분 '엄마'다. 그런 경우라도 대부분 엄마들은 기다려 주지 않는다. 자신이 생각하기에 쓸데없이 시간을 허비하게 될 것이라는 판단이 서면 아이들의 외침 따위 간단히 무시한다. 아이가 기다려 달라고 외쳐도 엄마는 제 갈 길을 가는 것이다. 그런 상황이 이 책에 담겨 있다. 아이는 뭔가 시간에 쫓겨 달리다시피 걷는 엄마의 손에 이끌려가고 있다. 아이 시선은 엄마가 가는 방향과는 다르다. 아이의 다급한 마음도 이해되지만 바쁜 일상에 무엇 하나 집중할 것 없이 시계를 들여다보며 달리는 엄마도 이해가 간다. 아이는 자기 시선이 머무는 자리에서 일어나는 특별한 일들을 엄마와 공유하고 싶을 것이다. 마침내 아이와 시선을 맞춘 엄마가 숨을 고르고 아이와 한 방향을 바라보고 있다.

- 엄마와 마음이 통하는 순간에 대해 이야기해 보자.

012 우리 엄마야

샬롯 졸로토 지음 | 애니타 로벨 그림 | 서애경 옮김 | 사계절출판사 | 24쪽 | 2011.04.29 | 10,500원

딸이 들려주는 엄마 이야기다. 표지를 가득 채운 커다란 화병과 꽃, 같은 모자를 쓴 두 사람의 뒷모습이 인상적이다. 엄마를 정말 사랑하는 딸의 마음이 담뿍 담겼다. 엄마를 소개하는 그림은 더할 나위 없이 밝고 따뜻하다. 엄마의 어린 시절부터 학창시절을 지나 결혼을 하고 아기를 가지기까지 그림들이 소개된다. 태어난 아기를 안고 미소 짓는 그림의 그 아기가 바로 이야기를 들려주고 있는 딸이다. 엄마와 함께 나눌 수 있는 이야기는 정말 많다. 자라는 동안 비슷한 경험을 하게 되는 엄마와 딸은 무척 깊게 연결되어 있다. 딸은 엄마가 사는 모습과 다름없는 미래를 꿈꾼다.

- 책 속 엄마가 안고 있는 아기가 나라는 걸 알았을 때 어떤 기분이었는가?
- 그때의 엄마와 지금의 엄마는 무엇이 다른가?

013 우리는 엄마와 딸

정호선 지음 | 창비 | 40쪽 | 2014.07.31 | 11,000원

책 속 엄마와 딸의 얼굴은 그다지 닮은 데가 없다. 성격도 다르지만 가끔 몇 가지는 척척 죽이 잘 맞을 때도 있다. 같은 물건을 보고 좋다고 매달릴 때면 둘은 정말 똑 닮은 모녀가 된다. 일과 육아를 함께하기에 벅찬 엄마의 일상은 잘 드러나지 않는다. 그래도 딸과 함께하는 많은 순간들이 엄마여서 감내해야 하는 어려움들을 상쇄하고도 남는다. 딸에게는 어쨌거나 뭐든지 척척 해내고 모르는 것도 없는 엄마다. 편안하면서도 시원시원한 선과 부드러운 색조의 그림이 모녀의 이야기를 잔잔하게 들려준다. 엄마와 딸이 함께할 수 있는 일이 이렇게 많을 수 있다는 게 놀랍다.

-엄마와 함께할 수 있는 일과 그렇지 않은 일들을 이야기해 보자.

아빠와 함께

가족 구성원 중 가장 비중이 큰 자리이지만 뭐라고 규정하기 힘든 존재가 아버지다. 수천 년 동안 철썩 같이 믿어 온 굳건함은 최근 수년 간 너무 많이 달라졌다. 굳은 믿음이 흔들리고 있다면 불쾌할 수도 있겠지만 아빠들, 너무 안이하게 대처한 감이 없지 않다. 뭔가 정비가 필요하다. 그런 시대에 부응해 언제부턴가 '지금 이 시대, 아버지의 자리는 어디인가?' 라는 질문들이 끊임없이 쏟아져 나왔다. 그 질문에 답이라도 하듯 출간되던 책이 있었다. 버젓이 금붕어 한 마리의 가치로 남은 아버지 이야기다. 주목할 것은 그 와중에도 아버지는 끝까지 자신의 태도를 바꾸지 않았다는 것이다. 이 책이 국내에 출간된 지는 어언 15년, 무엇이 달라졌을까. 한편 가부장의 전형인 수탉을 내세운 그림책도 있다. 아이들에겐 그냥 귀여운 병아리가 자라 힘센 수탉이 되었다가 늙어가는 이야기일 테지만 조금 더 생각할 거리를 제시하는 책이다. 그런 가장을 금붕어 두 마리와 바꿔버린다는 생각은 그때나 지금이나 비현실적일 수 있다. 하지만 어떤 맥락에서 그와 같은 책들이 나오게 되었는지 자문해 볼 만하다. 아빠와의 관계를 새롭게 정립하는 이야기도 있다. 함께 시간을 보내며 일상의 소소한 일들을 공유함으로써 관계는 더욱 돈독해진다.

 **함께 읽고 이야기 나누기**

-각자의 아빠에 대해 생각해 보고 이야기 나눠 보자.
-가족 구성원으로서 아빠는 어떤 역할이어야 할까?
-전통적인 아버지상에 대해 알아보자.

014 금붕어 2마리와 아빠를 바꾼 날

닐 게이먼 지음 | 데이브 맥킨 그림 | 윤진 옮김 | 소금창고 | 52쪽 | 2002.07.08 | 7,500원

친구의 금붕어 두 마리를 갖고 싶던 아이가 있다. 너무 절실한 나머지 아빠와 바꿔버려도 좋다고 생각한 모양이다. 금붕어를 가진 친구의 말이 더 가관이다. 자기 금붕어는 두 마리인데 아빠 한 명과 바꾸자니 말이 안 된다고 생각한다. 지금 이 아이들에게 아빠란 금붕어 한 마리의 값어치와 같다는 것인가. 그러거나 말거나 엄마가 외출한 사이 금붕어 두 마리와 아빠를 바꿔버린다. 너무 어이없게 놀란 엄마는 금붕어와 바꾼 아빠를 돌려받아오라고 야단이다. 그렇게 찾으러 간 아빠는 이미 다른 물건들과 줄줄이 교환되어 버린 상태다. 작가는 이즈음 스스로 아빠란 가족 안에서 어떤 의미인가에 대한 고민에 빠졌던 듯하다. 독자들에게도 같은 질문을 던졌다. 이는 심각한 문제다.

-만약 아빠가 없다면 아빠의 역할은 어때야 하는지 자신이 생각한 바를 이야기해 보자.

015 세상에서 제일 힘센 수탉

이호백 지음 | 이억배 그림 | 재미마주 | 30쪽 | 1997.02.15 | 8,500원

알에서 깨어나면서부터 누구에게도 지지 않던 수탉이 있다. 힘으로는 그 구역에서 이 수탉을 당할 자가 없었다. 가슴을 한껏 내밀고 눈에는 있는 힘을 다 주고 어깨도 쫙 편 채 서 있는 수탉의 위용은 보기만 해도 당당해 보였다. 하지만 그런 상황은 오래 가지 않았다. 금방 더 젊은 수탉들이 치고 올라왔다. 한 번의 패배. 세상에서 제일 힘센 수탉인 줄 알고 살아온 그는 이제 아이들을 보며 찬란했던 과거를 돌아보는 신세가 되었다. 세상에 영원한 것은 없다. 시간은 모든 것을 변화시킨다. 수탉이 세월의 무상함을 한탄하는 동안 암탉은 훨씬 성숙한 생각을 하게 된 듯하다. 암탉은 실의에 빠진 수탉을 다시 일어서게 만드는 데 큰 의지가 되어 준다.

-수탉과 암탉을 비교하며 이야기해 보자.

016 우리 가족
하세가와 슈헤이 지음 | 김영순 옮김 | 문학과지성사 | 32쪽 | 2016.09.26 | 13,000원

엄마의 예상치 못한 출장으로 아빠와 단둘이 시간을 보내게 된 아이는 모든 것이 어색하기만 하다. 아이는 해외에서 파견 근무를 했던 아빠와는 어떤 일상도 공유하지 못했다. 아빠는 아이에게 서투르지만 직접 식사를 챙겨 주고 싶어 한다. 아이는 그것이 더 부자연스럽게 느껴진다. 하지만 두 사람 모두 그들이 함께할 시간의 필요성을 알고 있다. 서로가 몰랐던 시간들을 채워가며 아빠와 아들은 그들만의 추억을 만들어가게 된다.

- 일상을 함께 보낸 사람들과 추억을 공유한다는 것은 어떤 의미인가?
- 주인공처럼 아빠와 나만의 추억이 있다면 이야기해 보자.

엄마는, 소리치거나 무시하거나 벌주거나

엄마가 소리를 지를 때면 속으로 노래를 부르며 듣지 않으려 했다는 아이들의 고백이 있다. 양육은 일방적이다. 말로 의사표현이 안 되는 아이와의 시간은 불통의 현장이기 쉽다. 우는 아이가 무슨 말이라도 해줬으면 하는 심정으로 어르고 달래던 시간들이 아득하다. 그렇더라도 절대적 약자인 아이들에게 이런 식이어서는 곤란하다. 엄마의 고함 소리 한 번에 사지가 다 찢겨진 아기 펭귄을 도울 이는 결국 엄마다. 옴짝달싹 못하게 아이를 옭아매고 직접적인 책임은 미루어 버리는 엄마 모습은 안타까움을 자아낸다. 아이가 우는 이유를 조금만 더 세심하게 살펴주었더라면 하는 생각이 든다. 체벌에 맞서는 아이들의 이야기도 있다. 가족이란 울타리 안에서 이뤄지는 양육이 얼마나 세심하고 치열해야 하는지 알아야 할 모든 사람들에게 필요한 책이다. 가족 안에서 서로의 입장을 이해하기 위한 방식은 아이들을 조금 더 세심히 살피는 일이 우선되어야 한다. 언제나 양육자의 일방적인 태도만 고집한다면 해결점은 찾기 어려울 것이다. 조금은 극단적인 비유를 사용한 책들이 서로에게 한 걸음 더 나아가는 계기를 만들게 되기를 바란다. 아이들은 좀 후련해질지도 모르겠다.

함께 읽고 이야기 나누기

- 어떤 경우에 부모님과 말이 통하지 않는다는 생각이 드는가?
- 일방적인 체벌에 어떤 대응을 해 본 적이 있는가?
- 상대방을 이해하기 위한 방법은 어떤 것이 있을지 이야기해 보자.

017 고함쟁이 엄마
유타 바우어 지음 | 이현정 옮김 | 비룡소 | 34쪽 | 2005.06.21 | 8,000원

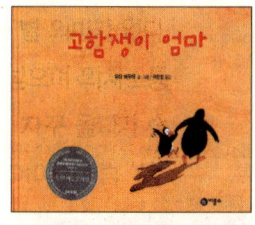

가정 안에서 여성이 해야 할 일은 생각보다 엄청나다. 엄마들은 그 압박을 자기 주변의 가장 약한 대상, 자신의 힘든 상황을 이해조차 못하는 아이에게 화풀이하듯 쏟아내기 십상이다. 부서진 것, 망가진 물건은 고치거나 교환하여 쓸 수도 있을 것이다. 하지만 부서지고 상처 받은 마음을 고치는 일이 가능할지 의문이다. 어떻게든 위로하고 치료 받으며 아물게 할 수는 있겠지만 처음과 같아지기는 불가능하다. 작가는 엄마의 고함 때문에 받은 마음의 상처를 갈기갈기 찢긴 몸에 비유했다. 고함에 찢기고 깨어지는 건 한 순간이지만 그것을 다시 되돌리는 일은 사방으로 흩어진 몸을 찾아와서 다시 꿰매는 것만큼 힘들다. 아이와 양육자를 함께 이해하기에 좋은 책이다.

- 상대방이나 상황에 관계없이 무조건 소리를 지르는 것은 정당한가?
- 소리를 지르는 것이 필요한 때는 언제일까? 이야기 속 엄마와 비교하여 이야기해 보자.

018 너 왜 울어?
바실리스 알렉사키스 지음 | 장-마리 앙트냉 그림 | 전성희 옮김 | 북하우스 | 44쪽 | 2009.10.26 | 9,500원

보통의 엄마들은 스스로 아이들을 위해 충분히 희생하고 있다고 생각한다. 일상에서 자신의 시간과 노동력을 내어 주는 것에 그만큼의 가치를 부여하고 있는 것이다. 하지만 좀 더 내밀한 영역에 서보면 가벼운 말 한 마디로 그 큰 희생을 백지화하는 경우도 많다. 그런 상처 주기는 엄마 입장에서는 기억에 남지 않고 아이들 마음엔 차곡차곡 쌓이는 법이다. 그것은 사라지지 않고 언젠가는 그대로 되돌려주게 되어 있는 감정이다. 그러니 어느 시점에 폭발하게 되고 엄마 입장에서는 이유를 막론하고 "내가 널 어떻게 키웠는데 나에게 이럴 수 있냐?"라는 말이 나오게 되는 것이다. 엄마는 그림에 거의 등장하지 않는다. 다만 목소리로 지시하는 엄마를 아이가 어떻게 생각하는지, 그런 엄마 앞에서 아이는 또 어떤 모습으로 서게 되는지 그림이 충분히 보여 준다.

- 이유 없이 야단맞을 때가 있었는가? 그때의 기분을 서로 이야기 나눠 보자.

019 말썽꾸러기 벌주기

미카엘 에스코피에 지음 | 펠릭스 루소 그림 | 박정연 옮김 | 예림당 | 48쪽 | 2017.02.28 | 11,000원

체벌에 대한 아이들의 생각을 담은 책이다. 벌은 주고받을 수 있는 것이 아니다. 거의 일방적인 행위라는 것에 이의를 제기할 어른은 없을 것이다. 아이들도 안다. 막상 이야기를 듣고 보면 아이들에게 더 미안한 마음이 든다. 아이들은 여러 가지로 미숙한 존재이지만 그것이 체벌의 이유가 되어서는 안 된다. 그런데도 어른들은 갖가지 이유로 벌을 준다. 체벌의 종류도 다양하다. 아이들은 그 이해하기 힘든 상황을 나름의 상상과 지혜로 넘기고 있다. 아이들끼리 하는 이야기는, 정작 어른들의 잘못은 자신들의 잘못에 비할 데 없이 나쁜 것이라는 점이다. 따라서 어른들도 벌을 받아야 한다는 주장을 편다. 어른들의 체벌은 잔인해 보이기까지 했지만 아이들이 어른들에게 되돌려주는 벌은 부끄러울 정도로 성숙하되 아이답다.

-엄마 아빠에게 벌을 주고 싶은 때가 언제인가?
-엄마 아빠에게 벌을 준다면 어떤 벌을 줄까?

형제자매와 남매들의 이야기, 혼자가 좋아?

가족 안에서 아이들은 자연스레 다투기도 하고 금세 화해도 하면서 자란다. 언제나 싸움은 사소한 이유로 시작된다는 것도 잘 안다. 그러니 문제를 어떻게 해결해야 하는지도 알고 있다. 언제나 동생에게 양보하라거나 무조건 형 말을 들으라는 식은 곤란하다. 형제나 자매 혹은 남매 사이의 다툼이 꼭 아이들 문제는 아니라는 점도 간과하지 않도록 해야 한다. 형제자매에 관한 이야기들을 모았다. 대부분이 동생에게 자기 것을 빼앗길까 전전긍긍하던 언니 혹은 오빠 들이 결국엔 생각을 바꾸게 된다는 내용이다. 동생이란 존재가 너무나 위협적인 나머지, 토끼 가족에게 늑대 동생이 출몰하기도 한다. 무조건 동생 편만 드는 부모님 때문에 화가 난 오빠는 화가 점점 차올라 천장을 걷고 하늘을 날 수 있을 정도가 된다. 그러다 여동생과 함께할 수 있는 놀이를 찾는가 하면 좀 망설이긴 해도 결국 자기 물건을 기꺼이 내놓는 오빠도 있다. 자매의 어쩔 수 없는 전쟁과 화해를 다룬 이야기도 있다. 창세기로부터 형제의 불화는 예고된 것이었다. 실제 온 우주를 동생들에게 송두리째 빼앗길 처지에 놓인 맏이들의 상태가 편안하기는 힘들다. 하지만 아이들은 자라서 혼자보다는 함께인 것이 훨씬 더 좋다는 것을 깨닫게 될 것이다.

 **함께 읽고 이야기 나누기**

- 형제자매 사이에 대해 이야기하고 다른 친구들과 비교해 보자.
- 혼자 혹은 둘 이상의 형제자매의 장단점에 대해 이야기해 보자.
- 형제자매 간에 문제가 생겼을 때 해결하는 방법에는 어떤 것이 있을까?

020 내 동생은 늑대
에이미 다이크맨 지음 | 자카리아 오호라 그림 | 서남희 옮김 | 토토북 | 40쪽 | 2015.12.21 | 11,000원

동생의 탄생을 진정으로 반기는 형은 없을 것이다. 특히 1~2년 터울의 동생을 본 유아들의 상태는 매 순간이 거의 지옥이다. 자신도 아직 아기인데 자기에게 주어진 모든 것을 고스란히 내어놓아야 하기 때문이다. 그것도 형, 언니라는 이유 때문에 기쁜 마음으로 물려주기를 강요받곤 한다. 동생은 언니들에게 그런 존재다. 이 책의 주인공 도트 역시 동생 울피를 그렇게 본다. 오죽하면 자신은 토끼인데 동생은 늑대라고 생각할까. 자신만을 바라보던 엄마 아빠의 눈동자들이 동생에게만 향하는 것을 지켜보는 도트의 마음은 설명이 불가하다. 그런데 이상한 건 도트 자신의 마음이다. 자기 뒤만 졸졸 따라다니는 울피가 짜증 나다가도 누군가 울피를 괴롭히면 너무 화가 나서 곰도 물리칠 만큼의 용기가 솟아난다. 동생은 그런 존재인 것이다. 하하하.

-미운 동생의 편을 들게 되는 상황은 어떤 경우인지, 그럴 때의 마음을 이야기해 보자.

021 동생만 예뻐해!
제니 데스몬드 지음 | 이보연 옮김 | 다림 | 40쪽 | 2014.04.11 | 10,000원

여동생을 둔 에릭은 동생 앨리스 때문에 살 수가 없다. 앨리스는 에릭이 만든 탑을 무너뜨리고 기찻길을 엉망으로 만들며 이불 요새도 망가뜨린다. 엄마 아빠를 불러봤자 소용이 없다. 동생과 사이좋게 놀지 않는다고 오히려 혼이 난다. 화가 잔뜩 난 에릭의 몸이 천장으로 올라간다. 그렇게 집 밖을 나가 혼자 하늘을 신나게 날아다니며 놀다보니 마음도 풀어졌다. 이번엔 돌아온 에릭에게 집중하는 엄마 아빠를 보고 화가 난 동생 앨리스가 천장으로 올라간다. 그래도 동생이 무엇을 좋아하는지 잘 알고 있는 오빠 덕분에 앨리스는 금방 내려올 수 있었다. 아이들은 자신의 방식대로 서로를 돌본다. 가만히 보면 오빠와 동생의 문제라기보다 부모의 문제로 보이기도 한다.

-역할을 바꾸어 실제처럼 대화를 해 보자.
-화가 나는 순간과 그것을 해결하는 순간의 마음은 어땠는가?

022 쉿! 오빠괴물이 왔어
사카이 코마코 지음 | 유문조 옮김 | 한솔수북 | 32쪽 | 2012.07.20 | 10,000원

여동생을 마냥 괴롭히기만 하는 오빠가 있다. 그 오빠는 동생이 뭔가 놀이를 하려고 할 때마다 나타나 훼방을 놓는다. 장난감을 쏟아붓기도 한다. 그러자 엄마가 동생만의 공간을 만들어 준다. 동생은 그 상자 안에 자기만의 세상을 만들고 논다. 그런데 오빠의 로봇 인형이 "이별의 평화를 지키겠다!"라며 종이상자 집을 찾아온다. 둘은 함께 맛있는 쿠키와 케이크, 우유를 나눠 먹는다. 동생과는 상대도 하지 않을 것 같은 오빠들을 자세히 지켜보면 혼자 놀기를 싫어한다는 것을 알 수 있다. 사실 혼자 놀면 무슨 재미가 있겠나. 동생을 놀리거나 괴롭히는 것이 오빠들에겐 놀이일 수 있다. 자신의 영역을 침범 당한 오빠의 마음을 위로하고 여동생과 함께할 수 있는 재미있는 놀이로 아이들을 안내해 줄 수 있다면 좋지 않을까?

-싸우지 않고 동생과 함께 놀 수 있는 방법에 대해 이야기해 보자.

023 피터의 의자
에즈라 잭 키츠 지음 | 이진영 옮김 | 시공주니어 | 44쪽 | 1996.06.07 | 9,500원

애착은 대부분 괴로운 마음으로 귀결된다. 사람이나 물건이나 적당히 사랑해야 하는데 아이들은 그게 어렵다. 피터에겐 의자가 그런 대상이다. 그것을 누군가와 나눌 이유가 없었는데 이제는 통째로 내놓으란다. 동생이 있다면, 그 동생에게 내 것을 줄 수밖에 없던 경험이 있다면 괴로운 피터의 마음을 백퍼센트 이해할 것이다. 더 가슴 아픈 건 피터가 사랑하던 의자는 사라지고, 그 의자는 여동생에게 맞춘 분홍색 의자가 된다는 점이다. 피터가 한 단계 성장하려면 어쩔 수 없는 일이다. 이것도 더 자란 뒤 생각하면 그렇게 큰일은 아니었다 싶은 날이 올 테니까. 사랑을 준 물건과의 이별이 어디 그리 쉬운 일이겠느냐만 다음 세대가 더 잘 쓸 수 있게 기꺼이 내려놓고 떠나보내는 과정도 필요할 것이다.

-내가 좋아하는 물건을 그냥 '주어야' 한다가 아니라 '물려주어야' 한다고 하는 이유를 생각해 보자.

024 흔한 자매

요안나 에스트렐라 지음 | 민찬기 옮김 | 그림책공작소 | 32쪽 | 2017.05.15 | 12,000원

자매들 간의 전쟁은 남자 형제들이 상상하는 어떤 것보다 치열하다. 머리에서 발끝까지 자신이 가진 모든 것을 뺏거나 빼앗길 수 있는 상태가 수년 간 지속된다면 어떻게 예민하지 않을 수 있을까? 어떤 자매는 서로 자기 옷을 입고 나갈까 봐 자신의 옷들을 전부 욕조에 받아둔 물 속에 넣고 속옷 바람으로 며칠을 버티기도 한다. 십 대의 감수성은 그런 것이다. 아니, 십 대 자매들 간의 겨루기가 그 정도인 것이다. 이 책의 자매들은 그 정도는 아니다. 언니는 별로 잘하는 것도 없고 뭘 해도 자신보다 미숙해 보이는 동생에 대해 여러 가지 감정을 갖게 된다. 그런데 어떤 경우에 드러나는 나쁜 감정마저도 실은 사랑이었다는 것을 깨닫는 데 긴 시간이 걸리지는 않는다. 자매는 평생 함께할 좋은 친구가 된다. 그러니 겨루다 시간 낭비하지 않기를…

-형제나 자매가 있을 경우, 좋은 점과 나쁜 점은 무엇일까?

노년의 삶,
우리의 미래를 보살핌

노년 인구의 비중이 높아지면서 다양한 과제가 드러나고 있다. 아무리 애써도 피할 수 없는 것, 시간은 그렇게 무심히 흘러 청년에서 장년, 노년으로 우리를 데려간다. 자신이 존재하게 된 근원과 마주한다는 무거운 느낌은 아니어도 인간이라면 누구나 거쳐야 할 시기에 대한 정보와 지식은 필요하다. 가족이어서 더 애틋한 시간, 기억, 늙어감에 대해 무겁지 않게 다룬 책들이 있다. 점점 사라지는 기억들과 끝까지 놓치지 않았으면 하는 기억에 대한 바람들을 이미지로 구현한 책들은 위로가 된다. 간결한 글과 그림은 다정하고 따스하게 너무 날을 세우지 않으면서도 정확한 메시지를 담고 있다. 노부부의 위태로울 수 있는 일상을 보듬고, 알츠하이머병을 앓으며 아기가 되어 버린 할아버지 할머니 곁에는 막 생각과 마음이 자라나는 아이들이 있어 든든하다. 그 아이들은 저희들이 받았던 세심한 보살핌을 그대로 돌려준다. 긴 세월 삶의 중요한 순간을 함께 지켜 온 물건의 역사를 통해 개인의 기억, 가족의 역사를 더듬어 볼 수도 있다. 세대별로 맡게 될 과제도 함께 생각해 보아야 할 것이다.

함께 읽고 이야기 나누기

- 가족을 둘러싼 여러 가지 변화를 어떻게 받아들이는 것이 좋을까?
- 할머니 할아버지의 입장이 되어 보자.
- 삶의 행복한 마무리를 위해 필요한 것은 무엇일까?

025 까치가 물고 간 할머니의 기억

상드라 푸아로 셰리프 지음 | 문지영 옮김 | 한겨레아이들 | 32쪽 | 2015.04.03 | 11,000원

할머니가 하는 말이 뭔가 이상하다. 그림과는 전혀 다른 이야기를 하고 있다. 일상에 관해 이야기하다가 곧 지난 기억 속으로 빠져들기도 한다. 할머니의 기억에 관한 이야기는 사물의 덩어리 속에 갇힌 이미지로 표현되었다. 할아버지는 그런 할머니를 위해 매번 선의의 거짓말을 하게 된다. 아직 남은 기억을 끝까지 지켜주기 위한 할아버지의 선물이 놀랍다. 세계 알츠하이머의 날을 기념하여 만들어진 책이다. 기억을 잃어가면서 겪게 되는 상황을 마냥 서럽고 암울하게만 그리지 않은 점에 주목하자.

- 알츠하이머병 환자를 어떻게 대해야 하는지 이야기해 보자.
- 기억을 붙들 수 있을까?

026 우리 할아버지

마르타 알테스 지음 | 노은정 옮김 | 사파리 | 36쪽 | 2012.06.08 | 9,000원

할아버지는 늙어가면서 많은 것을 잊는 것 같다. 점점 쓸쓸한 표정으로 멍하니 보내는 시간도 많아졌다. 아이는 그런 할아버지가 익숙지 않지만 할아버지를 위해 자신이 할 수 있는 일이 무엇인지 알고 있다. 아이는 할아버지와 좀 더 많은 시간을 보내려 한다. 할아버지가 자신을 알아보지 못해도 꼭 안아드린다. 그렇게 모든 것을 잊은 할아버지도 손자와 있던 시간은 행복한 기억으로 남았다. 화려한 색을 자제하고 단순화한 선이 쓸쓸한 노년의 심정을 잘 대변한다. 채도를 달리한 풍경 그림은 따스하게 캐릭터들을 감싸 안아 준다. 무심한 듯 멍한 표정의 할아버지 곰을 꼭 안고 이해하려는 꼬마 곰이 기특하고 대견하다.

- 할아버지에 대해 기억하고 있는 부분을 이야기해 보자.

027 오른발, 왼발
토미 드 파올라 지음 | 정해왕 옮김 | 비룡소 | 48쪽 | 1999.09.05 | 8,000원

보비에게 많은 것을 가르쳐 주었던 할아버지가 어느 날 쓰러지셨다. 깨어난 할아버지는 예전의 할아버지가 아니다. 아이는 아무 것도 할 수 없게 된 할아버지에게 자신이 할아버지로부터 배우고 전해 받았던 것을 하나씩 알려 준다. 할아버지는 한 걸음씩 걸음마를 시작하고 말하기를 배우며 서투르지만 조금씩 일상을 되찾아 간다.

- 할아버지가 보비와의 일상을 기억하는 까닭은 무엇일까?
- 위 질문에 대한 답과 같은 느낌의 기억을 할아버지 할머니는 물론 누군가와 함께 한 기억이 있는가?

028 마레에게 일어난 일
티너 모르티어르 지음 | 카쳐 퍼메이르 그림 | 신석순 옮김 | 보림 | 32쪽 | 2011.12.09 | 12,000원

마레와 모든 것을 함께하던 할머니가 쓰러져 병상에 있는 동안 할아버지마저 돌아가셨다. 엄마는 주변 일처리로 바쁘다. 마레는 자신이 할 수 있는 만큼 할머니를 돌본다. 할머니와 마레가 함께한 기억은 둘만의 것이다. 할머니의 잃어버린 기억을 되돌리기 위해 마레가 할 수 있는 일은 함께한 순간을 재현하는 것이었다. 다행히 할머니는 마레가 세상에 태어나 처음 내뱉은 말을 정확히 기억하고 있었다. 할아버지에게 이별의 인사를 전하는 할머니 곁에는 마레가 있다.

- 할머니에게 마레는 어떤 존재인가?
- 병원 사람들의 대처 방식에 대해 이야기해 보자.

029 우리 할아버지

존 버닝햄 지음 | 박상희 옮김 | 비룡소 | 32쪽 | 1995.09.01 | 10,000원

할아버지는 언제나 같은 소파에 앉아 아이를 맞아주었다. 둘은 함께 봄, 여름, 가을, 겨울을 더할 나위 없이 즐겁게 보낸다. 무심한 듯 아이와 눈높이를 맞춘 할아버지의 사랑이 담뿍 느껴진다. 늘 그렇게 지낼 수 있을 것 같았다. 그러다 더 이상 할아버지와 모험도 놀이도 할 수 없게 되는 날이 왔다. 아이는 자기 의자에 앉아 할아버지도, 할아버지 물건도 사라진 텅 빈 소파와 작은 탁자를 바라보고 있다.

- 누군가와의 기억을 소환하는 물건이 있는가?
- 어떤 물건을 의미 있게 만드는 건 무엇일까?

030 할아버지의 시계

윤재인 지음 | 홍성찬 그림 | 느림보 | 36쪽 | 2010.06.10 | 36쪽 | 11,000원

할아버지가 태어나시던 날, 귀한 손님으로 와 평생을 함께 살게 된 태엽시계가 있었다. 팔십 년을 쉬지 않던 시계는 할아버지가 돌아가시던 날에 멈춘다. 사람의 역사와 물건의 역사를 시대의 흐름과 변화와 함께 찬찬히 들여다보게 하는 책이다. 사라진 역사를 마음으로 살펴 그려낸 팔순의 홍성찬 선생님의 깊은 마음이 오롯이 전해진다.

- 지금은 보기 힘든 물건을 책 속 장면들에서 찾아보고 의미가 있는 물건이 있다면 이야기해 보자.
- 나와 시간을 함께해 온 사람과 물건들에 대해 이야기해 보자.

031 할머니 주름살이 좋아요

시모나 치라올로 지음 | 엄혜숙 옮김 | 미디어창비 | 40쪽 | 2016.10.25 | 12,000원

생일을 맞은 할머니 얼굴이 왠지 슬퍼 보인다. 주름살 때문이란다. 궁금해 하는 아이에게 할머니는 자신의 얼굴에 그려진 주름살에 담긴 기억들을 하나씩 꺼내 들려준다. 기쁘고 행복한 기억에서 슬프고 아픈 순간까지 인생의 모든 기억에 관한 이야기다. 면지를 채운 인생의 기념품들, 글 없이 기억 속 한 장면이 그려진 펼친 면까지 꼼꼼히 살펴보길 바란다.

- 중요한 순간을 기억하는 기념품에 대해 이야기해 보자.

꿈꾸는 삶

아무리 막다른 길 끝에 서 있어도 아이들은 꿈을 꾼다. 꿈꾸는 것은 누가 허락할 수도 구속할 수도 없는 일이다. 꿈에 관한한 아이들은 온전히 자기 의지로 자신만의 소유권을 주장할 수 있다. 꼭 이루어지는 꿈을 이야기하지 않아도 좋다. 꿈꾸는 동안 따뜻할 수 있으니 그것으로 충분하다. 자유롭게 꿈꾸고 그 꿈을 이루려는 의지를 불태우는 아이들이 많았으면 좋겠다. 어른들이 할 수 있는 일은 그 꿈을 응원하고 지원하는 일이다. 실현 가능한 모든 꿈을 향해 도전하고 불태우는 꿈에 관한 이야기들을 모았다. 예술가들이 꾸는 꿈과 신화 속 꿈같은 이야기도 있다.

   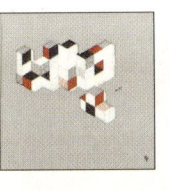  
 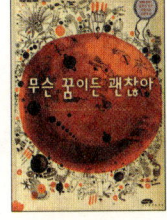    

     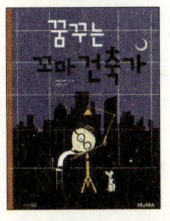 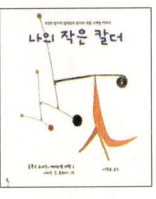

토론 그림책 추천 · 꿈꾸는 삶

어떤 이의 꿈

다양한 방식으로 꿈꾸고 소망하는 존재들에 대한 이야기를 모았다. 건강하고 소박하며 엉뚱하고 초라할지라도 모두의 꿈은 존중받아야 한다는 마음에서다. 그 꿈들이 꼭 이뤄지길 바라는 마음에서다. 『고래가 보고 싶거든』은 꿈이 이뤄지길 소망하며 집중하고 기다리는 동안 어느새 바짝 다가온 꿈의 실현을 보여 주는 책이다. 매일매일 엉뚱한 꿈의 설계도를 그리고 그것의 현실화 과정을 보여주는 책도 있다. 한 송이 꽃으로 태어난 여린 존재이지만 아름답게 세상을 이겨내는 꿈을 꾸기도 한다. 무언가를 채워 자신의 의미를 찾는 꿈, 떠나온 자유의 땅을 꿈꾸는 서커스 코끼리도 만날 수 있다. 멍하니 딴 생각에 빠져 있었지만 그 시간 동안 키우고 다듬었던 꿈이 새로운 재능을 키워준 경우도 있다. 결코 이뤄질 수 없지만 자신의 약점을 보완하고 도달할 수 없는 먼 곳을 향하는 네모의 꿈도 있다. 좋아하는 일에 매달려 즐겁게 놀면서 정작 자신의 꿈이 무엇인지 몰랐지만 열심히 꾸준히 해 온 그 일이 꿈이 된 경우도 있다. 가능한 모든 꿈들 앞에 모든 아이들이 당당하기를!

 **함께 읽고 이야기 나누기**

-꿈을 구체화하는 데 필요한 것은 무엇인지 이야기해 보자.
-다른 이의 꿈을 존중하는 태도가 중요한 까닭은 무엇일까?

032 고래가 보고 싶거든

줄리 풀리아노 지음 | 에린 E. 스테드 그림 | 김경연 옮김 | 문학동네 | 40쪽 | 2014.02.24 | 11,000원

고래가 보고 싶은 아이의 간절한 마음과 달리 고래는 쉽게 나타나지 않는다. 아이는 마냥 기다릴 수밖에 없다. 찾아다닌다고 만날 수 있는 것도 아니기에 간절한 마음으로 기다린다. 아이의 간절함 때문인지 구름도 펠리컨도 고래를 닮은 형상으로 아이 곁을 맴돈다. 하지만 아이는 진짜 고래가 아닌 것에 마음을 빼앗길 수는 없다. 집중하여 기다리는 사이 꿈꾸던 진짜 고래는 어느새 아이가 탄 배를 바짝 뒤쫓아 따라오고 있다. 꿈을 이루고 싶은 간절한 마음과 굳은 의지는 어지간하면 답을 얻기 마련이다.

- 꿈과 희망에 대한 상징적 은유로 고래를 자주 사용하게 된 까닭은 무엇일까?

033 괴짜 발명가 노트

앤드류 레이, 리사 리건 지음 | 박선영 옮김 | 한스미디어 | 128쪽 | 2016.01.18 | 13,000원

저마다 비밀 노트를 혼자 혹은 여럿이 써본 경험들이 있을 것이다. 혼자 쓰는 비밀 노트에는 어떤 말이든 써놓을 수 있어 좋다. 특히 발명이나 창작에 관심이 있는 경우 비밀 노트는 모든 것의 시작이 된다. 이 작가도 그런 노트를 꿈꾼 것 같다. 원제목이 '나의 미친 발명 노트'다. 자신이 봐도 미친 것 같고 실현 불가능할 것 같은 발명품들에 대한 이야기를 쓰고 그려 놓은 것이다. 하지만 그 가운데 꼭 필요하고 실현 가능한 발명품이 나오기 마련이다. 꿈을 그린 미숙한 스케치가 현실이 되는 과정은 생각만 해도 벅차다. 노트부터 사자.

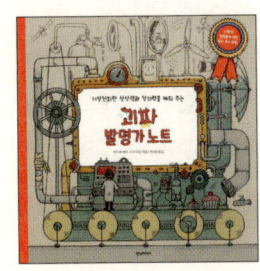

- 오래 전 꿈꾼 일들이 현실화되는 것을 본 적이 있는가?
- 발명을 위한 사고를 하기 위해서는 어떤 것들이 필요할까?

034 나, 꽃으로 태어났어
엠마 줄리아니 지음 | 이세진 옮김 | 비룡소 | 12쪽 | 2014.07.31 | 12,000원

한 송이 여린 꽃으로 태어난 주인공이 자신이 어떤 삶을 살게 되었는지 들려준다. 특별히 대단한 꿈을 꾼 것은 아닐 것이다. 그저 햇살의 따뜻한 기운을 받아 활짝 피어난 꽃은 그 따뜻한 기운을 나누며 산다. 갖가지 다른 꽃들과 어울려 사는 모습은 더 아름답다. 인연을 맺는 데에도 도움을 주고 누군가의 마지막 길을 위해 기도하기도 한다. 가녀린 존재로 태어났지만 세상을 아름답게 이겨낸다. 꽃만 그런가? 태어난 모든 존재의 이유에 대한 이야기다.

- 꽃 한 송이의 의미에 대해 이야기 나눠 보자.
- 나란 존재는 어떤 삶을 살아왔고, 앞으로 어떻게 살아가게 될지 이야기해 보자.

035 네모
차영경 지음 | 반달 | 60쪽 | 2016.07.15 | 13,000원

작고 여린 존재가 꾸는 꿈에 대한 이야기다. 0.1밀리미터 두께의 선으로 그린 네모들의 움직임이 구성에 가까운 이미지들로 이루어져 있다. 자신의 가능성이 어느 정도인지 알 수 없는 작은 네모는 여행을 떠난다. 돌부리에 걸려 넘어지고 보니 자신은 여러 겹의 네모였다는 것을 알게 된다. 모두 함께 산을 오르고 거친 바다도 건너는 동안 어떤 모습으로 변해도 네모는 여전히 네모다. 누구든지 무엇이든 하려고만 하면 그 가능성은 열려 있으며 어떤 자로도 잴 수 없는 것이라는 사실을 말해 준다.

- 작고 여린 존재가 꿈꾸고 도전하는 일은 불가능한 것일까?
- 가능성이란 자로 재거나 수치화할 수 있는 것일까?

036 노래하는 병
안은영 지음 | 사계절출판사 | 40쪽 | 2013.09.30 | 10,000원

빈 병에 붙는 이름은 그 안에 무엇을 담고 있는가에 따라 달라진다. 그저 비어 있을 땐 빈 병일 뿐 어떤 의미도 되지 않는다. 빈 병은 무언가 의미 있는 병이 되기를 꿈꾸고 소망한다. 이 책은 주스를 담고, 주스 병으로 있을 때의 빈 병이 노래하는 병이 되기까지의 이야기를 담았다. 우리들 역시 마찬가지다. 아무 것도 담겨 있지 않은 상태의 자신을 생각해 보라. 어떤 의미를 갖기 위해 우리는 무엇을 담고 살아야 할지 고민하게끔 이끈다. 종이를 깔끔하게 오려 만든 병 모양이 하나의 오브제처럼 기능하면서 쓸모를 찾아가는, 빈 병의 목소리가 더 생생하게 다가온다.

- 빈병의 꿈은 유효할까?
- 각자의 쓸모에 대해 생각해 보고 이야기 나누자.

037 늘 꿈꾸는 코끼리
김지연 지음 | 현북스 | 40쪽 | 2015.12.15 | 12,000원

서커스를 하는 코끼리는 늘 초원을 꿈꾼다. 서커스로 오기 전 먼 기억 속 초원은 현실의 고통을 잠시나마 잊게 해 준다. 고된 현실 속 코끼리는 무표정이다. 자유롭게 살아가던 아프리카 초원을 꿈꾸며 미소 짓는 코끼리의 뒤로 무지개가 함께 간다. 좀 극단적일 수도 있지만 꿈과 희망을 품고 사는 것으로 현실의 무게를 견뎌보자는 의도로 펼쳐 봐도 좋을 것 같다. 운율이 있는 글은 노랫말처럼 들린다.

- 꿈을 꾸는 일은 행복한가?
- 암울한 상황에서도 꿈과 희망을 포기하지 않게 되는 까닭은 무엇일까?

038 딴생각 중

마리 도롤레앙 지음 | 바람숲아이 옮김 | 한울림어린이 | 48쪽 | 2015.03.20 | 12,000원

아이는 늘 딴생각을 하고 있다. 딴생각과 함께 하늘을 날아가기도 하고 몸이 사라지기도 한다. 부모님은 무언가 늘 딴생각에 빠진 듯 보이는 아이를 어떻게 하면 지금 하는 일에만 집중하게 만들지 고민이다. 하지만 아이의 자유로운 상상의 나래를 한곳에만 붙들어 놓는다는 것은 불가능하다. 딴생각 좀 하면 어떤가? 세상을 놀라게 하고 한 걸음 나아가게 만드는 건 딴생각, 엉뚱한 상상을 하는 자들이다. 아이는 자라고 자란 만큼 더 커진 '딴생각'으로 글을 쓰기 시작한다. 누구나 가지고 있을 상상의 나래를 노란 새로 이미지화 했다. 당신이 가진 딴생각은 무슨 색인가?

- 딴생각이 들 때는 어떻게 하는가?
- 딴생각은 해서는 안 되는 것인가?

039 무슨 꿈이든 괜찮아

프르체미스타프 베히테로비츠 지음 | 마르타 이그네르스카 그림 | 김서정 옮김 | 마루벌 | 52쪽 | 2014.02.11 | 12,000원

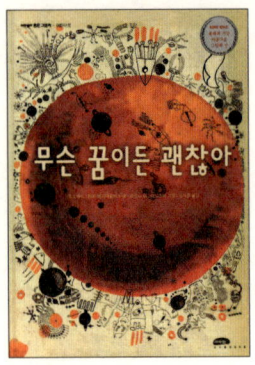

책 자체가 꿈처럼 그려져 있다. 서로 다른 느낌의 도구를 잘 매치시킨 그림이 자유로운 꿈과 같다. 다양한 종이, 그 종이와 어울리거나 어울리지 않는 도구들이 제 짝을 만난 듯, 혹은 이야기가 들려주는 모순적인 상황과 마주하면서 이야기와 함께 어우러진다. 한번 늘어지게 쉬고 싶은 엄마 황새, 에베레스트에 오르고 싶은 뱀장어 가족, 머리를 기르고 싶은 상어 등 불가능해 보이는 꿈이지만 저마다 나름의 절실함이 있다. 어떤 꿈이면 어떠랴. 무엇이든 꿈꿀 수 있는 자유가 세상을 빛나게 한다.

- 불가능해 보이는 꿈을 꾸는 것은 낭비일까?
- 꿈꾸는 일이 세상을 빛나게 하는 까닭은 무엇일까?

040 쿠베가 박물관을 만들었어요!

오실드 칸스터드 욘센 지음 | 황덕령 옮김 | 고래이야기 | 32쪽 | 2014.07.12 | 12,000원

쿠베는 무엇이든 길에서 발견한 모든 것을 집으로 가지고 온다. 특별한 목적이 있거나 꿈을 이루려는 것은 아니었다. 집으로 돌아온 쿠베가 하는 일은 주워온 물건들에 꼬리표를 달아 정리하는 것이다. 공간은 한정되어 있고 물건은 넘쳐나니 묘안이 필요하던 때, 할머니의 조언이 빛을 발한다. 할머니의 조언에 따라 쿠베는 넓은 공간을 빌려 전시도 하고 전시한 물건들을 박물관에 기증했다. 이 모든 일들이 꿈이 이루어지듯 척척 진행되었다. 박물관은 쿠베의 꿈이 된 것이다. 책을 읽는 동안 박물관이 어떻게 만들어지는지 그 과정을 쉽게 알 수 있다.

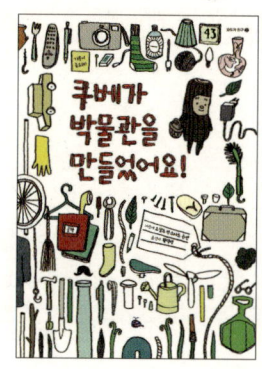

- 박물관은 다양한 문화재와 자연재를 수집, 보존, 전달, 전시하는 사회적 공간이다. 박물관을 기반으로 한 사회적 상호 작용은 어떻게 이뤄질까?

꿈을 이루는 의지와 투지

불가능한 꿈을 이루려는 노력은 보통의 의지로는 어려울 것이다. 여기 소개하는 그림책의 인물들은 가늠하기 힘든 의지와 투지로 꿈을 이뤄낸 자들이다. 이들은 어쩌면 절대적으로 사회적 약자일 수 있다. 일제 강점기의 권기옥은 독립 운동을 하고 중국 비행학교에 입학하여 조선 최초의 여성 비행사가 된다. 일제강점기, 독립운동, 비행사. 누구도 쉽지 않을 길을 걸었고 꿈을 이루었다. 한편 세쿼이아는 사냥을 업으로 삼고 사는 인디언 부족의 일원으로 태어났지만, 다리 한쪽을 전다는 이유로 늘 외톨이였다. 하지만 다리를 저는 것은 장애가 되지 않았다. 그는 누구보다 사냥에 능숙했기 때문이다. 다만 자기들만의 언어가 없다는 사실 때문에 미국인들 앞에서 부끄러워졌다. 결국 자기 민족만의 글을 만드는 꿈을 이룬다. 현대식 컴퓨터의 개념을 확립한 여성 과학자도 있다. IT 용어 사전에 그 이름을 올린 에이다는 인류사에 길이 남을 업적을 이루었다. 많은 핸디캡을 극복하고 성실하게 연구에 매진한 결과다.

 **함께 읽고 이야기 나누기**

-꿈꾸는 일에 한계가 있을까? 현재 내 꿈과 비교하여 이야기해 보자.
-꿈을 이루는 일이 소중한 까닭은 무엇일까?

041 니 꿈은 뭐이가? 비행사 권기옥 이야기

박은정 지음 | 김진화 그림 | 웅진주니어 | 40쪽 | 2010.03.15 | 9,500원

어떤 고난에도 당당히 맞서 우리나라 최초의 여성 비행사가 된 권기옥은 숭의여학교 시절 독립 운동을 하다 고문당하고 일본의 감시를 피해 중국으로 건너가 비행학교에 입학한다. 힘든 여정 끝에 꿈꾸던 비행사가 되어 하늘로 날아오른 권기옥이 묻는다. "니 꿈은 뭐이가?" 다양한 기법을 동원하여 권기옥의 일대기를 그려낸 이미지도 아름답다.

- 꿈을 꾸고 이루는 데 '젠더(사회적 의미의 성)'가 문제 되는가?
- 전문직을 가리키는 단어 앞에 '여성, 여류' 등을 붙이는 것은 차별일까?

042 체로키 인디언의 글자를 만든 세쿼이아

프레데릭 마레 지음 | 염명순 옮김 | 여유당 | 32쪽 | 2012.07.10 | 10,000원

세쿼이아는 체로키 인디언만의 고유한 글자를 만들어 보급한 인물이다. 세쿼이아는 어린 시절 한쪽 다리를 절어 '돼지 발'로 불리며 친구들로부터 놀림과 따돌림을 받았었다. 나이가 들고 사냥꾼이 되어 친구들의 놀림으로부터 자유로워졌지만 우연히 맞닥뜨린 상황에서 글을 모르는 자신이 부끄러워졌다고 한다. 그때부터 그들만의 문자 체계를 만들기 시작했다. 이제 '세쿼이아'는 '영웅'이란 뜻으로 불리게 되었다.

- 꿈꾸는 일은 어떤 장애도 문제 되지 않는다는 것에 대해 어떻게 생각하는가?

043 에이다

피오나 로빈슨 지음 | 권지현 옮김 | 씨드북 | 40쪽 | 2017.02.01 | 12,000원

에이다의 아빠는 시인 바이런, 엄마는 수학자 앤 밀뱅크다. 불행한 결혼 생활을 경험한 엄마는 에이다가 아빠처럼 꿈속에서만 살게 하는 것이 싫어서 수학만 가르친다. 하지만 에이다의 엉뚱한 상상과 창의적 자질은 사라지지 않았다. 훗날 에이다는 현대식 컴퓨터의 실질적 개념을 도입하게 한 인물이 되었다. 세계 최초의 컴퓨터 프로그래머로 알려졌으며 그녀의 이름을 딴 프로그래밍 언어는 현재에도 정밀함을 요구하는 항공 제어나 의료 장비 등의 프로그램에 활발히 쓰이고 있다.

- 수학적 지식과 엉뚱한 상상력이 만난 결과는 인류사에 길이 남을 인물을 탄생시켰다. 창의적 발상의 가능성은 어디에서 오는지 이야기해 보자.

꿈에 도전하면 얻게 되는 선물

많은 이들이 꿈에 도전하지만 이뤄질 수도 있고 그렇지 않을 수도 있다. 꿈을 이루지 못했을 경우 아쉬운 것은 말로 다 할 수 없다. 다만 도전하는 시간 동안 알게 되는 많은 것들에 의미를 둘 수 있으리라. 남극 극점에 도착하여 깃발을 날리진 못했지만 위험한 순간에 내린 귀환 결정이 대원 전체를 살리게 된 일은 섀클턴의 인생에 커다란 선물이 되었을 것이다. 돌아오는 동안 대원들이 쓴 일기는 섀클턴을 길이길이 기억하게 만들었다. 눈송이를 집요하게 들여다보며 보이는 모든 눈 모양을 기록하는 것에 도전한 이도 있다. 누구도 하지 않는 일에 대한 도전이 많은 이들에게 새로운 자연을 발견하게 해 주었다. 도전하는 데 목숨을 담보로 산을 넘고 들도 건너고 비행기도 만들고 달에도 가는 생쥐들의 이야기도 놀랍다. 『어린 왕자』의 저자 생텍쥐페리의 멈추지 않는 도전은 우리에게 무엇을 남겼는지 생각해 보기 바란다.

 **함께 읽고 이야기 나누기**

-꿈을 향한 도전은 크건 작건 소중하다. 사소하더라도 도전의 경험을 나눠 보자.
-더 나은 결과를 위해 꿈을 잠시 미루어 본 일이 있는가? 그때의 심정을 이야기해 보자.

044 20세기 최고의 탐험가 어니스트 섀클턴
윌리엄 그릴 지음 | 이은숙 옮김 | 찰리북 | 71쪽 | 2014.12.20 | 15,000원

미지의 세계를 탐험하는 일만큼 도전 의지가 필요한 것은 없을 것이다. 섀클턴이 남극으로 향했던 1914년은 지금처럼 빠른 교통수단도 없고 생존을 위한 어떤 장치도 미흡하던 시절이었다. 섀클턴 일행이 남극의 극점에 도착하기도 전에 배가 얼어붙어 움직일 수 없게 되자, 섀클턴은 과감히 집으로 돌아가는 길을 택한다. 섀클턴은 남극으로부터 전 대원 무사 귀환의 신화를 이룬 점에서 회자되는 인물이다. 윌리엄 그릴의 절제된 색연필 그림으로 탄생한 탐험의 여정은 지켜보는 내내 손에 땀을 쥐게 한다. 배에 탄 모든 것을 사람부터 물건까지 하나씩 나열하여 표현한 그림은 탐험선 안의 모든 것을 기억하고 살려 돌아오려는 의지처럼 느껴진다.

-어니스트 섀클턴의 도전은 실패한 것인가?

045 내 동생 눈송이 아저씨
메리 바 지음 | 로라 제이콥슨 그림 | 이수영 옮김 | 봄나무 | 36쪽 | 2011.03.15 | 10,000원

서로 완벽하게 똑같이 생긴 사람이 없듯이 눈송이의 형태도 똑같은 것은 하나도 없다. 이 사실을 알아낸 사람이 있다. 이 책은 눈송이가 가진 아름다움을 온 세상에 알린 윌슨 벤틀리에 관한 이야기다. 어린 시절 벤틀리는 어머니의 구식 현미경으로 꽃과 잎과 돌들을 관찰했다. 유난히 물을 관찰하기 좋아하던 벤틀리는 눈송이를 현미경으로 들여다보게 되고, 그 아름다운 형태를 그리기 반복하다가 사진기로 찍기에 이른다. 그렇게 오랜 기다림의 시간을 지나 시행착오를 거듭한 끝에 눈송이 촬영에 성공한다. 일상 주변에 대한 호기심과 애정 어린 관심이 빚어낸 결과다. 이야기는 벤틀리의 형의 시점에서 쓰였다.

-관찰하는 일의 매력에 빠진 경험이 있는가?
-금세 사라지는 대상을 오래 기억하는 방법에는 어떤 것이 있을까?
-사라지는 모든 것을 붙잡으려는 노력은 헛된 일일까?

046 높이-뛰어라-생쥐 미국 인디언 옛이야기
존 스텝토 지음 | 최순희 옮김 | 다산기획 | 40쪽 | 2013.02.26 | 12,000원

자신이 꿈꾸던 땅에 가기 위해 도전하는 생쥐가 있다. 작은 생쥐 혼자 가기엔 너무 멀고 험한 길이지만, 도중에 만난 친구들의 응원과 격려로 도전을 멈추지 않는다는 이야기다. 연필 하나만으로도 화면에 깊이가 생기고 생쥐의 감정이 전달되는 것이 놀랍다. 자신보다 힘든 상황의 친구들을 외면하지 않는 작은 생쥐의 희생과 배려는 언제나 좋은 선물로 되돌아온다. 이 이야기는 인디언들 사이에 전해 오는 것으로, 삶의 여정에서 만나는 모든 존재와의 관계가 얼마나 중요한지에 대해 깨달음을 준다.

- 자신의 꿈을 위해 노력하는 과정에서 도움을 필요로 하는 손길을 외면한 적은 없는가?
- 이야기 속 생쥐와 '선한 사마리아인'은 어떤 차이가 있는가?

047 달에 가고 싶어요
마쓰오카 도오루 지음 | 김경원 옮김 | 한림출판사 | 40쪽 | 2015.01.20 | 11,000원

달에 가려면 우리를 붙들고 있는 중력을 떨치고 날아갈 정도의 힘, 즉 로켓 정도의 추진력이 필요하다. 그저 상상만으로는 실현 불가능한 일인 것이다. 로켓이 발명되기 이전의 사람들은 여러 가지 상상을 통해 달 여행 꿈을 꾸었다. 다리, 탑, 제트스키 등 어떤 것도 중력을 거스르지는 못한다. 오직 로켓만이 가능하다. 이 책은 인류를 달로 데려다 준 발명품, 로켓에 관한 설명서다. 조금은 복잡한 로켓의 원리를 설명하지만, 일상적인 일에서 출발하여 친근하게 다가갈 수 있게 했다. 불가능에 도전하는 일은 일상의 상상에서 출발하기 마련이다.

- 로켓의 발명은 인류에게 어떤 영향을 주었는가?

048 린드버그 하늘을 나는 생쥐

토르벤 쿨만 지음 | 윤혜정 옮김 | 책과콩나무 | 96쪽 | 2015.03.25 | 15,000원

어느 날 한꺼번에 사라져 버린 친구들을 찾아가기 위해 비행기를 만들게 된 작은 생쥐 이야기다. 도서관과 하수도를 오가며 비행기를 만드는 생쥐의 도전 의지가 기특하다. 그곳을 탈출하려는 생쥐를 밤낮으로 감시하는 존재들이 생쥐를 호시탐탐 노리고 있다. 생쥐가 비행기를 만드는 과정은 다빈치의 드로잉과 같은 그림으로 보여 준다. 고생 끝에 생쥐가 만든 비행기는 하늘로 날아오르고 주인공은 마침내 친구들을 만나게 된다.

- 지구상에 아직도 발명할 것이 있을까?

049 세상에서 가장 큰 케이크

안영은 지음 | 김성희 그림 | 주니어김영사 | 84쪽 | 2014.03.27 | 14,000원

천재 레오나르도 다빈치는 많은 발명품과 드로잉들을 남겼다. 작가는 다빈치가 실제로 그려 놓은 한 장의 그림을 보게 된 후 이 이야기를 구상했다고 한다. 그림은 당시 세력가였던 스포르차 공작의 요구대로 공작과 베아트리체 데스테의 결혼식장을 구상하던 중 그린 것이다. 요리에 대한 호기심도 많고 그것을 곧바로 실천에 옮기는 다빈치는 1700개의 케이크로 결혼식장을 꾸미려고 했단다. 그런 실화를 바탕으로 했지만 실체가 없는 결혼식장의 이미지를 상상으로 채워 구현해낸 글과 그림이 흥미롭다. 거대한 케이크 결혼식장은 식이 끝나면 모두 함께 나눠 먹을 수 있게 했다.

- 다빈치가 상상한 결혼식장은 어떤 형태였을까? 각자 그려보고 이야기 나눠 보자.

050 암스트롱 달로 날아간 생쥐

토르벤 쿨만 지음 | 윤혜정 옮김 | 책과콩나무 | 128쪽 | 2017.05.10 | 15,000원

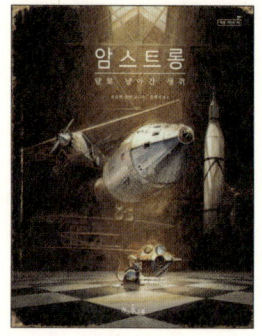

언제나 사람들보다 한발 앞서간 현명한 생쥐의 이야기다. 매일 밤 달을 관찰하던 생쥐가 달에 갈 방법을 고민하는 데서 이야기는 출발한다. 문제 해결을 위해 도서관을 찾은 생쥐는 그곳에서 최초의 비행사 생쥐인 린드버그를 만나 조언을 듣는다. 홀로 도서관을 오가며 비행기를 만들던 전작의 생쥐와 마찬가지로 학구적인 이 생쥐는 대학 강의실까지 찾아간다. 거듭되는 실패 끝에 결국 달에 도착한 생쥐는 발자국을 남기고 무사히 지구로 귀환한다. 이야기가 정말 생생하여 생쥐가 주인공인데도 실화처럼 느껴진다.

-우주 여행의 역사를 조사해 보고 일반인의 우주 여행을 가능하게 하는 요건에 대해 이야기해 보자.

051 하늘을 나는 어린 왕자

피터 시스 지음 | 김명남 옮김 | 시공주니어 | 52쪽 | 2014.07.01 | 9,500원

어린 왕자를 읽었거나 곧 읽게 될 독자들에게 꼭 필요한 책이다. 작가이면서 비행사였던 생텍쥐페리의 일대기가 아름다운 그림과 함께 펼쳐진다. 생텍쥐페리는 유복한 집안에서 태어나 큰 어려움 없이 자랐으며 비행에 대한 꿈도 키울 수 있었다. 성인이 된 이후에는 수없이 많은 좌절과 실패를 딛고 도전한 결과 꿈을 이룬다. 생텍쥐페리는 작가로서 성실히 글을 써온 것은 물론 비행사로서도 늘 새로운 항로를 개척하려 했다. 자료를 수집하고 고증하는 작업에 뛰어난 작가는 이제껏 알지 못했을 법한 생텍쥐페리에 대한 이야기를 이 책에 담았다.

-끊임없이 미지의 일에 도전하는 이유가 뭘까?
-어린 왕자와 생텍쥐페리의 공통점을 찾아 이야기해 보자.

예술을 위한,
예술에 의한,
예술가의 꿈

파블로 피카소, 오귀스트 로댕, 바실리 칸딘스키, 앙리 마티스, 루이스 부르주아, 프랭크 게리, 프랭크 로이드 라이트, 호레이스 피핀 등의 이야기를 소개한다. 예술가로 존경받는 이들이 특별한 까닭은 언제나 새로운 것에 도전하고 꿈꾸는 일을 실현하고자 노력했기 때문이다. 또한 그들은 자신의 작품을 통해 다른 예술가들이 또 다른 꿈을 꾸게 이끌었다. 예술가가 되고 싶은 사람들에게 영감의 원천이 된 작품들을 수없이 만들어냈다는 점에서도 기억할 만하다. 언제나 다른 생각을 하고 그것을 가시화 한다는 점에서도 존경심을 불러일으킨다. 자신만의 작품 세계를 위해 노력하되 자연과 세상의 일에도 관심을 놓치지 않았다. 그들의 꿈은, 그들의 이야기를 책으로 작업한 이들에게도 꿈이 되고 책을 읽는 독자들에게도 멋진 꿈이 될 것이다. 예술의 기원이 된 동굴 속 아이의 이야기는 모든 것의 처음을 기억하자는 의미에서 함께 묶었다.

 **함께 읽고 이야기 나누기**

-예술가를 특별하게 만드는 것은 무엇인가?
-꿈에 대한 의지, 도전, 노력은 특별한 사람에게만 주어지는 것인가?

052 100명의 피카소
바이올렛 르메이 지음 | 한아름 옮김 | 아이세움 | 32쪽 | 2017.03.10 | 10,000원

피카소는 오래도록 생을 누렸고, 굉장히 다양한 사조와 화풍을 만들고 따랐으며 엄청나게 많은 작품을 남긴 예술가다. 그가 남긴 작품은 거의 버릴 것이 없었다는 점이 더 놀랍다. 이 책은 피카소에 관련된 100가지로 축약된 사건과 작품들을 소개한다. 피카소의 생애 가운데 기억할 만한 사건과 그가 탐닉했던 색채의 변화들, 점차 달라지는 형태와 작업 방식 등을 한눈에 알기 쉽게 보여 준다. 함께 100가지까지 순서대로 세어가며 그의 업적을 더듬어 보자.

- 피카소의 열정은 어디에서 오는 것일까?
- 한국전쟁 중 일어난 '신천 양민 학살'에 반발하여 그린 피카소의 역작을 보고 감상을 나누자.

053 거미 엄마, 마망 루이스 부르주아
에이미 노브스키 지음 | 이자벨 아르스노 그림 | 길상효 옮김 | 씨드북 | 48쪽 | 2017.03.20 | 12,000원

여러 선염색사로 그림을 짜 넣은 직물인 '태피스트리' 수선을 업으로 삼은 탓에 하루 종일 닳고 해진 천들을 꿰매고 고치는 엄마를 바라보며 자라난 소녀가 있었다. 소녀는 12살부터 가업을 이어 엄마와 함께 바느질을 하기도 했다. 그 일이 지겨워 전혀 바늘을 잡지 않고 지내기도 했다. 엄마를 잃은 후에야 시작한 바느질은 소녀에게 위로가 된다. 소녀는 다정하고 솜씨가 좋았지만 아버지로부터 외면 당한 엄마를 생각하며 다양한 재료로 거미를 만들기 시작한다. 거대한 청동 조각으로 완성한 <마망>은 엄마의 표상이다. 이 책은 주로 루이스의 어린 시절에 집중되어 있지만 그녀가 예술가로서 성장하는 과정을 아름다운 그림으로 보여 준다.

- 예술가가 지닌 과거의 상처는 작품을 통해 드러나거나 은폐되기도 하는데, 어떤 쪽이 더 나은지 이야기해 보자.
- 루이스 부르주아의 작품을 감상하고 이야기 나누어 보자.

054 꿈꾸는 꼬마 건축가
프랭크 비바 지음 | 장미란 옮김 | 주니어RHK | 40쪽 | 2013.07.05 | 13,000원

꼬마 프랭크는 자신과 이름은 같지만 건축가와 건축에 대해 자신과 다른 생각을 가진 할아버지 때문에 건축 놀이에 김이 빠진다. 둘은 미술관을 찾아가는데, 함께 뉴욕 현대 미술관을 둘러보면서 고정관념을 허무는 건축가들의 작품과 만나게 된다. 프랭크는 비틀어지고 구겨진 건물, 구불거리는 의자 등 상상을 자극하는 건축의 세계를 만나자 신이 난다. 해체주의 건축을 지향하는 '프랭크 게리', 자연과의 유기적 관계를 중요시하는 '프랭크 로이드 라이트' 등의 건축가로부터 이야기가 시작되었다. 이 책을 쓰고 그린 작가는 이름이 '프랭크 비바'이다.

- 건축에 철학을 담는다는 것은 어떤 의미일까?
- 빌바오 구겐하임 미술관을 설계한 프랭크 게리의 작품을 찾아서 감상하고 이야기 나누자.

055 나의 작은 칼더
콜롱브 슈네크, 에마뉘엘 자발 지음 | 이리스 드 모위이 그림 | 이정주 옮김 | 톡 | 44쪽 | 2015.07.20 | 12,000원

평생을 모빌과 스태빌을 만들어온 작가 칼더와 관련된 실화를 바탕으로 이야기를 재구성했다. 칼더가 만든 작품 중 특히 좋아하던 두 개의 작은 스태빌이 있었다. 어느 날 팔 한쪽이 바뀐 채 서로 다른 곳으로 가게 된 두 스태빌은 오랜 시간이 지난 뒤 운명처럼 다시 만나게 된다. 칼더는 조각 작품에 움직임을 더해 독보적인 키네틱 아트를 구현한 예술가다. 칼더의 거짓말 같은 실화를 발굴하고 작품에 인격을 부여한 아름다운 책이다.

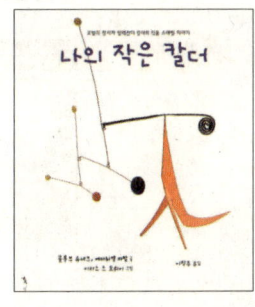

- 모빌과 스태빌의 원리는 무엇인지 알아보고, 그 가치에 대해 이야기해 보자.
- '결정적인 계기', '운명적 만남'에 대해 이야기를 나눠 보자.

056 눈부신 빨강 현대 미술가 호레이스 피핀의 삶과 예술

젠 브라이언트 지음 | 멜리사 스위트 그림 | 이혜선 옮김 | 봄나무 | 32쪽 | 2014.10.20 | 11,000원

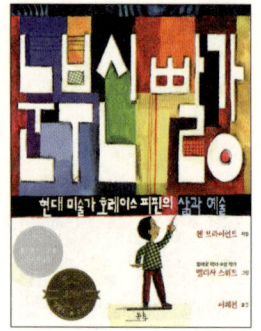

흑인이며 장애를 갖고 대대로 노예로 살던 가난한 집안에서 태어나 제대로 된 미술 교육을 받을 수 없던 호레이스 피핀의 이야기다. 12살부터 일을 해야 했던 피핀은 피곤한 몸을 추슬러 매일 그림을 그렸다. 주로 가까운 마을 사람들과 그들이 살아가는 마을의 풍경을 그렸으며 전쟁을 통해 자신이 겪은 이야기와 성서의 이야기를 그림으로 그렸다. 강렬한 대비를 이루는 깊고 풍성한 색채의 그림은 피핀만의 독창적인 것이었다. 이 책의 작가도 그런 기법을 썼으며 콜라주를 곁들여 이야기에 활력을 더했다. 대담하고 아름다운 피핀의 그림은 안타깝게도 우리나라에는 거의 알려지지 않았다.

- 예술 분야는 교육만으로 완성될 수 있을까?
- 구글 검색을 통해 호레이스 피핀의 그림을 살펴보면서 감상해 보자.

057 로댕의 미술 수업

크리스티다 뷜레 위리베 지음 | 미셸 게 그림 | 허보미 옮김 | 톡 | 41쪽 | 2013.12.27 | 13,000원

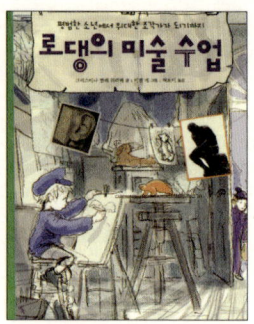

지금까지 알려진 로댕의 어린 시절 에피소드를 하나의 이야기로 엮었다. 로댕은 빵 포장지의 얼룩을 따라 그리거나, 과자 반죽을 빚으며 놀던 평범한 아이였다. 학습 능력에서는 남들보다 못하는 경우가 있어 놀림을 받기도 했다. 하지만 열 살부터 시작한 미술 수업은 로댕의 인생을 바꿔 놓았다. 한번 그림을 그리기 시작하면 밤을 새우기도 했던 로댕은 끈기와 노력으로 살아생전에 위대한 예술가로 인정받을 수 있었다. 로댕의 데생을 따라 그린 그림들과 작품 사진과 연대기 등 풍성한 자료들을 첨부한 이 책은 로댕의 예술가로서의 시작을 잘 보여 준다.

- 어린 로댕의 그림에 대한 절실함과 비슷한 경험을 해 본 적 있는가?
- 좋아하는 것을 마음껏 하기 위해 로댕이 극복해야 할 것은 무엇이었을까?

058 마티스의 정원

사만사 프리드만 지음 | 크리스티나 아모데어 그림 | 지혜연 옮김 | 주니어RHK | 40쪽 | 2014.12.10 | 25,000원

노년의 마티스는 투병 생활 중에도 열정적으로 작품 활동을 했다. 그는 붓을 들고 그림을 그릴 수 없게 되자 병상에 앉아 가위로 종이를 오려내어 붙이는 기법을 고안한다. 채색이 필요할 때는 조수들의 도움을 받았다. 그렇게 완성한 투병 중의 작품들은 간단한 형태지만 미술사에 길이 남을 역작이 되었다. 이 책의 이미지를 맡은 작가 역시 마티스의 기법이 가진 장점을 최대한 살려 책에 걸맞은 그림을 만들어냈다. 마티스의 작업 방식을 그대로 재현하여 이야기와 함께 선보인 그림들은 이 책의 완성도를 높이는 데 큰 역할을 한다. 색채와 형태가 정말 생생하다.

- 마티스가 투병 중에도 작품 활동을 멈추지 않은 이유는 무엇일까?
- 마티스처럼 가위로 종이를 오려낸 작업을 따라해 보고 완성된 작업을 보면서 감상을 나눠 보자.

059 소리를 그리는 마술사 칸딘스키

다안 렘머르츠 더 프리스 지음 | 신석순 옮김 | 톡 | 32쪽 | 2016.02.19 | 12,000원

추상 미술의 모태가 된 청기사파의 수장 격인 바실리 칸딘스키의 예술적 영감에 관한 이야기다. 어느 날 자신이 그린 파란 말이 그림 속에서 뛰쳐나와 칸딘스키가 가는 곳마다 따라다닌다. 칸딘스키는 처음엔 귀찮았지만 파란 말의 이야기에 귀를 기울이며 새로운 작업을 구상하기 시작한다. 이후 칸딘스키의 작업에는 시각 예술이지만 소리가 들릴 듯 기하학적 도형들이 배치된다. 작업이 완성되자 파란 말도 사라진다. 칸딘스키의 일생과 예술적 영감을 보여 주는 이 책의 작가 또한 뛰어난 조형 기법으로 이야기를 완성했다.

- 소리를 그린다는 것은 가능한 일인가? 관련 작품을 보면서 이야기 나눠 보자.
- 예술적 영감은 어디에서 오는 것일까?

060 처음 그림을 그린 아이

모디캐이 저스타인 지음 | 천미나 옮김 | 주니어RHK | 40쪽 | 2013.11.20 | 10,000원

암각화를 발견할 때마다 드는 의문은 '이것을 누가 무슨 이유로 그렸을까?'일 것이다. 작가는 자기 나름의 상상력을 발휘하여 세상에서 처음 그림이 탄생한 시점을 그렸다. 배경은 선사시대, 밤이 찾아든 동굴 안이다. 모닥불 앞에 앉아 그림자를 보며 타다 남은 나뭇가지로 의미 없는 낙서를 시작하는 아이가 있다. 아이는 울퉁불퉁한 동굴 벽에 무언가 그리기 시작한다. 아이가 그린 그림은 지금도 남아 있을 법한 동물들의 형상이다. 기원도 창작자도 불분명한 동굴 그림으로부터 시작된 상상, 예술의 기원을 찾아가는 여정을 그렸다고 해도 좋겠다.

- 동굴 그림이 예술의 기원일까? 예술의 기원이 어디에서부터 비롯되었는지 이야기해 보자.
- 예술의 기원은 현생인류의 시작으로부터 파생된 것일까?

장인의 손에서 살아난 꿈같은 그림

신화야말로 서사와 뗄 수 없는 무한의 신비를 담은 이야기다. 고대로부터 사람들의 기억 속에 저장되어 내려 온 신화 속 캐릭터는 늘 꿈처럼 등장한다. 한민족의 신화도 마찬가지다. 기독교인들이 많아진 지금에도 민간 신앙의 뿌리는 여전히 남아 있다. 부적은 나쁜 기운을 물리치고 좋은 기운을 받을 수 있다는 미신적 요소를 가졌지만 한 장의 이야기 그림으로 보아도 좋을 것이다. 뭔가 소중히 보관하면서 기원하면 원하는 것을 이룰 수 있다는 점에서 마냥 배척하고 부정적인 시선으로 볼 일은 아니다. 드림 캐처나 걱정 인형 등이 비슷한 맥락의 물건일 것이다. 김지연 작가가 집중하는 것은 아마도 우리 민족만이 가진 고유한 것일 듯하다. 부적에서 이야기를 찾고 꽃살문을 이야기 속으로 가져 온 작가는 이전에도, 앞으로도 없을 것 같다. 미적인 관점에서 보면 부적의 그림이나 꽃살문의 조각들은 장인의 손끝에서 살아난 예술이다. 전통 가구의 장석에 새겨진 무늬도 역시 마찬가지다. 사람들 마음 속 꿈과 소망을 담아 장인의 손끝에서 살아난 캐릭터의 이야기를 들어보자.

 **함께 읽고 이야기 나누기**

- 신화는 현실과 상관없는 옛날이야기일 뿐일까?
- 동양의 신화가 야만적이라는 시선이 있는데, 이는 무슨 근거로 판단한 것일까?

061 깊은 산골 작은 집
김지연 지음 | 느림보 | 36쪽 | 2011.04.18 | 11,000원

부적 속 캐릭터들이 활약하는 흥미로운 이야기가 탄생했다. 예로부터 악을 쫓고 건강과 복을 기원하는 부적의 기능을 장대한 스펙터클로 확장시켰다. 한 장의 그림으로 시작한 이야기는 달나라와 바다 속은 물론 산과 들을 종횡무진 하는 대추격전으로 발전한다.

- 민간 신앙이 주는 힘은 어디에서 오는 것일까?
- 민간 신앙을 무조건 미신으로 취급하는 것이 옳을까?

062 꽃살문
김지연 지음 | 느림보 | 36쪽 | 2014.05.26 | 12,000원

아이가 놀고 있는 곳은 신화 속 계곡, 꿈과 같은 공간이다. 작가는 꽃살문에 새겨진 문양에 반해 십장생과 아이의 만남이라는 이야기를 만들어냈다. 네 개의 꽃살문은 사계절로 들어갈 수 있는 문을 뜻한다. 아이는 그 문을 열고 들어가 십장생들을 만나고 계절별로 한바탕 놀이를 즐긴다. 살아 움직이며 흥겹게 놀던 아이와 십장생들은 마지막엔 모두 꽃살문으로 숨어 들어가 버린다.

- 십장생이 갖는 의미가 오늘날에도 유효할까? 그 판단 기준은 무엇일까?

063 꽃향기에 나비 날고
최은미 지음 | 초방책방 | 30쪽 | 2007.04.14 | 10,000원

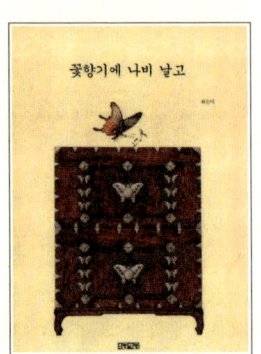

전통 가구에 달린 장석을 모티브로 민화 형식의 그림과 시를 함께 빚어낸 책이다. 장석은 목가구의 여닫기 기능은 물론 그 자체로도 미적 완성도가 높다. 목가구의 품격을 더욱 높여 주는 장석의 아름다운 문양이 꿈같은 이야기로 살아났다. 부부의 다정함을 소망하는 나비, 장수를 비는 학 등 13가지 동물 문양을 두고 쓴 이야기는 운율에 맞춰 배치되었다. 옛 시조와 민화를 한자리에서 감상하는 즐거움도 있다.

- 옛 장인들이 장석에 공을 들인 까닭은 무엇일까?
- 전통을 살리는 일의 가치는 무엇일까?

엉뚱해도 좋아, 상상의 날개 펼치기

내 주먹만 한 채소를 띄워 보냈는데 집채보다 큰 채소가 내려온다면 무척 황당할 것이다. 뭐, 식량 문제를 해결해 보려는 비밀스런 작전은 아니다. 그런 상상들이 부풀어 어쩌면 한 번은 꿔봤을 수도 있는 꿈의 나래를 펼쳐 볼 수 있는 거다. 데이비드 위즈너의 누구도 따라잡기 힘든 상상력의 세계를 소개한다. 채소는 나눠 먹고 바꿔 먹어도 차고 넘칠 만큼 내려왔는데 어쩌다 그렇게 되었는지는 아무도 모른다. 과연 이 사태의 전말을 밝힐 수 있을 것인가는 역시 '독자의 상상에 맡겨 본다!'라는 생각에 나오게 된 책도 있다. 고양이의 알 수 없는 행동에서 실마리를 풀어가는 이야기는 엉뚱하지만 역시 한 번쯤 상상해 봤을 법한 꿈의 세계다. 산타클로스에 대한 의문은 온갖 이야기를 만들어냈다. 그이 일이 하룻밤에 할 수 있는 일은 아니기 때문이다. 산타에게 크리스마스 시즌 한정 하수인이 된 부모들의 열일을 지켜보자. 혹시 지구상의 전쟁을 끝내버릴 묘책은 없을지 고민하고 꿈꿔 본 일은 없을까? 묘책을 생각하다가 포탄 대신 책을 던져도 좋겠다는 생각을 한 작가도 있다. 그럴 수만 있다면 그래서 전쟁을 종식시킬 수 있다면야 어떤 방법이라도 환영이다. 이 땅에 전쟁이 사라지는 꿈이라면 뭐라도 다 좋을 것 같다.

 **함께 읽고 이야기 나누기**

-엉뚱한 꿈을 꾸는 사람은 어리석은가?
-말도 안 되는 꿈을 한번쯤 꿔 보자. (토론보다는 비밀 일기장에 쓰는 것이 좋겠다.)

064 1999년 6월 29일

데이비드 위즈너 지음 | 이지유 옮김 | 미래아이 | 32쪽 | 2004.02.03 | 9,000원

홀리 에반스가 하늘로 날려 보낸 씨앗이 거대 작물이 되어 돌아온다. 그날이 1999년 6월 29일이다. 한 번쯤 해봤을 법한 상상일 것이다. 사람들은 하늘에 둥둥 떠 있는 양배추와 파프리카를 보며 처음엔 경악을 금치 못했다. 그러나 곧 그것으로 인해 사람들에게 줄 이익을 생각하게 되고 일자리를 만들거나 교환하는 등 엄청난 변화가 일어난다. 그런데 이상한 것은 홀리가 날려 보내지도 않은 채소까지 포함되어 있다는 사실이다. 원인은 우주인 요리사의 실수다. 놀라운 상상력으로 언제나 독자들에게 의외의 기쁨을 주는 데이비드 위즈너의 초기작이다.

- 지구상의 식량이 부족한 것은 고르게 분배되지 않았기 때문인데, 이를 해결하려면 어떻게 해야 할까?
- 식량 문제를 해결한다는 미명 아래 유전자 실험을 계속하는 것은 정당할까?

065 백만 억만 산타클로스

모타이 히로코 지음 | 마리카 마이야라 그림 | 강희진 옮김 | 우리나비 | 48쪽 | 2016.11.30 | 12,000원

크리스마스 전날 밤, 어떻게 산타 혼자 온 세상 아이들에게 선물을 배달할 수 있을까? 이런 생각을 한 번쯤 해 본 적 있었을 것이다. 사람들이 지금만큼 많아지기 이전의 산타는 혼자서 모든 어린이들에게 선물을 나눠 줄 수가 있었다고 한다. 그러다 아이들이 많아지고 혼자서 하룻밤에 일을 다 할 수 없었던 산타는 선물을 제대로 나눠줄 수 없게 되었다. 고민에 빠진 산타는 자신이 둘이 되게 해달라고 기도를 한다. 자, 어떻게 되었을까? 둘이 되긴 했는데 똑같은 산타가 나타난 것이 아니라 산타 한 명이 둘로 나뉘면서 그만큼 작아졌다. 그렇게 매년 숫자가 늘어난 산타는 눈에 보이지 않을 정도의 크기가 된다. 아이들에게 줄 선물은 부모에게 귓속말로 전해 주게 되었다는 이야기다.

- 산타의 행보를 믿는다면 위와 같은 사실이 수긍할 만한 것인지 이야기해 보자.
- 산타를 믿지 않게 된 이유를 함께 이야기해 보자.

066 이봐요, 까망 씨!
데이비드 위즈너 지음 | 비룡소 | 32쪽 | 2014.03.28 | 11,000원

고양이 까망 씨는 고양이를 위한 장난감에는 관심이 없다. 그런 까망 씨가 벽장을 주시하며 한없이 무언가를 기다린다. 이 이야기는 일상에서 반려동물이 간혹 알 수 없는 행동을 하고 있는 것을 보았을 때 한 번쯤 펼쳐 볼 만한 상상을 바탕에 둔 책이다. 까망 씨가 들여다보고 뒤쫓고 있는 대상은 놀랍게도 외계인이다. 너무 작은 크기라 사람들은 쉽게 알아보기 힘들다. 벽장 속에서 곤충들과 만난 외계인들은 몇 가지 도움을 받는다. 그리고 합동 작전을 펼쳐 자기들을 주시하는 까망 씨를 놀리기라도 하듯 유유히 탈출한다. 까망 씨는 여전히 꼼짝 않고 벽장을 주시하고 있다.

-반려 동물의 일상을 방해하지 않고 관찰한 적 있는가? 이상한 점이 있었다면 이야기해 보자.

067 책으로 전쟁을 멈춘 남작
질 바움 지음 | 티에리 드되 그림 | 정지숙 옮김 | 북뱅크 | 33쪽 | 2017.07.10 | 12,000원

책 읽기를 좋아하던 남작이 있었다. 남작의 취미는 비행기를 타고 다니며 새들을 구경하거나 책을 읽는 것이다. 어느 날 땅에서 전쟁이 시작되고 남작은 고민한다. 무척 무겁고, 맞으면 아픈 물건은 무엇일까? 남작은 적진에 포탄 대신 책을 떨어트린다. 말도 안 되는 이야기라고 할 수 있지만 의외로 전쟁에 지친 군인들은 책을 펼쳐 읽기 시작한다. 군인들이 책에 집중하다 보니 명령도 들리지 않고, 그러다가 황당하게 전쟁이 끝나 버린다.

-전쟁을 멈출 방법은 있을까? 마음껏 이야기해 보고, 그 가운데 실현 가능성이 있는 방법을 골라 보자.

놀라운 삶

주로 과학, 지식 책들이 많다. 사람들의 상상을 초월하는 동물과 식물들의 놀라운 이야기를 만날 수 있다. 주로 생태 전반에 관한 이야기와 습성에서 그들의 놀라운 삶을 발견하는 이야기들이다. 한살이를 중심으로 한 관찰 일지도 포함되어 있다. 한 생애 주기를 함께 보내며 차근차근 관찰하고 기록한 작가들의 의지와 노력이 더 놀랍다. 비슷한 줄 알았던 동물들의 서로 다른 모습과 우주와 천체의 이야기도 다룬다. 탐험과 집요한 연구 결과를 들려주는 이야기도 있다. 동물과 식물뿐 아니라 동네와 속옷, 머리카락 등에 관한 세심한 관찰과 고민을 들려주는 이야기에서 놀라운 통찰을 만날 수도 있다.

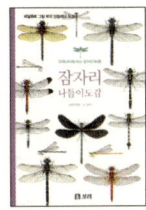

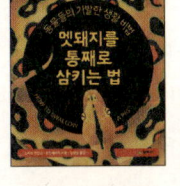

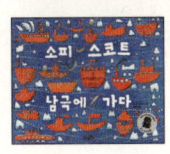

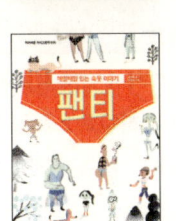

돌고 도는 우리들의 삶

지금 보고 있는 것 외에 다른 것을 상상하기 힘든 아이들이 자연의 한살이를 경험하는 것은 아주 특별한 일이다. 그림과 글이 어우러진 그림책은 자연의 한살이를 생생하게 보여 준다. 식물은 씨앗에서 싹이 터서 자라고 꽃이 피며 열매를 맺는다. 동물은 태어나 성장하여 자손을 남기고 죽는다. 자연의 모든 것은 이러한 과정을 통해, 그야말로 온 우주의 힘으로 성장하는 것이다. 열매가 떨어지고, 누군가 죽는다 해도 한살이는 멈추지 않는다. 그 끝에는 항상 씨앗, 새 생명이라는 시작이 함께한다. 끊임없는 자연의 순환은 아이들이 자신의 삶을 조망할 수 있는 힘을 준다. 이는 생명에 대한 존중, 자연에 대한 경외를 불러일으킨다. 도시에서 생활하는 아이들에게 자연은 놀이다. 자연을 관찰하고 자연을 느끼면서 새로운 경험들을 쌓을 수 있다. 자연과 함께한 경험을 통해, 아이들은 나와 자연이 따로따로가 아니라 함께 살아간다는 것을 알게 된다. 자연의 한살이와 순환을 담은 책들을 통해 생명의 소중함을 느낄 수 있을 것이다.

 **함께 읽고 이야기 나누기**

- 자연에 관심을 가져야 할 필요가 있을까?
- 자연과 가까워지기 위해 사람들은 어떤 노력을 해야 하는가?
- 한 생명이 소중하다고 느껴질 때는 언제인가?
- 자연이 순환되지 않으면 어떤 일이 벌어질까?

068 나팔꽃

아라이 마키 지음 | 사과나무 옮김 | 타카하시 히데오 감수 | 크레용하우스 | 32쪽 | 2012.07.25 | 9,500원

나팔꽃은 우리 주변에서 쉽게 볼 수 있는 꽃이지만 자세히 알기는 힘들다. 작가는 익숙하지만 잘 알지 못하는 꽃들의 한살이를 보여 준다. 표지에는 만발한 나팔꽃을 클로즈업하여 코를 대고 꽃향기를 맡고 싶게 한다. 세밀한 관찰화 위에 화려한 색을 입혀 꽃들을 바로 앞에서 보는 듯 또렷하다. 씨앗에서 새싹이 나고 잎이 생기고 줄기가 뻗어 나가 꽃이 핀다. 이러한 과정을 아이들의 수준에 맞게 잘 설명한다. 꽃들의 한살이를 통해 흔히 보는 꽃 한 송이도 쉽게 피는 것이 아니라 힘든 과정을 거쳤다는 것을 알게 된다. 이는 생명을 소중히 여기는 마음으로 연결된다.

- 자연의 신비함을 느꼈던 경험이 있다면 공유하고, 이유에 대해 이야기해 보자.

069 민들레

아라이 마키 지음 | 사과나무 옮김 | 타카하시 히데오 감수 | 크레용하우스 | 32쪽 | 2016.04.05 | 10,000원

길고 긴 추위를 견딘 끝에 봄을 맞는 민들레의 일생을 그린 책이다. 작가는 땅속에서부터 꽃봉오리를 들어 올려 꽃을 피우고, 시든 꽃에서 다시 깃털이 피어나는 민들레의 모습을 정밀하게 묘사한다. 실제로 꽃 바로 옆에서 관찰하듯 책을 읽을 수 있다. 정교한 세밀화는 부드럽고 따스한 색감으로 표현되어 생생하면서도 그 아름다움을 더한다. 책을 읽은 뒤 주변에서 민들레를 찾고, 민들레의 아름다움을 느낄 수 있길 바란다.

- 길가에 핀 꽃을 꺾어 내 방에 가지고 오는 것은 옳은 일인가?
- 하나의 꽃으로 보이지만 수많은 작은 꽃들로 만들어진 민들레를 보며 우리의 모습과 비교하여 이야기해 보자.

070 해바라기

아라이 마키 지음 | 사과나무 옮김 | 타카하시 히데오 감수 | 크레용하우스 | 32쪽 | 2015.08.10 | 10,000원

해바라기는 여름의 대표 꽃이다. 키가 크고, 노랗고 둥근 꽃을 가진 해바라기는 여름의 뜨거운 태양을 생각나게 한다. 이 책은 이런 해바라기의 한살이를 생생하게 묘사했다. 또한 작은 해바라기 씨앗이 자라는 과정을 이해하기 쉽게 설명했다. 한 송이 해바라기에서 나오는 씨앗을 줄 맞춰 실물 그대로 책 양쪽 면 가득 그려 놓은 걸 보면 놀랄 것이다. 아이들은 해바라기의 한살이를 통해 자연의 신비함과 아름다움을 느끼고 주변 자연 환경에 관심을 가질 수 있다. 또 식물에 대한 기본적인 지식을 익히고 자연에 대한 탐구심과 관찰력을 향상시킬 수 있다.

- 다양한 해바라기를 그린 여러 장르의 예술 작품을 함께 찾아보고 이야기를 나누자.

071 배추흰나비 알 100개는 어디로 갔을까?

권혁도 지음 | 길벗어린이 | 30쪽 | 2015.03.01 | 11,000원

배추흰나비가 알을 100개 낳았다. 알은 모두 나비가 될 수 있을까? 험난한 자연에서 알 100개가 모두 살아남기는 힘들다. 76마리 애벌레만 알에서 나온다. 그중 58마리 애벌레가 살아남는다. 이런 여러 단계를 거치면서 애벌레는 점점 줄어들고 결국, 힘겹게 한 마리만 나비가 된다. 독자는 배추흰나비 알 100개가 1마리의 나비로 살아남기까지 겪는 과정을 자세히 관찰하면서 작은 곤충이 어떻게 생태계의 균형을 이루며 살아가는지 자연스럽게 알게 된다. 나비가 되지 않은 애벌레 또한 여러 방법으로 생태계에 기여한다는 것이 놀랍고 신기하다.

- 만약 배추흰나비의 알 100개가 모두 나비가 된다면 어떤 일이 벌어질까?
- 나비가 되지 못한 알들은 생태계 균형에 어떤 역할을 할까?

072 세밀화로 보는 나비 애벌레
권혁도 지음 | 길벗어린이 | 36쪽 | 2010.05.25 | 10,000원

나비 애벌레들의 삶을 그린 세밀화 책이다. 자연과 생명의 모습을 생생하게 보여 주는 '권혁도 세밀화 그림책' 시리즈의 네 번째 책이기도 하다. 애벌레를 실제보다 크게 그려, 보송보송한 솜털과 주름 하나하나까지 섬세하게 표현했기에 나비 애벌레를 아주 자세하게 볼 수 있다. 왼쪽에는 크고 세밀한 애벌레를, 오른쪽에는 애벌레와 먹이식물을 함께 보여 주며 애벌레의 생활과 애벌레의 다양한 종을 알려 준다.

-동물의 한살이와 나의 한살이를 비교해 보자.

073 잠자리 나들이도감
정광수 지음 | 옥영관 그림 | 보리 | 188쪽 | 2017.05.01 | 12,000원

우리나라에 사는 잠자리 96종을 기록한 도감이다. 1부는 '그림으로 찾아보기'로 잠자리를 분류하고 잠자리마다 구분할 수 있는 특징을 화살표로 미리 볼 수 있게 했다. 2부는 우리나라에 사는 잠자리를 분류하여 실었다. 잠자리 세밀화와 함께 암수 옆모습도 함께 그려서 쉽게 비교해 볼 수 있다. 3부는 잠자리에 대해 더 궁금한 내용을 실었다. 잠자리 진화, 생김새, 한살이, 사는 모습, 과별 특징을 알 수 있다.

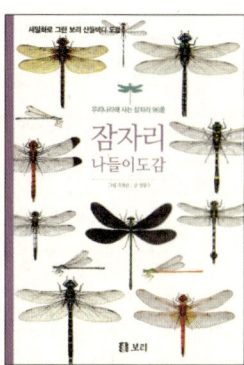

-잠자리 관찰을 위해 잠자리를 채집하는 것이 옳은 일인가?

074 연어
김주현 지음 | 김주희 그림 | 고래뱃속 | 24쪽 | 2016.07.31 | 15,000원

연어의 한살이를 그린 책이다. 파노라마처럼 펼쳐지는 연어의 삶을 아코디언 형식으로 구성해 열어볼 수 있게 했다. 3미터가 넘는 그림책 앞면에는 알을 낳을 때가 된 연어들이 바다를 떠나는 장면으로 시작한다. 뒷면에는 숲과 강물의 냄새를 간직한 채 바다로 떠나는 새끼 연어들의 이야기가 이어진다. 책을 모두 펼쳐 보면, 연어의 역동적인 삶과 끝없는 자연의 흐름이 한눈에 들어온다. 거친 물살을 거슬러 오르며 고향을 찾아가는 연어의 감동적인 삶을 다룬 다큐멘터리를 보는 듯하다.

-여러 동물의 한살이를 알아본 후 사람의 한살이에 대해 생각해 보자.

동물의 보금자리 숲, 산, 들

숲은 우리 마음에 안식을 준다. 지저귀는 새들과 다양한 동식물이 함께 사는 보금자리이기도 하다. 이런 숲들이 사라지고 있으니 안타깝다. 숲이 사라지면 그곳의 동물들은 살 곳이 없어진다. 숲과 숲에 사는 동물들을 지킬 수 있는 있는 방법은 없을까? 이참에 숲에 사는 생물들에 관한 책을 살펴보자. 특정 생물들의 생태를 살펴보다 보면 주변의 다른 생태계까지 알게 될 것이다. 동물들이 자연과 더불어 자신의 삶을 어떻게 이어가는지 보면 그들의 삶이 얼마나 소중한지 알게 된다. 숲을 지켜주기 위해 어떤 것을 해야 하는지에 대한 고민도 자연스레 하게 된다. 책 읽기가 끝나면 숲으로 가자. 아이들은 숲속에서 새들이 내는 소리에 귀를 기울이게 될 것이고 풀벌레나 열매처럼 새들이 먹는 먹이와 새들이 둥지를 트는 나무에 대해서도 궁금해질 것이다. 동물들 사이에 자연스럽게 이뤄지는 먹이사슬과 공생에도 관심을 가지며 생태에 관한 인식의 폭이 점점 넓어질 것이다. 그리고 생명을 존중하는 마음이 커지고 감성도 풍부해질 것이다.

 **함께 읽고 이야기 나누기**

-산림의 파괴가 우리에게 미치는 영향을 무엇일까?
-자연과 더불어 사는 법에 대해 이야기해 보자.

075 둥지는 소란스러워

다이애나 허츠 애스턴 지음 | 실비아 롱 그림 | 윤소영 옮김 | 현암사 | 29쪽 | 2015.06.20 | 12,000원

'둥지'라는 말은 주로 새들의 집을 이르는 말이다. 하지만 모든 생물의 주거 공간 역시 둥지라고 할 수 있다. 이 책은 생김새도 쓰임새도 제각각 다른 동물들의 집에 대해 기록한 책이다. 주변 환경, 쓰는 재료, 짓는 방식에 따라 모양도 크기도 제각각인 동물들의 집을 소개하며 저마다 환경에 적응하여 살아가는 모습, 독특한 방법으로 집을 짓는 모습, 살며 협동하는 모습을 보여 준다. 앞 면지에는 본문에서 만나게 될 동물의 집들을 한눈에 볼 수 있도록 담았다. 뒷 면지에는 앞서 보았던 집을 짓는 동물들을 한데 모아 비교하며 읽을 수 있게 구성했다.

-새가 환경에 적응하는 과정과 인간이 환경에 적응하는 과정을 비교해 보자.

076 새들은 왜 깃털이 있을까?

멜리사 스튜어트 지음 | 세라 S. 브래넌 그림 | 이우신 옮김 | 다섯수레 | 32쪽 | 2014.03.05 | 12,000원

새들이 왜 깃털을 가지고 있는지 알려 주는 책이다. 깃털은 베개처럼 쿠션이 되고, 양산처럼 햇볕을 가려 주며 자외선 차단제처럼 피부를 보호한다. 옷솔처럼 깃털을 정리하거나 망토처럼 공격자의 주의를 돌리고, 보호색처럼 새를 숨겨 주며 호루라기처럼 높은 소리를 낼 수 있게 한다. 지게차처럼 필요한 재료를 실어 나르고, 구명복처럼 물에 뜰 수 있게 해주고, 낚싯봉처럼 아래로 가라앉게 하며 썰매처럼 미끄러지게 하고, 설피처럼 눈 위를 빨리 걸을 수 있게 한다. 깃털의 쓰임새 16가지를 16마리 새를 등장시켜 설명한다. 깃털의 기능을 다른 비슷한 사물에 빗대어 설명하는 방식은 깃털의 기능을 보다 직관적으로 이해하는 데 도움을 준다. 핀, 클립, 테이프 등 우리 주변에서 쉽게 찾아볼 수 있는 물건을 이용하여 스크랩북처럼 꾸민 화면 구성은 친근감을 준다.

-새들은 왜 깃털이 있을까?
-우리 몸에서 새들의 깃털과 같은 역할을 하는 것은 무엇일까?

077 솔부엉이 아저씨가 들려주는 뒷산의 새 이야기

이우만 지음 | 보리 | 80쪽 | 2014.12.12 | 18,000원

우리 사는 곳 가까이 있는 뒷산에서 철마다 만날 수 있는 새들에 대한 기록이다. 흔히 아는 참새나 까치부터, 흔한데도 이름이나 생김새를 잘 알지 못했던 박새 같은 텃새들, 봄가을에 우리나라를 지나가는 꼬까직박구리나 노랑눈썹멧새, 노랑딱새와 같은 나그네새, 호랑지빠귀나 흰눈썹황금새와 같은 여름 철새, 개똥지빠귀나 검은머리방울새와 같은 겨울 철새들까지 뒷산에서 만날 수 있는 새 59종이 세밀화로 담겨 있다. 새에 대한 생태 정보만을 나열한 것이 아니라, 새를 관찰한 그 순간의 모습을 담는 데 초점을 뒀다. 화가가 직접 관찰하고 기록한 모습을 담았기 때문인지 실제로 새들을 보고 있는 듯한 느낌을 준다.

-새에 대해 새로이 알게 된 점을 이야기해 보자.

078 여러 가지 새 둥지

스즈키 마모루 지음 | 박숙경 옮김 | 유정칠 감수 | 소년한길 | 40쪽 | 2012.08.30 | 13,000원

일본 새 둥지 연구가 스즈키 마모루가 30여 종의 새 둥지를 세밀한 그림으로 표현한 책이다. 각 새들과 희한한 모양의 둥지 내부 구조까지 한눈에 살펴볼 수 있다. 새들이 둥지를 왜 그렇게 이상한 모양으로 지었는지, 또 무엇 때문에 그 장소에 지어야 했는지 그림을 통해 효과적으로 전달한다. 아울러 세계 희귀 조류를 두루 소개하여 아이들의 자연에 대한 호기심을 충족시켜 주기에도 좋다. 산속에 들어가 20여 년간 생활하면서 새 둥지를 관찰해온 저자의 경험이 생생하게 책 속에 녹아 있다.

-새 둥지에서 아이디어를 얻어 나만의 둥지를 디자인하고, 이야기해 보자.
-새 둥지와 사람 집의 공통점과 차이점에 대해 이야기해 보자.

079 같을까? 다를까? 개구리와 도롱뇽

안은영 지음 | 이정모 감수 | 천개의바람 | 36쪽 | 2016.02.20 | 11,000원

닮은 듯 다른 두 양서류인 개구리와 도롱뇽을 비교하여 관찰하는 생태 책이다. 개구리와 도롱뇽이 어떻게 알을 깨고 나와 자라는지, 어떤 먹이를 먹는지, 이후엔 어떤 모습으로 변하는지 차근차근 설명한다. 또 둘을 비교하여 같은 점과 다른 점을 친절하게 알려 준다. 작가는 직접 개구리와 도롱뇽의 알을 채집해 집에서 부화시키며 관찰했다고 한다. 세심한 노력으로 오랜 기간에 걸쳐 직접 관찰하고 탐구한 정보를 생생하게 책에 담았다. 어떤 생태 책보다 글과 그림이 독자에게 선명하게 전달된다.

💬
-개구리와 도롱뇽의 같은 점과 다른 점에 대해 이야기해 보자.

080 두꺼비가 돌아왔어요

고광삼 지음 | 시공주니어 | 18쪽 | 2014.12.23 | 11,000원

개구리목에 속하는 두꺼비는 재복을 상징하는 동물로 여겨져 예로부터 우리와 친숙했던 동물이다. 이 책은 두꺼비에 대해 이야기하는 국내 첫 그림책이다. 이 책을 보기 전에는 두꺼비가 비를 싫어하는지 몰랐다. 책에는 밤마다 나방과 같은 곤충 사냥을 하는 두꺼비의 야행성의 습성이라든지, 겨울잠을 자는 습성을 생생하게 담았다. 알을 낳으러 물가로 이동하는 습성 등 두꺼비의 다양한 생태 정보가 책 속에 담겨 있다.

💬
-집에서 두꺼비를 키운다면 어떤 점에 주의해야 할지 이야기해 보자.
-인간과 동물이 공존하는 방법은 무엇인가?

081 로켓 펭귄과 끝내주는 친구들

예쎄 구쎈스 지음 | 마리예 톨만 그림 | 김서정 옮김 | 그림책공작소 | 60쪽 | 2014.10.20 | 15,000원

코끼리, 호랑이, 기린 등 우리에게 익숙한 24마리 동물들을 소개하는 책이다. 기존의 동물 소개 책과는 달리, 우리가 전혀 몰랐던 동물에 대한 이야기들을 들려준다. 예를 들어 수마트라 호랑이는 발에 물갈퀴가 있어서 25km나 헤엄치고, 고슴도치는 가시가 3만 개나 있는데 해마다 죄다 빠지고 다시 난다는 것 등이다. 킹코브라는 독 1g으로 사람 150명을 죽일 수도 있고, 거대 문어는 9m가 넘지만 자기 입만 한 구멍으로도 빠져 나간다. 우리가 알지 못했던 동물의 놀라운 특징들을 잘 표현하여 아름다운 장면으로 구성했다. 동물들의 바라보는 관점을 바꾸는 놀라운 책이다.

－서로 알고 있는 동물이 얼마나 되는지, 세상에 얼마나 많은 동물이 있는지 이야기해 보자.

082 멧돼지를 통째로 삼키는 법

스티브 젠킨스, 로빈 페이지 지음 | 김명남 옮김 | 시공주니어 | 32쪽 | 2017.06.25 | 12,000원

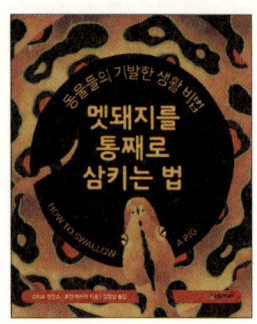

동물들의 기발한 생활 비법이 담긴 책이다. 책을 읽다 보면 동물들의 독특하고 기이한 행동들에는 이유가 있다는 걸 알게 된다. 재봉새가 꼼꼼하게 바느질하여 둥지를 만드는 이유는 알을 안전하게 낳아 기르기 위함이다. 흉내 문어가 변신 쇼를 하는 게 그저 장기를 뽐내는 것 같지만, 이는 천적 앞에서 무사히 살아남기 위한 처절한 몸부림이다. 비단뱀이 멧돼지 한 마리를 질식시킨 뒤 한입에 꿀꺽 삼키는 장면은 기괴하지만, 덕분에 이 비단뱀은 몇 달 동안 아무것도 먹지 않고 지낼 수 있다. 동물들의 독특하고 재미난 행동들은 모두 자신과 가족을 지키고 자손을 퍼뜨려 생명을 이어 나가려는 생존 본능에서 비롯된 것이다. 다양한 환경에 적응하고 천적들에 맞서 스스로를 보호하면서, 자신의 신체적 특징과 주변 환경을 최대한 활용하며 터득하고 간직해 온 동물들의 생활 비법은 놀랍고 신비롭다.

－동물들의 생활 비법과 유사한 인간들의 생활 비법에 대해 이야기해 보자.

우리의 문화유산 답사기

"사랑하면 알게 되고, 알게 되면 보이나니, 그때 보이는 것은 전과 같지 않으리라." 이 말은 조선 정조 때 문장가 유한준이 남긴 명언을 토대로 유홍준 전 문화재청장이 『나의 문화유사답사기』 머리말에 실은 글이다. 문화유산을 대하는 태도에 대해 이만큼 명확하게 표현한 문장이 또 있을까? 아는 만큼 보인다. 즉 알아야 참으로 보게 되는 것이다. 우리는 얼마나 우리의 문화유산을 알고 있을까? 유네스코에 등재된 우리나라 유무형의 유산들을 소개하는 책들이 있다. 세계적으로 아름다움과 가치를 인정받는 우리 유산들을 아이들이 먼저 친근하게 여기고 자세히 알게 하기 위해 만들어진 책들이다. 세계문화유산이 되어 우리 문화의 우수성을 널리 알리는 우리 유산에 대한 지식을 쉬운 말로 풀고 뛰어난 그림으로 담아냈다. 이를 통해 아이들은 우리 땅과 문화의 아름다움을 느끼고 자긍심도 지니게 된다. 이러한 자긍심은 세계문화 이해의 바탕이 될 것이다. 다양한 문화유산에 대한 책을 읽어 보자. 책을 읽고 나면 아이들은 다양한 통로를 통해 그 대상에 대한 관심으로 뻗어갈 것이다. 그러면 한 뼘 성장한 아이들을 만날 수 있다.

함께 읽고 이야기 나누기

- 세계문화유산을 보존하기 위한 방법에 대해 이야기해 보자.
- 문화유산의 보존과 기반 시설의 개발 가운데 더 중요한 것은 무엇인가?
- 세계문화유산을 보존하기 위해 관광을 금지하는 것이 옳은가?

083 자연을 담은 궁궐 창덕궁

최종덕 지음 | 김옥재 그림 | 열린어린이 | 32쪽 | 2014.05.23 | 12,000원

세계적으로 아름다움과 가치를 인정받고 있는 우리 유산들을 친근하게 살펴볼 수 있도록 기획한 '그림책으로 만나는 우리의 세계 유산' 시리즈 가운데 첫 번째 책이다. 조선시대 왕이 머물며 나랏일을 보던 창덕궁에 대해 자세히 알려 준다. 창덕궁으로 들어가는 문인 돈화문과 중요 행사가 열렸던 인정전, 왕의 사무실인 선정전, 왕과 왕비의 잠자리였던 희정당과 대조전, 낙선재, 석복헌, 수강재, 후원의 영화당, 부용정과 주합루, 존덕정 등 궁궐 건축물들의 의미와 가치를 담고 있다. 창덕궁은 1997년에 유네스코 세계문화유산에 등재되었다.

- 창덕궁의 아름다움을 알리기 위해 어떤 노력을 해야 할까?
- 우리 문화의 자긍심을 가지기 위해 어떤 노력을 해야 할까?

084 만리장성

리젠 지음 | 김세영 옮김 | 씨드북 | 48쪽 | 2015.10.17 | 11,000원

'샤오밍과 함께하는 중국 문명 시간 여행 시리즈' 가운데 나온 두 번째 책이다. 수많은 사람들이 여러 시대에 걸쳐 완성한 세계 최대 인공 건축물인 만리장성을 아이들에게 쉽고 친근하게 설명한다. 중국의 오랜 역사가 살아 숨 쉬는 유네스코 세계문화유산인 만리장성을 이해하는 데 도움을 준다. 또한 만리장성에 놀러 간 주인공 샤오밍이 미스터리한 수호 대장과 함께 만리장성의 이곳저곳을 둘러본다는 단순한 전개와 유명한 일러스트레이터이자 동화작가인 리젠 특유의 부드러운 동양화는 읽는 즐거움을 더한다.

- 왕조별로 만리장성의 중요성이 각기 다른 이유는 무엇일까?
- 만리장성에 들인 노력과 비용에 비해 실효성은 어느 정도인지 조사하고 이야기해 보자.

085 스톤헨지의 비밀

믹 매닝 지음 | 브리타 그랜스트룀 그림 | 서남희 옮김 | 소년한길 | 30쪽 | 2014.08.20 | 13,000원

세계문화유산 가운데 가장 많은 수수께끼를 품은 건축물은 바로 영국의 런던 서남쪽에 자리한 스톤헨지일 것이다. 고대 영어로 '매달린 돌'이라는 뜻의 이름에 걸맞게 8미터 높이의 거석 80여 개가 솔즈베리 평원에 우뚝 솟아 있다. 옛날 사람들이 어떻게 저렇게 큰 돌을 세울 수 있었을까? 신기하기만 하다. 작가는 이런 궁금증을 풀어주기 위해 빙하기가 끝난 직후 원시림이 우거진 고대 브리튼의 모습, 시기별로 스톤헨지가 만들어지는 과정, 처음 농사를 짓기 시작하고 신에게 제의를 올리는 등 스톤헨지를 세웠던 고대인들의 생활을 상세히 묘사했다. 12,000년 전으로 돌아가 선사 시대 사람들의 생활과 그들이 남긴 유물, 뛰어난 건축 기술, 시시각각 변하는 스톤헨지의 아름다운 모습을 감상할 수 있다.

―스톤헨지에 관한 이론들은 대부분 가설인데, 과연 고대 브리튼 사람들이 스톤헨지를 세운 까닭은 무엇일까?

086 지구촌 문화 여행

알렉산드라 미지엘린스키, 다니엘 미지엘린스키 지음 | 이지원 옮김 | 그린북 | 116쪽 | 2014.02.20 | 18,000원

각 나라별 지리, 문화, 특산물, 음식, 유적, 인물 등을 지도에 아기자기 예쁜 그림으로 특징만 간결하게 표현해 놓은 책이다. 맛있는 피자를 맛볼 수 있는 이탈리아, 세계에서 가장 큰 러시아, 산타클로스가 사는 핀란드, 에베레스트 산이 있는 네팔, 세계에서 가장 긴 아마존 강을 볼 수 있는 브라질 등을 돌아보며 그 나라의 고유한 문화는 무엇인지, 즐겨 먹는 음식에는 어떤 것이 있는지, 국기는 어떤 모양인지, 유명한 장소는 어디인지 등을 알 수 있다. 책 한 권으로 지구 한 바퀴를 돌아 본 느낌이 든다.

―세계문화유산 가운데 가장 우수하다고 느껴지는 유산은 무엇인가?

같은 시간 다른 느낌, 시간의 상대성

모두에게 주어지는 하루 24시간이 어떤 사람에게는 지루하고, 어떤 사람에게는 절박하다. 시간은 상대적이다. 우리는 1초라는 이 짧은 순간에 무엇을 할 수 있을까? 그 짧은 시간 동안에 실수를 하여 위험한 상황에 빠지기도 하고, 1초 차이로 금메달을 따기도 한다. 아이가 세상에 태어나거나 누군가는 죽기도 한다. 하지만 시간은 눈에 보이지 않기에 그 1초를 상상하기가 참 어렵다. 속도도 마찬가지다. 10대는 시속 10킬로미터, 20대는 시속 20킬로미터로 30대는 시속 30킬로미터 속도로 시간이 간다는 우스갯소리가 있다. 나이가 들수록 시간이 빨리 가는 것처럼 느껴져서 나온 말이다. 또한 속도도 상대적이다. 아직 어린아이들이 시간, 속도의 상대성을 이해하고 이를 소중히 여기기는 쉽지 않다. 책을 통해 작은 시간이 해낼 수 있는 대단한 일을 함께 생각해 보고, 소중한 시간을 관리하는 방법에 대해서도 이야기해 보면 어떨까? 책은 시간이나 속도처럼, 우리가 미처 상상하지 못하는 순간을 선명하게 보여 준다. 1초 동안 날개를 1번 퍼덕이는 독수리, 1초에 아주 높은 울음소리를 200번 내는 박쥐. 시속 10만 킬로미터로 떨어지는 별똥별 등등. 책은 시간과 속도를 시각화한다. 눈에 보이지 않는 존재를 내 눈으로 확인하는 것은 참으로 놀라운 경험이다.

 **함께 읽고 이야기 나누기**

-시간을 효율적으로 사용하는 방법에 대해 생각해 보자.

087 단 1초 동안에
스티브 젠킨스 지음 | 홍한별 옮김 | 토토북 | 32쪽 | 2012.02.08 | 10,000원

우리에게 1초는 눈 깜짝할 사이다. 그런데 이 책에서는 단 1초 동안에 일어나는 놀라운 일들을 보여 준다. 눈 깜짝할 사이에 일어난 일이라고 상상할 수 없는 현상들이다. 초, 분, 시 등의 시간 단위와 함께 1초, 1분, 1시간이 실제로 얼마만큼의 시간인지 알려 준다. 독수리가 1초 동안 날갯짓을 몇 번 하는지, 1분 동안에 달팽이가 기어간 거리가 얼마인지, 1시간 동안에 사람은 숨을 몇 번 쉬는지, 하루 동안에 큰개미핥기가 흰 개미를 몇 마리나 먹을 수 있는지 등 다양한 사례로 1초에서 1분, 1시간, 하루, 일주일 등의 시간 단위를 설명한다. 또한 '초'와 '분' 단위는 누가 만들었는지, '하루'와 '한 달'의 기준이 되는 것은 무엇인지 등 시간 단위의 역사적 배경도 함께 살펴본다. 초등학교 수학 교육과정에 나오는 시계, 시간, 시각 개념을 배울 때 활용하기에 좋다.

- 내가 1초 동안 할 수 있는 일은 무엇일까?
- 1분으로 세상을 바꿀 수 있는 일은 무엇일까?

088 세상의 모든 속도
크뤼시포름 지음 | 권예리 옮김 | 이숲 | 60쪽 | 2015.09.15 | 12,000원

세상의 모든 속도에 관한 이야기다. 시속 0.3미터로 이동하는 가장 느린 동물에서부터 시속 10만 킬로미터로 떨어지는 별똥별에 이르기까지 수많은 동물과 사물의 빠르기를 아름다운 그림으로 보여 준다. 큰 판형 안에 뒷다리로 서서 물 위를 뛰어가는 바실리스크 도마뱀, 사람의 걸음걸이와 비슷한 속도로 기어 다니는 거미, 콜럼버스를 아메리카 대륙으로 데려간 산타마리아호, 우주선보다 빠른 별똥별 등 70여 개의 이미지를 독특한 형태와 색채로 보여 준다. 속도라는 수학적 개념을 시각화했다. 같은 자전거, 오토바이, 자동차, 배, 기차, 비행기, 우주선 등 인간이 발명한 탈것의 역사에 관한 정보도 담겼다.

- 시속 100킬로미터로 움직일 수 있다면 가장 하고 싶은 일은 무엇인가?
- 이동 수단이 발달되지 않았다면, 어떤 점이 좋고 어떤 점이 나쁠까? 좋은 점과 나쁜 점에 대해 생각해 보자.

더 가까워진 우주

테슬라 경영자 일론 머스크가 이끄는 미국 우주개발 업체 스페이스X가 펠컨9 로켓 발사에 성공했다는 소식이 전해지자, 사람들은 깜짝 놀랐다. 펠컨9의 성공은 화성 이주 프로젝트를 목표로 내걸었던 기업가 머스크 개인의 역사는 물론 민간 우주 개발 역사에도 큰 획을 그었다. 1시간 15분 만에 위성들을 궤도에 올려놓으며 임무를 완수한 로켓은 사람들이 가진 우주에 대한 환상과 상상을 현실로 데려왔다. 이 기사를 함께 읽으면서 아이들과 이야기를 나누었다. 아이들은 흥분했다. "그럼 우리도 우주에 갈 수 있는 거예요?" "우주에 가기 위해 무엇을 준비해야 할까요? "우주에 가려면 얼마가 들까요?" 등 질문도 다양하다. 이런 궁금증을 해소하기 위해 아이들과 우주 그림책을 읽었다. 아이들은 우주가 우리 가까이에 있다는 사실을 책을 통해 느낄 수 있다. 우주에서의 작은 날갯짓이 우리에게 미치는 나비 효과를 알면 아이들은 열광한다. 미래의 과학자를 키우는 일이 과학 그림책 읽어 주기에서 시작한다면 어떨까?

  우주의 탄생에서부터 우주에는 어떤 일이 벌어지고 있는지, 우주에서 벌어지는 일들이 우리에게 어떤 영향을 미치는지가 아이들에게 아주 중요하다. 그저 상상의 공간이며 다른 별에서 일어나는 일들을 책을 통해 자기 안으로 가져올 수 있기 때문이다. 쉽게 설명된 책은 과학적 상식을 기르는 데 도움이 되고 이러한 상식을 바탕으로 토론이 가능하다. 개념과 원리로서의 우주가 아니라 내 생활 속에서의 우주에 대해 이야기를 나누어 보자.

 **함께 읽고 이야기 나누기**

- 우주 개발은 인류에게 득일까? 실일까?
- 우주에 대한 지식·정보가 우리 삶에 미치는 영향은 무엇인가?
- 다른 행성에도 생명이 살 수 있다면 지구에 남을 것인가? 그곳으로 갈 것인가?

089 명왕성이 뿔났다!

스티브 메츠거 지음 | 제러드 리 그림 | 최순희 옮김 | 은나팔 | 32쪽 | 2015.11.15 | 11,000원

수금화목토천해명! 과학 시간에 지겹도록 외운 행성들이다. 그런데 2006년 명왕성이 행성에서 퇴출됐다. 행성의 자격 요건 3가지 중 1가지 자격이 맞지 않아서 난쟁이 소행성으로 다시 분류된 것이다. 명왕성이 얼마나 속상했을까? 이 책은 속상한 마음으로 지구를 찾은 명왕성에 대한 이야기다. 특징을 잘 살린 그림과 재치 있는 대화로 태양계의 행성들에 대한 정보를 전달하고, 쉽고 재미있게 천체에 대한 지식을 전한다. 마지막에는 명왕성이 언제 발견됐는지, 명왕성의 위성은 몇 개인지, 행성이 되려면 어떤 자격을 갖춰야 하는지 등 본문에서 다룬 과학적 사실들을 실은 정보 페이지를 덧붙여 책에서 알게 된 지식을 다시 정리해 준다.

- 내가 명왕성이라면 이 문제를 어떻게 해결할 것인가?
- 우리가 알고 있는 우주에 대한 지식이 정확하다고 믿을 수 있을까?

090 아스트로캣의 우주 안내서

도미니크 윌리먼 지음 | 벤 뉴먼 그림 | 이충호 옮김 | 길벗어린이 | 72쪽 | 2014.11.15 | 17,000원

우주에서 최고로 똑똑한 고양이 아스트로캣이 현재까지 밝혀낸 우주의 실체와 사실을 아이들 눈높이에 맞춰 쉽게 설명하는 지식 그림책이다. 아이들이 이해하기 힘든 우주의 역사나 복잡한 첨단 우주 장비들 혹은 이론으로만 가능했던 우주론을 그래픽 아트 기법으로 단순화해서 명확하게 보여 준다. 빅뱅으로 시작된 우주의 역사부터 미래의 우주 여행까지 150가지가 넘는 우주에 대한 정보를 살펴볼 수 있다. 우주에 대한 물음들에 대해서 명확하게 답하고, 우주를 탐험할 때 필요한 용어들을 쉽게 풀이해서 꼼꼼하게 정리했다. 보다 아름답게 정보 전달을 돕는 그래픽 기법의 발전이 책 읽는 즐거움을 더한다.

- 우주에 대한 탐구는 어떻게 시작되었고, 왜 하는 걸까?

091 우주는 어떻게 시작되었나

윌리엄 재스퍼슨 지음 | 앤서니 아카도 그림 | 정한뱟 옮김 | 다산기획 | 48쪽 | 2015.02.06 | 12,000원

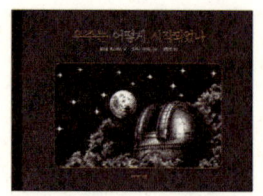

우주가 열리고 거대한 구름이 부서지면서 은하가 탄생한 이후 별들과 태양, 지구와 여러 행성이 어떻게 태어났는지 그 과정을 알려 주는 책이다. 우주의 탄생과 진화에 관해 간결하면서도 웅장한 이미지로 보여 준다. 우주와 관련한 기본 내용과 배경 지식을 잘 설명하여 우주와 관련한 내용을 좀 더 수월하게 이해할 수 있다. 또한 우주의 대폭발, 먼지 구름의 형성, 은하, 별, 행성의 탄생 등 아이들이 상상하기 어려운 우주의 모습을 선명하게 상징적으로 보여 준다. 흑백으로 표현한 그림은 오랜 시간 숨겨 둔 우주의 비밀을 훔쳐보는 듯한 느낌이 들게 한다.

- 우주 탄생 이론 중 하나인 '빅뱅 이론'을 찬성하는가?

092 지구가 빙글빙글

G. 브라이언 카라스 지음 | 이상희 옮김 | 비룡소 | 30쪽 | 2009.09.03 | 9,500원

지구의 자전과 공전에 대해 이해하기 쉽게 알려 주는 과학 책이다. 아이들은 자라면서 과학에 관한 질문을 많이 한다. 어른들은 답을 알고 있지만 선뜻 말하기가 어렵다. 그럴 때 이 책을 펼치면 좋다. 낮과 밤이 생기는 이유, 계절이 바뀌는 원리 등을 세세하게 가르쳐 준다. 빙글빙글 도는 지구에서 사람과 동물과 사물 등이 떨어지지 않도록 붙잡아 두는 중력도 알려 준다. 뒷부분에는 '지구에 대해 알아볼까요?'를 수록하여 핵심적인 내용을 정리하여 과학적 상식을 들려준다. 과학이 우리 생활과 밀접하게 관련되어 있음을 깨달을 수 있을 것이다.

- 자전하는 지구 안에 있지만 어지럽지 않은 까닭은 무엇일까?
- 자전과 공전 등 지구의 운동이 멈춘다면 어떻게 될까?

우리를 끌어당기는 힘, 중력

우리 생활에는 과학이 늘 함께한다. 그러나 과학적 개념과 원리를 이해하기가 쉽지 않다. '과학 = 어렵다'가 일반 사람들의 공식이다. 어떻게 하면 과학의 원리를 좀 더 쉽게 이해할 수 있을까? 과학을 주제로 토론을 할 때에 과학 그림책으로 시작해 보기를 권한다. 고민한 흔적이 역력한 그림책들을 만나면 고맙기까지 하다.

과학적 원리 중 중력에 대해 생각해 보자. 우리들의 일상은 중력이 없으면 모두 불가능하다. 중력은 지구의 만유인력과 자전에 의한 원심력을 합한 힘이다. 역시 어렵다. 하지만 그림책을 통해 만나면 과학이 좀 더 쉽게 느껴질 수 있다. 상세한 그림과 자상한 글은 과학을 친근하게 만든다. 아이러니하게도 우리가 과학에 대해 모르기에 과학에 대한 무한한 상상력을 펼칠 수 있다. 아이들의 창의력과 상상력에 시동을 걸어줄 책들을 찾아 읽자. 함께 모여 책을 읽다 보면 다양한 과학 현상을 쉽게 이해할 수 있다. 어려웠던 과학이 이해되면서 주위의 다양한 현상으로까지 과학적 관심이 뻗어 나간다. 그러면 이야기를 나누고 되고 자연스레 토론으로 이어진다.

함께 읽고 이야기 나누기

- 세상에 중력이 사라진다면 어떻게 될까?
- 중력이 없는 우주에 간다면 가장 먼저 하고 싶은 일은 무엇인가?
- 사물들 사이를 흐르는 힘에는 무엇이 있는지 알아보고 어떤 작용을 하는지 이야기해 보자.

093 모든 것을 끌어당기는 힘

제이슨 친 지음 | 윤정숙 옮김 | 봄의정원 | 32쪽 | 2017.01.17 | 12,000원

"중력은 세상의 모든 것을 땅으로 끌어당겨요. 중력이 없다면 세상의 모든 것은 멀리 날아갈 거예요." 이 책의 시작은 이렇다. 책의 내용 또한 이렇다. 작가가 지구와 물체 사이에 언제나 작용하는 힘을 어떻게 아이들에게 쉽게 전달할 수 있을까를 많이 고민한 듯하다. 아이는 그저 바닷가에서 놀고 있었다. 그런데 바나나, 장난감, 고양이는 물론 아이 역시 둥둥 떠오르기 시작한다. 바닷가에서 놀던 아이의 에피소드를 통해 과학 용어 없이도 중력, 인력, 질량과 무게 등의 과학 개념을 알기 쉽게 소개한다. 쉬운 글과 아이들의 상상력을 자극하는 드넓은 우주를 배경으로 신비롭고 아름답게 표현한다.

- 중력과 인력은 어떻게 다른지 예를 들어 이야기해 보자.
- 중력 덕분에 가능한 일은 어떤 것이 있을까?

094 쿵! 중력은 즐거워!

정연경 지음 | 강지영 그림 | 조진호 감수 | 길벗어린이 | 32쪽 | 2015.12.15 | 11,000원

중력을 모르는 아이들이 책을 읽고 "아하! 이것이 바로 중력이구나!"라고 할 만한 신기한 과학 책이다. 아이들의 관심을 모을 수 있는 스파이더맨이 등장하고 주변에서 쉽게 보는 철봉, 미끄럼틀, 사과 등은 과학이라기보다 놀이에 가깝다. 실크스크린과 스텐실의 판화 기법을 통한 표현 또한 중력을 이용한 기법이라니, 작가의 섬세함이 놀랍다. 빨강, 파랑, 노랑으로 이뤄진 단순한 색은 시각적인 재미까지 더한다. 또한 장면마다 중력에 따른 다양한 구도를 이용하여 중력의 다양한 현상을 느끼게 한다. 장면마다 과학적 정보를 세심하게 짚어 주고, 우리의 일상에서부터 아주 먼 우주 공간까지 자유롭게 넘나들며 중력 탐험을 안내한다.

- 지구에 중력이 작용하지 않는다면 해 보고 싶은 일은 무엇인가?
- 중력 없이 생활하면 좋은 점은 무엇일까?

자세히 보면 더 놀라운 세상

"자세히 보아야 예쁘다. 오래 보아야 사랑스럽다. 너도 그렇다."
-나태주, 「풀꽃」 중에서

나태주 시인의 이 시가 광화문 현판에 걸렸을 때, 오가는 많은 사람들은 따뜻한 위로를 받았다. 누군가 나를 자세히 바라봐 준다는 것은 따뜻한 햇살이 내리쬘 때처럼 우리들의 마음을 따뜻하게 한다. 여기에 행복한 관찰 책들이 있다. 관찰이란 사물이나 현상을 주의 깊게 자세히 살펴보는 것이다. 관찰은 자세히 보는 것에서 그치지 않고, 오래 보아 그 대상을 사랑하게 되는 과정이기도 하다. 어떤 대상을 정하여 꾸준히 관찰하고 기록하는 일련의 과정에서 아이들은 주위의 작은 것에 대해서도 관심을 가지게 되고, 나아가 그 대상을 사랑할 수 있는 힘을 얻게 된다.

토론에 앞서 그 대상을 아는 것은 아주 중요한 일이다. 관찰 일지 형식의 책들은 대상을 알게 하는 지름길 역할을 한다. 특히 그림책은 그림과 글이 함께, 독자의 수준에 맞게 잘 구성되어 있기에 더욱 유용하다. 대상을 알고 나면 그 대상에 대한 이야기로 이어지는 것은 어쩌면 당연한 일이다. 한 대상을 정하고 그 대상을 관찰하고 기록하는 탐구 과정을 거친 후에 토론한다고 가정해 보자. 그 대상을 바라보는 아이들의 눈은 그 전과 같지 않을 것이다.

함께 읽고 이야기 나누기

- 우리가 연구해 볼 만한 것은 어떤 것이 있을까?
- 각자 가장 아름다웠던 밤 풍경은 언제였는지 이야기해 보자.
- 우리 주변의 사물이나 공간에서 일어나는 현상을 탐구하여 기록하는 일은 어떤 가치를 가지는가?

095 바이러스 빌리

하이디 트르팍 지음 | 레오노라 라이틀 그림 | 이정모 옮김 | 스콜라 | 36쪽 | 2016.05.30 | 12,000원

코감기 바이러스 빌리가 우리 몸에 들어와서 겪는 이야기다. 바이러스가 우리 몸에 어떻게 들어오고, 어떻게 감기에 걸리고, 어떻게 콧물이나 기침이 나게 되는지 쉽고 재미있게 알려준다. 그뿐만 아니라 바이러스의 특징, 숙주의 특징, 세포와 바이러스의 차이와 같은 과학적으로 중요한 정보들은 따로 설명한다. 그림도 독특하고 인상적이다. 바이러스를 캐릭터로 표현하여 친근하게 이야기를 들려주고 과학적인 설명을 이해하기 쉽게 전달한다. 나쁘게만 생각했던 바이러스를 이해하고, 바이러스와 공존하는 방법을 알려준다.

- 감기 바이러스는 우리 몸에 '해'일까? '득'일까?
- 감기 바이러스를 이기는 방법은 무엇인가?
- 몸에 이로운 바이러스는 무엇인가?

096 소피 스코트 남극에 가다

앨리슨 레스터 지음 | 엄혜숙 옮김 | 천개의바람 | 40쪽 | 2014.01.22 | 12,000원

아홉 살 소피 스코트가 쇄빙선 오로라 오스트랄리스 호 선장인 아빠를 따라 남극에 간다. 거기서 겪은 이야기를 우리에게 들려준다. 남극을 오가는 쇄빙선의 구조, 빙상·빙하·빙붕 등 다양한 얼음의 형태, 남극에 사는 동물, 남극 탐험의 역사 등을 그림과 사진으로 설명한다. 9살 아이가 쓴 일기 형식으로 책을 구성하여 독자들이 편안하게 이야기를 읽을 수 있다. 또래 아이들이라면 더욱 흥미진진할 것이다. 작가가 실제 남극을 탐험하며 쓴 책이어서 그 어떤 책 보다 생생하게 남극의 모습을 전달한다.

- 남극에서 살아야 한다면 무엇이, 어떤 능력이 필요할까?

097 어슬렁어슬렁 동네 관찰기
이해정 지음 | 웅진주니어 | 44쪽 | 2012.07.15 | 11,000원

작가가 자신이 살고 있는 한남동의 골목길을 자세하게 묘사한 책이다. 매일 무심코 지나치기 쉬운 동네의 모습을 기록하고 관찰하고, 거기에 스토리를 담아내는 형식이다. 뻥튀기 아저씨가 어떻게 과자를 만드는지, 분식점 떡볶이 1인분에는 떡이 몇 개인가 등 소소하지만 재미있는 일상이 담겨 있다. 작은 곳, 작은 일에 관심을 가지고 그 안에서 새로운 어떤 것을 찾아내는 자기만의 기록이 얼마나 소중한 것인지 알게 한다.

- 우리 동네에서 겪은 일 중 가장 인상 깊었던 경험을 이야기해 보자.
- 동네마다 모습이 다른 이유는 뭘까?

098 나의 엉뚱한 머리카락 연구
이고은 지음 | 웅진주니어 | 44쪽 | 2012.07.15 | 11,000원

주인공의 머리카락 그리고 엄마, 아빠 머리카락부터 시작해서 머리카락에 대한 엉뚱하고 재미있는 연구를 담은 책이다. 동네 아이들의 머리 모양을 관찰해서 통계도 내고, 어떤 머리 모양을 원하는지 인터뷰도 한다. 버스에서, 시장에서, 빌딩 거리에서 사람들의 머리카락을 눈여겨 관찰하고 기록한다. 누구나 가지고 있고 그냥 지나치는 머리카락이라는 소재를 통해 사람들에 대한 이야기를 관찰하고 기록한 것이다. 작가는 일상에서 놓치는 작은 행복들에 관심을 갖고 그 안에서 새로운 이야기를 찾아내어 자신만의 기록을 남기는 일의 중요성을 강조한다.

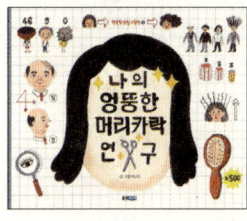

- 만약 머리카락이 다 빠진다면 어떤 일이 벌어질까?
- 누구나 가졌지만 모두가 다 다른 것으로는 어떤 것이 있을까?

099 밤나들이 고양이

딜로브 이프카 지음 | 김서정 옮김 | 보림 | 56쪽 | 2016.12.15 | 12,000원

밤나들이를 나온 고양이를 통해 고양이만 볼 수 있던 반짝이는 밤의 풍경을 보여 주는 책이다. 1969년에 미국에서 출간되었다가 절판된 뒤 최근 재출간되자 국내에도 출간 됐다. 아주 오래된 그림책이지만 지금 읽어도 전혀 어색하지 않고, 여전히 생동감이 넘친다. 모두가 잠든 밤, 밤은 어떤 모습일까? 특히 일찍 자야 하는 아이들에게는 밤의 풍경을 구경하는 일은 또 다른 모험이 된다. 고양이를 따라가며 마주치는 마을 풍경은 낮과는 전혀 다른 아름다움을 선물한다.

- 다른 존재의 입장에서 본다는 것은 어떤 가치를 지닐까?
- 여러 사람이 같은 곳을 가도 다르게 보는 이유는 뭘까?

100 얼음

마에노 노리카즈 지음 | 사이토 도시유키 그림 | 김숙 옮김 | 북뱅크 | 39쪽 | 2013.08.20 | 11,000원

설빙 물리학자가 들려주는 아름답고 다양한 얼음의 세계를 담은 책이다. 집에서 만든 얼음에는 왜 공기가 들어가는 걸까 하는 것에서부터 왜 얼음에는 색깔이 들지 않는 것인지 생활 속에서 궁금한 얼음 이야기를 들려준다. 그리고 얼음에 의해 생기는 해류와 그것이 떠받치는 생명과 지구 환경에 대해서까지 쉽게 설명한다. 집에서 쉽게 볼 수 있는 얼음 한 조각의 길고 긴 여행을 재미있게 이해하고 그 독특한 성질도 배울 수 있을 것이다.

- 북극의 얼음이 다 녹는다면 지구는 어떻게 될까?
- 얼음이 우리에게 미치는 영향에 대해 이야기해 보자.

101 팬티 매일매일 입는 속옷 이야기

김미혜 지음 | 유경화 그림 | 아이세움 | 32쪽 | 2015.05.30 | 10,000원

날마다 입고 있지만 잘 모르는 속옷에 대해 알려 주는 지식 책이다. 속옷의 의미부터 왜 갈아입어야 하는지, 남자와 여자의 속옷이 어떻게 다른지, 또 속옷의 역사는 어떠한지, 특별한 기능을 가진 속옷은 어떤 것들이 있는지를 알 수 있다. 속옷과 관련된 궁금증을 해결하고 속옷을 바르게 입도록 도와준다.

-속옷을 입지 않으면 좋은 점과 나쁜 점을 이야기해 보자.
-여자가 남자보다 속옷을 더 잘 갖춰 입어야 한다는 의견에 대해 어떻게 생각하는가?
-우리 몸을 더욱 편하게 하는 속옷을 개발한다면 어떤 것을 만들고 싶은가?

일상의 발견, 일상 산책

힐링(Healing)이 현대 사회의 화두가 된지 오래다. 과도한 스트레스는 어른들만의 몫도 아니다. 아이, 어른 할 것 없이 힐링이 필요하다. 과학의 발달은 우리에게 편리함을 선물했지만 많은 스트레스를 주기도 한다. 우리 주변은 소음으로 가득하다. 거리마다 차가 넘치고 사람이 북적인다. 우리가 만들어내는 소음은 실로 어마어마하다. 도시에서 벗어나 한적한 시골 마을에 간다면, 빛도 없고 소리가 없는 그곳에서 의외의 편안함을 경험할 수 있다. 빛 공해, 소음 공해 등 각종 공해에 시달린 귀가 오랜만에 정화되는 느낌이 들 것이다. 몸은 점점 편해지지만 머리는 점점 복잡해지는 현대인들에게 그림책 또한 아날로그적 치유를 선물한다. 소음에서 잠시 해방되어, 소음이 아닌 소리를 들을 수 있는 책은 우리의 마음을 정화시킨다. 아이들을 행복하게 하는 소리를 찾아서 떠나는 행복 여행이 될 것이다. 그림책에 등장하는 의성어 의태어는 아이들의 어휘 확대에 상당한 도움을 줄 것이다.

 **함께 읽고 이야기 나누기**

-세상의 모든 소리가 사라진다면 어떻게 될까?
-산책에 비유할 수 있는 것에는 어떤 것들이 있을지 이야기해 보자.

102 소리 산책
폴 쇼워스 지음 | 알리키 브란덴베르크 그림 | 문혜진 옮김 | 불광출판사 | 33쪽 | 2017.03.27 | 12,000원

표지에서부터 잔잔한 바람이 분다. 아빠와 강아지와 함께 동네 공원을 걸으며 다양한 소리를 경험하는 아이의 이야기다. 너무 늙어 빨리 걷지 못하는 강아지 때문에 이들은 천천히 그리고 조용히 걷는다. 소리를 들으며 걷는, 소리 산책을 하게 된다. 이들은 아무 말도 하지 않고 걷는다. 그 덕에 아빠 구두 소리, 강아지 발톱 소리, 자동차 지나가는 소리, 딱따구리 소리가 들린다. 밝고 경쾌한 리듬으로 표현되는 의성어, 의태어 들은 독자들의 청각을 자극한다. 이들이 걷는 산책길은 한 편의 수채화 같다.

- 내가 가장 듣고 싶은 소리와 듣지 않고 싶은 소리는 무엇인가?
- 이 세상에서 한 가지 소리만 남길 수 있다면 어떤 소리를 남기고 싶은가?
- 누군가에게는 좋은 소리가 누군가에게는 소음으로 느껴져 다투게 되는 경우가 있다. 이런 문제를 어떻게 해결해야 할까?

103 산책 Promenade
이정호 지음 | 상출판사 | 44쪽 | 2016.03.30 | 15,000원

책과의 만남을 산책에 비유했다. 책을 향해 걸어가거나 책 속으로 들어가 책에 나오는 풍경을 만나고 그 풍경은 책을 읽는 사람과 함께 다시 책 밖으로 나온다. 책을 읽는 사람은 책과 함께 책 곁에서 그리고 책 안에서 산책을 즐긴다. 인간의 수많은 밤과 낮의 일상을 함께한 책 읽는 행위에 대한 찬사와 같은 책이다. 작가는 그런 발견을 조용한 듯 짙은 감동으로 표현했다. 아름다운 그림과 함께 이 책 안으로 산책해도 좋겠다.

- 책과 함께 산책한다는 것은 어떤 것일까?
- 함께 산책하고 싶은 책은, 그 이유는 무엇인가?

더불어 삶

사람과 사람이, 사람과 동물이, 사람과 식물이, 그리고 모든 생명들이 더불어 살아가는 모습을 담은 책은 정말 많다. 서로 다른 입장이라면 맞춰가며 살기 위해 다른 점을 인정해 주어야 한다. 나의 일은 아니어도 지구상 어딘가의 불평등한 문제들은 더불어 살기 위해 꼭 인식하고 있어야 할 것이다. 선택적 가족의 갈등 해결 방식도 주목해야 한다. 무엇이건 단절된 상황이라면 먼저 손을 내밀어야 함께 살아갈 수 있다. 이웃 사이에 일어나는 크고 작은 문제를 어떻게 현명하게 풀어 가는지도 중요하다. 친구를 만나고 좋은 친구가 되기 위해 노력하는 이야기도 펼쳐보길 바란다. 장애우에 관한 이야기도 있다. 그들이 양지로 나와 비장애인과 더불어 당연히 누릴 것을 누리며 살 수 있게 하기 위해서도 꼭 필요한 책이다.

토론 그림책 추천 · 더불어 삶

숲을 떠나온 곰

우리나라의 반달가슴곰은 1급 멸종 위기종이다. 그래서 환경부는 반달가슴곰을 복원하기 위해 지리산에 47마리를 방사했다. 그런데 그 가운데 절반 이상인 28마리가 사라졌다. 이 곰들은 어디로 갔을까? 곰들은 산 넘고, 도로를 넘는 대모험 중일 것이다. 환경부가 반달가슴곰을 다시 잡아서 처음 방사했던 지리산으로 데려오려고 하자 환경단체에서 반대하고 나섰다. 이들은 반달가슴곰이 자연에서 자유롭게 서식하게 둬야 한다고 주장한다. 반달가슴곰의 복원을 위해 다시 반달곰을 포획해서 재방사 하는 것이 옳을까? 자유롭게 서식하게 두는 것이 옳을까?

사라진 곰들의 행방을 상상하면서 곰에 관한 그림책을 읽어 보자. 『곰의 노래』의 아기 곰처럼, 자연 속에서 자유를 만끽하게 곰의 모습과 『난 곰인 채로 있고 싶은데…』의 곰처럼 인간의 통제 안에서 살아가는 모습이 반달가슴곰의 이야기와 오버랩 된다.

 **함께 읽고 이야기 나누기**

- 숲이 사라진다면 곰들과 그 안에서 살아가는 생물들은 어떻게 될까?
- 멸종 위기의 동물들이 계속 생기는 이유는 무엇일까?

104 곰의 노래
뱅자맹 쇼 지음 | 염명순 옮김 | 여유당 | 32쪽 | 2014.02.10 | 12,000원

펜과 수채화로 그린 그림은 숲의 세계와 도심 풍경, 오페라 극장의 화려하고도 복잡한 건물, 내부의 각 층과 방마다 일어나는 풍경을 섬세하게 그려 내어 보는 눈을 즐겁게 한다. 겨울잠을 청하는 아빠 곰과 아기 곰 옆으로 꿀벌 한 마리가 나타난다. 호기심 많은 아기 곰은 꿀벌을 따라 도심의 오페라 극장으로 간다. 잠이 덜 깬 아빠 곰도 뒤따른다. 꿀벌은 오페라 극장 건물 옥상에 살고 있었다. 아기 곰을 사랑하는 아빠 곰의 유쾌한 해프닝으로 책을 읽어도 무방하다. 그러나 팽창하는 도시 옆 숲에서 겨울잠을 청하기란 얼마나 어려운지! 더불어 사라져 가는 꿀벌을 도심 건물 옥상에서 키워서라도 보전해야 하는 노력들에 주목해야 한다.

-도시에서 동물과 인간의 온전한 공존은 가능할까?

105 난 곰인 채로 있고 싶은데…
요로크 슈타이너 지음 | 요로크 뮐러 그림 | 고영아 옮김 | 비룡소 | 32쪽 | 1997.03.15 | 9,500원

곰 한 마리가 있다. 곰은 겨울이 되어 겨울잠을 잔다. 그런데 곰이 잠자는 동안 사람들이 숲으로 찾아와 나무를 쓰러뜨리고 숲 한가운데에 공장을 세운다. 잠에서 깨어난 곰은 공장 감독에게 이끌려 공장에서 일을 하게 된다. "난 곰인 채로 있고 싶다."라고 외쳐 보지만 곰은 자신이 곰이라는 것을 증명하지 못한다. 우여곡절 끝에 곰은 숲속 동굴 앞에 와서도 무엇을 해야 할지 모른다. 자신이 누구인지 잊어버린 것이다. 작가는 타의에 의해 자신의 존재 기반을 빼앗기고 길을 잃은 곰의 현실에 비추어 마침내 자기 자신조차 잃어버리는 현대인의 초상도 함께 보여 준다.

-곰이 정체성을 되찾기 위해서는 어떻게 해야 할까?
-인간에게 동물은 통제의 대상인가?

입장 바꿔 생각을 해봐

입장은 자신이 처한 상황 또는 위치에 따라 달라진다. 세상을 살다보면 언제나 강자일 수는 없다. 누구나 강자였다가 약자도 될 수 있다. 다음 책들은 모든 일에 대해 입장을 바꿔 생각해 보며 자신보다 약한 사람들의 마음을 헤아릴 줄 알아야 한다는 메시지를 유쾌하게 전달한다. 또한 자신만의 시각으로 세상을 바라보는 사람들에게 조금 다른 시각을 가질 수 있게 해 준다. 내가 하는 행동이 다른 사람에게 의도와 다르게 전달될 수 있음을 이해할 수 있게 안내하는 책도 있다.

나에게는 편하고 안락한 곳이라도 타인에게는 불편하고 불안한 곳이 될 수도 있다. 이것을 좋다, 나쁘다 식으로 판단하기보다는 다른 환경과 문화를 인정하고 존중해 주어야 할 것이다. 하지만 타인의 입장이 되어 다름을 인정하고 이해하기란 말처럼 쉽지 않다. 그러니 우리 아이들이 여러 사람들과 함께 어울려 살기 위해서 꼭 필요한 '역지사지'에 대한 이해를 함께 고민해 보아야 할 것이다.

 **함께 읽고 이야기 나누기**

- 나와 다른 생각을 가진 친구들과 의견을 조율하는 방법에 대해 이야기해 보자.
- 하나의 사물을 중앙에 두고 여러 각도에서 그 사물이 어떻게 보이는지 설명해 보며 '다른 시각'에 대해 생각해 보자.
- 우리 사회에서 '역지사지'를 통해 바꿔 나가야 할 것들을 찾아보자.

106 나는 고양이라고!

사노 요코 지음 | 이선아 옮김 | 시공주니어 | 46쪽 | 2004.09.20 | 6,500원

고등어를 무척 좋아하는 고양이가 있다. 어느 날 숲 속에서 산책을 즐기던 고양이는 하늘에서 날아든 고등어 떼에게 공격을 받게 된다. 항상 먹을 수 있는 만만하고 맛있는 존재에 불과한 고등어에게 당한 고양이는 그야말로 어이가 없다. 고등어들의 반란을 통해 약하거나 나와 다른 입장에 있는 사람들을 한 번 더 생각해 보게 하는 책이다.

- 내가 만약 고양이 또는 고등어가 된다면 어떤 입장에 처하게 될지 생각해 보자.

107 더운 나라에 간 펭귄, 추운 나라에 간 원숭이

디터 비스뮐러 지음 | 김영진 옮김 | 달리 | 36쪽 | 2006.06.01 | 9,500원

추운 나라에 사는 펭귄과 더운 나라에 사는 원숭이의 우정 이야기를 통해 살아가기에 적당한 환경이란 상대적인 것이라는 점을 깨닫게 해 준다. 펭귄과 원숭이는 한 번도 본 적 없는 신기한 풍경들을 만나지만 이내 자신의 나라로 돌아가고 싶어 한다. 본인에게는 편안한 곳이 타인에게는 생경할 수 있음을 깨닫고 서로를 이해하게 한다.

- 우리나라에서는 당연하게 여겨지지만 다른 나라 사람들에게는 낯설게 보이는 것들로는 무엇이 있을까?

108 선생님은 싫어하고 나는 좋아하는 것

엘리자베스 브라미 지음 | 리오넬 르 네우아닉 그림 | 김희정 옮김 | 청어람아이 | 96쪽 | 2016.04.12 | 11,000원

숙제 베끼기, 친구 물건에 낙서하기, 수업시간에 딴 생각하기, 나쁜 말 쓰기 등은 사실 아이들이 자라면서 자연스럽게 하는 행동들이다. 아이들이 이런 행동을 할 때 주의나 경고보다는 다른 사람들이 좋아하고 싫어하는 것이 무엇인지를 분명히 알려주도록 해야 한다. 상대방이 좋아하는 것과 싫어하는 것에 대해 알고 서로를 이해할 수 있게 하는 징검다리 같은 책이다.

- 내가 좋아하는 것과 상대가 싫어하는 것이 일치하는 경우, 어떻게 하는 게 좋을까?

서로 다르기에
더 아름다운 세상

우리가 사는 세상은 저마다 다르기 때문에 조화롭게 빛나는지도 모른다. 여기 각자의 개성을 존중하면서도 어울려 살아가는 지혜에 대한 책들이 있다. 한 치의 오차 없이 똑같은 사람들이 똑같이 행동한다면 정말 재미없는 세상이 될 것이다. 『파란도시』에서는 그런 세상을 색깔의 차이와 다름을 이용하여 명확히 보여 준다. 이 세상에는 다양한 생명과 생각들이 존재하고, 그 모두가 함께해야 생동감 넘치는 사회가 된다. 그런데 우리는 그 존재를 잊고 나와 비슷한 사람들하고만 어울리며 새로운 문화를 만나는 것에 두려움을 느낀다. 오늘날의 세계는 눈부시게 발전한 과학기술로 서로 무척 가까워졌다. 하지만 서로 다른 문화 방식을 이해하는 태도는 여전히 서툴다. 낯선 존재나 이방인으로 느껴지는 이들도 알고 보면 나와 다를 것 없는 존재이며 이 사회의 한 구성원이라는 것을 알아야 한다. 서로를 인정하고 다름을 받아들이는 다양한 이야기들을 통해 좀 더 넓은 가슴으로 세상을 볼 수 있을 것이다.

함께 읽고 이야기 나누기

- 가정이나 학급에서 서로 다르기 때문에 좋은 점은 무엇인가?
- 우리나라에서 '다문화 인식 개선'을 위해 어떤 노력이 필요한가?

109 벌집이 너무 좁아!

안드레스 피 안드레우 지음 | 킴 아마테 그림 | 유 아가다 옮김 | 고래이야기 | 34쪽 | 2015.07.20 | 11,000원

공동체 생활을 하는 꿀벌 집단에서 일어난 사건을 통해 이주자에 대한 우리의 편견을 꼬집는다. 벌들이 예전과는 달리 벌집이 좁게만 느껴지던 어느 날, 외부인이 들어왔음을 직감하고 곧바로 침입자에 대해 적대감을 드러내고 한바탕 소동이 벌어진다. 온갖 억측과 편견이 난무하는 가운데 꿀벌들이 선택한 것은 모두 함께 살아갈 수 있는 방법을 찾는 것이다. 꿀벌들의 소동은 외부인 혹은 외국인 이주노동자들을 향한 편견과 차별을 드러낸 우리 사회의 민낯과 닮았다.

- 우리나라에도 이주 노동자, 다문화 가정이 급속히 늘어났다. 이들을 바라보는 사회의 시선은 문제가 없는가?
- 이러한 편견을 없애기 위해 노력할 수 있는 것들에 대해 이야기해 보자.

110 알록달록 오케스트라

안나 체르빈스카 리델 지음 | 마르타 이그네르스카 그림 | 이지원 옮김 | 비룡소 | 36쪽 | 2013.04.30 | 15,000원

서로 다른 이야기를 지닌 오케스트라 악기들이 모여 한바탕 소란을 피운다. 하나의 음악을 함께 연주하기 위해서는 다른 악기 소리와 내 악기 소리를 맞춰 가야 한다. 배려와 조화가 필요한 일이다. 이 책은 그렇게 멋진 음악을 완성해 가는 과정을 담았다. 오케스트라를 구성하는 열두 가지 악기들의 특징과 소리를 선의 굵기와 흐름을 통해 은유적이고 감각적인 이미지로 표현했다. 그 개성 강한 악기들이 하나의 아름다운 곡을 완성해 가는 과정은 더 흥미롭다. 형광색 등 화려한 색감, 과감하고 독창적인 문양과 판화와 같은 기법은 눈을 사로잡는다.

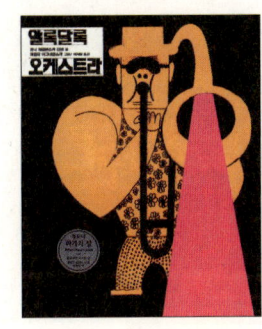

- 교실에 모인 다양한 친구들의 서로 다른 생각을 조화롭게 할 수 있는 방법들에는 무엇이 있을까?

111 여기가 우리 집이라면

자일스 라로슈 지음 | 우순교 옮김 | 시공주니어 | 34쪽 | 2012.09.17 | 9,500원

세계 여러 나라의 다양한 집 15가지를 만날 수 있다. 칠레의 팔라피토, 에스파냐의 동굴 집 등 각각의 환경에 알맞게 지어진 집을 자세히 소개했다. 집의 생김새, 구조뿐만 아니라 그 집이 어떻게 생겼는지, 그곳에 사는 사람들은 어떤 생활을 하는지 등에 대한 정보도 담았다. 우리나라에서는 보기 힘든 독특한 형태의 집들이 호기심을 증폭시킨다. 아이들은 다양한 환경과 그에 맞는 다양한 생활 방식이 존재한다는 것을 자연스럽게 알 수 있을 것이다.

- '우리는 서로 다르면서 다르지 않다'라는 말은 어떤 의미일까?
- 집이 생활 방식에 미치는 영향에 대해 경험을 바탕으로 이야기해 보자.

112 점과 선이 만나면

베로니크 코시 지음 | 로랑 시몽 그림 | 김유진 옮김 | 국민서관 | 32쪽 | 2014.11.25 | 10,000원

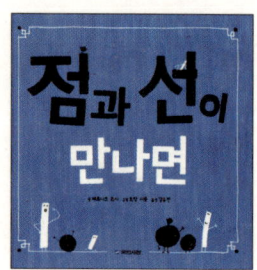

단순하면서도 직관적인 그림과 간결한 문장을 통해 생각거리를 주는 책이다. 이민자의 후손인 작가는 조부모의 역사를 책 속에 고스란히 담았다. 까만 점과 흰색 선에서 시작하여 각양각색의 점과 선들이 힘을 모으는 모습을 통해 아이들에게 협동과 다양성의 가치를 전달한다. 다양한 사람들이 서로를 존중하며 만들어가는 조화로운 풍경을 모든 연령의 독자가 공감할 수 있도록 단순한 도형을 활용한 것이다. 생김새나 성격 등 모두가 다른 개성들이 함께 어우러지면 훨씬 다채롭고 아름다운 세상이 될 수 있음을 전한다.

- 다양한 사람들과 아름다운 관계를 맺기 위해서는 어떻게 해야 할까?

113 코끼리랑 집을 바꿨어요
이솔 지음 | 김영주 옮김 | 책속물고기 | 36쪽 | 2015.02.20 | 10,000원

텔레비전만 보던 훌리오는 일주일간 서로 집을 맞바꿀 수 있다는 광고를 보고 방송국에 신청한다. 배달되어 온 상자 안에는 텔레비전을 실컷 보고 싶은 아프리카 코끼리 봄보가 들어 있다. 그렇게 훌리오는 아프리카에서 온 봄보의 집으로 떠나고, 코끼리 봄보는 훌리오의 소파에서 일주일을 보낸다. 직접 체험하고 둘러 본 아프리카는 훌리오에게 더이상 TV에서만 보던 먼 나라가 아니다. 다른 나라의 문화를 깊이 이해하는 것이 어떤 것인지 생각해 보게끔 이끌어 주는 책이다. 한편, 집안에서 TV만 보다가 아프리카로 돌아간 봄보는 한동안 후유증에 시달리게 된다.

-주변의 동물들의 집을 떠올려보고 각 집의 특징과 동물의 생활을 연결 지어 이야기 나눠 보자.

114 파란 도시
마르코 비알레 지음 | 이현경 옮김 | 스콜라 | 30쪽 | 2016.11.30 | 11,000원

파란 늑대들만 사는 파란 도시는 계획에 없는 뜻밖의 일은 결코 일어나지 않는 무척 정확한 나라다. 모두가 같은 시간에 일어나고, 같은 시간에 소변을 보고, 같은 시간에 잠자리에 든다. 그러던 어느 날 자유분방하게 휘파람을 불며 빨간 자전거를 탄 빨간 늑대가 나타났다. 빨간 늑대의 등장은 파란 늑대들에게 설명하기 힘든 불안감을 주고 파란 늑대들은 대책 회의에 나선다. 하지만 늑대들은 이내 고정관념에서 벗어난 행동이나 사물 등에서 새로운 가치를 발견할 수 있다는 것을 깨닫는다.

-기존의 문화 양식에 새로운 문화가 더해질 때 약간의 격차가 생기기 마련이다. 이러한 차이를 줄이기 위해 우리가 할 수 있는 것은 무엇일까?

훌륭한 이웃의 조건

이웃사촌이란 말이 무색해진 지 오래다. 같은 아파트에 살아도 얼굴도 잘 모른다. 층간 소음으로 인한 사건 사고도 끊이질 않는다. 옛날 아이들이 '망태 할아버지'를 제일 무서워했다면, 요즘 아이들은 '아랫집 사람들'을 제일 무서워한다. 공동 주택에 사는 사람이라면 층간 소음 문제에서 자유로울 수 없다. 우리 아랫집에도 목소리가 우렁찬 개 한 마리가 이사를 왔다. 개 짖는 소리 때문에 힘들어 하던 어느 날, 아들이 "엄마~ 저 개 이름은 헨리야."하고 알려준다. 개 이름을 어떻게 알았냐는 물음에 "내가 지었으니까 알지."라고 한다. 개가 너무 짖어서 아들이 바닥에 입을 대고 "헨리야! 조용히 해~"라고 했더니, 진짜 조용해졌고 그날부터 개 이름은 헨리가 되었단다. 우리만의 개 이름이 생긴 후로는 개 짖는 소리가 그렇게 거슬리지 않았다. 개가 짖을 때마다 아들은 이야기를 만들고, 우리는 함께 웃었다. 층간 소음을 우리만의 방법으로 해결한 셈이다.

    그림책에는 다양한 형태의 이웃이 있다. 처음에는 갈등하지만 이내 해결하면서 진정한 이웃이 된다. 갈등을 해결하는 저마다의 방법을 고민해 보는 것은 아이들에게 타인을 받아들이고 이해하는 훈련이 된다. 이웃을 배려하는 방법을 이야기하고, 그 이야기가 실천으로 이어지길 바란다. 이웃에게 보냈던 작은 배려는 배가 되어 나에게 돌아올 것이다.

 **함께 읽고 이야기 나누기**

-이웃과의 거리는 어느 정도여야 서로 배려하고 이해할 수 있을까? 심리적 기준으로 이야기해 보자.
-타인을 배려하는 일이 오히려 나에게 스트레스로 돌아온 일이 있는가?

115 둥지 아파트 이사 대작전

폴라 세어 지음 | 스탠 맥 그림 | 길상효 옮김 | 씨드북 | 40쪽 | 2017.05.05 | 12,000원

층간 소음 때문에 이사를 하게 된 동물 식구들의 이야기이다. 공동 주택에서 살고 있는 곰곰 씨의 가족이 과연 조용히 겨울잠을 잘 수 있을까? 탭댄스를 추는 루루 부부, 밤낮으로 연주를 해대는 고양 여사와 함께 말이다. 곰곰 씨의 불평으로 시작된 둥지 아파트의 소란은 부엉 영감의 지혜로운 해결책으로 다시 평화로운 밤을 맞게 된다. 이들이 문제를 해결하는 방법은 층간 소음으로 고민하는 사람들에게 작은 해결책을 줄 것이다. 1972년에 출간된 책이라는 것이 놀랍다.

- 층간 소음을 해결하는 방법에는 어떤 것이 있을까?
- 5층 이상의 공동 주택 내에서의 층간 분쟁이 시작된 까닭을 다각도로 생각해 보고 이야기 나누자.

116 뛰지 마!

김규정 지음 | 낮은산 | 36쪽 | 2016.10.05 | 12,000원

아파트에서 매일 '뛰지 마!' 소리를 들으며 크는 아이들을 위한 책이다. 비 오는 날, 집 안에만 있던 솔이가 뛰기 시작하자 엄마는 바로 "뛰지 마!"를 외친다. 엄마가 뭐래도 뛸 수밖에 없는 솔이는 뛰는 것의 의미를 하나하나 이야기해 준다. 날아오르듯 뛰는 솔이의 자유로운 몸짓에는 그럴 만한 이유가 다 있다. 집안에 있던 물건이 살아나 솔이와 놀기 시작하고, 함께 뛰면서 친구가 되는 장면들에서 아이의 밝고 유쾌한 에너지가 고스란히 느껴진다. 뛰지 말라는 엄마의 말에 스트레스를 받는 아이들에게 조금이나마 위로가 된다.

- 아랫집에 피해를 주지 않고 놀 수 있는 방법은 무엇일까?

117 에드몽은 왜 채소만 먹게 되었을까?

크리스틴 나우만 빌맹 지음 | 크리스 디 쟈코모 그림 | 이정주 옮김 | 한솔수북 | 32쪽 | 2012.05.10 | 10,000원

토끼를 잡아먹으러 온 늑대가 착한 이웃들을 만나면서 그들에게도 좋은 이웃이 되는 과정을 그린 책이다. 주변의 동물들을 잡아먹기 위한 도구들은 늑대의 의도와는 상관없이 엉겁결에 좋은 일에 쓰이고, 늑대는 마음씨 좋은 이웃이 된다. 에드몽이 아파트에 새로 이사 온 좋은 이웃일 거라고 믿고 스스럼없이 그 도구들을 빌려달라고 말하는 순진한 아파트 주민들. 그 덕분에 늑대는 이웃 동물들을 잡아먹지 못하고 채소만 먹게 된다. 세상과 사람을 따뜻하게 변화시키는 힘은 타인을 향한 열린 마음과 관심으로부터 나온다는 것을 보여 준다.

- 다른 사람을 좋은 방향으로 변화시켰던 경험을 이야기해 보자.
- 나의 행동이 예기치 않게 상대방에게 '선한 의도'로 받아들여질 경우 어떻게 대처해야 할까?
- 에드몽은 계속 채소만 먹고 살 수 있을까?

118 엘리베이터

경혜원 지음 | 시공주니어 | 48쪽 | 2016.09.30 | 12,500원

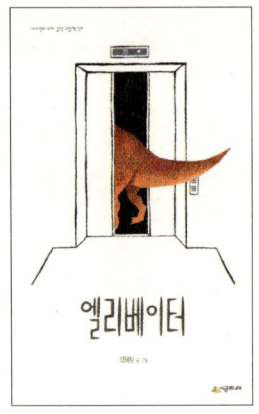

공룡을 좋아하는 윤아는 도서관에 책을 반납하기 위해 엘리베이터를 탄다. 그런데 이웃들이 엘리베이터에 탈 때마다 윤아의 눈에는 그들이 공룡으로 보인다. 윤아는 이웃들의 표정과 차림에서 나타난 포인트를 잘 찾아 닮은 공룡과 정확하게 매치한다. 한지에 수채화 물감과 동양화 물감을 혼합한 그림에 콜라주 기법을 더한 방법은 윤아의 상상력을 배가시킨다. 이웃과 공유하는 공간인 엘리베이터에서 자신이 가장 좋아하는 공룡과 이웃을 연결시킨 것이다. 마지막 장면은 첫 장면과 달리, 공룡들이 아파트 복도에 나와 서로 웃고 이야기를 나누는 장면이다. 서로 간의 교감을 경험한 이웃들은 이제 밖으로 나와 서로의 안부를 묻는다.

- 이웃 간에 소통을 활발하게 할 수 있는 방법에 대해 이야기 나눠 보자.

119 우당탕탕, 할머니 귀가 커졌어요

엘리자베트 슈티메르트 지음 | 카롤리네 케르 그림 | 유혜자 옮김 | 비룡소 | 24쪽 | 1999.07.22 | 9,000원

아래층 할머니는 새로 이사 온 위층 아이들이 조금만 떠들어도 쫓아 올라온다. 층간 소음을 줄이기 위해 온갖 방법을 다 동원하지만 할머니는 계속 올라온다. 아이들은 결국 아무 소리도 내지 않는다. 아랫집 할머니는 조용해지니 오히려 무슨 일인지 궁금해 하며 윗층의 소리를 들으려고 노력한다. 그러다가 할머니의 귀가 점점 커진다. 작품은 귀가 점점 커진다는 상상을 통해 아이들과 할머니와의 화해를 이끌어낸다. 시간이 갈수록 무표정해지는 위층 가족들의 모습, 할머니의 궁금해하는 표정, 화해한 뒤 할머니의 밝은 표정이 생생하다. 오브제를 배치하고 사진을 찍은 후 그 위에 채색하는 기법이 독특하다.

- 이웃이 있어서 좋은 점과 나쁜 점에 대해 이야기해 보자.

120 이웃사촌

클로드 부종 지음 | 조현실 옮김 | 파랑새어린이 | 36쪽 | 2002.12.03 | 10,000원

이웃사촌이라는 제목과 달리 표지에는 두 토끼가 서로 등을 돌린 채 팔짱을 끼고 돌아 서 있다. 한쪽 구멍엔 갈색 토끼 브랭이 살고, 다른 한쪽 구멍엔 회색 토끼 그리주가 산다. 이들은 처음엔 사이가 아주 좋았다. 아침이면 다정하게 인사도 주고받았다. 그러던 어느 날 둘은 그만 사이가 나빠졌다. 사소한 일로 날마다 싸우게 되었다. 그때 배고픈 여우가 나타난다. "아하, 먹이들이 저희끼리 싸우고 있네. 잡아먹기 쉽겠는걸." 여우가 달려들자 두 토끼는 힘을 합쳐 구멍을 파고 두 굴을 연결시켜 다른 구멍으로 도망을 간다. 두 토끼는 여우 덕분에 다시 예전처럼 친한 사이가 된다.

- 우리에게 진정한 이웃사촌은 누구일까?
- 디지털 이웃은 이웃이라고 할 수 있을까?

121 폭설
존·로코 지음 | 이충호 옮김 | 다림 | 54쪽 | 2014.11.24 | 10,000원

작가가 어린 시절에 겪은 경험을 바탕으로 만든 책으로, 폭설로 인해 일주일 동안 고립된 한 마을의 이야기이다. 폭설이 내린 마을에 사흘이 지나도 제설차가 오지 않자, 주인공 꼬마는 테니스 라켓을 이용해 썰매를 끌고 멀리 떨어진 가게에서 필요한 생필품을 사 오는 등 고립된 상황을 지혜롭게 대처한다. 눈에 대한 설렘과 기쁨이 두려움과 걱정으로 바뀌고 다시 용기와 지혜로 빛나는 일주일간의 변화가 흥미롭게 펼쳐진다. 눈이 온 주변 풍경이 아름답다.

- 폭설로 고립되어 음식이 조금밖에 남지 않았다면, 이웃은 적일까, 동지일까?
- 지금 우리 동네에 폭설이 내린다면 내 이웃들은 어떻게 대응할지 이야기해 보자.

122 훌륭한 이웃
엘렌 라세르 지음 | 질 보노토 그림 | 엄혜숙 옮김 | 풀과바람 | 32쪽 | 2016.11.22 | 10,000원

지루할 정도로 조용했던 동네에 새로운 이웃이 이사 오면서 시끌벅적 즐거워지는 동네의 모습을 담은 책이다. 조용하고 질서 정연한 양들이 사는 마을에 오토바이 탄 늑대 가족, 환경운동가 암소, 사진작가 돼지, 지붕 위 황새인 카페 웨이터 악어, 음악 애호가인 코끼리, 친절한 기린과 물고기들을 위해 뜨개질 하는 문어까지. 놀라운 이웃들이 하나 둘 찾아온다. 딱딱했던 마음의 벽이 허물어지고 모두가 함께하는 따스하고 행복한 일상이 정겹다. 오순도순 정답게 변화하는 마을의 모습을 통해 아이들에게 이웃에 대한 관심과 이해를 북돋아 준다.

- 훌륭한 이웃이란 무엇일까?

다양성의 인정

팔과 다리 없이 축구 선수로 활약하는 미국 고등학생이 화제다. 그는 세균 감염으로 14개월 때 팔 다리를 모두 잃고, 미국의 한 가정에 입양되었다. 장애를 가진 아이를 입양한 그의 부모 또한 화제가 되었다. '장애를 가진 아이를 입양하는 것은 정말 쉽지 않은 결정이었을 것이다.'라는 생각이 드는 것 또한 장애에 대한 편견이 아닐까? 장애에 관한 책은 장애우에 대한 편견을 깨는 데 많은 도움이 된다. 그림책에서는 장애를 가진 주인공과 그들을 지켜보는 가족이 함께 등장한다. 그들이 장애우를 있는 그대로, 자연스럽게 가족으로 받아들이는 모습은 잔잔한 감동을 준다. 장애는 슬픔과 절망의 동의어가 아니라, 삶을 살아가는 다른 모습임을 보여 준다.

장애에 대한 편견뿐만 아니라 나와 다름에 대한 편견 또한 문제다. 학교나 사회에서 일어나는 왕따의 시작은 나와 다름을 인정하지 않기 때문에 발생한다. 차이에 대한 인정이라는 측면에서 장애, 왕따를 논의해 보고 우리가 가진 편견과 선입견을 깨 보자.

함께 읽고 이야기 나누기

- 장애우 문제는 개인의 문제인가? 사회의 문제인가?
- 사회적 약자를 정하는 기준은 무엇일까?

123 깃털 없는 기러기 보르카

존 버닝햄 지음 | 엄혜숙 옮김 | 비룡소 | 32쪽 | 1996.01.01 | 9,000원

깃털 없이 태어난 기러기 보르카에 대한 이야기다. 다른 기러기와 다르다는 이유로 무시 받고 따돌림 당하던 보르카가 새로운 곳을 찾아 떠나면서 자신의 장점과 역할을 발견하게 되고, 타인과 어울려서 잘 적응하는 내용을 담은 책이다. 다양한 색채와 기법으로 보르카의 상황적, 심적 변화를 잘 표현하고 있다. 선장이 보르카를 데려다 준 곳은 다양한 새가 모여든 '큐 가든'. 거기서는 깃털 없는 보르카를 이상하게 보거나 놀리는 새들은 없다. 다양성을 인정해 주는 곳에서, 서로의 다름을 인정하며 행복하게 지낼 보르카를 생각하니 웃음이 절로 나온다.

- 깃털 없는 기러기가 '큐 가든'에 가지 않았다면 어떻게 살았을까?
- 장애우에게 특별 대우를 해야 할까?

124 내 동생과 할 수 있는 백만 가지 일

스테파니 스투브-보딘 지음 | 팸 드비토 그림 | 한진영 옮김 | 한울림스페셜 | 32쪽 | 2014.10.14 | 11,000원

갑자기 동생이 생기게 된 일곱 살짜리 여자아이 엠마의 이야기다. 엠마는 처음에는 동생이 생긴다는 사실이 기쁘지 않았지만, 동생과 할 수 있는 다양한 일을 상상하면서 마음속으로 자연스럽게 동생을 받아들이고 맞이할 준비를 한다. 그러다가 엠마는 동생이 다운증후군이라는 사실을 알게 된다. 작품은 엠마의 심리적 변화 과정을 아이다운 상상력을 바탕으로 따뜻하고 소박하게 그려내고 있다. 작가는 장애를 가진 동생을 자연스럽게 받아들이는 엠마를 통해 서로의 차이를 받아들이고 배려한다면 장애가 있더라도 얼마든지 함께 어울려 살아갈 수 있다는 사실을 일깨워 준다.

- 동생과 함께할 수 있는 일을 생각해 보자.
- 엠마와 엠마의 동생(아이작)의 미래에 대해 이야기해 보자.

125 내게는 소리를 듣지 못하는 여동생이 있습니다

진 화이트하우스 피터슨 지음 | 데보라 코간 레이 그림 | 이상희 옮김 | 웅진주니어 | 32쪽 | 2011.12.15 | 11,000원

소리를 듣지 못하는 여동생을 둔 언니가 동생과 함께 놀면서 느끼고 생각한 것을 표현한 책이다. 언니는 동생이 소리를 들을 수 없지만 다른 특별한 것을 할 수 있다고 말한다. 풀밭의 아주 작은 움직임까지 볼 수 있고, 라디오를 손으로 만져 보고는 켜져 있는지 아닌지도 알 수 있고, 태풍이 치는 날도 아무 일 없이 잠들 수 있다는 것 등 말이다. 우리는 장애라는 단어를 부족함이나 슬픔과 같은 뜻으로 받아들인다. 그러나 이 책을 읽고 나면 장애를 가졌다는 것은 보통 사람과 다른 특별한 무언가를 가졌다는 것을 알게 된다.

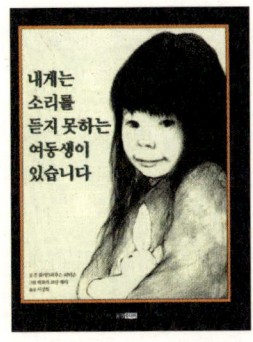

- 책 속 동생이 가진 또 다른 특별한 점은 무엇일까?
- 장애를 타인과 다른 특별한 능력을 가진 것으로 이해하는 것이 가능할까?

126 누나에겐 혼자만의 세상이 있어

마르코 베레토니 카라라 지음 | 치아라 카레르 그림 | 주효숙 옮김 | 한울림스페셜 | 28쪽 | 2017.02.14 | 12,000원

제목에서 상상할 수 있듯이 누나는 자폐아다. 이 책은 자폐아인 누나 사라의 일상에 대해 동생의 눈으로 밝고 담담하게 묘사하고 있다. 자기 혼자만의 세계가 있는 누나는 수수께끼 같기도 하고, 함께하다 보면 가끔은 절망적인 기분이 들기도 한다. 하지만 누나는 동생에게 언제나 어우러져 살아가는 가족이자 사랑하는 존재이다. 누나에게는 우리와는 조금 다른 세계가 있을 뿐이다. 자폐아에 대한 편견을 버리고 존중하며 애정을 갖고 바라볼 수 있게 하는 책이다.

- 장애는 극복해야 하는 것인가, 인정해야 하는 것인가?

127 눈을 감아 보렴!

빅토리아 페레스 에스크리바 지음 | 클라우디아 라누치 그림 | 조수진 옮김 | 한울림스페셜 | 32쪽 | 2016.11.05 | 12,000원

책 표지가 강렬하다. 검은색 바탕에 무지개 색으로 감겨진 눈은 무엇을 의미하는 것일까? 같은 사물에 대해서도 동생의 설명과는 전혀 다른 생각을 가진 형. 그런 형의 반응에 속상해 하는 동생이 안쓰럽지만 형의 표현이 틀린 것도 아니다. 눈이 아닌 촉각, 청각, 공감각을 느끼며 표현하는 형의 설명이 더 마음에 와 닿기까지 한다. 형의 마음이 궁금하다는 동생에게 엄마는 "눈을 감아 보렴!"이라고 대답한다. 눈을 감는 순간, 동생은 무지개 색으로 빛나는 형의 모습도 만나고 자신도 무지개 색으로 세상을 느낄 수 있게 된다. 보지 못해도 다른 감각을 이용해 세상을 더 따뜻하고 밝게 바라보는 형이 대견하다.

-책 속 나와 형의 차이점은 무엇인가?
-눈을 감고 생활해 보고 느낀 점을 나누어 보자.

128 달라도 괜찮아!

모르간 다비드 지음 | 이재현 옮김 | 파랑새 | 30쪽 | 2015.04.24 | 10,000원

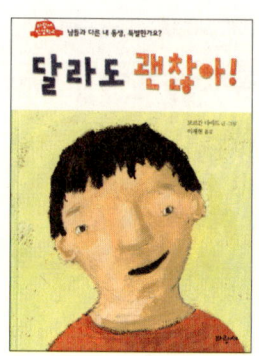

아동문학가 코닉스버그의 단편 모음집이다. 4편의 작품은 각기 다른 소재지만 각 작품에 등장하는 아이들은 자기 나름대로 어려운 상황을 헤쳐 나가며, 한층 성숙한 모습으로 성장하는 과정을 보여 준다. 각 작품에 어울리는 그림도 놓칠 수 없는 볼거리다. 네 가지 이야기는 주인공도 소재도 제각각이지만 네 이야기 모두 편견 또는 자기중심적인 생각에 대한 이야기다. 작가는 편견과 선입견에 대해 잔잔하면서도 날카롭게 지적한다.

-엄마가 반 친구들이 가장 싫어하는 아이를 생일 파티에 초대하라고 한다면?
-엄마 아빠가 나를 '뚱보 캠프'로 보낸다면?
-못되게 구는 아이와 점심시간에 단둘이 밥을 먹어야 한다면?

129 로리스의 특별한 하루

바르바라 취렌, 파스칼 헤힐러 지음 | 마르틴 망부르 그림 | 조경수 옮김 | 스콜라 | 44쪽 | 2016.07.25 | 11,000원

주인공 로리스는 자폐증이 있다. 우리가 알고 있듯이, 자폐증을 앓는 이들은 타인과의 관계에 어려움을 겪는다. 이런 로리스가 학교 친구들과 과제를 해결하면서 특별한 하루를 보내고, 이 하루를 통해 조금씩 소통을 하게 된다. 작품은 자폐증을 앓는 이들에게 좀 더 가까이 다가갈 수 있도록 도와준다. 또 이들이 어떤 증상을 갖고 있는지, 그들에게 다가가기 위해선 어떻게 해야 하는지도 알려 준다.

- 자폐증을 앓는 친구가 일반 학급에서 함께 공부하는 것에 대해 어떻게 생각하는가? 장단점을 이야기해 보자.

130 위를 봐요!

정진호 지음 | 은나팔 | 40쪽 | 2014.02.25 | 12,000원

수지는 교통사고로 다리를 다쳤다. 항상 혼자서 베란다에 앉아 휠체어에 의지하여 세상을 내려다볼 수밖에 없던 수지는 사람들이 자기가 있는 위쪽을 봐주길 바란다. 그러다 길 가던 한 아이가 위를 본다. 단조롭던 흑백 세상은 생기가 넘친다. 사람과 사람이 서로 소통하지 않던 단조로운 흑백의 거리 풍경은 이제 새싹이 돋고, 꽃이 피고, 색색의 풍선이 날아다니는 생기 넘치는 풍경으로 변한다. 작품은 사소한 행동에서 시작된 행동이 누군가의 삶과 마음과 세상을 바꿀 수도 있다는 사실을 알게 한다.

- 더불어 살아가는 삶이 중요한 까닭은 무엇인가?

나와 너가 아닌 우리

최근 갖가지 '혐오'가 사회적 이슈다. 특정 부류의 사람들을 향해 거부감을 드러내며 이상한 별칭을 만들어 내어 비하한다. 벌레 '충(蟲)'자를 붙여 아기 엄마를 '맘충', 청소년들을 '급식충', 남성을 '한남충', 여성을 '김치녀'라고 부른다. 이러한 혐오 표현은 단순히 기분 나쁜 말에서 끝나는 것이 아니라 사회생활을 하는 데 실질적인 위협과 불안을 가져온다. 이러한 문제를 법적으로 해결하려는 시도도 있지만 법에 앞서 사람들의 인식의 변화가 우선이다.

『샌드위치 바꿔 먹기』에서 다른 사람의 샌드위치를 먹어 보기 전에는 남의 샌드위치를 이상하고 역겹게 여긴다. "우리는 새로운 것이나 외국 것 또는 이상한 것과 마주쳤을 때, 곧잘 성급한 판단을 내리곤 한다. 하지만 우리가 서로를 알려고 하고, 서로의 입장을 이해하려 하고, 다른 관점의 생각을 귀 기울여 듣고자 하는 시간을 갖는다면, 우리는 누군가와 우리 자신에 대해서 소중한 것을 배우게 될 것이다."라는 라니아 왕비의 말처럼, 아이들은 책을 읽으면서 서로 다름을 인정하고 편견의 허물을 벗어던지는 법과 자신이 속한 사회의 문화를 바로알고 자신감을 갖는 법을 배운다. '나'와 '너'가 아닌 '우리'를 배운다.

함께 읽고 이야기 나누기

- 나와 다른 타인을 수용하는 방법에는 어떤 것이 있을까?
- 낯선 문화를 접했을 때 우리는 어떤 자세를 갖는 것이 바람직한가?
- '용광로' 이론과 '샐러드 볼' 이론을 비교해 보고 어떤 것이 더 바람직한지 이야기해 보자.

131 꼬마 예술가 라피

토미 웅게러 지음 | 이현정 옮김 | 비룡소 | 36쪽 | 2014.12.31 | 10,000원

생김새가 달라 친구를 사귀기 힘들었던 라피가 유명한 예술가가 되기까지의 과정을 그린 이야기로, 토미 웅거러 특유의 익살과 유머 그리고 풍자가 가득 숨은 책이다. 매번 소외 받는 라피가 실망하지 않고 '잡동사니 친구'를 만들어 가는 과정에서 실제로 친구를 사귀게 된다. 두 친구가 서로 존중하며 우정을 쌓아가는 모습을 통해 서로의 다름을 인정하는 것이 관계를 맺는 데 꼭 필요한 자세임을 알려준다. 또 '잡동사니 친구'들이 작품으로 인정받는 이야기를 통해 예술은 어려운 것이 아니라 일상 속 자유롭고 창의적인 생각에서부터 비롯된다는 것을 깨닫게 한다. 문화적 차별, 다양성에 대한 이해와 존중, 예술 등 복합적인 주제가 유머러스하면서도 세밀하게 구성된 그림과 잘 어우러져 한 권의 책에 담겼다.

- 자신의 외모 때문에 친구들에게 소외 받았던 경험을 이야기해 보자.
- 진정한 친구란 무엇일까?

132 내 이웃은 강아지

이사벨 미노스 마르틴스 지음 | 마달레나 마토소 그림 | 전은주 옮김 | 청어람주니어 | 32쪽 | 2010.12.29 | 9,500원

보기만 해도 삭막한 어느 아파트에 특별한 이웃이 이사를 온다. 어른들은 새로운 이웃인 강아지가 마음에 들지 않아 내내 불평을 늘어놓는다. 또한 계속 이사를 오는 동물 이웃들에 대해 편견을 가지고 그들의 호의를 무시하기 일쑤다. 하지만 아이는 강아지 이웃을 좋아한다. 따뜻한 마음을 가진 아이의 시선을 통해 변화를 받아들이지 못하고 왜곡된 어른들의 모습을 그리고 있다. 단절되고 소외된 현대인의 모습을 재미있게 표현한 작품으로 다름을 받아들이고, 함께 살아가는 사회에 대한 인식을 심어 준다. 앞뒤 표지와 앞뒤 면지 그림을 비교하는 것도 또 다른 즐거움이다.

- 아파트에서 개를 키우는 것에 대해 어떻게 생각하는가?
- 반려동물과 함께 살 때 다른 이웃에 대한 배려는 어떤 방식이어야 할까?

133 내 친구 무무
김희연 지음 | 브와포레 | 36쪽 | 2016.09.10 | 13,500원

다빈이와 솔이는 단짝 친구다. 그런데 솔이네 옆집에 개 '무무'가 이사 오면서 솔이네 집이 세상에서 가장 먼 곳이 되어 버린다. 그 집 앞을 지날 때마다 무무가 너무 사납게 짖어대기 때문이다. 다빈이는 어떻게 하면 무무가 짖지 않을까 고민하며 최선을 다해 이런저런 방법을 써 보지만 어떤 방법도 무무에게는 통하지 않는다. 그러던 어느 날 무무의 주인 아주머니가 무무가 사납게 된 것은 친구들과 헤어져서 그렇다고 말한다. 다빈이는 무무의 친구가 되어 주기로 결심한다. 힘을 앞세우기보다는 순수한 마음으로 상대를 이해하려고 하는 다빈이의 노력이 독자들을 행복하게 할 것이다.

- 사납게 짖는 강아지가 이웃에 산다면 어떻게 해결해야 할까?
- 상대의 입장을 완전히 이해한다는 것은 가능할까? 그러기 위해서는 어떤 노력을 해야 할까?

134 내가 나눠줄게 함께하자
일리아 그린 지음 | 임제다 옮김 | 책속물고기 | 48쪽 | 2013.09.05 | 11,000원

시장 놀이를 통해 아이들이 나눔의 기쁨을 스스로 체득하는 과정을 보여 준다. 아이들은 시장놀이에서 돈 대신 조약돌을 사용한다. 고양이 친구가 조약돌을 주워 훌라후프와 펜을 산다. 그것으로 돈을 벌기 위해 서커스를 준비한다. 시장 놀이에서 돈을 다 써버린 친구들도 함께 서커스를 준비한다. 단순히 물건과 돈이 오가는 시장 놀이에서 시작하여 각자의 재능을 나누어 공연을 만들어 내는 과정이 놀랍다. 저자는 시장 놀이를 통해 '내 것'과 '내 것이 아닌 것' 그리고 상행위와 화폐의 개념을 살펴보고, 나아가 나눔의 가치에 대해 생각하게 한다.

- 나는 다른 사람과 함께 나눌 수 있는 것으로 어떤 것을 가졌는가?

135 넌 누구야?
페르닐라 스탈펠트 지음 | 이미옥 옮김 | 시금치 | 40쪽 | 2016.09.15 | 10,000원

더불어 사는 세상에서 필요한 덕목 중 하나인 관용의 필요성에 대해 이야기하는 책이다. 사람은 물론 동물, 사회, 국가들이 서로서로 다르지만 함께 살아가는 '세상살이 방법'을 그려낸다. 자칫 지루하거나 추상적일 수 있는 '차이' '편견' '다양성' '보편성'이라는 개념들을 재미난 비유로 설명한다. 아이들 특유의 생각과 표현은 만화로 보여 준다. 첫 장부터 마지막 장까지 쉼 없이 몰입하게 만드는 능수능란한 페르닐라 스탈펠트 작가만의 매력이 이 책에서도 유감없이 발휘된다.

- 관용이란 무엇일까?
- 함께 살아가는 세상에서 관용이 필요한 까닭은 무엇일까?

136 대신 사과하는 로봇 처음 사과하는 아이
코스타스 하랄라스 지음 | 리다 초우니카 그림 | 김호정 옮김 | 책속물고기 | 48쪽 | 2016.07.05 | 10,000원

사과가 어려운 아이들에게 왜, 어떻게 사과해야 하는지 알려주는 예절 책이다. 사과할 줄 모르는 사고뭉치 욜랜다는 자신을 대신해 사과하는 '미안해 로봇'이 생긴 후 더 제멋대로다. 결국, 로봇을 망가뜨리고 만 욜랜다, 과연 진심 어린 사과를 할 수 있을까? 욜랜다가 사고를 치고 사과하지 않아도, 아빠와 엄마는 다그치지 않는다. 사과하라고 강요하지 않는다. 욜랜다가 스스로 잘못을 뉘우치고, 스스로 미안하다는 말이 나오는 과정을 함께하다 보면 아이들은 사과의 중요성을 자연스럽게 깨닫게 된다. 책은 주인공의 잘못을 객관적으로 지켜보는 아이들에게 사과하는 이유를 고민하게 한다.

- 누군가가 미안하다고 대신 사과해 주는 것이 진짜 사과일까?
- 내가 하기 싫은 일만 대신 해 주는 로봇이 있다면 어떨지 이야기해 보자.

137 두더지의 고민
김상근 지음 | 사계절출판사 | 48쪽 | 2015.01.26 | 12,000원

"고민이 있을 때면 눈덩이를 굴려 보렴." 이는 할머니가 주인공 두더지에게 전한 말. 친구가 없어 고민인 두더지가 할머니의 말을 떠올린다. 그러고는 눈덩이를 굴리기 시작한다. 친구가 생기지 않을지도 모른다는 고민, 친구들한테 인기를 얻지 못할까 싶은 고민, 친구들 간의 사소한 다툼과 오해로 남몰래 끙끙 앓던 고민 등등. 두더지는 눈덩이를 굴리다가 진짜 고민이 해결된다. 두더지의 짧은 여행은 아이들이 하는 크고 작은 고민의 해답이 된다. 우리도 고민이 있을 때는 눈덩이를 굴려 보자.

- 나만의 고민 해결 방법은 무엇인가?
- 친구와의 사이가 꾸준히 좋으려면 어떻게 해야 하는지 이야기해 보자.

138 발명 토끼의 친구 만드는 기계
에디트 슈라이버 비케 지음 | 카롤라 홀란트 그림 | 김영진 옮김 | 푸른숲주니어 | 32쪽 | 2016.05.24 | 10,000원

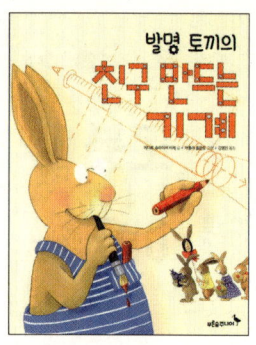

발명 토끼 레오나르도는 발명에 몰두하느라 친구를 사귈 시간이 없다. 이러다가 생일을 혼자 보낼지도 모른다는 걱정이 든 레오나르도는 '친구 만드는 기계'를 만들기로 결심한다. 그러나 이를 구상하던 중 레오나르도는 이웃 토끼들의 어려움을 보게 되고 그들을 위한 발명품을 만들기 시작한다. 레오나르도는 이웃들의 고민을 위해 애쓰며 관계를 만들어 간다. 결국 친구와 관계를 맺으려면 그 사람의 처지에 깊이 공감하고, 서로의 마음을 여는 일이 중요하다는 것을 일깨운다. 책은 아이들에게 진정한 친구의 의미와 인간관계를 위해 무엇이 중요한지 스스로 생각할 수 있도록 이끈다.

- 친구를 만드는 기계가 있다면 어떤 친구를 만들고 싶은가?
- 타인에게 공감한다는 것은 어떤 의미를 갖는 것인지 이야기해 보자.

139 샌드위치 바꿔 먹기

켈리 디푸치오, 라니아 알 압둘라 왕비 지음 | 트리샤 투사 그림 | 신형건 옮김 | 보물창고 | 34쪽 | 2011.02.10 | 12,500원

서로 다른 문화를 이해하고 존중하는 법을 알려주는 다문화 책이다. 셀마와 릴리는 서로의 샌드위치를 보며 괴상하고 역겹게 생겼다고 생각한다. 그러다가 싸움이 시작되고 식당은 엉망진창이 된다. 결국, 셀마와 릴리는 교장실로 불려 간다. 릴리는 셀마에게 샌드위치를 바꿔 먹자고 제안한다. 서로의 샌드위치를 맛본 두 사람은 "우아, 정말 맛있다!"라고 외친다. 셀마와 릴리는 교장선생님을 찾아가서 여러 나라의 음식을 나눠 먹자는 특별한 전교 행사를 제안한다. 친구와 서로 다른 맛과 모양을 지닌 샌드위치를 바꿔 먹으면서 둘은 문화의 차이를 받아들이게 된다.

- 다른 문화를 이해하기 위한 가장 좋은 방법은 무엇인가?
- 우리나라만의 샌드위치를 만든다면 어떤 샌드위치를 만들까?

140 싸워도 우리는 친구!

이자벨 카리에 지음 | 김주열 옮김 | 다림 | 36쪽 | 2016.03.18 | 10,000원

두 사람이 만나 기쁨을 나누는 것도 잠시, 이내 갈등을 겪고 헤어졌다가 다시 만나게 되는 과정에서 느끼는 감정을 간결한 그림으로 보여준다. 사람 사이의 관계라는 이야기는 단순하지만 만남으로 인해 겪게 되는 설렘, 기쁨, 싫증, 불만, 화와 같은 다양한 감정을 모두 담았다. 또한 동반 관계를 뜻하는 '같은 배에 탄 두 사람'이나 감정적인 갈등을 '마구 얽힌 검은 실타래'로 표현하는 등 상징들이 곳곳에 숨어 있어 아이들뿐 아니라 부모나 어른들이 펼쳐봐도 인간관계에 대해 다시 생각할 수 있는 책이다.

- 친구와 싸운 후, 감정의 실타래를 푸는 가장 좋은 방법은 무엇일까?
- 갈등을 완벽히 해소하는 방법이 있을까?

141 인디언의 진짜 친구

폴 고블 지음 | 정영목 옮김 | 비룡소 | 32쪽 | 2014.07.30 | 10,000원

인디언들의 전통과 지혜를 생생하게 담아낸 책이다. 두 인디언 '키 큰 곰'과 '하얀 매'가 함께 사냥을 나갔다가, 하얀 매의 배신으로 키 큰 곰이 홀로 높은 바위에 남겨지고, 독수리의 도움으로 가까스로 살아나 독수리와 우정을 키워 나가는 이야기이다. 북아메리카 인디언들의 전통과 삶의 방식을 고스란히 담아낸 이야기 속에서 친구 사이의 네 가지 덕목인 '용기(우히타카)', '인내(우와친타카)', '예의(와찬토그나카)', '지혜(우크사페)'를 자연스레 전하여 참된 우정의 가치를 깊이 있게 되새겨 볼 수 있다. 인디언 생활 도감이나 전통 민화집을 방불케 하는 열네 컷의 역동적인 그림들은 독자들을 인디언 마을로 안내한다.

- 인디언의 전통에서 배울 점은 무엇일까?
- 소수민족의 전통에 대해 조사하고 우리와의 차이점과 유사점을 비교하며 이야기해 보자.

142 제인 에어와 여우, 그리고 나

패니 브리트 지음 | 이자벨 아르스노 그림 | 천미나 옮김 | 책과콩나무 | 100쪽 | 2014.10.30 | 15,000원

왕따로 힘들어하는 주인공은 『제인 에어』에 등장하는 주인공의 마음에 공감하며 위로를 받는다. 나의 이야기 속에 또 다른 『제인 에어』이야기를 전개하는 액자식 구성으로 내용이 이어진다. 나의 이야기는 우울한 심리를 연필로 무채색으로 표현했고 『제인 에어』의 이야기는 채색하여 서로의 이야기를 구분 짓는다. 『제인 에어』가 해피엔딩으로 끝나듯이, 주인공은 새로운 친구를 사귀면서 행복한 마음을 그림에 색을 담아 표현한다. 왕따를 당하는 아이의 마음을 섬세하게 표현했다. 이야기 속에 또 다른 문학작품의 이야기를 조화롭게 풀어간 점이 특이하다.

- 왕따는 누구의 잘못일까?
- '왕따를 당하는 사람은 그럴 만한 이유가 있다'라는 말에 동의하는가?

143 짝꿍
박정섭 지음 | 스콜라 | 44쪽 | 2017.02.27 | 12,000원

세상에서 둘도 없이 친했던 짝꿍이었는데 어디선가 짝꿍이 나를 욕했다는 이야기를 전해 듣고, 화가 난 나머지 주인공은 짝꿍이 빌려달라는 지우개를 빌려주지 않는다. 영문을 알 길 없는 짝꿍 역시 마음이 상하고 주인공에게 크레파스를 빌려주지 않는다. 다툼은 점점 커져서 둘 사이는 걷잡을 수 없이 멀어진다. 주인공의 학교생활에서 가장 긴 시간을 함께하는 짝꿍에 대한 이야기로, 아이들의 공감을 끌어내는 것은 물론 어른들에게는 진한 향수를 불러일으킨다. 사소한 행동에서 시작된 행동이 누군가의 삶과 마음과 세상을 바꿀 수도 있다는 알게 한다.

144 친구를 모두 잃어버리는 방법
낸시 칼슨 지음 | 신형건 옮김 | 보물창고 | 32쪽 | 2007.11.20 | 11,500원

이 책은 역설적으로 친구를 얻는 방법을 알려주는 책이다. 친구를 잃는 방법은 '절대로 웃지 않기, 모두 독차지하기, 심술꾸러기 되기, 반칙하기, 고자질하기, 앙앙 울기'이다. 독자는 이기적이고 고집불통인 주인공들을 통해 친구 관계에서 중요한 것이 무엇인지를 깨닫게 될 것이다. 말투는 다정하지만 어딘지 모를 꿍꿍이가 느껴지는 주인공들의 표정이 재미있다.

–친구를 잃는 또 다른 방법에 대해 이야기해 보자.

145 친해질 수 있을까?
초지무라 노리아키 지음 | 하지리 토시카도 그림 | 유문조 옮김 | 스콜라 | 32쪽 | 2015.11.16 | 11,000원

표지의 두 남자아이는 "우리 친해질 수 있을까?" 하고 독자에게 묻는 듯하다. 이 작품은 별로라고 생각한 친구와 이인삼각 경기를 하면서 친구가 되어가는 과정을 보여 준다. 주인공 '나'의 심리적 전개는 사실적이고 세밀하다. 어린이들이 공감할 수 있는 주인공과 더불어 인물들을 생동감 있게 표현한 그림이 글과 조화를 이룬다. 나와 너무 달라 친구가 될 수 없다는 생각을 깨고 새 친구를 사귀는 데 용기를 주는 책이다.

–나와 전혀 다른 친구와 친구가 될 수 있을까?
–개성을 존중하며 친구 사이를 유지하려면 어떤 노력이 필요한지 이야기해 보자.

평화의 가치를 묻다

평화는 아이러니하게도 평화가 깨지고 나면 비로소 그 참된 가치를 깨닫게 된다. 아직도 해마다 세계 각지에서는 수십 건의 대규모 전쟁이나 분쟁이 벌어지고 있다. 나라와 나라뿐만 아니라 나라 안에서도 인종이나 종교적 갈등을 겪는다. 나라와 나라, 집단과 집단, 사람과 사람이 평화롭게 살아가는 것이 그렇게 힘든 일일까? 세상 그 어디에도 완전한 평화란 없다. 하지만 어른들은 아이들에게 평화로운 미래를 넘겨 주어야 할 의무가 있다.

그림책의 힘을 빌려 '우리가 노력하고 만들어가야 하는 평화'에 대해 이야기해 보자. 우리가 노력하고 만들어가야 하는 평화라는 능동적인 입장에서, 평화롭게 살아가는 방법을 모색해 보자.

 **함께 읽고 이야기 나누기**

- 온전히 평화로운 세상을 만드는 건 가능할까?
- 평화의 시작은 어디에서부터인지 각자 생각해 보고 이야기해 보자.

146 왜?

니콜라이 포포프 지음 | 현암사 | 50쪽 | 1997.01.31 | 9,500원

한가롭게 일광욕을 즐기던 개구리 앞에 노란 우산을 든 들쥐 한 마리가 나타난다. 이 들쥐가 개구리의 자리와 꽃을 빼앗으면서 사건이 시작된다. 개구리는 다른 개구리들과 함께 들쥐를 내쫓는다. 주거니 받거니 판세를 과시하던 양쪽은 결국 대규모 전차까지 동원한다. 결국 검게 타버린 들판만이 남았다. 다 시들어버린 꽃 한 송이를 든 들쥐와 다 망가진 노란 우산을 든 개구리, 모두 행복해 보이지 않는다. 전쟁이 일어나는 이유를 생각하게 하는 책이다. 전쟁은 서로를 존중하지 않고 함께 나누지 않으며 더 많이 가지려고 하기에 일어난다. 작가는 마지막에 까만 들판에 하얀 꽃송이를 피워, 독자들에게 희망을 잃지 말라는 메시지를 남긴다.

- 개구리와 들쥐의 싸움에서 얻은 것과 잃은 것은 무엇일까?
- 마지막 장면에서 핀 하얀 꽃송이는 무엇을 의미하는 것일까?

147 평화는…

캐서린 스콜즈 지음 | 로버트 잉펜 그림 | 송성희 옮김 | 동산사 | 40쪽 | 2013.09.10 | 10,000원

평화의 소중함을 다룬 책이다. 사람들은 저마다 서로 생각하고 원하는 바가 다르기에 자주 부딪치고 다투게 된다. 이런 갈등을 모두가 행복해질 수 있는 긍정적인 방법으로 풀어야 평화가 찾아온다. 작가는 이 책을 구상한 뒤, 7년 동안 남극과 태즈메이니아의 황야, 베이스 해협의 여러 섬들을 여행했다고 한다. 작가는 여행을 통한 명상과 깨달음의 기록들을 모아 책을 완성했다. 그래서인지, 글에 깊이와 설득력이 있다. 인종이나 사는 장소와 때, 생각, 종교 등이 다르다 할지라도, 서로 다름을 인정하고 받아들이는 것이 평화라는 깨달음을 준다.

- 평화를 위해 우리가 희생해야 하는 것은 무엇인가?

사라져 가는 것들

한 생물종이 다른 생물종을 사라지게 하는 것은 인간뿐이라고 한다. 거대한 자연 앞에 서면 한없이 작아지는 우리는 과연 무엇을 하고 있는 것일까? 인간에 의해 지구상에서 사라져 버린 동물들의 슬픈 기억을 담은 책들이 있다. 이 책들은 인간이 이 세상의 주인인 양 거만하게 행동하는 것은 아닌지 무겁고도 진중한 질문을 우리에게 던진다. 해마다 3만여 종, 하루에 70여 종의 생물이 지구에서 사라지고 있다고 한다. 인간의 무분별한 욕심으로 식량이나 돈벌이로 전락해 사람들 손에 죽어간 동물들이 있음을 기억하자. 동물과 식물들이 사라져 버린 지구에서는 인간도 살 수 없다는 강한 메시지가 책 속에 담겨 있다. 우리 아이들이 자연과 더불어 살아갈 수 있도록 사라져 가는 동물들에게도 지속적인 관심을 가져야 한다. 소개하는 책들은 인간 역시 지구에 살아가는 다양한 생물종 중 하나일 뿐이라는 사실을 다시금 상기시킨다.

 **함께 읽고 이야기 나누기**

- 지구에서 일어난 '대멸종'에 대해 조사하고, 인간에 의한 멸종과 비교하며 이야기해 보자.
- '생명 다양성'을 보전하기 위해 우리가 노력해야 할 것은 무엇일까?

148 마사, 마지막 여행비둘기
아탁 지음 | 오석균 옮김 | 산하 | 34쪽 | 2017.06.23 | 13,000원

북아메리카 대륙에서 가장 흔히 볼 수 있던 '여행비둘기'에 관한 책이다. 과감한 연출과 강렬한 색채가 이야기의 집중도를 높인다. 사람들은 개발이라는 이름하에 울창한 숲을 파괴하고, 허기진 배를 채우기 위해 여행비둘기를 잡기 시작한다. 이후에는 심지어 장난 삼아 여행비둘기를 잡았다. 그 결과 얼마 전까지 하늘의 주인으로 살던 그들이 이제는 단 한 마리도 볼 수 없는 멸종 동물이 되고 말았다. 인간의 어리석음이 생태계에 어떤 영향을 미치는지 여실히 보여 준다.

- 동물들의 멸종은 우리 삶에 어떤 영향을 미칠까?

149 마지막 큰뿔산양
김소희 지음 | 사만다 그리피스 그림 | 사파리 | 44쪽 | 2013.11.08 | 10,800원

인간의 끝없는 욕심으로 사라진 '큰뿔산양'에 관한 이야기다. 뿔을 장식품으로 팔면 큰돈을 벌 수 있다는 욕심에 사냥꾼들이 배드랜드로 몰려가 큰뿔산양을 마구 사냥하기 시작하고, 결국 마지막 큰뿔산양에게 총을 겨눈다. 멸종은 아주 옛날에만 일어났던 일이 아닌 현재 진행형임을 이야기하는 작품이다. 특히 인간의 욕심에 의해 사라져가는 동물들에 관심을 가져야 하고, 인간과 자연이 어우러져 살아가야 함을 깨닫게 한다. 질감과 손맛이 살아 있는 콜라주가 생생함을 더한다.

- 자연과 더불어 살아가는 삶을 위해 우리가 실천할 수 있는 것은 무엇일까?
- 문명의 발전을 위한 개발과 환경을 보존하기 위한 절충안에는 어떤 것이 있을까?

다양한 문화에
관심을 가져요

다양한 사람들만큼 저마다 살아가는 방식도 제각각이다. 다른 나라의 옛이야기 속에는 각 나라의 특징이 담겨 있다. 그 나라만의 계절이나 독특한 생활양식, 사고방식 등이 자연스럽게 녹아 있다. 여러 문화와 민족, 성, 사회 배경을 가진 아이들이 서로 다른 나라의 옛이야기 책을 읽는다면 문화 다양성을 존중할 수 있을 것이다. 『나르와 눈사람』은 중앙아시아의 옛이야기를 담아 놓은 그림책 시리즈 중 한 권으로, 동서양이 혼합된 새로운 문화를 보여 준다. 또한 『엄마 등에 업혀서』는 어린아이와의 생활을 중심으로 나라에 따라 어떤 문화적 특징을 가지게 되는지 엿볼 수 있어 유익하다. 세계 각국의 생활양식은 다 다를 것 같지만 자세히 보면 비슷한 점도 많다. 서로의 생활 방식에서 다른 점과 닮은 점을 비교하다 보면 서로를 더욱 잘 이해할 수 있을 것이다. 서로에 대한 관심만이 차이를 이해할 수 있는 출발점이 될 수 있다. 다양한 나라의 문화를 살펴보며 우리와 같은 점은 없는지 무엇이 다른지 파악하며 읽으면 더욱 좋겠다.

 **함께 읽고 이야기 나누기**

- 우리의 현재 생활방식 중에 다른 나라의 영향을 받은 것들을 찾아보자.
- '문화다양성'을 위협하는 우리의 태도에 대해 이야기 나눠 보자.

150 나르와 눈사람
칩사르 투르디예바 지음 | 정진호 그림 | 이미하일 옮김 | 비룡소 | 36쪽 | 2017.06.15 | 12,000원

우즈베키스탄의 겨울을 배경으로 한 옛이야기다. 부모님은 집을 나서며 주인공 나르에게 동물들을 잘 돌보라고 당부한다. 하지만 나르는 눈사람만 만들다 지쳐 잠이 든다. 하루 종일 굶은 동물들은 배가 고파 울기 시작한다. 그러자 잠들어버린 나르 대신 나르가 만든 눈사람이 자기 몸을 희생해 동물들을 돌봐 준다. 자기 일을 미루던 나르와 눈으로 만들어졌지만 따뜻한 마음으로 동물을 돌본 눈사람의 행동이 대조된다. 다양한 사물들을 활용한 콜라주 기법의 그림이 이야기와 잘 어우러졌다. 독자들에게 책임과 선행에 대해 생각해 보게 한다.

-우즈베키스탄의 옛이야기에 나타난 특징을 찾아보자.

151 엄마 등에 업혀서
에머리 버나드 지음 | 더가 버나드 그림 | 박희원 옮김 | 비룡소 | 32쪽 | 2008.03.28 | 9,000원

같은 마음으로 하는 일이라도 지역과 사람에 따라 여러 가지 방법을 쓸 수가 있다. 과테말라, 콩고, 태국 등 세계 11개 나라의 가족들은 아기 업는 법도 다 다르다. 아기를 업는 법에도 그 지역의 독특한 풍습, 신앙, 자연환경 등이 영향을 미친다는 사실은 놀랍다. 서로 다른 생활 방식을 지닌 사람들이지만 아기와 함께 생활하며 그 안에서 아기가 세상을 배워 간다는 점은 다르지 않다. 그런 공통점에서 출발하여 세계 각 지역의 특징도 설명해 준다. 본문 아래 각 나라별 특징을 좀 더 자세히 설명하여 이해를 도왔다.

-세계 여러 나라의 비슷한 생활 방식을 조사해 보고, 공통점과 차이점에 대해 이야기해 보자.

우리 모두의 안식처, 숲

2015년에 개봉한 일본 영화 〈우드 잡!〉의 배경은 숲이다. 대학 진학에 실패한 한 학생이 임업 회사에 견습생으로 들어가서 숲과 함께 생활하는 이야기다. 〈우드 잡!〉에서 "임업은 다른 직업과 달리 자신이 심은 나무를 자신이 아닌 다음, 다음 세대가 혜택을 받는다. 할아버지가 심은 묘목이 손주가 혜택을 받기 때문에 나만 살자고 하면 자손들이 피해를 받는다."라는 대사가 나온다. 대를 이어가며 숲을 지키는 모습은 감동적이다. 영화는 우거진 숲을 배경으로 관객들에게 피톤치드를 뿌려 준다. 보고 있는 것만으로 안식이 되는 숲. 우리는 숲을 얼마나 보호하고 있을까? 개발이라는 명분하에 많은 숲들이 사라지고 있다. 숲이 사라지면서 숲에 살던 동식물도 삶의 터전을 잃는다. 사라지는 숲을 우리 기억에 머물게 해 주는 그림책들은 숲에 사는 동물들의 입장을 사람들에게 알려준다. 인간을 비난하는 것이 아니라, 더 늦기 전에 인간과 공존하는 방법을 찾아보자고 말을 걸어온다. 숲 그림책을 보는 것만으로도 아이들은 물론 어른들도 숲을 지키고 싶은 마음이 들 것이다.

함께 읽고 이야기 나누기

- 숲이 사라진다면 어떻게 될까?
- 숲의 보존이 우선인가, 지역 개발이 우선인가?

152 생태 통로
김황 지음 | 안은진 그림 | 논장 | 40쪽 | 2015.09.22 | 11,000원

로드킬로 죽는 동물이 한 해 평균 100만 마리 이상이다. 길 위에서 죽어가는 야생동물들과 인간이 서로 공존하는 방법 중 하나가 바로 '생태 통로'다. 하늘다람쥐의 비상으로 이야기는 시작된다. 숲의 개발로 서식지와 가족을 잃은 하늘다람쥐의 시선으로 수많은 동물들의 로드킬 장면을 보여 준다. 인간은 나무들을 다 베어내고 고속도로를 만들고 난 뒤 원래 다니던 길을 빼앗긴 동물들에게 새로운 길, 생태 통로를 만들어 준다. 생태 통로는 희망의 통로다. 작품은 터널형 생태 통로, 육교형 생태 통로, 어도 등 다양한 생태 통로에 대해 설명하며 로드킬에 대한 경각심을 높이고 자연과 인간과 동물의 공존에 대해 생각하게 한다. 이야기 속 하늘다람쥐는 생태 통로 덕분에 가족을 만나게 된다.

- 로드킬을 막을 대안을 함께 찾아보자.
- 인간과 동물이 공존할 수 있는 방법은 무엇일까?

153 숲
이주미 지음 | 현북스 | 36쪽 | 2016.02.16 | 12,000원

"나는 숲에서 태어났어요. 그런데 이제 숲을 떠나야 한대요. 곧 있을 축구 경기 때문이래요." 주인공 고릴라의 하소연이다. 이 작품은 도시를 개발하려는 사람들로 인해 숲이 파괴되고 이에 맞서 숲을 지키려는 고릴라 이야기를 담았다. "고릴라는 숲을 지킬 수 있을까?" "축구 경기 때문에 왜 고릴라가 숲을 떠나야 하지?" 책을 읽는 아이들은 황당해하며 말한다. 수채물감으로 과감하게 표현된 숲과 자연, 상황에 따라 섬세하게 변화하는 고릴라의 표정은, 자신들의 터전을 지키려는 절심함으로 고스란히 독자에게 전달된다.

- 숲이 우리에게 주는 의미는 무엇일까?
- 고릴라 가족이 오랫동안 숲에서 살 수 있도록 하기 위해 우리가 할 수 있는 일은 무엇일까?

154 숲 이야기

안노 미쓰마사 지음 | 한림출판사 | 30쪽 | 2001.05.04 | 9,500원

감탄이 절로 나온다. 여러 가지 숲의 모습과 함께 그 속에 숨은 동물들을 세밀화로 그린 책이다. 책을 펼치면 숲 속 깊숙이 들어와 있는 듯한 착각이 들 정도로 세밀하다. 한 번이라도 깊은 숲에 서 머물렀던 경험이 있다면 이 책의 깊이를 몸으로 기억하게 될 것이다. 글 없이 그림만으로 숲이 가진 힘을 보여 준다. 페이지마다 그려진 토끼, 거북이 등 동물들을 찾는 재미도 있다.

- 숲을 보존하는 방법은 무엇일까?
- 숲은 사람들에게 어떤 의미가 있을까?

155 큰 눈 내린 숲 속에는

베타 하더, 옐머 하더 지음 | 정경임 옮김 | 지양어린이 | 48쪽 | 2011.11.27 | 10,000원

겨울이 찾아와 많은 눈이 내릴 때 숲 속에 사는 토끼, 마멋, 사슴, 스컹크, 오소리, 부엉이 등의 동물들은 어떻게 지낼까? 추운 겨울을 나기 위해 동물들은 어떤 준비를 할까? 힘든 겨울을 나야 하는 동물들의 분주한 모습을 잘 보여 준다. 또한 동물들이 나누는 따뜻한 대화와 흑백과 컬러를 적절히 배치한 색의 구성은 큰 눈 내린 숲 속의 풍경을 생동감 있게 보여 준다.

- 큰 눈이 내린 숲 속에서 겨울을 나는 동물들을 통해 우리가 배울 점은 무엇일까?

먼저 손 내미는 용기

부모의 품을 벗어나 새로운 친구들과 사귀는 것은 더 큰 세상으로 발을 내딛는 것과 같다. 그런데 새로운 세상으로의 발걸음이 누구에게나 쉬운 것은 아니다. 누가 먼저 나에게 손 내밀어 주었으면 하고 눈치를 보기도 하고 용기를 내어 볼까 입술을 달싹거리기도 한다. 아이들의 이런 마음을 여러 상황에서 이야기하는 책들이 있다. 나에게 다가오고 싶어 하는 친구의 마음을 단박에 알아차리고 손을 내미는 친구가 있다. 또 누군가는 얼굴을 알지 못하지만 마음을 나누는 친구가 되기도 한다. 친구들에게 다가가고 싶지만 어떻게 해야 할지 몰라 항상 혼자인 아이도 있다. 소개하는 책들은 아이들의 서투르지만 순수한 관계 맺기를 통해 사람과 사람 사이에 중요한 것이 무엇인지 생각해 보게 한다. 우리 아이들이 새로운 관계 맺기에 두려워하지 않고 건강한 태도로 임할 수 있도록 함께 생각해 보아야 할 것이다.

 **함께 읽고 이야기 나누기**

- 내가 먼저 세상에 손 내밀었던 적은 언제인지 생각해 보자.
- 말로 표현하지 않아도 상대방의 마음을 알 수 있는 순간이 있다. 무엇을 보고 그것을 알 수 있을까?

156 나, 여기 있어
피터 H. 레이놀즈 지음 | 김경연 옮김 | 문학동네 | 32쪽 | 2012.01.03 | 9,800원

자폐 증세가 있는 소년은 누구와도 소통하지 않는다. 혼자만의 세계에 갇혀 있을 것 같은 소년의 마음은 사실 언제나 '저기'에 있는 친구들을 향해 있다. 먼저 손을 내밀 용기가 없던 것이다. 상상 속에서 소년은 종이비행기를 타고 날아다니며 "나, 여기 있어."를 외친다. 그리고 소년의 소리를 들은 친구가 다가오는 기적 같은 일이 일어난다. 나와는 다른 사람들에게 관심을 갖는 것, 그들의 소리에 귀 기울이는 따뜻한 마음을 갖게 하는 책이다.

- 혼자 있어 외로웠던 순간들에 대해 이야기 나눠 보자.

157 다른 쪽에서
로랑스 퓌지에 지음 | 이자벨 카리에 그림 | 김주열 옮김 | 다림 | 36쪽 | 2014.10.13 | 10,000원

단절된 장벽을 뛰어넘어 소통하는 아이들에 대한 이야기다. 한 아이가 방과 후에 친구를 기다린다. 오지 않은 친구에게 짜증이 난 소녀는 괜히 공한테 화풀이를 한다. 힘껏 찬 공은 담장 너머 한 소년에게 떨어진다. 소녀와 소년은 공을 주고받으며 친구가 된다. 우리 사회에는 눈에 보이는 높은 담장도 있지만 눈에 보이지 않는 더 높은 '마음의 벽'이 존재한다. 허물 수 없는 철옹성 같은 마음의 벽도 작은 관심과 소통을 통해 금방 허물 수 있다는 것을 책 속 아이들이 보여 준다.

- 마음의 벽을 허물기 위한 좋은 방법에는 무엇이 있을까?

158 알사탕
백희나 지음 | 책읽는곰 | 48쪽 | 2017.03.25 | 12,000원

"같이 놀자."라는 말을 세상에서 가장 하기 힘들어 하는 아이가 있다. 친구들과 함께 놀고 싶지만 그 말을 못해 언제나 친구들이 먼저 불러 주기만 기다리고 서 있다. 그러던 어느 날 문방구에서 산 알사탕을 먹고 다른 사물과 사람들이 마음의 소리를 듣게 된다. 알사탕을 먹을 때마다 여러 마음의 소리를 들은 동동이는 다른 사람의 마음과 생각에 대해 생각해 보게 된다.

- 다른 친구의 마음의 소리를 들을 수 있는 알사탕이 있다면 어떻게 될까?

159 은이의 손바닥
윤여림 지음 | 노인경 그림 | 웅진주니어 | 40쪽 | 2015.04.13 | 11,000원

주인공 은이의 손바닥에 있는 소소한 물건들에서 이야기가 시작된다. 일상에서 흔히 접할 수 있는 물건들을 통해 아이가 자신을 둘러싼 세상을 어떻게 상상하며 만나게 되는지 알 수 있다. 친구의 손바닥이 등장하는 순간, 그동안 혼자서만 상상하며 놀던 은이는 이제 친구와 함께하게 된다. 은이는 혼자가 아닌 또래 친구와 더 큰 세계로 한 발 내밀게 된다.

- 친구와 함께 재미있게 할 수 있는 놀이를 소개해 보자.

160 이웃에 온 아이
이와사키 치히로 지음 | 프로메테우스 | 30쪽 | 2002.08.15 | 10,000원

토토네 옆집으로 남자아이가 이사 온다. 그 둘이 친구가 되는 과정을 아름답게 담아 놓은 책이다. 서로에게 관심도 있고 신경이 쓰이지만 표현이 서툰 아이들은 자꾸만 어긋난다. 신기하게도 아이들의 강아지들은 만나자마자 친구가 되었는데, 두 아이는 서로 의식만 할 뿐 좀처럼 다가서지 못한다. 아이들의 투박하면서도 순수한 감정을 그려낸 그림은 보는 사람의 마음까지 투명하게 한다.

- 새로운 친구를 사귀기 위한 방법에 대해 이야기해 보자.

새로운 가족의 탄생

안데르센의 동화 「미운 오리 새끼」를 읽고, 이야기의 대반전에 깜짝 놀랐던 기억이 난다. 유난히 큰 알에서 태어난 새끼 오리는 보통의 다른 오리들과 다르다는 이유로 괴롭힘을 당한다. 모든 것이 다른 이 오리는 그야말로 미운 오리 새끼다. 하지만 어느 날 못생긴 오리인 줄만 알았던 새끼 오리가 자신이 아름다운 백조였던 것을 알게 된다. 백조는 쿨하게 떠난다. 백조 속으로 들어가 자유롭게 하늘을 날아다니며 행복하게 사는 것으로 이야기는 끝난다. 나이가 들고 다시 읽어 보니, 미운 오리 새끼가 백조가 되어 떠난 후 가족들의 마음이 어땠을까? 문득 궁금해진다. 가족을 떠나 백조로 살아가는 미운 오리 새끼는 얼마나 행복해졌을까?

   소개할 두 책의 털북숭이와 구지구지도 미운 오리 새끼처럼 낯선 가족들 사이에서 살아간다. 이들은 본연의 가족을 찾아 떠나는 대신 낯선 이들과 새로운 가족이 된다. 그렇게 가족이 되어가는 과정이 고스란히 담겨 있다.

 **함께 읽고 이야기 나누기**

-가족의 진정한 의미는 무엇일까?
-혈연으로 맺어지지 않아도 가족이 될 수 있을까?

161 난 네 엄마가 아니야!

마리안느 뒤비크 지음 | 임나무 옮김 | 고래뱃속 | 64쪽 | 2017.06.05 | 13,500원

다람쥐 오토는 집 앞에서 초록색 알을 발견한다. 초록색 알에서 나온 털북숭이는 오토를 보고 "엄마!"라고 부른다. 오토는 털북숭이의 진짜 엄마를 찾아 주기로 마음먹고 털북숭이와의 동거를 시작한다. 점점 커지는 털북숭이는 어디서도 본 적 없는 동물이라서 독자들을 더 낯설게 한다. 우여곡절을 겪지만 오토와 털북숭이는 서로에게 길들여져 세상에 하나밖에 없는 특별한 존재가 된다. 마침내 이 둘은 털북숭이의 엄마를 찾는 대신 서로를 가족으로 받아들인다. 새로운 가족의 탄생! 아기자기한 그림과 파스텔톤 색감은 그림과 글을 더 따뜻하게 한다.

- 다람쥐 오토가 털복숭이와 함께 지내는 것이 옳은가, 진짜 엄마를 찾아 주는 것이 옳은가?

162 악어오리 구지구지

천즈위엔 지음 | 박지민 옮김 | 예림당 | 40쪽 | 2003.07.30 | 8,000원

세 개의 알을 품고 있던 엄마 오리에게 낯선 커다란 알이 굴러왔다. 엄마 오리는 아무런 의심 없이 네 개의 알을 정성스레 품었는데 알이 깨어났을 때 다른 모양의 오리가 나타난다. 이름은 구지구지. 엄마는 모습이 다른 오리도 사랑으로 키웠다. 그런데! 대반전이 일어난다. 오리인지 알고 키운 구지구지가 악어였던 것이다. 오리와 악어의 위험한 동거가 흥미진진하다. 오리와 악어라는 극단적인 인물의 설정을 통해 너무 다른 이들이 만나 가족이 되어 가는 과정을 극대화시켰다.

- 구지구지가 오리 가족으로 사는 것이 옳은가?
- 오리와 악어가 공존하는 방법은 무엇인가?

우리 서로 있는 그대로 보고 소통해요

우리 삶에서 아주 중요한 단어로 자리 잡은 것이 있다. 바로 '소통'이다. '소통'은 뜻이 서로 통하여 오해가 없음을 뜻한다. 누군가와 대화를 할 때 분명 함께했는데 서로 전혀 다르게 이해를 하고 있을 때가 있다. 그것은 맥락을 이해하지 못한 것이다. 그 말을 누가 누구에게 하는 것인지, 왜 했는지, 어떤 상황인지에 대한 이해 없이 듣는 말은 그냥 스쳐 지나가는 바람과 같다. 이러한 이야기를 조금은 엉뚱하지만 재미있게 풀어내고 책들이 있다. 바로, 나와는 전혀 다른 사람을 받아들이고 이해하는 과정을 다룬 책들이다.

편견을 가지고 사람을 대하면 내가 만든 오해로 그 사람의 진짜 모습을 보지 못하게 된다. 나에게 소중한 것이 다른 사람에게도 소중한 것이 될 때는 그것이 서로의 연결고리가 된다. 이 모든 일은 마음을 열고 소통하지 않으면 전혀 이뤄질 수 없다. 우리는 알고 보면 보이지 않는 선으로 연결되어 있다. 다른 사람들에게 관심을 갖고 그들을 이해하며 경청할 때 진짜 소통이 이뤄진다는 메시지에 고개가 끄덕여진다.

 **함께 읽고 이야기 나누기**

- '보이는 것'과 '진실' 사이에는 간격이 존재할 수 있는데, 이 간격을 줄일 수 있는 방법은 무엇일까?
- 참된 소통이란 무엇일까?
- 동물들의 의사소통 방법에 대해 조사해 보고 이야기 나눠 보자.

163 말, 말, 말
맥 버넷 지음 | 젠 코레이스 그림 | 서연 옮김 | 아이맘 | 40쪽 | 2014.11.05 | 11,000원

재미있는 말 전달 놀이를 연상시키는 책이다. 저녁 무렵, 비둘기 피터의 엄마가 피터의 친구에게 "저녁밥 먹게 집으로 곧장 날아오라."라는 말을 전한다. 하지만 이 단순한 말이 여러 새들을 거치면서 점점 더 엉뚱한 말로 바뀌어 버린다. 황당하고 재미있는 상황들에 웃다 보면 자연스레 소통의 기본인 경청의 중요성에 대해 깨닫게 된다.

- '말'을 잘 못 전달하거나 이해했던 경험에 대해 이야기를 나눠 보자.

164 선생님은 몬스터!
피터 브라운 지음 | 서애경 옮김 | 사계절출판사 | 36쪽 | 2015.02.13 | 11,000원

예민한 아이 바비와 괴팍한 선생님이 서로를 이해해 가는 과정을 재미있게 담았다. 우리는 가끔 첫인상에서 주는 이미지나 어떤 단면만 보고 상대방의 모든 것을 단정하기도 한다. 커비 선생님은 사실 진짜 몬스터가 아니다. 바비의 시점에서 보면 그렇게 보일 뿐이다. 바비와 커비 선생님이 서로를 이해하면서 달라지는 모습이 따뜻하게 다가온다.

- 나의 편견으로 다른 사람을 오해한 경험이 있으면 이야기해 보자.

165 어느 날, 고양이가 왔다
케이티 하네트 지음 | 김경희 옮김 | 트리앤북 | 32쪽 | 2017.04.14 | 12,000원

블로섬 거리에는 아주 바쁜 길고양이가 산다. 마을 사람들은 각자의 방식으로 고양이 이름을 지어주며 각별한 애정을 쏟는다. 그러던 어느 날 고양이가 사라졌다. 사람들은 고양이를 찾느라 거리로 나오게 되고 저마다 찾는 고양이가 같은 고양이라는 것을 한 아이를 통해 알게 된다. 나에게만 소중했던 고양이가 사실은 모두에게 위안을 주는 소중한 존재였던 것이다. 고양이를 찾는 과정을 보며 더불어 사는 삶이 무엇인지 생각해 보게 된다.

- 이웃 간에 소통이 잘된 경우와 그렇지 않은 경우를 생각해 보자.
- 나와 친구를 이어주는 '연결고리'가 되는 것을 찾아보고 이야기해 보자.

서로 다른 우리, 손잡고 함께

커다란 공동 운명체를 이루어 살고 있지만 가끔 그 사실을 간과하는 우리에게 쌉쌀한 일침을 놓는 책들이 있다. 견고하게 만들어져 깨어질 것 같지 않은 공동체가 근거 없는 작은 소문 하나에 흔들리기도 하고 깨지기도 한다. 특히 정보 통신망이 발달한 요즘은 정확한 진위 여부를 가리기도 전에 소문이 이미 기정사실화 되어 있는 경우가 많다. 사람들은 사실인지 아닌지보다 자극적이고 극단적인 내용에만 집중하는 것 같다. 책에서도 마찬가지다. 전혀 사실일 리 없는 소문임에도 혹여 나에게 피해가 올까 봐 지레 겁을 먹고 맞잡았던 친구의 손을 놓는다. 그렇게 친구의 손을 놓고 배척한 결과는 참혹하다. 누구도 쉽게 건드릴 수 없던 공동체는 와해되고 이젠 권력자들의 손아귀에 쉽게 놀아나게 된다. 묵직한 주제를 담고 있지만 이야기는 어렵지 않다. 오히려 쉽게 읽히고 선명하게 뇌리에 박혀 오랫동안 생각하게 한다.

함께 읽고 이야기 나누기

- 자연 생태계에서 약한 동물들이 강한 동물에 맞서 살아가는 방법은 무엇인지 살펴보고, 공통점을 찾아보자.
- 잘못된 소문과 가짜 뉴스 때문에 피해를 본 사례를 조사해 보자.

166 감기 걸린 물고기

박정섭 지음 | 사계절출판사 | 56쪽 | 2016.08.31 | 13,500원

배고픈 아귀는 알록달록한 물고기 떼를 잡아먹고 싶지만 똘똘 뭉쳐 다니는 녀석들에겐 빈틈이 없어 보인다. 그러던 어느 날, 아귀는 말도 안 되는 소문을 슬쩍 흘린다. 바로 '빨간 물고기가 감기에 걸렸다는 것' 이다. 뻔히 보이는 거짓말 같은데도 이 소문은 물고기 떼를 동요하게 만들고 결국 서로를 의심하며 편을 나누게 만든다. 강렬한 원색으로 면을 가득 채우거나 점점 줄어드는 물고기 떼를 몸통이 잘려나가는 것처럼 표현한 과감한 연출이 눈에 띈다. 작은 소문에도 서로를 의심하고 편을 가르는 모습이 지금의 우리와 닮아 있어 씁쓸하다.

- 거짓 소문은 왜 생기는 것일까?
- 가짜 뉴스 또는 잘못된 소문을 가려내기 위해선 무엇이 필요할까?

167 사자와 세 마리 물소

몽세프 두이브 지음 | 메 앙젤리 그림 | 성미경 옮김 | 분홍고래 | 32쪽 | 2014.07.26 | 12,000원

함께라면 무엇도 두려울 것이 없던 세 마리 물소가 여행을 떠난다. 셋은 힘을 합쳐 어려움을 이겨내고 마침내 마음에 드는 초원을 발견한다. 하지만 그곳은 사자가 지배하는 곳이라서 그의 명령을 따라야 한다. 세 마리 물소를 떼어 놓으려고 낸 사자의 꾀와 물소들의 어리석은 선택은 우리 사회의 권력 구조를 꼬집는다. 노랑, 검정, 하양 세 가지 색만을 이용한 판화 형식의 삽화는 강렬하면서 독특한 생동감을 전달한다. 검은 물소의 늦은 깨달음이 우리에겐 늦지 않은 깨달음이 되기를 소망해 본다.

- 자신이 살려고 하얀 물소와 노란 물소가 희생당하게 내버려 둔 검은 물소의 행동을 어떻게 생각하는가?
- 우리 사회에서 대립되는 의견을 해소하는 바람직한 방법으로 대화와 토론을 통한 타협이 있는데, 이를 실현시키기 위해 개인이 가져야 할 덕목에는 어떤 것이 있을까?

노동이 건강한
사회 구성원으로
살아간다는 것

노동은 인간이 자신이 가진 능력을 높이고, 욕구를 충족시키게 하며 한 사회의 일원으로 살아가게 한다. 이러한 인간의 '노동'에 대해 깊은 성찰을 하게 하는 책들이 있다. 우리 사회의 청년 실업 문제, 일자리 감소 등 직업과 관련한 문제는 무척 심각한 상황이다. 특히, 우리 자신이 무엇을 하고 싶은지, 어떤 삶을 살고 싶은지에 대한 깊은 성찰 없이 직업을 선택하게 만든다. 이러한 사회적인 문제는 자라나는 우리 아이들에게도 큰 영향을 미친다. 아이들이 선호하는 직업은 대부분 공무원, 교사, 의사 등으로 자신의 개성과 소질과 무관하게 경제적으로 안정적인 직업에 초점이 맞춰져 있다. 다음의 책들은 스스로가 하고 싶은 일을 찾는 과정 속에서 일, 직업이 가지는 진정한 의미를 되새겨 볼 수 있도록 한다.

 **함께 읽고 이야기 나누기**

-스스로 '장래 희망'으로 선택한 직업은 어떤 기준으로 생각하게 되었나?
-세계 여러 나라의 어린이들이 선정한 1위 직업을 조사해 보고 이야기 나눠 보자.
-일하는 사람, 노동자들이 행복하려면 어떤 조건이 마련되어야 할까?

168 악어 씨의 직업
마리아키아라 디 조르지오 그림 | 한솔수북 | 32쪽 | 2017.05.20 | 11,000원

별이 가득한 밤하늘 아래 물 위에 한가로이 떠있는 악어가 있다. 알람이 울리자 편안해 보였던 악어는 온데간데없고 꿈에서 깬 악어가 바쁘게 출근 준비를 한다. 글은 없지만 악어 씨의 시선을 따라 파리의 출근길 풍경이 세세하게 묘사되어 있다. 왠지 멋지고 폼 나는 직업을 가졌을 것 같은 악어 씨의 직장을 알게 되면 웃음이 나지만 조금 씁쓸하기도 하다. 매일 똑같은 길을 지나 똑같은 일터로 나가는 우리는 악어 씨와 얼마나 다른 삶을 살고 있을지 스스로에게 되묻게 된다.

- 내가 잘하는 일과 좋아하는 일 사이의 차이와 간격을 어떻게 좁힐 수 있을까?

169 어른들은 하루 종일 어떤 일을 할까?
비르지니 모르간 지음 | 장미란 옮김 | 주니어RHK | 63쪽 | 2016.11.15 | 13,000원

우리 주변의 친숙한 장소는 물론 멀리 떨어진 우주나 바다, 산까지 14군데 장소에서 일하는 110여 가지의 다양한 직업이 나와 있다. 앞장에서 만난 사람의 직업이 무엇인지 다음 페이지에서 찾아보는 구성으로 되어 있어 마치 숨은 그림 찾기를 하듯 재미있게 읽을 수 있다. 단순하고 대담한 선과 강렬한 색으로 표현한 감각적인 책이다.

- 인간에게 있어서 '일'이란 어떤 의미일까?
- 앞으로 새롭게 나타날 직업들을 조사해 보고 이야기 나눠 보자.

170 돌그물
윤중호 지음 | 양성용 그림 | 책마을해리 | 32쪽 | 2016.09.01 | 12,000원

넉넉한 서해와 그 바다의 품에서 일하고 나누며 살아가는 사람들 이야기를 담은 책이다. 시작은 한 사람이 했을지 몰라도 마을 사람들이 모여 함께 돌그물을 완성했다. 밀물 때 바닷물과 함께 밀려들어온 물고기들이 물이 빠지면 이 돌그물에 갇힌다. 작은 물고기는 빠져나가고 남은 물고기들은 함께 일한 마을 사람들이 모두 나누어 먹는다. 돌그물의 효용이 그렇다. '독살'이라고 하는 전통 어업 형태. 오래오래 묵혀 그린 그림 덕에 책장을 넘길 때마다 바닷바람이 보이고 들린다. 서늘하고도 따듯한 서해 풍경에서 편안한 마음이 된다.

-돌그물과 비닐 그물의 장단점을 여러 시각에서 조사해 보고 이야기 나누자.

171 오늘도 마트에 갑니다
이작은 지음 | 리틀씨앤톡 | 35쪽 | 2012.02.20 | 10,000원

일요일, 마트에서 일하는 엄마를 따라 나온 동수가 마트 직원들과 함께 지내는 동안의 일이다. 아이가 놀 만한 특별한 무엇도 없는 마트 안에서 동수의 하루는 심심하고 지루하다. 그래도 동수는 일하는 아저씨 아줌마들을 방해하지 않고 나름의 즐거움을 찾아다니며 엄마 일이 끝나기만 기다린다. 일하는 사람들은 동수를 가족처럼 보살핀다. 우리 주변의 수많은 마트에서 열심히 일하는 사람들의 땀 흘리는 모습과 아이의 일상이 어우러진 소중한 이야기다.

-일하는 것에 보람을 느끼기 위한 최소한의 조건에 대해 이야기를 나눠 보자.

잠깐 멈추고, 이웃의 이야기를 들어 보세요

하루하루를 바쁘게 살다보면 가까이 있고 익숙한 사람들에게 무관심해지기 쉽다. 매일 걷는 동네 앞에 어떤 가게가 새로 생겼는지, 같은 시간에 매번 타는 버스 안의 사람들이 누구인지 작은 관심조차 가지기 힘든 요즘이다. 그런 우리에게 이웃과 더불어 살며 행복해질 수 있는 방법을 알려주는 책들을 소개한다. 먼저 진심을 다해 마음으로 소외된 이웃들의 삶을 바라보라는 이야기가 있다. 작품은 사람들 속에 있지만 투명 인간처럼 보이지 않는 사람이 된 이웃들의 진짜 이야기를 들어 보라고 한다. 그리고 우리 모두에게는 자신만의 이야기가 하나씩 있음을 알려준다. 내가 아는 작은 세계를 벗어나 좀 더 넓고 많은 사람들의 이야기에 귀를 기울이도록 한다. 일상 속에서 찾는 잠깐의 여유를 통해 아름다움을 놓치지 말라고 이야기해 주는 책도 있다. 한 시인의 시 구절처럼 자세히 보아야 예쁘고, 오래 보아야 사랑스럽다. 바쁘다는 핑계로 소중한 것을 놓치고 살고 있진 않은지 잠시 멈추고 생각해 보면 좋겠다.

 **함께 읽고 이야기 나누기**

- 요즘 'SNS 속 카페인 우울증'이라는 말이 생겨 났다. 이 말의 의미는 무엇이고 왜 생겨났는지 조사해 보자.
- 편견 없이, 있는 그대로 아름다움을 발견하려면 무엇이 필요할까?

172 진실을 보는 눈
바브 로젠스톡 지음 | 제라드 뒤부아 그림 | 김배경 옮김 | 책속물고기 | 40쪽 | 2017.07.15 | 12,000원

소아마비로 다리가 불편한 도로시아 랭은 놀림을 피하려고 눈에 띄지 않게 행동하면서 스스로 '보이지 않는 사람'이 되었다. 그 아픈 경험은 도로시아 랭으로 하여금 세상에 소외되어 '보이지 않는 사람들'을 마음 깊이 이해하는 사진작가로 성장하게 한다. 사진을 찍으면서 그 사람이 어떤 삶을 살아왔는지 진심으로 그 삶을 이해하려고 노력했던 도로시아 랭을 만날 수 있을 것이다.

-마음으로 사람들을 본다는 것은 어떤 의미일까?

173 행복을 나르는 버스
맷 데 라 페냐 지음 | 크리스티안 로빈슨 그림 | 김경미 옮김 | 비룡소 | 40쪽 | 2016.05.04 | 12,000원

할머니와 어린 손자 시제이가 버스를 타고 마지막 정류장까지 가는 동안 다양한 이웃의 모습을 마주하며 진정한 행복이 무엇인지 깨달아가는 이야기다. 버스 안에는 나이, 성별, 생김새가 다른 사람들이 있다. 단발머리의 흑인 임산부, 나비가 든 병을 안고 있는 안경 쓴 할머니, 멋진 정장을 차려입은 눈먼 아저씨 등 콜라주 형식으로 표현한 버스 안의 이웃들은 각자 더욱 도드라지게 보인다. 책은 내가 알고 있는 세상이 전부가 아니며 주변의 이웃과 사물에 대한 따뜻한 관심이 필요함을 조용히 이야기한다.

-행복은 그리 멀리 있는 것이 아니다. 각자가 느끼는 소소한 행복에는 어떤 것들이 있을까?

174 아무도 듣지 않는 바이올린

캐시 스틴슨 지음 | 듀산 페트릭 그림 | 천미나 옮김 | 책과콩나무 | 32쪽 | 2014.02.25 | 11,000원

허름한 옷을 입은 한 남자가 지하철역에서 바이올린을 켠다. 하지만 사람들은 어디론가 바삐 향하고 관심을 가지는 사람이 없다. 세계적인 바이올린 연주자인 조슈아 벨이 워싱턴 D.C.의 지하철역에서 무료 공연을 했던 실화를 바탕으로 한 이야기다. 어린 딜런은 연주를 조금 더 듣고 싶었지만 엄마의 손에 이끌려 지하철을 타고 만다. 딜런과 엄마가 지나갈 때마다 호기심 많은 딜런에게는 세상의 모든 물건이 유채색으로, 무관심한 엄마에게는 아무 것도 아닌 것으로 표현해 대비를 이룬다.

- 바쁜 일상 속에서 각자 놓치고 살고 있는 것은 무엇일까?

맞서는 삶

국가 폭력에 저항하고 부당한 권력행사를 목도하며 맞서는 삶이 용감한 누군가의 일이라고 생각하지 않기를 바란다. 누구라도 그런 상황에 처할 수 있기 때문이다. 말이 안 되는 운명에 맞서는 여성들, 편견에 일어서는 사람들도 있다. 원폭 피해를 손 놓고 당할 것이 아니라 당연히 요구하고 맞서야 한다는 것을 보여 주는 책도 있다. 전쟁과 난민의 문제와도 맞설 수 있다면 당연히 맞서고, 껴안을 것은 껴안아야 한다. 맞서서 요구하고 필요하다면 싸우고, 할 수 있다면 하는 것이 마땅하다. 행동이 아니라면 어떤 방식으로든 일어서야 한다. 일어서보면 같은 뜻으로 일어선 동무들을 볼 수 있을 것이다. 그런 책들과도 만나고 이야기해 보자.

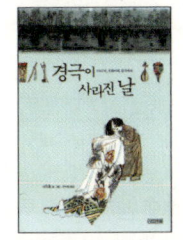

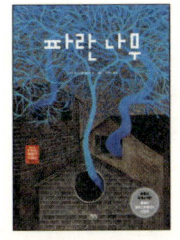

국가 폭력이라는 어두운 그림자에 맞서는 작은 용기

전쟁과 국가 폭력 등 온갖 야만과 폭력이 난무했던 우리의 현대사는 스스로가 범하고 겪어온 비극의 자화상이다. 암울한 역사적 그날을 다양한 시각에서 바라본 책들이 있다. '민주주의'가 무엇인지, '이념'이 무엇인지 단어조차 모르는 아이의 입장에서 본 그날들의 기억에서 국가 폭력의 부당함은 더욱 자명하게 드러난다. 한갓지게 누나와 나무총을 만들고 마당에서 부모님과 담소를 나누는 평범함 일상이 부당한 권력과 폭력 앞에 스러져 간다. 조용한 시골 사람들에게 불어 닥친 색깔논쟁은 한 마을을 흔적조차 없애기도 한다. 현재의 우리가 누리는 '자유'가 그냥 얻어진 것이 아님을 되새기게 하는 이야기들이다. 이 책들을 읽고 나면 어제도 오늘도 별반 다를 것 없는 평범한 보통 사람으로 살아가는 '나'임이 감사하게 여겨진다. 또한, 여전히 사회 곳곳에서 자행되는 국가 폭력이 있으며, 우리 가까이에서도 일어날 수 있음을 알게 된다.

 **함께 읽고 이야기 나누기**

- '국가의 발전을 위해 개인의 자유가 희생되어야 한다.' 라는 주장에 대해 어떻게 생각하는가?
- 우리 역사 속에서 발생한 국가 폭력의 사례를 찾아보고, 그런 일이 발생하게 된 원인에 대해 이야기해 보자.
- 국가 폭력이 발생하기 위해 함께 노력해야 할 것은 무엇일까?

175 오늘은 5월 18일
서지선 지음 | 보림 | 32쪽 | 2013.05.02 | 10,800원

총 놀이를 좋아하던 아이의 눈으로 본 5·18에 관한 이야기다. 아이의 시점에서 그날의 광주를 일기 형식으로 풀었다. 아이는 진짜 총을 가지고 돌아다니는 군인들이 그저 신기하다. 쉬는 날도 아닌데 학교는 일찍 마치고 내일부터는 나오지 말라고 하니 신이 난다. 그러던 어느 날 누나는 꼭 해야 할 일을 하러간다는 말만 남긴 채 사라진다. 누나의 채취가 남아 있을 것 같은 교복만이 덩그러니 남아 있다. 5·18이라는 거대한 역사적 배경을 상세하게 설명하고 있지는 않지만 그날의 아픔은 고스란히 담겨 있다. 면지에 그려진 서로 총구를 겨누고 있는 여러 총들을 마주하다 보면 '도대체 왜?'라는 질문을 끝없이 던지게 된다.

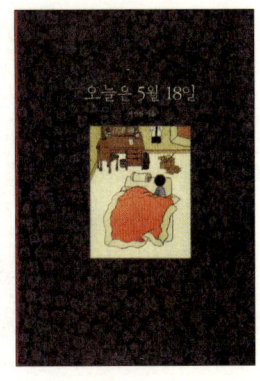

- 면지에 그려진 총들이 의미하는 것은 무엇일까?
- 마지막 장면에서 누나와 장난을 치는 아이의 모습의 의미가 무엇일지 이야기 나눠 보자.

176 제무시
임경섭 지음 | 평화를품은책 | 44쪽 | 2017.01.16 | 11,000원

한국전쟁 중 벌어진 '국민보도연맹' 학살 사건을 군용 트럭 제무시의 눈으로 그린 이야기다. 작가는 단순한 먹 선과 목탄 기법을 활용하여 가슴 아픈 역사적 사건을 담담하게 그려 놓았다. '제무시 625호'는 여느 군용 트럭과 다를 바 없이 '총을 든 사람들'의 명령으로 '총을 들지 않은 사람들'을 숯골로 실어 나른다. 죽음을 예감한 사람들이 던지는 고무신이 힘없이 산길을 나뒹구는 장면은 거대한 권력 앞에 놓인 존재의 가벼움을 대신하는 것 같아 더욱 서글프다. 말도 안 되는 어리석은 강제 명령을 거부하고 스스로 멈춘 '제무시 625호'를 보며 국가 폭력에 맞서 우리는 어떻게 행동해야 할지 자문하게 된다.

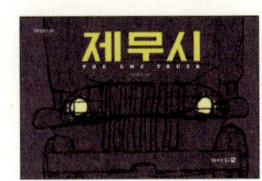

- 자신보다 힘이 세거나 나이가 많은 사람들의 부당한 강요를 단호하게 거절할 수 있는가?
- 국가의 정책이 올바르지 않다고 느껴진다면 어떻게 해야 할까?

건강한 세상을 만들기 위한 노력

"대한민국은 민주공화국이다. 대한민국의 모든 권력은 국민으로부터 나온다." 대한민국 헌법 제1조에 나오는 말이다. 1960년대 이후 현재까지 깃발을 들었을 때도, 촛불을 들었을 때도 우리가 한 목소리로 토해 냈던 말이다. 세계 어느 나라에서도 민주주의와 자유를 공짜로 얻은 나라는 없다. 지금 소개할 책들은 인간의 기본 권리를 지켜 주고, 모두에게 평등하며 서로를 존중하는 사회로 성장하기 위해 부당한 권력에 맞선 노력에 관한 이야기를 담고 있다. 다름과 편견이 극단으로 치달으면 어떻게 되는지 선명하게 보여 주고, 아무런 생각 없이 행사하는 권력이 우리의 삶을 얼마나 고단하게 하는지 알려 준다. 권력으로 말미암아 저녁이 있는 삶을 그리워지게 하고, 소박하지만 따뜻한 가족이 와해되기도 한다. 너무나 거대하고 강한 권력에 '나'는 쉽게 깨지는 계란일지 모르지만, 그런 '나'가 모여 서로의 어깨를 내어준다면 세상을 바꿀 수 있다.

 **함께 읽고 이야기 나누기**

－건강한 대한민국을 만들기 위해 우리가 할 수 있는 일은 무엇일까?
－현재 우리 사회에 필요한 지도자의 조건은 무엇일까?

177 다르면 다 가둬!

앙리 뫼니에 지음 | 나탈리 슈 그림 | 배유선 옮김 | 아름다운사람들 | 40쪽 | 2016.10.28 | 12,000원

평화로운 공원에 경찰차 한 대가 불쑥 나타난다. 사람들 사이에서 가장 눈에 띄는 사람은 검은 피부의 여인이다. 제복을 입은 경찰관이 그 여인에게 다가가 신분증을 요구한다. 여인이 신분증을 안 가져왔다고 하자 경찰차에 가둔다. 연이어 초록 고양이에게도 희한하게 생긴 새에게도 터무니없는 신분증 검사를 하고 경찰차로 보낸다. 나와 다른 이 세상의 모든 것을 다 가두게 되면 어떻게 될까? 이 질문에 유쾌하게 대답하는 책이다. 피부색, 생김새, 언어 등 모든 게 달라도 누구나 존중 받아야 할 가치가 있음을 자연스럽게 깨닫게 한다.

-나와 다르다고 무시하거나 배척한 경험 혹은 그 반대의 경험을 겪었다면 그에 대해 이야기를 나눠 보자.

178 아무도 지나가지 마!

이자벨 미뇨스 마르틴스 지음 | 베르나르두 카르발류 그림 | 민찬기 옮김 | 그림책공작소 | 40쪽 | 2016.04.13 | 12,000원

부당한 권력에 대응하는 평범한 사람들의 이야기다. 앞 면지를 펼치면 62명의 주인공들이 나온다. 모든 캐릭터에는 이름이 있고 사연이 있다. 이야기의 주인공이 되고 싶은 장군은 부하인 구아르다에게 앞으로 아무도 못 지나가게 지키라고 명령한다. 책의 중앙에 선 구아르다는 사람들을 막무가내로 지나가지 못하게 막는다. 구아르다는 처음 한두 명에게 무조건 멈추라며 으름장을 놓다가 어느새 발 디딜 틈도 없이 꽉 찬 공간에서 어쩔 줄 몰라 한다. 그때 아이들의 공이 반대쪽으로 통통 튀어간다. 말릴 틈도 없이 아이들은 공을 가지러 가고 사건은 한낮의 해프닝처럼 끝이 난다. 책 속 사람들은 각자의 색깔과 이야기를 가지고 있다. 이 작품은 주인공들의 합의 없이 내려진 권력자의 명령은 결국 횡포일 뿐이라는 사실을 담아내고 있다.

-건강한 민주주의 사회를 만들기 위해 필요한 요소에 대해 이야기해 보자.

179 양들의 왕 루이 1세

올리비에 탈레크 지음 | 이순영 옮김 | 북극곰 | 40쪽 | 2016.07.06 | 15,000원

어느 날 우연히 날아온 파란 왕관을 발견하고 왕이 된 양 루이 1세에 관한 이야기다. 너무나 간단한 절차에 의해 왕이 된 양 루이는 왕에게 필요한 것이 무엇인지 고민한다. 루이는 지휘봉, 왕의 의자, 안락한 침대, 자신이 즐길 수 있는 예술 등 우리가 알고 있는 어리석은 권력자들의 행보와 닮았다. 급기야 자신과 다른 양들을 쫓아내기까지 하는데 실소를 금치 못하게 한다. 책 속 곳곳에는 늑대가 숨어 있다. 처음에는 저 멀리 있더니 어느 새 군중들 가까이 있다. 지도자의 자리가 무엇인지 고민하지 않고 권력에 심취해 자신만을 생각했던 역사 속 독재자들을 떠올리게 한다.

-올바른 지도자의 역할은 무엇인가?

180 어쩌다 여왕님

다비드 칼리 지음 | 마르크 소마 그림 | 루시드 폴 옮김 | 책읽는곰 | 44쪽 | 2014.09.16 | 11,000원

제목 그대로 '어쩌다' 여왕이 된 개구리로 인해 개구리들의 평온한 삶이 흔들리는 이야기다. 저녁마다 노래를 하고, 개구리들이 할 만한 일들을 하며 지내는 연못이 있다. 우연히 하늘에서 떨어진 왕관 때문에 개구리 한 마리가 여왕이 된다. 여왕이 된 개구리는 별 고민 없이 주변에 있는 개구리들이 시키는 대로 좋아하던 일을 내버려두고 여왕이 해야 할 일들만 하고 지낸다. 다른 개구리가 잡아다 주는 파리를 먹고, 말을 듣지 않는 개구리들에게 벌을 내린다. 여왕님이 생긴 후 개구리들은 더 이상 저녁마다 노래를 부를 수 없게 된다. 이때 가지게 되는 개구리들의 의문과 질문들이 인상적이다. 고민 없는 권력이 우리의 삶에 어떤 영향을 미치게 되는지 깨닫게 하는 책이다.

-개구리들은 왜 여왕의 역할을 규정하고 수긍했을까?
-개구리들이 던지는 질문은 어떤 의미를 가지는 걸까?

181 우리 엄마는 청소노동자예요!

다이애나 콘 지음 | 프란시스코 델가도 그림 | 마음물꼬 옮김 | 고래이야기 | 32쪽 | 2014.05.30 | 12,000원

미국의 청소노동자 파업 사건을 배경으로 한 이야기로, 노동자의 정당한 권리를 찾아가는 과정을 담았다. 카를리토스의 엄마는 청소노동자다. 아무리 열심히 일해도 나아지지 않는 삶과 부당한 대우를 개선하기 위해 동료 노동자들과 파업을 한다. 파업은 노동자들의 인권과 존엄을 위해 필요하다는 설명을 들은 카를리토스가 아주 밝은 색깔로 팻말을 만드는 장면이 인상적이다. 그동안 '파업'이라는 단어를 부정적으로만 생각하지 않았는지 반문하게 된다. 큼직한 캐릭터들과 강렬한 색채가 책 속 이야기를 더욱 역동적으로 표현하고 있다. 세상을 바꾸기 위해, 서로 어깨동무를 한 사람들이 되찾은 '당연한 권리'에 대해 생각해 보게 하는 책이다.

- 노동자들이 누려야 하는 정당한 권리에 대해 이야기해 보자.
- 노동자들의 파업과 시위에 대해 어떻게 생각하는가?

182 파란 나무

이민 하산자데 샤리프 지음 | 유영미 옮김 | 책빛 | 32쪽 | 2016.12.30 | 12,000원

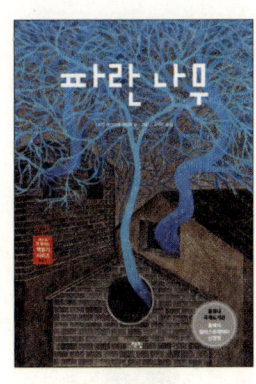

작가의 조국인 이란에서 권력자의 조각상을 세우기 위해 몇백 년 된 나무를 잘라야만 했던 실화를 바탕으로 한 이야기다. 무채색의 집집마다 파란 나무의 줄기와 뿌리가 뻗어 있다. 사람들은 파란 나무의 그늘 아래에서 쉬며 나무에 의지하고 산다. 이 마을에서 파란 나무를 싫어하는 한 사람이 있다. 왕궁으로 뻗어오는 나무의 가지와 뿌리가 너무나 싫은 왕이다. 결국 왕은 자신의 권력으로 나무를 베어 버린다. 어두운 배경색과 대비되는 파란 나무는 책이 담아낸 부당한 권력의 횡포, 자유와 희망을 더욱 도드라지게 나타낸다. 과연 파란 나무를 잘라 버린다고 사람들의 자유와 희망의 의지까지 없앨 수 있을까?

- 부당한 권력자의 횡포는 사람들을 어떻게 변화시킬까?
- 사람들을 권력으로 억압해도 완전히 뺏을 수 없는 것은 무엇일까?

183 크라신스키 광장의 고양이들

캐런 헤스 지음 | 웬디 왓슨 그림 | 유영종 옮김 | 별숲 | 32쪽 | 2012.01.18 | 12,000원

길고양이들과 함께 독일 비밀경찰에 맞서 게토 안의 유대인들에게 식량을 전해 준 소녀의 지혜와 용기를 담은 책이다. 제2차 세계대전이 한창이던 시절, 폴란드 바르샤바의 실제 사건을 배경으로 쓰여 더욱 놀랍다. 유대인이지만 폴란드 아이처럼 놀고, 폴란드 사람처럼 말하고 행동하는 소녀의 이야기다. 서정적인 삽화는 독일 비밀경찰의 감시와 위협에서 하루하루를 견디는 소녀의 생활과 대조를 이뤄 더욱 슬프게 느껴진다. 한때는 누군가에게 사랑 받았을 길고양이들과 단란한 가정의 딸이었을 소녀가 서로 보듬는 장면은 따뜻하면서도 가슴을 저리게 한다. 게토 속 유대인들에게 식량을 전달하기 위해 독일 비밀경찰의 눈을 피하여 기지를 펼친 소녀의 이야기는 거대한 폭력에 굴하지 않고 당당히 맞서는 용기를 가르쳐 준다.

-나의 이웃 또는 조국을 위해 목숨을 걸고 폭력에 맞설 수 있을까?

184 파란집

이승현 지음 | 보리 | 44쪽 | 2010.01.20 | 9,800원

사람들의 기억에서 희미하게 잊혀 가는 '용산 참사'에 관한 문제를 글 없이 그림으로 표현했다. 굴착기에 의해 파헤쳐지는 시멘트 잔해 더미 위에는 파란집이 놓여 있다. 파란집 속 가정은 바깥의 상황과는 상관없이 그저 행복해 보인다. 표지 그림은 '용산 참사'의 정치적 이해관계를 모두 제외하고 오직 사람에만 초점을 맞추었다. 사람이 살아간다는 것, 한 가정이 지켜져야 한다는 것, 생명이 소중하다는 것 등 어떤 이유를 막론하고 우리가 지켜야 하는 것들에 대해 명료하게 이야기한다. "우리들은 내가 똑같은 아픔을 당하지 않으면 남의 아픔을 이해하지 못한다."라고 이야기한 작가의 말에 그저 고개를 끄덕일 뿐이다.

-돈과 권력에 의해 삶의 터전을 잃은 사람들은 어떻게 어려움을 극복할 수 있을까?
-도시 재개발의 문제점과 이를 해결할 수 있는 방법에 대해 이야기해 보자.

여전히 끝나지 않은 비극, 전쟁

인류 역사에서 떼려야 뗄 수 없는 비극 중 하나가 바로 전쟁이다. 너무나 슬프게도 인간들은 끊임없이 싸우고 살상무기를 만들며 가장 약한 존재들을 짓밟는다. 이념과 사상, 종교 등 특정 이익을 위해 자행되어 온 전쟁은 우리 일상을 송두리째 앗아간다. 전쟁으로 인해 파괴된 일상과 전쟁이 남긴 고통을 그림 한 컷 한 컷에 담담히 담아낸 책들이 있다. 도대체 왜 이런 일들이 일어나는지 영문도 모른 채 누군가는 죽고, 누군가는 죽을 때까지 폭력의 잔상 속에 살게 된다. 왜! 언제나! 거대한 폭력 앞에서는 우리와 같은 평범한 사람들이 아픔을 겪어야 하는 것인지 책을 읽는 내내 자문하게 된다. 누군가의 욕심으로 사람들은 자유를 잃고 나라를 잃고 가족을 잃는다. 우리가 누리는 평범한 일상과 자유는 그냥 얻어진 게 아니라는 것. 그리고 지금도 지구촌 어디에선가는 전쟁과 테러로 고통 받는 또 다른 이웃이 있다는 무거운 진실과 마주하게 한다.

 **함께 읽고 이야기 나누기**

- 전쟁은 무엇 때문에 일어날까?
- 세계 각국이 맺은 평화 협정에 대해 조사해 보고 실효성에 의심 가는 항목들에 대해 이야기해 보자.

185 강냉이

권정생 지음 | 김환영 그림 | 사계절출판사 | 36쪽 | 2015.11.20 | 11,000원

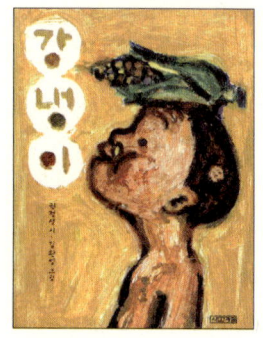

작가가 열세 살에 썼던 시에 그림 작가의 그림이 더해진 작품으로, 엄마와 형과 함께 토담 밑에서 강냉이를 심던 때의 이야기다. 생야 형이랑 엄마랑 함께 강냉이를 심은 아이는 한 치 크면 거름 주고, 두 치 크면 오줌 주며 알 굵은 옥수수가 주렁주렁 열리기만을 상상하며 설레어 한다. 강냉이가 자신의 키만큼 컸을 즈음 가족은 강냉이도, 강아지도, 노란 병아리도 저만치 두고 피난을 간다. 부모님이 밤에 별을 쳐다보고 고향집을 걱정할 때 아이는 제 손으로 심은 강냉이 걱정을 한다. 무시무시한 전쟁으로 가족도 고향집도 잃게 된 어른들 틈에 강냉이 걱정을 하는 아이를 보며 일상을 무너뜨리는 전쟁의 잔혹함을 느끼게 된다. 알이 꽉 찬 강냉이를 머리에 얹고 밤하늘을 바라보는 아이의 마지막 장면은 환상이든 희망이든 우리가 지켜나가야 할 것은 아이의 순수한 마음과 평화임을 보여 준다.

- 전쟁으로 인해 사라진 것들은 무엇인가?

186 경극이 사라진 날

야오홍 지음 | 전수정 옮김 | 사계절출판사 | 26쪽 | 2011.05.09 | 10,500원

1930년대 난징대학살이 자행되기 전 일본군이 난징 진입을 위해 감행한 공습 전후를 배경으로 한 이야기다. 열 살 난 소녀는 친화이허 강가의 외할머니 댁에서 산다. 어느 날 소녀의 집에 중국의 유명한 경극 배우 샤오윈셴이 머물게 된다. 샤오윈셴은 소녀에게 경극 표를 선물로 준다. 소녀는 외할머니, 외삼촌과 함께 태어나 처음으로 아름답고 화려한 경극 공연을 보고 예술이 주는 감동을 느끼게 된다. 그러나 일본군의 공습으로 소녀가 느낀 예술의 아름다움은 한여름 밤의 꿈처럼 아득해진다. 선명하고 화려한 색감의 경극 공연과 대조적으로 일본군의 공습을 흑백 처리하여 전쟁이 주는 공포와 일상의 침범을 극명하게 보여 준다. 전쟁은 그렇게 평범한 사람들의 소박한 일상을 무너뜨린다.

- 전쟁으로 인해 우리가 잃은 것은 무엇인가?

187 곰이와 오푼돌이 아저씨
권정생 지음 | 이담 그림 | 보리 | 48쪽 | 2007.06.25 | 12,000원

고요한 달밤, 강원도 산골에 묻혀 있던 곰이와 오푼돌이 아저씨의 영혼이 만나 이야기를 주고받는다. 하얗고 둥근 달을 쳐다보며 30년쯤 전에 떠나온 고향 이야기도 하고, 치악산 골짜기에서 죽어간 이야기도 한다. 이들의 이야기는 우리의 가슴 아픈 역사 중 하나인 6·25 전쟁을 배경으로 한다. 어린 곰이와 아저씨는 자신들을 죽게 만든 전쟁을 이해할 수 없다. "인민을 위해 싸운 건데, 죽은 건 모두 가엾은 인민들뿐"이고, "나라를 위해 싸운 국군들로 인해 오히려 나라가 쑥밭이 되어버린" 전쟁을 도무지 이해할 수가 없다. 전쟁의 본질이 무엇이고 우리에게 어떤 의미로 남아 있는지 생각해 보게 하는 대목이다. 아프고 슬픈 진실을 날카롭지만 따스하게 바라본 작품이다.

–전쟁으로 우리가 얻은 것은 무엇일까?

188 긴 여행
프란체스카 산나 지음 | 차정민 옮김 | 풀빛 | 48쪽 | 2017.04.07 | 12,000원

전쟁이 없는 평화로운 곳을 찾아 떠날 수밖에 없던 난민 가족의 이야기다. 평화로운 바닷가 마을에 사는 주인공들은 어느 날 갑자기 밀려온 검은 파도처럼 시작된 전쟁으로 아빠와 정든 고향을 잃는다. 목숨을 걸고 남은 가족들을 지키기 위해 낯선 나라로 떠나는 여정은 숨조차 쉴 수 없을 만큼 독자를 긴장하게 한다. 무서운 표정의 커다란 국경 경비대에 비해 너무나 작은 가족의 모습. 아이들을 안심시키고 홀로 눈물을 삼키는 엄마, 작은 보트에 겨우 올라탄 가족을 무시무시한 눈으로 쳐다보는 것 같은 검푸른 바다. 글을 읽지 않아도 난민 가족이 겪는 두려움과 고통이 그림을 통해 그대로 전해진다. 국경을 건널 필요 없이 하늘을 자유롭게 나는 새들을 바라보는 가족들의 얼굴이 쉽게 잊히지 않는다.

–내 앞에 넘을 수 없는 커다란 벽이 놓여 있다면 어떤 감정을 느끼게 될까?

189 꼬마 난민, 아자다

자끄 골드스타인 지음 | 박진숙 옮김 | 주니어김영사 | 64쪽 | 2017.01.17 | 10,000원

내전이 없는 나라로 떠나고 싶은 아자다의 이야기다. 꼬마 난민 아자다에게는 소원이 있다. 여느 아이들처럼 책도 읽고 박물관에도 가고 싶고, 세계 여러 나라의 많은 사람들을 만나고 싶다. 우리에겐 평범한 일상이 아자다에게는 소원이 된다. 내전 지역을 촬영하러 온 기자 안야가 돌아가는 날 아자다는 자기도 데려가 달라고 애원한다. 안야는 그런 아자다를 위해 자신의 배낭을 남긴다. 가방 속 물건을 꺼내 보던 아자다는 번뜩이는 아이디어로 물건들을 조합해 열기구를 만들어 타고 하늘 높이 날아간다. 아자다는 억압 당하는 삶에서 벗어나 자유를 찾아 떠난다. 아자다가 꿈꿨던 평범한 일상이 세상 모든 어린이가 누려야 할 당연한 권리임을 생각하게 한다. 여전히 해결되지 않는 난민 문제에 대해 함께 고민해야 할 시간이다.

- 우리나라의 난민 정책에 대해 조사하고, 난민 수용 완화와 관련해서 토론을 해 보자.

190 끝나지 않은 겨울

강제숙 지음 | 이담 그림 | 보리 | 48쪽 | 2010.08.15 | 12,000원

작가가 직접 만난 일본군 위안부 피해 할머니들의 증언을 재구성해서 만든 이야기다. 어둡고 메마른 겨울 날씨 같은 삽화가 마음을 더욱 숙연하게 한다. 왁스 페인트를 녹여 철필로 긁어내 그린 그림은 피해 할머니들의 두려움과 공포를 생생하게 전달한다. '나'는 열여섯 살이 되던 해 집까지 태워 준다는 트럭을 탔다가 일본군에 끌려가 위안부가 되었다. 일본의 패망으로 오키나와에 버려졌다가 고향에 돌아왔지만 몸과 마음의 고통을 이기지 못하고 고향을 떠난다. 어느 날 '나'와 같은 일을 겪은 할머니가 텔레비전에 나온 것을 보고 더 이상 아픔 속에 있지 않고 세상 밖으로 걸어 나오게 된다. 여전히 끝나지 않은 겨울을 살고 있는 할머니들이 따뜻한 봄을 마주할 수 있도록 우리가 노력해야 할 일들에 대해 생각해 보게 한다.

- 부당한 권력자의 횡포는 사람들을 어떻게 변화시킬까?
- 아무리 사람들을 억압해도 완전히 뺏을 수 없는 것은 무엇일까?

191 버스 여행의 끝은 어디일까요

헨릭 발네스 지음 | 마틸다 루타 그림 | 강희진 옮김 | 우리나비 | 36쪽 | 2016.04.30 | 12,000원

아이는 아빠와 할머니를 두고 엄마와 함께 목적지를 알 수 없는 버스를 탄다. 버스는 사람들을 꽉 채운 채 어디론가 떠난다. 버스가 가는 곳마다 총을 든 군인과 철조망, 탱크들이 있다. 엄마의 불안한 눈빛과 목소리는 아이를 더욱 불안하게 하지만 할머니 냄새가 밴 토끼 인형이 아이에게 위안이 된다. 시간이 흘러 더 이상 엄마와 함께 갈 수 없게 된 아이는 토끼 인형하고만 간신히 버스에 올라탄다. 아이 혼자 탄 버스 창밖 너머로 단란해 보이는 가족의 모습이 더욱 가슴 아프게 한다. 난민은 특별한 사람들이 아니다. 내전으로 인해 자신의 나라를 떠날 수밖에 없는 우리와 비슷한 평범한 사람들이다. 홀로 버스에 탄 아이가 꿈꾸는 희망이 실현될 수 있도록 우리 모두가 더 깊은 관심을 가져야 한다.

-세계 여러 곳에서 난민이 발생하는 원인에 대해 이야기해 보자.

192 비무장지대에 봄이 오면

이억배 지음 | 사계절출판사 | 32쪽 | 2010.06.25 | 12,000원

맨 처음 나오는 면지에 세계지도가 펼쳐진다. 자세히 보면 세계 유일의 분단국가인 우리나라에 빨간 휴전선이 그어져 있다. 작가는 그 휴전선을 중심으로 만들어진 비무장지대로 독자를 안내한다. 사람은 절대 갈 수 없지만, 한 할아버지가 동물들이 자유롭게 오가는 비무장지대를 바라보며 고향을 그리워한다. 비무장지대에 봄이 오면 들판에 새싹이 돋아나고 동물들이 깨어나지만 군인들은 허물어진 진지를 다시 쌓고 녹슨 철조망을 수리하고, 할아버지는 전망대에 올라 북녘 하늘을 바라본다. 계절이 바뀌면 동식물의 모습도 바뀌지만 군인들의 경계심과 할아버지의 그리움만은 그대로다. 마지막 면지처럼 비무장지대의 철조망이 걷어지고 헤어졌던 가족을 다시 만나 행복하게 살아갈 수 있도록 우리나라가 평화 통일로 나아가야 함을 일깨워 준다.

-평화적으로 통일할 수 있는 방법은 무엇인가?
-독일의 통일 과정을 살펴보고, 본받을 점에 대해 이야기해 보자.

193 소년, 떠나다

레베카 영 지음 | 맷 오틀리 그림 | 장미란 옮김 | 한울림어린이 | 40쪽 | 2016.06.24 | 13,000원

어쩔 수 없이 조국을 떠나 새로운 보금자리를 찾아나서는 난민 이야기다. 소년은 작은 배에 책 한 권, 물병 하나, 이불 하나, 그리고 자신이 놀던 곳에서 퍼 온 흙을 가득 담은 찻잔 하나를 싣는다. 자칫 무거울 수 있는 주제를 시 구절과 같은 절제된 글과 서정적인 그림으로 표현해 고요하지만 강인한 감동이 느껴진다. 첫 장부터 나오는 거대한 뭉게구름과 끝을 알 수 없는 바다는 마치 불투명한 미래 앞에 놓인 소년을 표현하는 것 같아 서글프다. 그러나 점점 선명하고 강렬해지는 색은 희망을 잃지 않고 새로운 삶을 찾아 나선 소년의 용기에 박수를 보내는 것처럼 마음을 따뜻하게 한다. 세계 각국의 난민들을 위해 우리가 할 수 있는 것들은 무엇인지 생각해 보게 한다.

-보금자리를 찾아 힘겨운 여정을 이어가고 있을 난민들에게 어떤 응원을 해줄 수 있을까?

194 아킴 달리다

클로드 K. 뒤브와 지음 | 김희정 옮김 | 청어람미디어 | 96쪽 | 2013.12.23 | 11,000원

어느 날 갑자기 일어난 전쟁의 소용돌이 속에서 살기 위해 달릴 수밖에 없던 한 아이에 관한 이야기다. 한가로이 강가에서 친구들과 배를 만들며 놀던 아이의 평화로운 일상을 뒤흔든 것은 하늘 가득 퍼진 총성이었다. 아이는 정신없이 달려 집 앞으로 갔지만 이미 집은 폭격으로 부서지고 엄마는 보이지 않는다. 무채색의 뭉툭한 연필로 거친 듯 섬세하게 그린 그림은 전쟁 속 긴박한 상황과 아이의 복잡한 마음을 현실적으로 표현한다. 전쟁이라는 거칠고 거대한 폭력 앞에 아이는 한없이 약한 존재여서 할 수 있는 것이라곤 달리는 것뿐이다. 다행히 아킴은 엄마를 만났지만 아직도 여전히 전쟁에서 벗어나려고 달리고 있는 수많은 아킴이 있음을 잊어서는 안될 것이다.

-전쟁으로 인해 희생되는 것들에는 무엇이 있을까?

195 티베트의 아이들

이미애 지음 | 김진수 그림 | 내인생의책 | 48쪽 | 2016.11.28 | 12,000원

중국의 억압에서 벗어나 티베트 말을 배우고 역사를 지키기 위해 목숨을 걸고 히말라야를 넘는 티베트 아이들에 대한 이야기다. 주인공의 엄마는 히말라야 능선이 환해지기 전에 서둘러 저녁을 차리려고 분주하다. 오늘은 첫째인 깔마와 갓난쟁이 빼마 그리고 아빠가 길을 나서는 날이기 때문이다. 마을의 많은 아이들과 함께 주인공은 아빠를 선두로 인도 다람살라로 가기 위해 히말라야 산맥을 오른다. 인도 다람살라에는 우리나라가 독립운동을 하던 시절 상하이에 임시정부를 세운 것과 같은 티베트의 망명정부가 있다. 아이들은 그곳에서 티베트의 말을 배우고 자유롭게 공부를 하기 위해 험난한 길을 묵묵히 걸어간다. 나의 조국이 있고, 내 나라 말을 마음껏 할 수 있고, 사랑하는 가족과 함께할 수 있다는 것이 얼마나 소중한 것인지 들려준다.

- 티베트의 역사적 배경을 조사해 보자.
- 나라를 잃는다는 것이 어떤 것인지 이야기 나눠 보자.

196 춘희는 아기란다

변기자 지음 | 정승각 그림 | 사계절출판사 | 40쪽 | 2016.04.15 | 13,000원

식민 지배와 전쟁으로 고통 받고 있는 춘희와 할머니에 관한 이야기다. 히로시마 현과 닿아 있는 일본 혼슈의 오카야마 현은 원자 폭탄 피해자들이 대거 이주해 사는 곳이다. 이곳에는 매일 하얀 기저귀 빨래를 하며 <고향의 봄>을 흥얼거리는 조선인 할머니가 산다. 그 마을로 이사 온 유미는 할머니와 친해져 할머니에게 일제 식민시대 일본이 조선인들에게 가했던 폭력과 원자 폭탄을 맞아 자라지 못한 마흔세 살의 아기 춘희에 대해 듣게 된다. 유미는 그날 이후 춘희와 할머니를 위해 친구들과 함께 피리로 <고향의 봄>을 불러드리기 위해 진심을 다해 연습한다. 할머니와 춘희에게 남겨진 억겁의 고통은 어떻게 치유할 수 있을까? 진심으로 이야기를 들어주는 유미와 그들의 아픔을 함께 느끼고 연주를 연습하는 아이들 속에서 답을 찾을 수 있을 것이다.

- 전쟁과 폭력의 고통에서 힘겨워 하는 이들을 위해 할 수 있는 것은 무엇일까?

자유는 저절로 얻은 것이 아니다

자유는 어디에서 어떻게 얻어지는 것일까? 대부분 사람들은 태어나면서 자연스럽게 자유를 얻게 되는 것이라고 여기는 것 같다. 하지만 우리가 이렇게 자유를 자연스럽게 받아들이며 살게 된 것은 불과 몇 십 년도 채 안 된다. 우리는 일제 강점기에 일본에게 탄압을 당했고, 독재 정권이 들어서면서는 통행과 표현의 자유를 금지 당하며 살았다. 소개할 책들은 자유를 향해 비폭력으로 맞선 사람들의 실제 경험을 모티브로 한 이야기들이다. 비폭력이라는 단어를 들었을 때 가장 먼저 떠오르는 사람은 간디일 것이다. 그의 일생을 쉽게 풀어쓴 책을 읽으면 인도인들과 함께 실천한 자급자족의 방법과 비폭력 시위 등을 알 수 있을 것이다. 이 책들은 우리가 누리는 자유는 누군가의 희생과 노력을 통해 얻어진 것임을 깨닫게 한다. 또, 폭력을 휘두르는 세력에 맞서 똑같이 폭력을 휘두르는 것이 아니라 비폭력 행동을 통해 사람들을 설득하고 힘을 하나로 모아 준 사람들이 있기에 우리의 자유가 더욱 값진 것임을 느끼게 한다.

함께 읽고 이야기 나누기
- 자유란 무엇인지 생각해 보자.
- 문제 상황을 해결하기 위한 비폭력적인 방법에는 무엇이 있을까?
- 자유를 지켜내기 위해 노력한 사람들을 조사해 보고 이야기해 보자.

197 나의 간디 이야기

라제시 차이티야 반가드, 니나 사브나니, 안키트 차다 지음 | 이옥순 옮김 | 다섯수레 | 30쪽 | 2014.10.15 | 12,000원

조국 인도의 독립을 위해 평생을 바친 간디 이야기를 인도 와를리 지방의 민화로 담았다. 간디의 일생을 글 작가와 그림 작가, 영화감독이 함께 만들어 더욱 생동감 있게 내용을 이해할 수 있다. 산수를 잘 못하고 부끄럼만 타던 아이가 어떻게 인도의 아버지가 될 수 있었는지에 대해 질문과 대답 형식으로 전개해 내용의 이해를 돕는다. 조국의 독립을 위해 그 어떤 무기나 폭력을 사용하지 않고, 사람들의 마음을 움직여 하나의 힘으로 모을 수 있었던 간디의 노력을 엿볼 수 있다.

- 옳지 못한 일에 맞설 때에는 어떤 방법을 사용해야 할까?

198 콧수염 형제

알렉스 쿠소 지음 | 샤를 튀테르트르 그림 | 백선희 옮김 | 내인생의책 | 44쪽 | 2014.06.20 | 13,000원

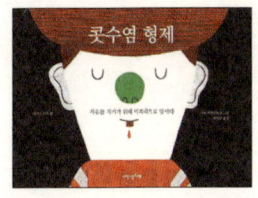

사람들의 자유를 마음대로 빼앗아 버리는 나쁜 왕에게 코미디 공연으로 맞서는 콧수염 형제의 이야기다. 미얀마에서 실제로 활동하는 코미디 그룹의 실화를 배경으로 했다. 독재자의 통치로 인해 사람들은 마음대로 노래를 부르지도, 춤을 추지도 못하고 자유를 억압 당한다. 심지어 왕의 마음에 들지 않으면 감옥에 가두기까지 한다. 콧수염 형제는 이런 왕의 부당한 행동을 보고 왕을 닮은 커다란 꼭두각시 인형을 만들어 우스운 공연을 시작한다. 화가 난 왕은 콧수염 형제를 감옥에 가둬버리지만 그들의 자유를 향한 의지는 가둘 수 없다. 이 책은 우리가 누리는 자유는 이를 지키려고 노력한 사람들이 있었기에 가능했음을 되새기게 한다.

- 불의에 저항하는 여러 방식들에 대해 사례를 들어 이야기해 보자.
- 작가가 콧수염에 담은 의미는 무엇인지 이야기해 보자.

인생은 칠전팔기

흔히 운명은 정해진 것이라고 말하며 순응하고 살라고 하지만 정말 운명은 정해져 있는 것일까? 여기 자신에게 주어진 운명을 스스로 개척한 이야기가 있다. 백 년 전에는 여성에게 변변한 이름도, 제대로 된 교육을 받을 기회조차 주어지지 않았다. 또 열일곱 어린 나이에 얼굴 한 번 보지 못한 남자에게 시집을 가는 경우도 빈번했다. 이러한 시대에서 여성이 할 수 있는 일은 그저 주어진대로 살아가는 것밖에 없는 것처럼 보인다. 그러나 그런 척박한 삶에 맞서 자신이 하고자 하는 일을 천천히 그리고 묵묵히 해 나가면 결국에는 이루어낸다. 또, 고통스럽고 어려운 상황이 닥쳐도 그 안에서 할 수 있는 일을 찾아 살아간다면 언젠가는 가혹한 운명을 극복할 수 있는 사람으로 성장하게 된다. 한 번 쓰러졌다고, 너무나 힘이 든다고 주저앉아 있지 말고 다시 일어서라고 손 내밀어 주는 책들을 소개한다.

 **함께 읽고 이야기 나누기**

-힘들고 어려운 일을 겪을 때 어떻게 극복하는가?
-자신의 운명에 맞서 새로운 세상을 개척한 사람들을 찾아보자.

199 고만녜

문영미 지음 | 김진화 그림 | 보림 | 30쪽 | 2012.06.25 | 12,000원

1895년 함경도 회령에서 태어나 북간도로 이주하여 자란 한 여자아이의 성장기다. 백 년 전 여자로 태어나 변변한 이름조차 없던 소녀의 삶과 꿈을 담았다. '고만녜' 김신묵과 남편 문재린의 회고록 『기린갑이와 고만녜의 꿈』과 구술 자료, 우리나라와 북간도의 관련 사진을 토대로 만들었다. 위인도 유명인도 아닌 그 당시 수많은 사람 중 한 명인 그저 평범한 할머니의 이야기라서 더욱 가깝게 다가온다. 아홉 남매 대가족의 모습과 근대 초기 학교, 조혼 풍습 등 그 당시 사람들의 생활 모습과 시대상이 잘 드러나 있다. 또한 급변하는 사회 속에서 여성 교육이 어떻게 이루어졌는지, 여성관의 변화는 어땠는지 등 꼼꼼하게 나와 있다.

- 백 년전 여성 교육과 지금의 교육을 비교해서 이야기해 보자.

200 너울너울 신바닥이

신동흔 지음 | 홍지혜 그림 | 한솔수북 | 40쪽 | 2013.11.30 | 11,000원

삼대독자 귀한 자식이지만 호랑이에게 물려갈 팔자로 태어난 주인공이 자신의 운명에 맞서 극복하는 이야기다. 작가가 강원도 홍천에서 직접 채록한 이야기를 바탕으로 풀어쓴 것으로 구전의 묘미를 살려 구성지고 맛깔난 입말 그대로 표현했다. 주인공 신바닥이는 신바닥처럼 더럽고 천하다고 해서 지어진 이름이다. 원래 귀한 삼대독자로 태어났지만 금방 죽을 운명이라 어느 스님을 따라 방랑을 시작한다. 몇 해가 지나자 스님은 이제 헤어질 때가 되었다며 하얀 두루마기와 파란 부채를 남기고 사라진다. 혼자 남겨진 신바닥이는 부자 집 머슴으로 들어가 허드렛일을 하며 지내다가 스님이 남긴 하얀 두루마기와 파란 부채를 가지고 인생역전을 한다. 운명에 순응하여 살지 않고 어려움을 극복한 신바닥이의 이야기는 작은 일에도 힘들어하고 쉽게 포기하는 아이들에게 귀감이 될 것이다.

- 만약 운명이 정해져 있다고 한다면 나는 어떤 삶을 살게 될까?

탈핵 사회로 가는 길

제2차 세계대전이 한창일 때 원자력은 원자탄이라는 이름의 살상 무기로 사용되었다. 이 원자탄은 원자력의 평화적 이용 계획에 의해 상업용 원자력으로 탈바꿈된다. 많은 사람들이 원자력을 이용하여 값싼 에너지를 무한정 공급함으로써 인류의 에너지 문제를 해결해 줄 것이라고 믿었다. 그러나 이러한 장밋빛 약속은 모두 허상이라는 것을 알려주는 책들이 있다. 이 책들은 원자력 에너지의 위험과 그로 인해 고통 받는 사람들을 똑바로 바라보게 한다. 그동안 대부분 사람들이 관심조차 가지지 않던 원자 폭탄 피해자들의 생생한 증언은 가슴을 철렁 내리게 한다. 가까운 일본의 원전 사고 후 우리의 밥상과 생활 방식에도 변화가 왔음에도 무심했던 사람들에게 책들은 결코 먼 남의 이야기가 아님을 경고한다. 아이들이 평화롭고 안심하며 살 수 있는 탈핵 사회로 한 발 더 나아가기 위해 무엇을 해야 할지 진지한 성찰이 필요하다.

함께 읽고 이야기 나누기

- 원자력 발전소의 장점과 단점에 대해 이야기해 보자.
- 탈핵 사회로 가기 위해 노력해야 할 점은 무엇인가?
- 위험 요소가 있는 원자력 발전을 국민의 과반이 찬성할 경우, 계속 유지하는 게 좋을까?

201 시금치가 울고 있어요

카마타 미노루 지음 | 하세가와 요시후미 그림 | 엄혜숙 옮김 | 푸른숲주니어 | 40쪽 | 2016.01.11 | 10,000원

후쿠시마 원전 폭발 사고 이후의 변화를 동식물 입장에서 이야기한다. 체르노빌의 원전 사고 지역에서 어린이들의 생명을 구하기 위해 자원봉사활동을 해온 저자는 방사능 물질의 심각성을 우리의 식탁 위로 옮겨 일상에서 느낄 수 있도록 표현했다. 파릇파릇한 시금치와 건강한 젖소의 우유는 더 이상 찾아볼 수 없다. 푸르죽죽해진 시금치 잎과 어두운 갈색 빛의 쌀 등 원전 사고로 달라진 상황이 극명하게 그려져 있다. 이 같은 사고가 반복되지 않도록 모두의 노력이 필요하다.

-후쿠시마 원전 사고 이후 사람들의 생활은 어떻게 달라졌을까?

202 할아버지와 보낸 하루

김금숙 지음 | 도토리숲 | 76쪽 | 2016.08.12 | 13,000원

우리나라 원자 폭탄 피해자들의 실제 증언을 바탕으로 쓴 책이다. 작가는 합천과 대구에 있는 원폭 피해자 복지관을 오가며 이야기를 직접 듣고 일본 히로시마와 나가사키 등 여러 지역을 다니며 자료를 수집했다. 글과 그림 속에 작가의 열정과 역사적 사실이 고스란히 담겨 있다. 꼬마 '하루'는 사진작가인 아빠를 따라갔다가 원폭 피해자인 할아버지를 만난다. 할아버지가 조심스레 꺼낸 이야기는 일제 강점기 시절 일본에 강제 징용되어 끌려간 많은 조선인들이 겪은 고통과 원자 폭탄의 피해에 관한 것이다. 아픈 역사를 만화 형식으로 너무 무겁지 않게 표현했다.

203 희망의 목장

모리 에토 지음 | 요시다 히사노리 그림 | 고향옥 옮김 | 해와나무 | 32쪽 | 2016.02.24 | 11,000원

후쿠시마 제1원자력발전소의 출입금지 구역 안에 있는 목장에 대한 이야기다. 출입금지 구역 안에는 주인을 잃은 가축들과 홀로 소들을 돌보기로 결심한 소치기가 있다. 정부 차원에서 더 이상 이용할 가치가 없는 가축들의 살처분 명령이 내려진 상태이지만 소치기는 묻는다. 방사능을 뒤집어 써 팔지도 먹지도 못하는 소들을 돌보는 일이 어리석은 것인지 말이다. 인간의 편의를 위해 만들어진 방사능의 위험과 그로 인해 피해를 보는 많은 생명들에 대해 담담하게 이야기한다.

-방사능을 뒤집어 쓴 가축들을 돌보는 소치기에 대해 어떻게 생각하는가?

어린이에게도 권리가 있어

인류에게는 아동에게 최선을 다해야 할 의무가 있다. 인류의 미래는 곧 어린이들의 손에 달렸고, 어린이들의 낮은 삶 만족도는 곧 사회 문제로 이어질 수 있기 때문이다. 통계청이 발표한 '2017 청소년 통계'에 따르면 우리나라 아동 학대 건수가 2011년 이후 지금까지 계속 증가세를 유지하고 있다고 한다. 어린이들의 더 나은 삶을 위해 어른들은 무엇을 먼저 고민해야 할까? 어린이가 누려야 할 기본 권리에 대한 책을 소개한다. 세계 여러 나라 화가들이 공감한 내용을 토대로 우리 아이들의 삶을 되돌아 볼 수 있는 기회가 될 것이다. 또한 어린이가 어린이답게 커 갈 수 있도록 큰 울타리가 되어야 할 어른이 꼭 읽어 보길 권한다.

함께 읽고 이야기 나누기

- 인권을 지키기 위해 노력하는 국제 단체에 대해 조사해 보고, 그들이 왜 그런 활동을 하는지에 대해 이야기해 보자.
- 주변에서 어린이·청소년의 인권이 침해되고 있는 걸 본다면, 어떻게 해야 할까?
- 어린이 스스로 자신의 권리를 지키기 위해 할 수 있는 것은 무엇일까?

204 더 나은 세상 어린이가 누려야 할 권리

가브리엘 파체코 외 그림 | 남진희 옮김 | 산하 | 24쪽 | 2017.03.31 | 12,000원

1959년 국제연합(UN)은 어린이들이 누려야 할 기본 권리를 담은 '아동권리선언'을 만든다. 이 책은 아동권리선언의 내용에 공감한 여러 나라 화가들이 모여 만들어졌다. 어른들은 아이들이 밝고 건강하게 평화로운 세상에서 살기 바란다. 그러나 지금도 지구 곳곳에서는 전쟁이 일어나고 생명을 위협받고, 어른이 하기에도 힘든 일을 감당하며 노동 착취를 당하는 아이들이 많다. 처한 상황에 따라 어린이들이 겪는 불평등을 바로잡기 위한 최소한의 요구들이 책 속에 담겨 있다. 책 속 아이들은 개성이 넘치고 생기 있게 웃고 있다. 세상의 모든 아이들이 스스로 얼마나 소중한 존재인지 알고, 부당한 일을 당했을 때는 당당히 자기의 목소리를 낼 수 있는 건강한 아이로 자라날 수 있도록 아이와 어른이 함께 읽으면 좋겠다.

- 국제연합은 1989년에 '아동권리선언'을 좀 더 구체화해 다시 발표했다. 내용을 조사해 보고 그렇게 한 이유에 대해 이야기 나눠 보자.
- 아동 권리 선언의 필요성은 무엇인가?

본연의 모습을 발견하기

밖으로 드러난 모습만으로 사람을 판단할 수 없다. 또, 잠깐 사귄다고 해서 알 수 없는 것이 사람의 본 모습이다. 번지르르한 겉모습과 안일한 판단이 어떤 결과를 초래하는지 보여 주는 그림책이 있다. 본래 사람들은 타인을 대할 때면 언제나 가면을 쓰기 마련이다. 하지만 대부분의 경우 화려한 가면 속에 숨은 무시무시한 진짜 모습을 보지 못한 채 그저 좋은 사람이라고 판단하는 오류를 범할 때가 있다. 또는 "여자라서 안 돼. 여자는 할 수 없어."라는 말과 같은 성 역할에 대한 잘못된 고정관념은 올바른 판단을 방해하기도 한다. 한 사람을 알아가는 과정에서 여자인지 남자인지는 중요하지 않다. 그 사람 본연의 모습을 찾을 수 있는 눈을 키워야 한다.

 **함께 읽고 이야기 나누기**

- 우리 가정에서 양성평등이 잘 실현되고 있다고 생각하는가?
- 사람의 겉모습만 보고 판단했다가 실수를 한 경험에 대해 이야기해 보자.
- 진정한 양성평등은 무엇이라고 생각하는가?

205 아기돼지 세 자매

프레데릭 스테르 지음 | 최윤정 옮김 | 파랑새어린이 | 30쪽 | 1999.03.30 | 11,000원

어느덧 결혼할 시기에 접어든 아기 돼지 세 자매는 신랑감을 구하기 위해 금화 한 닢씩을 받아들고 집을 떠난다. 우리가 익히 아는 '아기돼지 삼 형제'를 패러디한 이야기다. 첫째 돼지는 멋지게 차려입은 돼지가 구혼을 하자 겉모습을 보고 결혼을 승낙한다. 그런데 알고 보니 돼지로 변장한 늑대였다. 둘째 돼지는 어깨가 딱 벌어진 돼지가 청혼을 하자 잘생기고 힘도 세 보여 문을 열어 주었다가 언니와 똑같이 늑대에게 잡아먹히고 만다. 셋째 돼지는 기지를 발휘해 늑대를 잡는다. 그 소문은 삽시간에 퍼지고 셋째와 결혼하겠다는 돼지들이 줄을 서게 된다. 이야기는 쉽고 재미있다. 이 책은 여성 역시 남성과 똑같은 권리를 가진 주체적인 존재임을 이야기한다. 또한 사람과의 관계를 맺을 때 겉으로 보이는 것보다 내면이 중요하다는 메시지를 전한다.

- 세 자매 중 두 언니가 가면 쓴 늑대를 알아볼 수 없던 이유는 무엇일까?
- 사회 통념상 포식자와 피식자, 남성과 여성의 고정된 위치와 역할에 혼선을 주는 이 이야기를 쓴 작가가 말하고 싶던 것은 무엇일까?
- 양성평등을 실천하기 위해 할 수 있는 것에 대해 이야기해 보자.

모두가 평등한 사회는 없다

지구상에서 수확되는 곡물의 1/4은 부자 나라의 소들이 먹어치운다고 한다. 선진국에서는 영양 과잉으로 병에 걸려 죽는 사람이 늘어나고, 개발도상국에서는 영양실조로 굶어 죽는 사람이 늘어나고 있다. 분명 세계인이 모두 먹을 수 있을 만큼 식량이 충분한데도 가난한 사람들에게는 돌아가지 않는다. 그 이유는 이윤을 얻기 위해서라면 식량을 대량 폐기 처분해 농산물의 가격을 올리는 인간의 욕심 때문이다. 인간의 끝없는 욕심은 전쟁을 낳고 그 전쟁으로 인해 굶주리는 사람들이 생겨난다. 설사 전쟁 때문이 아니라고 해도 인간의 이기심은 굶주리는 그들을 똑바로 보려고 하지 않는다. 이런 사람들에게 인간이 가져야 할 절실하고 중요한 감성이 무엇인지 깨닫게 하는 책이 있다. 이 책들은 세계의 모든 굶주리는 사람들을 따뜻한 시선으로 바라보고 그들을 돌아볼 마음을 가지게 한다. 식량 분배의 불평등은 어쩌면 해결책이 더 쉬울지도 모르겠다. 엄연히 우리 사회에 존재하는 계급 간의 권력 문제를 생각하면 말이다. 계급 간 격차를 단번에 알아볼 수 있는 그림으로 많은 독자들을 놀라게 한 『사회 계급이 뭐예요?』를 펼쳐 보자. 이 책은 군더더기 하나 없는 글과 그림으로 뿌리 깊은 사회 문제를 지적한다. 우리나라를 100명이 사는 마을로 도식화한 책도 있다. 수치가 간단해지니 무엇이 문제인지 명확히 보인다. 모두가 평등하다고 느끼고 나름의 행복을 찾게 되는 길이 그리 가깝게 느껴지지 않게 된다.

 **함께 읽고 이야기 나누기**

- 모든 사람이 평등할 수 있을까?
- 애덤 스미스와 막스 베버, 칼 마르크스의 계급 이론을 비교해 보자.
- 마르크스주의와 신마르크스주의의 차이점에 대해 이야기해 보자.

206 배고픔 없는 세상

프랑수아 데이비드 지음 | 올리비에 티에브 그림 | 전미연 옮김 | 단비어린이 | 52쪽 | 2012.12.01 | 12,000원

인간들의 어리석은 이기심으로 전쟁과 자연 재해를 겪고 굶주리는 사람들의 이야기를 19편의 짧은 글들로 엮었다. 배고픔이 일상이 된 아이들의 이야기를 여러 은유를 통해 표현했다. 낡고 구겨진 쌀 자루를 이용하기도 하고, 쩍쩍 갈라진 나무 숟가락 등을 활용해 장면을 연출했다. 슬프고 무거운 주제지만 삽화의 연극적인 표현으로 쉽고 자연스럽게 내용을 이해하게 한다. 함께 읽으며 쓰러져가는 아이들을 위해 실천할 수 있는 방법들을 고민해 보면 좋겠다.

– 식량이 남아돌지만 굶주리는 사람이 생겨나는 원인은 무엇일까?

207 사회 계급이 뭐예요?

플란텔 팀 지음 | 호안 네그레스콜로르 그림 | 김정하 옮김 | 풀빛 | 48쪽 | 2017.01.20 | 12,000원

우리 사회에 존재하는 사회 계급을 에두르지 않고 제대로 보여 준다. 평가보다는 현실을 그대로 전달하고자 한다. 흑인 노동자 위에 황인 중산층 그리고 백인 부자. 뜨거운 논란이 되었던 '수저 계급론'이 떠올라 표지부터 낯설지 않다. 간결한 글과 함께 많은 메시지를 담은 그림이 인상적이다. 거대하게 그려진 상류 계급 아래, 작은 사람들이 무엇을 하고 있고, 누구일지 생각해 보며 읽길 권한다.

– 사회 계급이 생겨나는 이유는 무엇일까?

208 우리나라가 100명의 마을이라면

배성호 지음 | 허구 그림 | 푸른숲주니어 | 40쪽 | 2014.05.29 | 10,000원

대한민국을 100명의 사람들이 모여 사는 마을로 상상해 우리나라의 과거와 현재, 미래를 이야기한 책이다. 100명의 대한민국은 마을 사람 한 명 한 명이 내 삶에 영향을 끼칠 수 있는 가까운 이웃으로 느껴지기에 쉽게 내용을 이해하게 한다. 이 책을 통해 인구와 주택 문제, 환경 오염, 식습관의 변화 등 우리 사회가 직면하는 다양한 현상 및 문제를 한눈에 살펴볼 수 있다.

– 100명의 마을로 살펴본 우리나라는 어떤 곳이라고 생각하는가?
– 인간이 행복하기 위해서 필요한 것들은 무엇인지 이야기 나눠 보자.

개발이라는 광기

요즘 사람들이 살 집을 알아볼 때 중요하게 보는 것이 있다고 한다. 바로 '숲세권'이다. 내가 살 집 근처에 작은 산이 있는지 얼마나 자연 속에 둘러싸여 있는지를 보는 것이다. 정말 아이러니하게도 잘 보존되어 있던 숲을 밀어내고 아파트를 지으면서 인공적으로라도 만들어진 숲이 있는지 없는지를 본다는 것이다. 인간은 자연과 떨어져 살 수 없다. 그것을 알면서도 잠깐의 이익과 욕심 앞에 진짜 지켜야 할 것이 무엇인지를 놓치고 만다. 이런 우리에게 따뜻하면서 신비한 이야기를 들려주는 책을 소개한다. 이 책은 물질만능주의가 인간을 어떻게 변화시키는지, 욕심을 드러낸 인간이 얼마나 추악한지를 보여 준다.

 **함께 읽고 이야기 나누기**

- 자연과 인간이 공존하며 살 수 있는 방법은 무엇이 있을까?
- 물질만능주의의 의미를 알아보고 문제점에 대해 이야기해 보자.

209 빨간 모자의 여동생

디디에 레비 지음 | 클로틸드 페랭 그림 | 씨드북 | 44쪽 | 2017.06.20 | 12,000원

빨간 모자와 늑대 이야기를 새롭게 패러디했다. 빨간 모자의 여동생인 카를로타와 숲속 친구들이 환경 파괴로부터 숲을 지켜내는 이야기다. 빨간 모자와 할머니는 유명세를 이용해 부자가 되었다. 더 많은 돈을 벌 궁리를 하다 숲을 밀어버리고 '빨간모자랜드'라는 놀이동산을 만들 계획을 세운다. 동화 속 인물들을 기발하게 비틀어 현실의 물질만능주의를 꼬집었다. 작가는 환경을 파괴해서라도 욕심을 채우려고 하는 인간들의 행동에 일침을 가한다. 자연을 사랑하고 보존하려는 카를로타의 진심이 만들어 낸 마법 같은 이야기가 삐뚤어진 우리의 야망을 부끄럽게 한다.

- 숲을 파괴하려는 사람들에 맞선 카를로타의 방식이 얼마나 유효한 것인지 이야기해 보자.
- 인간의 어리석은 욕심으로 파괴된 자연의 사례를 생각해 보고, 이런 문제를 예방하는 방법은 없는지 함께 고민해 보자.

이어진 삶

세상에 일어나는 모든 일들은 다 전후 사정이 있기 마련이다. 사건의 앞과 뒤는 이어져 우리가 인식하지 못하는 사이 영향을 받고 파장을 일으킨다. 사람의 일이 주변 환경에 영향을 주게 되면 시간차가 있을 뿐, 자연은 그 영향을 인간에게 언제나 되돌려 준다. 지구상 어느 곳이든 자연스러운 일을 억지로 막기 시작하면 문제가 생긴다. 그 문제는 단지, 힘을 가진 자만 해결하고 피할 수 있는 것이 아니다. 공멸이 최종 목표가 아니라면 모든 삶이 건강하게 이어지도록 힘써야 한다. 문화, 역사, 노동, 멸종과 환경 파괴 등 이어지거나 이어져야 할 모든 것의 이야기를 모은 책들이 있다.

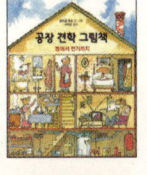

토론 그림책 추천 · 이어진 삶

함께 살아남기 위해 선택할 일

모두가 아무런 의심 없이 자유롭게 써 오던 물을 갑자기 쓸 수 없게 된다는 가정에서 만든 책이 있다. 가정이라도 상황은 끔찍하다. 빗물도 지하수도 안개마저도 마음대로 쓸 수가 없다. 기업의 일방적인 횡포는 저희들만 살겠다는 욕심으로 자연은 물론 모든 사람들의 생존을 위협한다. 사람이 별 뜻 없이 흘린 초콜릿이 동물들을 혼란에 빠트리기도 한다. 초콜릿 맛을 알게 된 동물들이 사람을 뒤쫓기 시작하는 아찔한 상황이 벌어진다. 초콜릿 정도여서 가볍게 느껴질지 몰라도, 미래에 이어질 일에 대한 책임은 결국 사람의 몫일 것이다. 지구상 모든 생명들이 함께 살아남기 위한 노력이 더욱 필요한 요즘, 특히 사람의 책임이 막중하다. 자칫 잘못된 선택을 하거나 억지 부리는 것으로 자연을 거스를 때 우리가 감당해야 할 것은 너무 엄청나다는 것을 기억해야 한다.

 **함께 읽고 이야기 나누기**

-지구상 모든 생명의 공존을 위해 우리가 할 수 있는 일은 무엇이 있는가?
-모두가 공존할 수 있도록 노력하는 일이 중요한 까닭은 무엇인지 이야기해 보자.

210 마르타와 사라진 물
엠마누엘라 부솔라티 지음 | 유지연 옮김 | 고래이야기 | 40쪽 | 2012.09.30 | 9,800원

마르타는 할머니 집 분수대를 좋아한다. 그런데 어느 날 분수대의 물이 말라버렸다. 누군가 물에 대한 소유권을 주장하고 나서면서 물을 끊어버린 것이다. 그 누군가의 정체는 우습게도 '자유로운 물'이란 이름의 기업이다. 세상의 물을 전부 다 차지한 기업의 횡포는 사람은 물론 물이 필요한 모든 생명에게 위협을 가한다. 일련의 사태를 경험하면서 마르타는 자유롭고 공평한 나눔이 이루어지는 세상이 얼마나 소중한 것인가를 깨닫는다.

-물, 바람, 공기 등의 자연에 소유권을 주장하는 것은 정당한가?

211 아프리카 초콜릿
장선환 지음 | 창비 | 44쪽 | 2016.01.26 | 12,000원

초원을 달리던 트럭에서 초콜릿 하나가 떨어진다. 희한한 물건에 관심을 보이는 동물들은 처음 먹어보는 초콜릿 맛에 푹 빠진다. 서로 빼앗고 빼앗기며 나눠먹었지만 그 정도로는 양이 차지 않는다. 초원의 동물들이 달려가는 트럭 뒤를 뒤쫓기 시작한다. 인간은 초원에 사는 동물들 입장에선 침입자다. 그들로 인해 자연이 입게 된 폐해가 줄줄이 이어져 인간에게로 되돌아온다는 메시지를 살펴보길 바란다.

-인간의 일이 지구 전체의 생명들을 위협하는 일로 이어진 사례를 찾아 이야기해 보자.

212 태양이 보낸 화석 에너지
몰리 뱅, 페니 치솜 지음 | 윤소영 옮김 | 주니어RHK | 40쪽 | 2015.01.22 | 11,000원

'생태학자가 그림책 작가를 만나면 이런 걸작이 나올 수도 있구나!' 싶은 책이다. 지금 인간이 소비하는 에너지가 어디에서 왔는지 그것의 시작과 현재, 그리고 미래로 이어질 이야기를 들려준다. 현재를 살게 하고 미래로 이어질 태양빛을 집요하게 고민하여 밝혔다. 몰리 뱅 특유의 편안한 선과 불투명한 채색의 밀도 높은 그림이 나름의 세계를 잘 표현했다. 태양 에너지가 생명의 순환에 어떤 방식으로 기여하고 있는지, 빛은 인간에게 어떤 의미인지 인상적으로 그려냈다.

-화석에너지가 고갈된 미래에 대해 어떻게 대처해야 할까? 구체적인 사례를 찾아보고 토론해 보자.

생명을 길러내는 일

도시에서 집 마당에서 의도하든 의도하지 않든 무언가를 키우고 길러내는 일을 시작한 사람들이 있다. 이미 모든 땅이 콘크리트로 덮인 도시에서 할 수 있는 일이 있을까 싶지만, 노각 씨의 도전은 남달랐다. 도시 근교의 텃밭을 경작하다 팽창한 도시 때문에 꿀벌의 이동 경로에 제약이 생긴 결과가 텃밭 작물에 어떤 영향을 주는지 알게 되었기에 선택한 결과다. 노각 씨의 선택은 도심 건물 옥상에 꿀벌의 보금자리를 만드는 일이다. 한편, 할머니 댁 정원을 자세히 들여다 본 아이의 이야기도 있다. 할머니 댁의 정원은 땅 위 아래가 사계절 내내 늘 분주하다. 저절로 자라고 서로 돕는 생명의 계절 나기를 지켜보며 주인공은 모든 것이 이렇게 자연스레 이어지는 일임을 새삼 느낀다. 작은 곤충들도 제 할 일을 하면서 행복하다. 그 곤충들을 먹어치우는 두더지 이야기는 한 가지 노력이 얼마나 많은 생명을 살리고 있는지 알려준다. 또한 어쩌다 콩 10개를 얻은 삼형제의 고민을 들려주는 책도 있다. 삼형제의 고민은 콩의 양을 불리는 일이다. 이웃 할아버지의 조언대로 땅 속에 심어두기만 해도 수십 수백 배가 되는 콩의 위력이 놀랍다. 삼형제는 열매이면서 씨앗인 콩의 일생 역시 돌고 도는 것이며 이는 그 작물을 키워 온 사람의 시간과 이어져 있음을 알게 된다.

 **함께 읽고 이야기 나누기**

- 농경의 기원이 신석기 시대부터였다는 의견이 두터운데, 그 시기에 농경 생활이 시작된 이유는 무엇일까?
- 신석기 혁명의 의의는 어떤 것일까?
- 양봉이 도심에서 가능한 까닭과 사례들을 조사하고 실효성에 대해 이야기 나누자.

213 노각 씨네 옥상 꿀벌
이혜란 지음 | 창비 | 44쪽 | 2016.10.28 | 12,000원

노각 씨는 평범한 직장인이면서 주말엔 작은 텃밭을 가꾸며 산다. 그런데 열심히 공들여 가꾼 텃밭에서 기괴한 모양의 딸기가 열린다. 꿀벌이 제 역할을 충분히 할 수 없었던 결과다. 그렇다고 꿀벌 탓을 할 일은 아니었다. 꿀벌이 살아가기 힘든 세상은 사람들 탓이 크다. 노각 씨는 뭔가 바꾸어보겠다는 결심을 세운다. 양봉을 배우고 도심 건물 옥상에 벌통을 만들어 놓는다. 꿀벌이 행복해야 사람도 함께 행복하게 살아남을 수 있다는 사실은 더 많은 사람들이 알아야 하는 진리일 것이다.

- 꿀벌이 사라지면 어떤 일이 일어나는지 조사하고, 이를 해결할 방법을 살펴보자.
- 양봉 일의 현실에 대해 알아보고 함께 이야기 나누자.
- 숲에 의지해 살아가는 모든 삶의 순환을 이야기한 2010년작 터키 영화 〈허니〉를 함께 보자.

214 마당 위 쑥쑥 땅 아래 꿈틀
케이트 메스너 지음 | 크리스토퍼 실라스 닐 그림 | 김희정 옮김 | 청어람아이 | 56쪽 | 2017.04.05 | 12,000원

외할머니 댁 정원에는 꽃과 채소들이 그득하다. 그 아래 땅 속에는 흙을 건강하게 만드는 곤충들이 잔뜩 모여 산다. 이 정원에 사는 어느 것 하나 귀하지 않은 목숨은 없다. 사람 역시 그런 세상의 일부로 살아가는 것이 생태계의 순리다. 정원에서 체험하는 사계절의 풍경을 손에 잡힐 듯 유려한 글과 세련된 그림으로 그려냈다.

- 해충이란 무엇인가? 누구의 입장에서 붙여진 이름인지 생각해 보고 이야기 나누자.
- 텃밭 가꾸기를 경험한 친구들과 함께 책 이야기를 해 보자.

215 아이쿠, 깜짝이야 맛있는 채소 이야기

빨간 게 지음 | 장순일 그림 | 곽효길 감수 | 포에버북스 | 36쪽 | 2010.01.10 | 8,000원

산기슭에 사는 두더지는 맛있는 지렁이와 벌레가 많이 있는 채소밭으로 내려간다. 두더지는 무 밭을 지나 배추 밭, 당근 밭, 고구마 밭, 양파 밭으로 간다. 채소밭은 두더지에게도 맛있는 먹이 창고가 된다. 배불리 벌레들을 먹어치운 두더지는 한숨 자면서 쉬고 싶었다. 그런데 다 자란 채소를 거두러 온 사람들 때문에 계속 다른 밭으로 피해 다니게 된다. 채소밭을 가꾸는 사람들도 깜짝, 잠들만 하면 사람들 발길 때문에 두더지도 깜짝 놀란다. 두더지를 따라가면서 각각 채소가 가진 장점에 대해 자연스럽게 배울 수 있다. 땅 속을 단면 처리한 그림은 층층이 여러 생물들이 살고 있어 흥미롭다. 피해 다니던 두더지는 어떻게 되었냐고? 소음과 소란을 견딜 수 없어 산으로 다시 올라가 버렸다.

- 사람들이 경작하는 채소밭에 얼마나 많은 생명이 깃들어 살 수 있는지 알아보고 그 까닭을 이야기해 보자.

216 콩, 풋콩, 콩나물

고야 스스무 지음 | 나카지마 무쓰코 그림 | 엄혜숙 옮김 | 시금치 | 32쪽 | 2015.06.29 | 9,500원

열매이면서 동시에 씨앗인 콩에 관한 이처럼 흥미진진한 이야기는 처음이다. 옆집 할아버지에게서 받은 콩 10개를 두고 삼형제가 고민한다. 한 줌도 안 되는 콩 10개로 무엇을 한단 말인가? 할아버지는 투덜대는 삼형제에게 콩을 더 많이 갖고 싶으면 땅에 심어 보란다. 그렇게 삼형제가 심은 콩에서 싹이 나고 줄기가 자라 잎이 달리며 꽃이 피고 진 후 콩깍지가 열린다. 흙 속에 심었을 뿐인데 자연은 놀라운 선물을 준 것이다. 그 과정을 지켜본 삼형제가 세상을 보는 눈이 달라진 것은 분명하다.

- 땅에 심어 수확하여 먹을 수 있는 작물의 가치에 대해 이야기해 보자.
- 콩을 직접 길러 보고 생장을 기록하여 친구들과 나눠 보자.

멸종 위기에 대처하는 우리의 자세

멸종 위기는 동식물에게만 닥친 현실이 아니다. 진지하고 심각하게 고민하고 대처하지 않으면 인류 역시 어느 날 갑자기 맞게 될 현실일 수 있다. 그런데도 문제를 바라보는 사람들이 시선은 생각만큼 진지하지 않다는 사실이 더 놀라울 때가 있다. 인류가 나타나기도 전 지구에 번성하던 나무가 있었다. 바로 '세쿼이아'다. 세쿼이아는 300년이면 키가 100미터를 넘기고 3000년을 살며, 10년 만에 열매를 맺고 그때마다 수백만 개의 씨앗을 뿌린다. 그러나 수천만 년이 흐른 지금, 인류에 의해 도살당하다시피 벌목되고 지금은 거의 사라지는 중이다. 펭귄의 운명도 북극곰의 운명도 다르지 않다. 어쩌면 수년 안에 볼 수 없을지도 모른다. 그런데 사람이 할 수 있는 일은 거의 없다. 보호도 방문도 인사조차도 조심스러운 멸종 위기 동물을 위한 생각을 멈추지 않고 이어가길 바란다.

 **함께 읽고 이야기 나누기**

－멸종 위기 종을 정하는 기준을 알아보고, 멸종을 막기 위한 현실적인 방법에 대해 이야기해 보자.

217 세상에서 가장 큰 나무

제이슨 친 지음 | 윤정숙 옮김 | 봄의정원 | 36쪽 | 2016.05.25 | 12,000원

멸종 위기에 이른 지구상에서 가장 큰 나무 세쿼이아에 관한 이야기다. 한 소년이 지하철에서 우연히 보게 된 책을 통해 세쿼이아의 역사를 만나게 된다. 세쿼이아는 엄청난 양의 비를 저장할 수 있으며, 여러 동식물들의 보금자리가 되어 주고 불에 잘 타지 않아 산불 예방에도 도움이 된다. 하지만 이 나무 역시 수많은 장점 중 인류에게 유리한 장점들을 이유로 95%이상이 베어져 나갔다. 신생대 제3기 후반기에 번성했던 세쿼이아는 5천만 년이 흐른 오늘날 자신보다 뒤늦게 지구상에 등장한 인류에 의해 멸종 위기 종으로 지정되었다. 소년이 본 책은 지하철을 탄 다른 소녀에게 건네진다. 숲도 이야기도 계속 이어지길 바라는 작가의 마음을 표현한 것일 것이다.

- 식물의 멸종은 인간에게 어떤 영향을 주게 될까?
- 바나나를 멸종 위기에 빠트린 '파나마병'에 대해 알아보고 이를 해결한 대안에 대해 생각해 보자.

218 진짜 진짜 재밌는 멸종위기동물 그림책

사라 우트리지 지음 | 조 코넬리 그림 | 김맑아, 김경덕 옮김 | 부즈펌어린이 | 224쪽 | 2015.06.30 | 24,000원

'멸종 위기'라는 말을 처음 들어보는 아이들에게 적합한 책이다. 더불어 멸종 위기 종에 관한 간단하고 명확한 해설이 필요한 청소년 독자들에게도 흥미를 줄 수 있을 것이다. 한 개체별로 전체를 볼 수 있는 그림과 함께 그 동물만이 가진 특성, 보존되어야만 하는 까닭 등을 쉬운 글과 그림으로 구성했다. 멸종 위기를 맞은 50종의 동물들이 멸종되지 않도록 하기 위해 어떤 생각과 행동이 필요한지 논의해 볼 수 있을 것이다.

- 책에 실리지 않은 멸종 위기 종에 대해 모둠별로 조사해 보자.
- 멸종 위기 종이 가진 특징들은 생물 진화사와 인류사에 어떤 가치를 지니는지 조사하고 이야기 나누자.
- 멸종 위기 동물을 알리는 책 제목의 첫머리로 '진짜 진짜 재미있는'이란 말은 정당한가?

219 펭귄 365

장-뤽 프로망탈 지음 | 조엘 졸리베 그림 | 홍경기 옮김 | 보림 | 46쪽 | 2007.11.16 | 14,000원

새해 첫날 아침, 상자 한 박스가 도착한다. "저는 펭귄 1호입니다. 끼니 때가 되면 먹이를 주세요."란 쪽지와 함께 펭귄 한 마리가 담겨 있다. 다음 날, 그 다음 날에도 펭귄은 365일 계속 온다. 이 책은 점점 많아지는 펭귄을 일상과 밀착된 수학 이야기로 유쾌하게 풀어냈다. 오렌지색과 연주황색, 파란색, 검은색 등 단순히 몇 가지 색만을 이용하여 시각적으로 구성했다. 남극의 빙하가 녹는 바람에 집을 잃게 된 펭귄들을 북극으로 이사시키는 중이었다는 주인공 삼촌의 설명으로, 펭귄의 삶과 환경오염이라는 문제를 자연스럽게 연결시킨다. 심각한 문제를 만화적으로, 또 간단한 수학식도 함께 덧붙여 지루하지 않게 전한다.

- 지구 온난화로 지구에 생긴 문제는 어떤 것들이 있는지 이야기해 보자.
- 지구 온난화를 막는다는 것은 실현 가능한 이야기인가?
- 펭귄을 북극으로, 북극곰을 남극으로 옮기는 일은 과학적으로 가능한 일인가?

모든 감각을
생태로 이어가야 할 때

동식물의 생존 방식을 살펴보면 먹이사슬을 따라 순리대로 먹고 살 뿐 의도적으로 다른 종을 해하지는 않는다. 자연의 선택대로 살아남아 먹고 자고 버리며 그저 살아갈 뿐인데도 서로를 돕기도 한다. 사람들은 그런 상황을 발견할 수 있어야 한다. 그런 감각을 아이 때부터 차근차근 키울 수 있다면 더 좋을 것이다. 벌레, 곤충, 새, 나뭇잎 등 아주 작은 생명을 만나면 무작정 죽이거나 도망치지 않았으면 좋겠다. 붙박이로 흙에 뿌리를 묻은 풀부터 아름드리나무까지 살아 숨 쉬는 모든 것을 사랑하는 마음을 가졌으면 더 좋겠다. 그 존재에 감사하는 마음을 가진다면 더 바랄 것이 없다. 생명과 진화의 놀라운 신비, 지렁이의 리얼한 생장, 나무가 좋은 이유, 청딱따구리의 목욕탕, 버들잎의 여행을 지켜 보면 그런 감각은 절로 생겨날 것이다.

 **함께 읽고 이야기 나누기**

- 5분 동안 숲속에서 모든 감각을 열고 서 있어 본 후, 어떤 느낌이 드는지 함께 감상을 나누자.
- 한 분야에 대한 감각을 키우는 방법에 대해 생각하고 이야기해 보자.

220 갈라파고스

제이슨 친 지음 | 윤소영 옮김 | 스콜라 | 32쪽 | 2013.09.30 | 12,000원

갈라파고스 제도는 인접한 몇 개의 섬으로 이루어져 아주 오래 고립된 상태로 그들만의 진화를 거듭해 내려온 곳으로 유명하다. 600만년 동안 갈라파고스의 자연 환경은 수없이 변화했고 타지의 생물 종이 전혀 근접할 수 없었다. 환경이 풍요해진 만큼 다양한 종이 살다가 사라졌다가를 반복해왔다. 그 결과로 지구상 어디에서도 보기 힘든 갈라파고스만의 독특한 생태계를 이루게 된 것이다. 이 작품은 갈라파고스에 관한 한편의 다큐멘터리와 같은 그림이 세심한 설명과 함께 펼쳐진다.

- '선택적 진화의 조건'은 무엇인가?
- 갈라파고스 고유종의 특징을 정리해 보고, 그 종이 살아남을 수 있었던 이유에 대해 이야기해 보자.

221 꿈틀꿈틀 지렁이다!

케빈 맥클로스키 지음 | 바람숲아이 옮김 | 천개의바람 | 40쪽 | 2017.02.27 | 11,000원

지렁이를 처음 본 아이의 시선을 따라 지렁이의 특징과 습성을 알게 되는 책이다. 징그럽게 보이는 지렁이가 지구를 위해 엄청난 일을 하고 있다는 사실을 재미나는 그림과 글로 보여 준다. 재활용한 봉투용 종이에 선명한 색으로 표현한 그림이 내용도 선명하게 전달한다. 단순한 질문과 답으로 들려주는 이야기 속에는 우리가 몰랐던 사실도 많다. 흙을 건강하게 만들어 주는 지렁이의 일생은 쉴 새 없다. 끝없이 흙을 파고 엄청나게 먹어 치우고 영양가 많은 똥을 잔뜩 누는 것이 하루 일과다. 그렇게 건강하게 만들어놓은 흙이 작물을 살리고 그 작물을 먹는 동물을 살린다. 그래도 징그럽다고? 고맙기만 하다.

- 지렁이가 사라진다면 무슨 일이 일어날지 이야기해 보자.
- 책 속에서 지렁이를 호시탐탐 노리는 새의 존재를 발견했는가? 지렁이의 수명을 알아보고 자연사할 경우 어떤 일이 일어날지 이야기해 보자.

222 나무는 좋다

재니스 메이 우드리 지음 | 마르크 시몽 그림 | 강무홍 옮김 | 시공주니어 | 32쪽 | 2017.02.10 | 10,000원

나무가 좋은 여러 가지 이유를 알려주는 책이다. 아주 오래 전에 출간되었으며 현재까지도 아이부터 어른까지 많은 독자들의 사랑을 받고 있다. 그늘을 만들고 그네를 매달 수 있고 열매를 주며 집을 가려주기도 하는 나무의 좋은 점은 정말 많다. 사실 나무의 나쁜 점은 거의 없다. 이 책의 마지막이 인상적이다. 나무를 심은 아이를 본 친구가 자기도 집으로 가서 나무를 심는다는 것이다. 그런데 그렇게 저마다 나무를 심어도 빠른 시간 안에 큰 나무를 만날 수는 없다. 다만 오랜 뒤에 우리 아이와 그 아이의 아이가 즐기고 좋아할 나무 한 그루를 미리 준비해 두는 것이다. 나무는 그래서 더 좋다.

-각자가 생각하는 나무의 좋은 점에 대해 이야기하고 타당성에 대해 토론한 후 합의점을 찾아보자. 정리한 내용으로 우리들만의 '나무는 좋다' 책을 만들어 보자.

223 뿔쇠똥구리와 마주친 날

호르헤 루한 지음 | 치아라 카레르 그림 | 배상희 옮김 | 내인생의책 | 36쪽 | 2014.10.20 | 14,000원

아이가 만난 뿔쇠똥구리는 그저 자기 길을 가던 중이었다. 아이와 마주친 건 다만 운이 나빴던 것뿐이다. 그런데 생각보다 운 나쁜 날은 아닌 것 같다. 아이가 뿔쇠똥구리를 향해 내려치려던 발을 내려놓더니 몸을 숙여 눈을 마주친다. 아주 우연한 순간에 정말 중요한 사실을 깨닫게 되는 경우가 있다. 아이에겐 이 날이 그런 날이었나 보다. 아이는 점점 트리케라톱스만한 크기로 보이는 뿔쇠똥구리를 놓아주고 자기 길을 간다. 아이는 일상으로 돌아갔고 끝날 뻔한 뿔쇠똥구리의 생도 이어졌다.

-나에게 해를 가하지 않은 벌레나 동물을 이유 없이 죽이거나 괴롭히는 행동은 정당한가?
-'이건 아니다'라는 생각에 이미 결정했던 마음을 바꾼 적이 있는가? 새로 내린 결정이 내게 어떤 영향을 끼쳤는지 이야기해 보자.

224. 자연은 우리 친구야!

알랭 시세 지음 | 김양미 옮김 | 환경운동연합 감수 | 톡 | 44쪽 | 2014.09.19 | 12,000원

지구의 나이는 45억 살. 친구로 지내기엔 차이가 많이 나지만 지구를 떠나 살 순 없으니 친구처럼 살아야 할 것 같다. 모든 생명과 물과 공기와 땅이 자연의 구성원이며 지구에 함께 사는 공동 운명체라는 이야기다. 간단한 글이지만 정확한 실태를 보여 주는 과학적 데이터를 곁들여 팩트만으로도 메시지가 전달된다.

- 지구촌 공동 운명체를 지켜내기 위한 일을 각자 한 가지씩 정해 공유하고 평생 지켜가자는 약속을 해 보자.

225. 청딱따구리의 선물

이우만 지음 | 보리 | 44쪽 | 2016.11.01 | 12,000원

청딱따구리가 바위 틈에서 흙을 파헤치니 제 몸이 들어가 앉을 작은 웅덩이가 생긴다. 몸을 단장하고 떠난 청딱따구리가 제법 쓸 만한 웅덩이를 선물처럼 남겼다. 작은 새들이 차례차례 몰려와 몸 단장을 하고 목을 축이며 수다를 떤다. 이 풍경은 뒷산을 노상 찾던 작가의 집요한 관찰 카메라에 잡혀 그림책이라는 결실을 맺을 수 있었다.

- 나만을 생각하며 한 일이 여러 사람에게 도움이 된 경험이 있다면 그때의 느낌을 함께 이야기해 보자.

226. 팔랑팔랑 버들잎 여행

안네 묄러 지음 | 김영진 옮김 | 비룡소 | 32쪽 | 2011.04.29 | 9,000원

가을바람에 훅 날아간 10개의 버들잎이 각기 다른 경험을 하게 된다. 버들잎들은 물에 빠진 메뚜기도 구하고 보금자리 만드는 일도 거들고 아이의 그림에도 들어갔으며, 메모지도 되고 만들기 재료도 되었다. 또 가을이 지나 봄에 싹을 틔울 식물들에게는 거름이 되어 주기도 했다. 수채 그림에 버들잎 10장을 콜라주로 꾸민 그림이 정답다. 버들잎의 여행 이야기를 통해 나무가 생명을 이어가는 순환의 원리를 이해하기 쉽게 들려준다.

- 순환하고 이어지는 삶은 어떤 의미가 있는가?

그래도 씨앗은
새싹을 틔우고

작은 씨앗 하나가 풀도 꽃도 100미터가 넘는 나무도 된다. 밥도 되고 과일도 주고 집도 짓는다. 그렇게 자연스러운 일인 줄만 알았다. 그런데 어느 날 알고 보니, 우리 작물 대부분의 씨앗이 우리 것이 아니었다. 종자 산업이 그렇게 중요한 일인 줄 몰랐다. 모두가 그 중요성을 알았다면 나라가 아무리 어려워도 해외 자본에 종자를 죄다 팔아넘기지는 않았을 것이다. 씨앗은 정말 중요하다. 물과 흙과 바람이 키우는 고구마, 도토리는 식량도 되고 씨앗도 된다. 씨앗을 퍼트리는 나무 엄마의 간절하면서도 애틋한 정은 사람 못지않다. 그렇게 온 세상에 나가 다시 나무 엄마가 되어 아기 씨앗을 만드는 게 자연의 순리다. 그런 아기들을 데려다가 다시는 싹도 꽃도 열매도 맺지 못하게 만드는 것이 사람이다. 이제 작물을 키우려면 돈을 주고 씨앗을 사야 한다.

 **함께 읽고 이야기 나누기**

- '종자 주권'을 상실한다는 것은 어떤 의미가 있는지 조사 후 이야기해 보자.
- 과학의 발전이 인류에게 얼마나 이로운가?

227 고구마구마

사이다 지음 | 반달 | 40쪽 | 2017.02.27 | 13,000원

이야기의 시작은 고구마 수확으로부터다. 말놀이 책으로 보아도 좋다. 고구마에 관한 과학적 정보를 수치나 통계들로 보여 주지는 않는다. 수확한 고구마로 할 수 있는 모든 이야기를 끌어내고 '~구마' 체의 말맛을 잘 살렸다. 제멋대로 생겨도, 좀 작더라도, 고구마는 고구마일 뿐 더도 덜도 아니다. 사람들도 마찬가지일 것이다. 마지막엔 수확 이후 물에 들어간 작은 고구마에서 싹이 나는 순간을 보여 주며 순환하는 고구마의 한살이로 이야기를 마무리한다. 한글 사용자가 아니면 결코 알 수 없는 말놀이는 정말 재미나다.

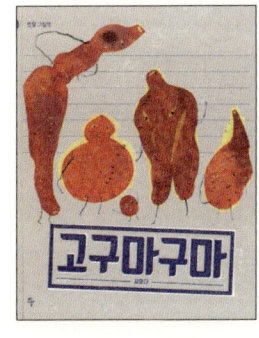

- 사물마다 생김새도 성격도 활용법도 제각각일 수 있지만 그 본질은 변할 수 없다는 것에 동의하는가?

228 나무의 아기들

이세 히데코 지음 | 김소연 옮김 | 천개의바람 | 36쪽 | 2014.04.05 | 10,000원

씨앗 그 자체의 아름다움을 의인화와 비유를 통해 보여 주는 책이다. 엄청나게 큰 나무도 처음엔 다 하나의 씨앗이었다는 것을 잊지 않도록 안내한다. 씨앗 아기는 멋진 날개와 헤어스타일을 뽐내며 세상으로 나간다. 망토를 두르거나 헬리콥터와도 같은 날개를 가진 씨앗 아기들도 제 몫을 하러 멀리 날아간다. 엄마 나무는 아기들을 떠나보내기 싫어서 꼭 껴안아 붙들고 있기도 한다. 엄마 나무들로부터 씨앗 아기까지 건강하게 이어지는 생명력을 한껏 뿜어내는 책이다.

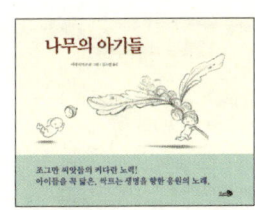

- 씨앗의 자연스러운 확산을 위해 우리가 할 수 있는 일은 무엇일까?
- '종자 주권 수호'에 대해 알아보고 이야기해 보자.

229 씨앗의 여행

주디스 앤더슨 지음 | 마이크 고든 그림 | 최연순 옮김 | 상상스쿨 | 30쪽 | 2012.04.30 | 10,000원

할아버지와 함께 씨앗을 심고 그 씨앗이 자라고 꽃을 피우고 똑같은 씨앗을 받게 되는 과정을 함께 지켜본 아이의 이야기다. 식물을 잘 키우는 할아버지의 손은 '마법의 손'이다. 할아버지는 아이도 역시 자신과 같은 마법의 손을 가졌다고 말해 준다. 아이는 화분 속 씨앗이 잘 자라는지 지켜보는 일이 지루하지만 할아버지의 친절한 설명을 들으며 기다린다. 먼 길을 돌아 긴 여행을 하고 온 것 같은 식물의 한살이가 쉬운 언어로 펼쳐진다.

- 한살이 이상 가지 못하게 발아가 불가능한 씨앗을 만드는 목적은 무엇일까?
- '터미네이터 종자'에 대해 알아보고 그것이 환경에 미칠 파장에 대해 이야기하자.

230 약속

니콜라 데이비스 지음 | 로라 칼린 그림 | 서애경 옮김 | 사계절출판사 | 48쪽 | 2015.01.05 | 13,500원

메마르고 거친 사막과 다를 바 없는 도시에서 소매치기로 살아가는 아이가 있다. 어느 날 소녀가 큰돈이 든 것 같은 가방을 훔치려던 순간, 가방을 움켜쥔 노부인은 소녀가 약속을 하면 가방을 주겠다고 한다. 깊이 생각할 여유가 없던 소녀는 건성으로 약속을 해버린다. 은신처로 돌아와 가방을 열어본 소녀는 노부인의 말이 무슨 뜻이었는지 깨닫게 된다. 다음 날부터 소녀는 가방 한가득 든 도토리를 도시 곳곳에 심기 시작한다. 얼마 지나지 않아 싹이 트고 무채색이던 도시가 여러 가지 색으로 살아난다. 소녀가 심은 씨앗은 도시 전체를 이어가듯 번져가 아름다운 색으로 물들였다.

- 소녀가 약속을 지키지 않았다면 이야기는 어떻게 되었을까?
- 씨앗 하나의 힘이 이룰 수 있는 것은 얼마 만큼일까?
- 지키지 않아도 되는 약속이 있을까?

이토록 소중한 물

생명이 있는 거의 모든 것은 물 없이 끝까지 살아가기가 불가능하다. 일상 속에 물은 어떻게 작용하고 있는지 물의 순환 과정과 함께 들려주는 책이 있다. 물이 있는 거의 모든 장소를 그려내면서 춤추고 순환하는 물에 대해 알려주는 책도 있다. 사람 몸속의 물은 어떻게 작용하는지 설명해 놓은 책도 있다. 건강을 위해 물을 어떻게 섭취하고 관리해야 하는 지에 대한 정보를 명확히 알려주기도 한다. 빗물을 기다려 온 동물들이 물 때문에 겪게 되는 일들을 보여 주는 책도 있다. 자연의 자원을 공평하게 나누는 것은 얼마나 중요한지, 어떤 질서가 적용되는지 이해하기 쉽게 그려놓았다.

 **함께 읽고 이야기 나누기**

- 물 사용을 제한한다면 어떤 일이 벌어질까?
- 몸속의 물을 대체할 것이 있는지 조사하고 이야기해 보자.

231 물이 돌고 돌아
미란다 폴 지음 | 제이슨 친 그림 | 윤정숙 옮김 | 봄의정원 | 40쪽 | 2016.07.20 | 12,000원

물의 순환에 대해 보다 쉽게 들려주는 책이어서 낮은 학년이 읽기에 적당하다. 마시기 위해 끓인 물에서 수증기가 올라오고, 안개 낀 동네와 비오는 날의 풍경 등 물의 순환을 일상 속에서 찾아볼 수 있게 했다. 시적인 글과 사실적으로 그린 그림이 과학 이론들을 친절하게 설명해 준다. 어려운 말 한마디 없이 아이의 하루 일과를 따라 물이 가진 여러 가지 모습들을 익힐 수 있게 돕는다.

-물 한 방울이 사람의 몸에 오기까지 어떤 경로를 거치는지 기억나는 대로 순서도를 그려 이야기해 보자.
-물 분자의 결합 상태를 알아보고 물의 성질이 지금과 같지 않다면 어떤 일이 일어날 지 이야기해 보자.

232 온세상 물의 왈츠
토머스 로커 지음 | 상정아 옮김 | 마루벌 | 40쪽 | 2008.01.02 | 11,000원

하나이면서 다양한 모습으로 지구상 어디든 있는 물의 왈츠를 볼 수 있는 책이다. 물이 순환하는 순서대로 한 장 한 장 물의 상태를 그려 놓았다. 산꼭대기에서 계곡 깊은 곳을 흘러 바다로 가는 여정을 장대한 풍경의 그림이 안내한다. 간결한 글로 최소한의 정보를 알려 준다. 비슷한 주제의 책들과 순환 과정을 비교해 봐도 좋겠다.

-물이 가진 다양한 모습을 관찰한 경험을 나누어 보자.
-물이 상온에서 액체 상태가 아니라면 세상은 어떻게 될까?

233 우리 몸의 물물물
이승연 지음 | 정문주 그림 | 신광복 감수 | 한솔수북 | 44쪽 | 2011.06.01 | 10,000원

우리 몸과 물에 관한 설명서다. 물은 사람 몸의 70퍼센트를 차지한다. 몸 속 어느 한 기관도 물 없이 온전할 수 없다. 피, 땀, 눈물과 배설물 모두가 물 없이는 만들어질 수 없는 물질들이다. 물 없이 몸 안팎으로 들어올 수도 나갈 수도 없는 것이다. 몸 전체를 흐르는 물의 존재를 익살스런 그림으로 보여 준다. 설명을 자세하게 풀어 놓아 이 책 한 권이면 몸속의 물에 관한 의문을 대부분 해결할 수 있을 것이다.

- 몸속의 물이 부족하거나 과잉될 때가 있다면 어떤 경우일까?
- 물 분자의 특수한 결합 상태를 고려한다면 냉동 인간의 현실화는 불가능할까?

234 후두둑!
탕무니우 지음 | 서정애 옮김 | 계수나무 | 48쪽 | 2012.07.18 | 11,000원

비가 온 뒤 만들어진 물웅덩이에 다양한 동물들이 물을 먹으러 온다. 큰 동물부터 차례로 먹다보니 나중에는 물이 모자라서 다툼이 일기 직전이다. 그때 다시 비가 쏟아지기 시작한다. 목이 마른 생명들에게 비는 얼마나 고마운 존재인지 모른다. 동물들이 차례대로 질서를 지키며 물 먹는 과정을 보면서 자연의 질서와 물의 고마움을 동시에 알게 되는 책이다. 간단한 글과 그림으로 대자연의 질서를 이해하기 쉽게 전한다.

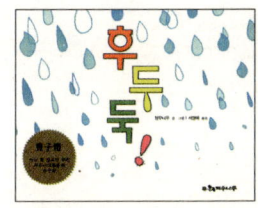

- 물을 먹고 싶을 때 마음대로 먹을 수 없다면 우리 몸과 마음은 어떻게 될까?
- 정해진 양의 물을 나누어 먹어야 상황이 생긴다면, 어떻게 해야 모두에게 공평할 수 있을까?

사라지는 것에는 이유가 있다

원인이 있으면 결과가 있다. 환경 문제의 첫 번째 원인 제공자는 사람이다. 우주를 생각하면 너무 작고, 보잘 것 없는 지구 안에 얼마나 많은 생명이 숨 쉬며 더불어 살고 있는지 모른다. 아니다. 더불어 산다기보다 모든 것이 사람을 위해 존재한다고 믿는 사람들이 많다는 것이 문제다. 아니, 그것도 아니다. 모든 것이 사람을 위해 존재하도록, 사람에게 이익이 되도록 신께서 만들어 놓았다고 생각하는 사람이 많았다고 해야 할까? 문제는 아직도 그런 생각에서 벗어나지 못하는 이들이 있다는 것이다. 아마존이 숲을 잃어 황야로 변하고, 아이들은 흙먼지 속에서 살아가는 악몽을 꾸고, 멧돼지는 사람의 집을 빼앗고, 새들과 물고기는 플라스틱을 먹고 살며 그 생선이 식탁에 올라와도 사람들은 멈추지 않는다. 지금의 삶을 그대로 이어 살라고 아이들에게 말할 수 있는가?

 **함께 읽고 이야기 나누기**

-어떻게 하면 황폐해진 환경을 되살릴 수 있을까?
-사람이 다른 종의 생명에게 이로울 일은 없는 것일까?

235 아마존 숲의 편지
잉그리드 비스마이어 벨링하젠 지음 | 김현좌 엮음 | 해솔 | 32쪽 | 2009.12.09 | 15,000원

아주 파랗고 작은 점, 지구로부터 시작된 이 이야기는 더 이상 자유롭게 숨 쉬기 힘들어진 지구의 허파 아마존이 우리에게 전하는 메시지다. 아마존의 동식물들은 거의 대부분 멸종 위기에 놓여 있다. 아마존의 바람은 그저 그 속에서 무탈하게 살아가는 것뿐이었다. 아마존, 그냥 가만히 두면 스스로 살아날 텐데 아직도 그 숲에선 기계 소리가 끊이지 않는다. 다양한 종이를 활용한 콜라주 작업은 모든 생명이 조화를 이루며 살아갔으면 하는 염원을 담은 듯하다.

-지구의 산소 중 1/3을 만들어내는 아마존의 산소 배출량을 파악해 보고, 아마존을 회복시킬 대안을 생각해 보자.

236 이건 꿈일 뿐이야
크리스 반 알스버그 지음 | 천미나 옮김 | 책과콩나무 | 48쪽 | 2012.11.20 | 12,000원

자다 보니 공장 굴뚝 사이에, 나무 꼭대기에 아슬아슬 걸쳐 있다면? 생각만 해도 끔찍하다. 그런데 그것이 단지 내가 귀찮아서 대충 하고 말았던 일 때문에 일어난 일이라고 생각하니 더 무서워진다. 월터는 몇 가지 절망적인 상황들을 경험하고 꿈에서 깨어난다. 꿈이어서 다행이라고 생각한 월터는 자기의 생활 습관을 바꾸기 시작한다. 그것은 정말 꿈일 뿐일까?

-인류가 어떤 미래를 맞을지에 대한 해답을 인간의 자유로운 선택에서 찾는다는 것에 동의하는가?

237 지혜로운 멧돼지가 되기 위한 지침서

권정민 지음 | 보림 | 40쪽 | 2016.08.31 | 12,000원

자고 일어나니 멧돼지 가족에게 날벼락이 떨어졌다. 집이 사라진 것이다. 파헤쳐진 땅, 사라진 집. 떠나는 것만이 답이었다. 공사 중인 산을 떠나 도시로 나와 보니 온통 낯설고 위험한 것들뿐이다. 멧돼지 가족이 쉬어도 좋을 그런 보금자리를 찾는 일은 쉽지 않다. 살 곳을 잃는다는 것은 비단 멧돼지들만의 문제는 아닌 것 같다. 집 한 칸 마련하기 위해 평생의 수입을 바쳐야 하고 그나마 은행의 빚에 의지해야 하는 것이 현대 도시인들 대다수의 모습이다. 결국 멧돼지 가족은 사람의 집을 차지하고 집들이를 위해 산에 사는 친구들을 초대한다. 사람들은 이제 어디로 가야할까?

- '하우스 푸어' 현상이 일어난 원인을 밝혀 보자. 또 어떻게 하면 문제를 해결할 수 있을지 이야기해 보자.
- 주거 문제를 두고 벌어진 이 상황에 영향을 미친 정책에 대해 알아보자.

238 플라스틱 섬

이명애 지음 | 상출판사 | 40쪽 | 2014.03.20 | 12,000원

북태평양 환류 해역에는 우리나라 땅의 14배가 넘는 플라스틱 섬이 있다. 그 섬에는 새들과 바다 동물들이 살고 있지만 그들의 무덤이 될 곳도 그곳이다. 한번 만들어지면 절대로 사라지지 않고 잘게 부서지기만 하는 플라스틱은 이미 수많은 바다 생물들의 생태를 위협하고 있다. 알록달록 예쁜 색의 플라스틱 조각은 어미 새에겐 아기 새의 먹이로 적당해 보일 수 있다. 실제로 인근 해역의 죽은 새들의 몸속에서는 엄청난 플라스틱이 나오고 있다. 물고기 역시 플라스틱을 먹는다. 중금속은 물론 플라스틱 알갱이를 먹은 생선이 우리의 식탁에 올라오고 있다. 자연과 공존하고 있는 우리는 앞으로 어떻게 해야 할까?

- 우리가 쓰는 플라스틱의 목록을 작성해서 공유하자.
- 플라스틱 알갱이 때문에 죽어가는 생물들을 구제하기 위한 대안을 모색해 보자.

도시화·산업화가 우리에게 남긴 것

지상을 살펴보면 제대로 된 것은 하나도 남지 않았다. 어디를 가든지 개발 중이고, 도시는 더 큰 도시를 따라 유행처럼 얼굴을 바꾸느라 남길 것 밀어버릴 것 가리지 않고 갈아엎었다. 숲은 사라지고 동물들은 집과 길을 잃고 물은 오염되었으니 문명화의 그늘은 너무 짙다. 자연에 순응하며 욕심 없이 행복한 삶을 살아온 이들에게 더 잘 산다는 개념은 어떤 무게였을까? 철조망 아래에는 먹을 수 없는 물이 흐르고 공장 노동자가 되어 작업복을 입은 원주민의 웃음기 사라진 얼굴은 서글프다. 사람이 살지 못하면 다른 생명도 목숨을 부지하기 힘들다. 모두에게 '싱크 홀'은 이미 낯선 말이 아니다. 모든 걸 다 잃어야 다시 시작할 수 있는 걸까. 차례차례 멈춰버린 도시를 버린 사람들이 희망을 찾아 나서고 있다.

 **함께 읽고 이야기 나누기**

- 도시화의 문제점은 무엇인가?
- 개발, 도시화, 문명화의 장단점에 대해 이야기해 보자.
- 사람과 사람, 사람과 자연 사이의 끊어진 고리를 다시 잇는다는 것은 무엇을 의미하는가?

239 우리가 원주민 마을에 간 이유는?

오렌 긴즈버그 지음 | 임영신 옮김 | 초록개구리 | 60쪽 | 2015.06.05 | 11,000원

넥타이를 맨 두 백인 남자가 원주민 마을을 찾는다. 개발과 발전을 통해 원주민들을 돕겠다는 말로 두 남자가 남겨준 것은 벌목된 숲과 오염된 물이었다. 깨끗한 물이 흐르는 울창한 숲에서 행복하게 살아가던 원주민들에겐 재앙과도 같은 현실이었다. 언제나 환하게 미소 짓던 원주민의 얼굴에서 미소가 사라지는 동안 개발에 성공한 업자들의 얼굴에는 웃음이 넘친다. 누구를 위하고 무엇을 위한 개발인지 생각해볼 문제다. 만화 같은 그림은 심각한 장면들을 코믹하게 그려내지만 마지막으로 갈수록 코믹한 장면이어서 더욱 끔찍해진다.

- 문명과 야만의 경계는 무엇으로 결정하는가?

240 싱크홀이 우리 집을 삼켰어요!

김수희 지음 | 이경국 그림 | 미래아이 | 40쪽 | 2015.05.15 | 11,000원

도시화에 의한 피해 중 비교적 최근에 알려지기 시작한 '싱크 홀'에 관한 이야기다. 무분별한 개발의 피해는 사람에게만 영향을 주는 것은 아니다. 도시를 떠돌며 사는 작은 동물들의 운명은 하루하루가 달라서 늘 고달프기 마련이다. 이 작품은 그들이 맞은 비극을 보여 주며 싱크 홀 문제와 난개발의 폐단에 인간 역시 피해를 입을 수 있다는 경고를 준다. 집과 가족을 한꺼번에 삼켜버린 싱크 홀 앞에 남겨진 길고양이는 혼자 비를 맞고 앉아 있다. 사람들은 무심히 지나칠 뿐이다. 울음도 절규도 무용지물이다. 무채색으로 작업한 그림은 위험한 상황과 비극적인 순간으로부터 적당한 거리를 두게 하여 도시화의 근본적인 문제에 대해 생각하게 한다.

- '싱크 홀'이 발생하는 과정을 알아보고 예방법과 대처법에 대해 논의해 보자.

241 사람들이 세상을 바꾸기 시작했어요

스테판 미예루 지음 | 세바스티앙 셰브레 그림 | 박나리 옮김 | 책속물고기 | 48쪽 | 2016.11.20 | 11,000원

도시가 생겨나고 수많은 공장이 발달하는 것으로 사람들의 행복이 더해지는 것은 아닌 듯하다. 사람들은 돈이 생겨 집을 만들고 그에 따라 도시가 생기고 더 많은 물건을 만들기 위해 석유를 들여 공장을 쉼 없이 돌린다. 그러다 석유가 떨어지니 공장은 문을 닫고 도시는 슬럼화되었고 사람들도 도시를 떠난다. 얻은 것이 있다면 잃는 것도 생기는 법이다. 공장을 돌리고 도시를 채운 많은 것들이 결국 인간의 삶을 피폐하게 만들었다는 사실은 이미 많은 사람들이 알고 있다. 꼭 닫힌 문을 열고 밖으로 나온 사람들은 무엇을 찾게 될까? 간단한 글과 그림이 큰 울림을 준다.

- 화석 연료를 사용하기 시작한 시점부터 오늘날까지 이어진 산업 발달사를 정리해 보자.
- 에너지와 산업과 인류는 어떻게 이어져 있는지 이야기해 보자.

그렇게 태어난 사람이다

생명을 살피는 일은 쉽지 않다. 그런데 생명을 너무 쉽게 생각하는 결과로 수많은 사건사고가 일어난다. 사람이란, 존재를 어찌 생각하는가에 따라 다른 생명에 대한 태도도 달라진다. 양육자의 상태, 보육인의 처우, 교육자의 양심과 책임들이 얼마나 막중한지 모른다. 그들은 아이들의 본보기가 되기 때문이다. 존중받지 못하고 존재 자체를 거부당한 어린 시절의 경험이 오랜 후에 어떤 삶의 태도로 고착되는지 알면서도 쉽지 않은 게 또 사람이다. 사람은 어떻게 태어나는지 형태와 색깔로 보여 주는 책이 있다. 글은 그리 많지 않다. 읽다 보면 숨을 죽이고 태반 속 아기가 자라는 모습을 들여다보는 느낌이 든다. 누구라도 이 책을 본다면 아기가 태어나기까지를 기다리는 그 시간이 귀하고 소중하게 느껴질 것이다. 사람을 바라보는 동물들의 시선도 재미있다. 그들이 사람을 생각하는 정도만이라도 사람들이 동물을 생각한다면 좋겠다. 다른 종에 대한 존중과 책임을 잊지 않아야 할 것이다.

 **함께 읽고 이야기 나누기**

- 생명 존중을 강조하는 전통 사상들을 조사하고 비교하여 이야기해 보자.
- 우리 사회는 인간의 존엄성이 보장되고 있는가?

242 나 태어날 거예요!

고마가타 가츠미 지음 | 박종진 옮김 | 보림 | 44쪽 | 2015.05.29 | 25,000원

아기가 태어나는 과정을 뱃속 아기의 목소리로 들려주는 책이다. 작가는 분만 시 능동적인 태아의 상태를 알게 되면서 이야기에 긴장감을 더하게 되었다고 한다. 수정과 성장, 분만 과정을 설명하는 내용의 상단 부분은 비유적으로 표현되었는데, 그래픽적인 비유의 이미지만으로도 충분히 구체적이다. 책이 가진 물리적 특성을 최대한 살려내는 디자이너의 손끝에서 만들어졌기 때문이리라. 단순한 형태와 화려한 색감도 감동적인 이야기의 탄생에 한몫을 한다. 수정된 아기는 뱃속에서 열 달을 지내며 숨을 쉬고 손발을 갖고 놀며 엄마 목소리를 들으며 자라난다. 그렇게 세상으로 나오는 일의 신성함과 고귀함을 이야기하기에 좋은 책이다.

- 양수는 태곳적 바닷물과 같은 염도라고 한다. '양수에 새겨진 아득한 시간'은 어떤 것일지 이야기해 보자.
- 부모의 부모를 거쳐 이어져 내려온 생명인 '나'를 나는 어떻게 대해야 할까?

243 사람이 뭐예요?

문종훈 지음 | 한림출판사 | 46쪽 | 2016.02.23 | 13,000원

동물의 시선으로 사람의 특징을 이야기해 놓았다. 동물마다 자기 입장에서 사람을 바라보고 이야기를 들려주어 다양하고 독특한 느낌이 든다. 사람이 생각하는 사람의 특징과는 다른 면도 있다. 하지만 사람 역시 지구상 여러 동물 중 한 종류라는 점을 깨닫는 계기가 될 수 있을 것이다. 한 종이 무너지면 다른 종 역시 위험해지는 생태계의 질서가 중요하다는 것도 알 수 있다. 그림으로 기록한 관찰일기 형식으로 써놓아 아이들에겐 더 친숙할 것이다. 동물학교의 상황 역시 우리들 학교와 다를 바가 없다.

- 동물 한 종을 정해 사람과의 유사점과 차이점을 조사하고 이야기 나누어 보자.
- 종의 유사성은 진화와 어떤 연관이 있는지 이야기해 보자.

우리가 정말
너무 몰랐던 모기

다음 두 책을 읽으면 사람들에겐 해충이라고 여겨지는 존재들이 실은 어떤 이유로 존재해 왔는지 알 수 있게 된다. 왜 있는지도 몰랐지만 무턱대고 해충이라고 부르면서 막상 전혀 그들에 대해 몰랐던 자신이 부끄러워질 수도 있다. 그리고 대부분, 그들을 의심 없이 다 죽여 버리고 나면 어떤 일이 사람들에게로 되돌아올지 깊이 생각해 본 적도 없을 것이다. 그렇게 모든 것은 이어져 있다. 극약을 먹고 모기가 다 죽으면 그 죽은 모기를 먹은 동물들이 위기를 맞고, 위기를 맞은 동물 덕에 그 수가 갑자기 늘어나는 동물도 생긴다. 똑똑한 사람들의 발명이라는 것이 재난이 된 것이다. 똑똑하기란 쉽지 않은 일인데, 실은 좀 더 세심하고 배려하며 모든 존재의 연결성을 염두에 둔 똑똑함이어야 했을 것이다.

 **함께 읽고 이야기 나누기**

-화학 살충제는 무엇을 위해 존재하는가?
-모기와 나방류의 개체 수가 급감하거나 급증하는 것은 어떤 영향 때문일까?

244 모기가 할 말 있대!

하이디 트로팍 지음 | 라우라 모모 아우프데어하르 그림 | 이정모 옮김 | 길벗어린이 | 25쪽 | 2016.06.30 | 11,000원

암컷 모기 '게르다'로부터 듣는 그들에 관한 거의 모든 이야기를 담은 책이다. 모기는 생태계 전체를 생각하면 결코 사라져서는 안 될 생물들 중 하나다. 그런데 대부분 사람들은 모기에 대해 아는 바가 없을 것이다. 작가는 우리가 여름마다 만나지만 잘 몰랐던 모기에 대해 제대로 짚어볼 수 있게 한다. 책을 다 읽을 즈음엔 모기에 대한 생각이 조금 바뀔 것이다. 화려한 색의 판화로 꾸민 아름다운 그림도 볼 만하다.

- 모기의 멸종이 우리에게는 어떤 문제로 이어질지 추측해 본 뒤 검증된 사실을 조사하고 비교해 보자.
- 모기로부터 피해를 입지 않기 위해 할 수 있는 방법에는 어떤 것이 있을지 알아보고, 생태 윤리적인 면에서 타당한지 이야기 나눠 보자.

245 아주 아주 센 모기약이 발명된다면?

곽민수 지음 | 숨쉬는책공장 | 44쪽 | 2016.10.27 | 12,000원

한여름 밤의 모기는 싫지만 모기도 존재하는 이유가 있을 것이다. 사람들에게는 해충으로 여겨지는 생명들이지만 사실은 생태계 유지를 위해 꼭 필요한 존재인 경우가 많다. 이 작품은 그들에게 여러 가지 방법으로 가해하며 살아온 사람들이 결국 어떤 파국을 맞게 되는지 보여준다. 아주 센 모기약을 맞은 모기들이 다 죽자, 죽은 모기를 먹은 도마뱀이 쓰러진다. 그 도마뱀을 먹은 고양이들이 죽자 생쥐들이 살판난다. 똑똑한 사람들의 연구 결과가 무용지물이 되는 과정이 신랄하다. 색색의 덩어리로 표현한 캐릭터들을 적절히 활용한 연출이 돋보인다.

- 과학이 인류에게 준 악재에 대해 이야기해 보자.
- 모든 살아 숨 쉬는 존재의 삶은 서로서로 이어져있다는 것은 무엇을 의미하는지 이야기해 보자.
- 이야기의 공간 배경을 '섬'으로 설정한 까닭은 무엇일까?

누구나 누는 똥, 어디로 갈까?

똥에 대한 이야기를 좋아하는 아이들은 있다. 그래도 막상 똥 자체는 혐오하는 경우가 많다. 먹은 것이 소화되고 나서 몸 밖으로 배출되는 똥은 여러 모로 쓸모가 있다. 사람은 물론 모든 동물의 똥이 다 그렇다. 최근에는 대체에너지로까지 거론되며 실용화된 경우도 있다. 집안에서 사람과 더불어 사는 강아지 입장에선 자기 외의 동물들이 누는 똥에 대해 관심을 가질 만하다. 자기 것은 사람들이 금방 치워주니까 사라졌다고 생각하지만 다른 동물의 경우도 그럴까 싶었던 것이다. 강아지의 괜한 걱정이다. 자연의 힘은 세상이 똥으로 가득 차지 않도록 부지런히 바람도 날리고 비도 내리면서 모든 것이 돌고 돌아가게 만든다. 소똥으로 확률 공부를 재미있게 만들어 주는 책은 똥을 소재로 한 이야기라서 함께 선정했다.

 **함께 읽고 이야기 나누기**

- 식생활이 상당히 달라진 지금 인분을 발효시킨 비료를 써도 좋을까?
  발효 과정에 무엇을 더해야 할까?
- '세상에 쓸모없는 것은 없다'라는 말에 동의하는가?
  동의하지 않는 친구의 의견도 함께 나눠 보자.

246 지구는 왜 똥으로 가득 차지 않을까?

마츠오카 다츠히데 지음 | 고향옥 옮김 | 비룡소 | 40쪽 | 2015.11.25 | 11,000원

이야기는 산책길에 누군가의 똥이 방치된 것을 본 강아지의 호기심에서 출발한다. 자기 똥은 주인이 치워주지만 다른 동물들의 똥은 누가 치우는지 어디로 가는지 궁금해진 것이다. 궁금증을 풀기 위해 강아지가 찾은 곳은 도서관이다. 동물마다 누는 똥을 치우는 건 누구의 몫일까? 이제 보니 똥마다 그 기능이 각기 다 달랐다. 빗물에 씻겨 바다로 들어가 물고기 밥이 되기도 하고 곤충의 몸을 숨겨주기도 하고 식물의 씨앗을 옮겨 주는 똥도 있다. 다양하게 활용되는 똥은 자연 안에서 시간을 따라 자연스럽게 사라진다. 그러니 지구가 똥으로 뒤덮일 일은 없는 거다.

- 소똥을 에너지로 사용할 경우 어떤 일이 벌어질지 각자 떠올려 보고 의견을 나눠 보자.
- 실제로 소똥을 활용한 에너지들을 살펴보고 이야기해 보자.

247 똥 밟을 확률

안느 장부아 지음 | 장 마르크 마티스 그림 | 배영하 옮김 | 뜀뜀 | 25쪽 | 2006.05.05 | 8,500원

목장의 소는 사람에게 유익한 것을 많이 주는 동물이다. 그 중에서도 살아있는 동안 몸 밖으로 내보내는 우유는 사람의 건강 유지에 도움을 준다. 그런데 똥은? 소똥 역시 풀밭에 떨어지면 그다지 해로울 일은 없다. 오히려 도움이 된다. 하지만 길 위에 쏟아놓으면? 누군가 밟을 확률이 매우 높아진다. 이 책은 목장을 중심으로 이어지는 사건들을 통해 자연스럽게 확률의 원리를 알게 해 준다.

- 마지막에 소가 미소를 지은 까닭은 무엇일까?

가치를 헤아릴 수 없는 물건들 이야기

사람들의 기호와 유행은 빨리 바뀌고 지나간다. 방안 가득 물건이 넘쳐나지만 여전히 갖고 싶은 물건은 많다. 한번 입은 옷은 다시 입고 싶지 않다. 물건을 소유하려는 사람의 욕망은 끝이 없다. 하나의 물건이 얼마나 복잡하고 정교한 과정을 통해 만들어지는지 어떻게 더 많은 물건을 만들 수 있었는지 알려주는 책이 있다. 자전거 한 대가 얼마나 많은 곳에서 다양한 이들에게 오랫동안 이롭게 쓰이고 있는지 보여 주는 책도 있다. 코트 한 벌을 고치고 또 고쳐가며 평생을 입고도 옷 아닌 다른 용도로까지 쓰이는 세월을 그려낸 책도 있다. 지금 우리는 많이 사고 잠깐 쓰고 빨리 바꿔 버리는 물건의 홍수 속에 산다. 그 홍수를 피해 조용한 곳에 앉아 아이들과 함께 이 책들을 펼쳐 보자.

 **함께 읽고 이야기 나누기**

- 패스트 패션과 슬로우 패션을 비교하여 장단점과 상호 보완점을 이야기해 보자.
- 오래도록 기다려서 갖게 된 물건에 대한 기억을 더듬어 이야기해 보자.

248 공장 견학 그림책
앨드런 왓슨 지음 | 이향순 옮김 | 북뱅크 | 89쪽 | 2012.07.30 | 18,000원

사람들의 일상에 없어서는 안 될 19가지 제품들을 만드는 과정을 보여 주는 책이다. 각 물건의 원재료와 그 재료로 제품을 만들어내는 기계의 원리를 한눈에 확인할 수 있다. 1974년에 만들어진 책이지만 기본적인 제조 원리를 알려준다는 면에서 볼만 하다. 빵, 비누, 옷 등 기계 없이 손으로 만들어 쓰던 물건들을 간단한 기계의 원리로 짧은 시간에 더 많이 만들어낼 수 있게 된 과정을 확인할 수 있다.

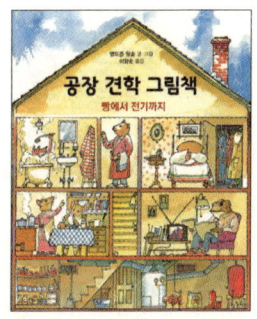

- 제품의 대량 생산과 생산성의 가속화를 통해 우리가 얻은 것은 무엇인가?

249 빨간 자전거
주드 이사벨라 지음 | 시모네 신 그림 | 엄혜숙 옮김 | 머스트비 | 40쪽 | 2015.05.01 | 12,000원

'빅 레드'란 이름의 빨간 자전거는 레오가 잔디를 깎아 모은 돈으로 산 것이다. 하지만 레오는 빅 레드를 탈 수 없을 정도로 자란다. 새로운 친구를 찾아 떠난 빅 레드는 병원에서 일하는 부카리를 만나 '자전거 구급차'로 다시 태어난다. 병원으로 응급 환자를 실어 나르며 소중한 생명을 구한 '빅 레드(큰 빨강)'는 '르 그랑 루즈(위대한 빨강)'로 불리게 된다. 물건 하나를 매개로 한 세상과 다른 세상의 소중한 인연이 이어진다.

250 할아버지의 코트
짐 아일스워스 지음 | 바바라 매클린톡 그림 | 고양이 수염 옮김 | 이마주 | 36쪽 | 2015.11.05 | 9,500원

자신의 결혼식을 위해 직접 만들어 입은 코트 한 벌이 재킷이 되고 조끼가 된다. 그렇게 긴 세월이 흘러 다 헤진 뒤에도 생쥐들의 보금자리가 되어 준다. 옷 한 벌이 가질 수 있는 효용 가치 이상의 가치를 발휘한다. 쉽게 사고 금방 버리는 물건의 홍수 속에 살아가는 많은 사람들에게 물건에 대한 태도를 다잡게 해 줄 것이다.

- 오래 물려 쓸 수 있는 물건에는 어떤 것이 있을까? 물려받는 과정 중 어느 단계쯤의 것을 경험했는가? 그때의 기분과 완전히 새 물건을 대하는 태도에는 어떤 차이가 있는가?
- 책에 나온 재킷과 비슷한 역사를 가진 물건이 주변에 있다면 이야기해 보자.

기술의 발전과
예술이 된 기술

산업을 발전시키는 것은 무엇보다 기술력이다. 하지만 모든 기술이 사람을 행복하게 만들었는지는 의문이다. 사람은 행복하게 만들었는지 몰라도 사람 이외의 것, 지구를 공유하는 생명들의 안부는 모르겠다. 기술에는 여러 종류가 있을 것이다. 사람을 변화시키고 예술을 보전하는 기술이 있다. '를리외르(낱장의 그림, 필사본 등 인쇄된 책을 분해하여 보수한 후 다시 꿰매고 책 내용에 걸맞게 표지를 아름답게 꾸미는 직업)'와 같은 직업은 지켜야 할 가치가 높다는 인식조차 없는 이들이 더 많다. 를리외르의 기술은 예술 그 자체다. 다른 자원을 소비하거나 해치지 않으면서 사람을 이롭게 하는 기술도 있다. 에너지가 필요한 기계를 쓰는 것도 아니다. 물을 정화하고 어둠을 밝히며 깨끗한 옷을 입을 수 있게 만드는 적정기술은 생존을 위해 꼭 알아두어야 할 것이다. 기계 없이 과학적 상식 몇 가지로도 사람이 살아가는 데 큰 어려움은 없다. 기술은 이어갈 수 있을 때 그 가치를 발한다.

 **함께 읽고 이야기 나누기**

–노동 강도가 높고 많은 시간을 들여야 하는 기술의 가치는 어느 정도일까?
–기술은 인류를 어디까지 발전시켰을까?

251 나의 를리외르 아저씨

이세 히데코 지음 | 김정화 옮김 | 청어람미디어 | 56쪽 | 2007.09.10 | 10,000원

세분화된 직업으로 책의 제본 공정만을 담당하는 직업이 '를리외르'인데, 지금은 명맥만 유지하는 직업이다. 대대로 제본가 즉, 를리외르로 살아온 아저씨에게 자신이 사랑하는 책을 수선하고 싶던 한 소녀가 찾아온다. 책은 두 인물의 이야기를 다르게 풀어놓으면서 를리외르가 하는 일의 가치가 어디에까지 영향을 줄 수 있는가로 귀결된다. 정성껏 책을 수선해 준 아저씨 덕에 소녀는 자신의 꿈을 구체화하고 수년 뒤 식물학자가 된다. 수백 년 된 아카시아 나무처럼 옹이 박힌 를리외르 아저씨의 손이 오래도록 선명하게 남는다. 예술은 본래 기술이었다.

－오로지 사람의 손으로 하는 일 가운데 사라지지 않았으면 하는 직업을 살펴보고 이야기 나눠 보자.

252 세상을 행복하게 하는 작은 노력 적정기술

임정진 지음 | 심성엽 그림 | 미래아이 | 52쪽 | 2014.08.05 | 11,000원

모든 산업이 혁명적으로 발전하는 현재가 어떤 이들에게는 먼 미래나 딴 나라 일일 수 있다. 기술 혁명의 혜택을 받지 못하고 오히려 그 기술 때문에 더 살기 힘들어진 사람들 말이다. 간단하고 저렴하며 언제 어디서나 실생활에 적용할 수 있는 기술인 적정기술에는 큰돈이 들지 않는다. 깨끗한 물을 먹지 못하는 10억의 사람들에게는 정수 시설을, 백열등도 달지 못하는 사람들에게는 페트병 전구를 밝혀 준다. 발판 펌프, 발판 세탁기에 난방 효율을 높이는 지세이버도 있다. 지세이버는 석탄으로 생기는 대기 오염도 줄여 준다. 사람들은 따뜻하게 잠들고 깨끗한 물을 마시며 밤에도 밝은 불빛 아래 아이들과 함께 책을 읽는다. 진짜 기술 혁명은 그런 것이다.

－적정기술의 종류에 대해 알아보고 직접 배운 다음, 어떻게 활용할 것인가에 대해 이야기를 나눠 보자.
－산업 혁명이 인류에게 가져다 준 것은 무엇인가?

253 세상을 이어주는 다리를 건너요

디디에 코르니유 지음 | 이성엽 옮김 | 톡 | 84쪽 | 2015.07.10 | 16,000원

바다를 가로지르고 높은 산과 계곡을 연결해 주는 다리들이 있다. 다리 건설은 고도의 기술력이 아니면 이룰 수 없는 토목 공사 중 하나다. 다리는 이쪽 땅과 저쪽 땅을 이어주는 역할 뿐 아니라 사람과 문화와 경제를 소통하게 한다. 이 책은 다리를 놓기 어려운 위치에 수년간의 기술과 엄청난 노동력을 투입하여 완성된 다리들을 소개한다. 다리마다 건축 방식과 자재도 다르다.

- 엄청난 자본과 기술을 들인 다리로 인해 세상은 어떻게 달라졌는지 살펴본 후 이야기해 보자.
- 토목 기술의 발달이 자연 생태에 미친 영향은 무엇인지 조사하고 이야기해 보자.

마음을 잇는
약속의 순간들

꾼 돈을 갚으러 끊임없이 찾아오는 도깨비가 있다. 자기가 한 약속을 지키려던 것인데, 매번 자신이 이미 약속을 지켰다는 사실을 잊은 까닭에서다. 이미 사람은 죽고 없는데 도깨비는 여전히 자기가 갚아야 할 것이 남은 줄 안다. 신의도 의리도 저버리고 아주 작은 약속의 가치마저 간단히 무시하는 일이 허다한 요즘, 도깨비와 같은 친구를 만나고 싶어진다. 백성들에게 한 약속 정도는 쉽게 생각하는 원님이 있다. 원님은 남의 소중한 것을 빼앗아 제 욕심만 채우려 든다. 그러나 죽은 말의 소원을 들어주기로 약속한 수호는 있는 힘껏 약속을 지켜낸다. 누구나 자신이 한 약속만큼은 꼭 성실히 지켜내는 세상이 나쁘게 될 일은 없을 것이다.

 **함께 읽고 이야기 나누기**

- 지키지 못한 약속이 있는가? 할 수 있다면 지금이라도 그 약속을 지킨 후 느낌을 나눠 보자.
- 신의를 저버리지 않는다는 것에 대해 다각도로 이야기해 보자.

254 깜박깜박 도깨비

권문희 지음 | 사계절출판사 | 40쪽 | 2014.05.12 | 11,500원

부모님을 여읜 채 홀로 욕심 없이 성실하게 살던 아이가 복을 받는 이야기다. 대부분 그렇게만 생각하고 책을 덮을 수도 있다. 이 옛이야기의 재미가 증폭되는 지점은 빌린 걸 갚겠다고 약속한 도깨비가 끊임없이 아이를 찾아오는 부분이다. 도깨비는 이미 꾼 돈과 냄비를 갚겠다는 약속을 지켰다. 그런데 본디 도깨비들의 특성대로 자기가 한 일을 까맣게 잊어버린 것이 문제였다. 아이는 세월을 따라 집도 장만하고 결혼도 하고 행복하게 살다가 죽었다. 하지만 도깨비는 자신이 한 약속을 지키지 못했다는 생각에 계속 찾아온다. 아이가 어딘가로 이사를 가버린 줄로만 아는 도깨비는 아직도 아이를 찾아다니고 있지 않을까?

- 약속을 잘 지키는 사람과 그렇지 않은 사람의 생각은 어떻게 다른 것인지 생각해 보고 의견을 나눠 보자.
- 지키지 못한 약속이나 갚지 못한 약속이 있다면 이야기해보자.

255 수호의 하얀 말

오츠카 유우조 지음 | 아카바 수에키치 그림 | 이영준 옮김 | 한림출판사 | 48쪽 | 2001.03.10 | 13,800원

몽골에 전해오는 악기 '마두금'의 유래 이야기다. 수호는 잘 키운 하얀 말과 함께 말타기 대회에 나갔다가 그만 원님에게 말을 빼앗긴다. 하얀 말은 수호에게 돌아가려고 원님에게서 도망친다. 도망치는 하얀 말 뒤로 화살이 쏟아지고 말은 화살을 맞은 채 달리고 달려 수호에게 돌아왔지만 결국 죽고 만다. 슬픔에 빠진 수호의 꿈속을 찾아온 하얀 말이 자신을 재료로 악기를 만들어 달라고 한다. 그렇게 마두금이란 악기가 탄생하고 그 소리가 몽골 초원에 울려 퍼지게 되었다는 이야기다. 백성들과의 약속 따위를 간단히 저버린 원님과 끝까지 하얀 말과의 약속을 지켜낸 수호를 비교하며 읽어도 좋겠다.

- 수호가 하얀 말과의 약속을 지킴으로써 어떤 결과를 낳게 되었는가?
- 반드시 지켜야 할 약속과 지키지 않아도 될 약속이 있는가?

먹지 않고 살 수는 없을까?

생명을 유지하려면 먹지 않을 수 없다. 그런데 요즘은 너무 많이 먹어서 탈이다. 게다가 대부분 음식이 패스트푸드화되어 가고 있다. 된장, 간장, 카레와 같은 기본 양념 뿐 아니라 간단히 데우기만 하면 먹을 수 있는 완전히 조리된 상태의 포장 음식이 판을 친다. 밥 한 끼를 먹는데 이렇게 쫓기듯 식사를 해야 하는 건가 싶다가도, 그 편리함에 유혹당하기도 한다. 주로 음식을 만들어야 하는 입장이라면 그 유혹은 강력하다. 한 끼 밥상 차리기는 하루 절반의 시간을 주방에 붙들어 놓게 만든다. 이런 세태에 관련한 볼거리도 편승한다. 사람들은 이제 패스트푸드, 레토르트 식품을 먹으면서 연예인들이 하루 종일 세끼 밥상만 차리고 있는 TV 프로그램을 아련한 듯 낄낄대며 본다. 햄버거, 사과, 콩의 생산·유통·구입·시식까지의 모든 것을 보여 주는 각각의 책들을 모았다. 오래된 디저트들의 유래와 변천사도 흥미롭다. 발효를 과학으로 밝혀 산업으로 이어지는 것은 바라지 않는다. 하지만 치즈와 요거트에 버금가는 우리의 발효 음식이 가진 가치를 살펴본 책은 볼 만하다.

 **함께 읽고 이야기 나누기**

- 동서양의 식문화를 다양한 관점에서 비교하여 이야기해 보자.
- 패스트푸드의 시작과 현재를 알아보고 발생 원인과 미래에 대해 이야기해 보자.
- '슬로비족'에 대해 조사하고 그들의 가치관에 대해 이야기해 보자.

256 기름 뚝뚝 햄버거, 너 없인 못 살아!

엘리즈 그라벨 지음 | 김민송 옮김 | 토토북 | 32쪽 | 2014.04.15 | 10,000원

'정크 푸드'의 실체가 드러나고 있는 요즘 꼭 필요한 책이다. 회사는 버거를 만드는 데 필요한 신기술을 개발하고 고객의 스타일에 맞춘 식단을 만들어 제공한다. 거대 자본의 푸드 회사로서 소비자들에게 할 수 있는 서비스를 아낌없이 제공하는 것처럼 보일지도 모른다. 하지만 그 이면에 쉽고 편리한 맛의 대표인 햄버거가 어떤 식품인지, 얼마나 유해한지를 신랄하게 짚어 준다.

- 패스트푸드의 대표 격인 햄버거가 사라진다면 어떻게 될까?
- 정크 푸드의 비윤리성에 대해 짚어 보고 근본적으로 식 문화를 개선하는 방법에 대해 이야기해 보자.

257 사과 맛있는 어린이 인문학 5

안느-클레르 레베크 지음 | 니콜라 구니 그림 | 허보미 옮김 | 내인생의책 | 40쪽 | 2017.06.12 | 12,000원

유기농 식품 매장에서 노지 사과를 본 아이들의 반응이 재미있다. 너무 못생기고 지저분해 보인다는 것이다. 인류가 좀 더 예쁜 사과를 만들기 위해 자행해 온 실험들은 곤충들을 죽였고 환경을 오염시켰다. 그 피해를 껴안는 것은 결국 사람들이다. 이 책은 사과의 기원과 빠르고 편리한 재배나 수확, 대량 유통을 위해 지구상 어딘가에서 어떤 놀라운 일이 벌어지고 있는지 보여 준다. 더불어 자연의 속도로 길러낸 사과에 대한 고마움을 깨닫게 한다.

- 작물의 '대량 생산'과 '고속 생장'의 배경을 알아보고 문제점과 대안에 대해 이야기해 보자.

258 바람의 맛
김유경 지음 | 이야기꽃 | 44쪽 | 2015.12.17 | 14,500원

사람과 자연의 정성과 수고가 없었다면 만날 수 없었을 음식들을 소개한다. 된장과 간장을 탄생시킨 놀라운 발효 과학, 손이 많이 가는 감자떡, 햇살을 품은 장아찌, 긴 시간을 들여 햇볕과 바람이 만들어낸 곶감, 도토리 수확부터 묵 쑤기까지 세심한 손길이 가는 도토리묵에 홍어, 김장 김치까지 우리 음식의 결정판을 볼 수 있다. 이 모든 음식에는 자연만이 아는 비법이 첨가된다.

- 정성과 수고가 시간을 만난 맛은 어떤 맛일까?
- '먹방'이란 말이 만들어진 사회적 배경에 대해 이야기 나누어 보자.

259 산딸기 크림 봉봉
에밀리 젠킨스 지음 | 소피 블래콜 그림 | 길상효 옮김 | 씨드북 | 48쪽 | 2016.07.20 | 13,000원

맛있는 디저트를 만드는 방법이 시대를 건너 각 세기 별로 네 가족의 식탁에서 펼쳐진다. 다른 시대와 다른 가족 안에서도 맛만큼은 한가지로 지켜져 내려온 음식의 레시피가 공개된다. 먼저 조리도구와 냉장 기술의 발달사를 볼 수 있다. 크림과 딸기를 구하는 방식도 저마다 다르다. 인종과 신분, 성 차별에 관한 변화가 산딸기 크림 봉봉을 만들어가는 과정에서도 드러난다. 음식을 둘러싼 시대별 변천사를 한눈에 이해할 수 있는 책이다.

- 한 가지 음식의 맛을 4세기 동안 지켜올 수 있다는 것은 가능할까?
- 과거에는 당연하게 여겨졌던 것이 현재에는 받아들여지지 않고 있는 문화나 풍속에 대해 이야기해 보자.

260 아이스크림 여행

피터 시스 지음 | 최현미 옮김 | 시공주니어 | 36쪽 | 2016.06.15 | 11,000원

할아버지와의 특별한 여행을 위해 여름 동안 열심히 공부를 하는 아이가 있다. 아이는 아이스크림에 관한 거의 모든 것을 탐구한다. 국어, 산수, 사회, 지리 등 거의 모든 영역에 걸쳐 아이스크림과 관련한 호기심을 확장시켜 나간다. 독자들은 교실에 앉아 책과 씨름하는 공부가 아닌, 일상에서 발견하고 탐구하면서 이해해 나가는 공부가 얼마나 값진 것인지 알게 될 것이다. 모든 주제를 섬세하고도 집요하게 파고드는 거장인 피터시스의 작품이다.

- 동서양의 아이스크림 제조 기술을 조사하고 비교하여 이야기해 보자.
- 주인공이 주제를 탐구하는 방식을 교과과정과 접목시킨다면 어떨까? 장단점과 실효성에 대해 이야기해 보자.

261 우리 학교 장독대

고은정 지음 | 안경자 그림 | 철수와영희 | 44쪽 | 2017.04.15 | 12,000원

라면 끓이기보다 쉽다는 장 담그기를 교실 안에서 해낸 과정을 담았다. 예로부터 우리 음식의 간을 맞추던 간장, 된장 등을 마트에서 사먹게 된 지금 시점에 꼭 필요한 책이다. 된장의 조리법과 과정을 알고 순서대로 해나가면 라면 끓이는 과정만큼이나 쉽다. 메주를 만드는 과정이 생략되기는 했다. 요즘 가정에서 메주를 만들기는 좀처럼 쉽지 않으니 기존에 만들어 놓은 것을 사서 쓰는 것이 더 나을 수도 있다. 메주, 소금, 물, 장독으로 해 보는 장 담그기를 교실 안에서 시도해볼 수도 있겠다.

- 전통 발효 음식을 지켜내는 것은 어떤 의미가 있는가?

262 콩콩콩! 접시까지 온 콩 이야기

앤디 컬런 지음 | 사이먼 리커티 그림 | 엄혜숙 옮김 | 내인생의책 | 30쪽 | 2009.10.15 | 10,000원

콩이 들려주는 콩 이야기다. 콩이 꼬투리를 열고 나와 식탁에 오기까지 정말 수많은 과정을 거친다. 수확 과정까지는 우리가 흔히 보는 광경이다. 하지만 수확 후 이 완두콩의 행보는 생각보다 간단하지 않다. 우선 콩 공장으로 들어가 꽁꽁 얼려진 다음 깡통과 비닐봉지에 담겨진다. 공장에서 냉동 포장이 된 콩들은 트럭과 비행기까지 타고 여러 곳으로 가게 된다. 이렇게 해서 마트까지 오게 된 콩을 엄마 아빠가 사와서 요리를 한다.

- 콩이 가진 장점에 비해 콩을 먹지 않는 사람들이 많다. 콩의 효능을 조사하고 이야기해 보자.

옷, 집, 길과 꿀벌로 보는 인류 문명사

길을 따라 세워진 집에서 사람들이 살고 있다. 독일의 백년은 참 우여곡절이 많다. 바깥세상의 풍경이 달라지면 집안의 사정도 달라진다. 그렇게 백년의 시간 동안 변화하는 모습을 보여 주는 책이 있다. 공간으로 보는 역사를 담았거나 꿀벌이 함께한 인류 문명사를 보여 주기도 한다. 인류가 먹고 마시며 살아가는 모든 것에 꿀벌의 역할은 필수적이다. 꿀벌이 사라지면 인류도 명맥을 부지하기 힘들다. 아무리 대단한 인류의 문명도 작은 곤충 하나 지키지 못한 이유로 사라질 수 있다. 『말하는 옷』은 옷의 본질에 대해 생각하게 해 준다. 몸을 보호하기 위해 입기 시작한 옷은 이제 산업이 되었고 그 엄청난 물량의 소용돌이 속에서 골치 아픈 문제가 되고 있다. 어쩌면 입고 걸치고 꾸미는 일 때문에 인류 문명이 큰 곤란을 겪을지도 모르겠다. 그러니 옷이 들려주는 이야기에 귀 기울여 보자.

 **함께 읽고 이야기 나누기**

-인류 역사를 다시 쓴다면 어느 부분을 고치고 싶은지 이야기해 보자.
-의식주의 기본 요건에 대해 이야기해 보자.

263 길과 집 근대부터 현대까지, 역사 속 생활의 변화
크리스타 홀타이 지음 | 게르다 라이트 그림 | 김영진 옮김 | 시공주니어 | 30쪽 | 2013.09.25 | 10,500원

책을 펼쳐 집안을 들여다보면 가족의 역사가 보이고, 길거리 풍경에는 시대의 변천사를 관찰할 수 있다. 몇 장의 그림들로 시대와 시대가 연결되고 세대와 세대를 이어준다. 작가는 그림만으로 국가의 운명이 개인의 운명과 어떤 상관관계를 맺는지 보여 준다. 100년에 걸친 독일의 풍경과 사람들을 묘사한 그림 속을 여행하는 기분으로 들여다보자.

– 독일이 전범 국가로서의 오명을 안고서도 유럽 열강 중 한 국가로 건재한 까닭에 대해 이야기해 보자.

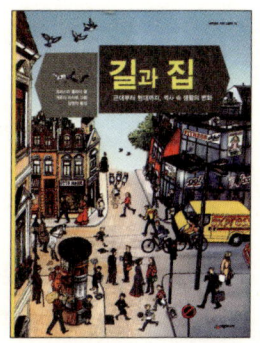

264 꿀벌
보이치에흐 그라이코브스키 지음 | 피오트르 소하 그림 | 이지원 옮김 | 풀빛 | 80쪽 | 2017.05.25 | 22,000원

이 책은 꿀벌을 따라가며 인류 문명사를 짚어볼 수 있게 안내한다. 꿀벌 없이 작물이 자랄 수 없고 꿀벌과 작물의 멸종은 곧 인류에게 영향을 미치게 될 것임은 자명한 사실이다. 이 책은 꿀벌에 대해 우선 잘 알고 돌보며 그 감각을 키우는 것이 중요하다고 말한다. 어디서도 볼 수 없는 독창적인 그래픽 이미지들을 담아 정보를 한눈에 알아보게 했다.

– 꿀벌들의 의사결정 과정에서 우리가 배울 것은 무엇인가?

265 말하는 옷
홍나영 지음 | 이장미 그림 | 보림 | 50쪽 | 2015.05.11 | 16,000원

사람이 옷을 입는 이유는 무엇일까? 이 질문으로부터 출발하여 옷의 거의 모든 역사와 옷과 관련한 장신구에 이르기까지 아우르는 책이다. 신분을 말하고 유행을 말하고 시대를 말해 주는 옷의 역사를 21가지 주제에 맞춰 펼쳐 놓았다. 복식 전반에 담긴 세계관과 외래 문물과의 교류 등 이야깃거리가 풍성하다. 언제나 입고 있지만 늘 차림에 대해 고민하게 되는 것이 옷이다. 옷의 본질, 옷을 입는 행위에 대한 고찰을 통해 문명의 이면을 돌아볼 수 있으면 좋겠다.

– 옷의 미래에 대해 이야기해 보자.

지금을 있게 한 시간에서 온 선물

전통을 떠올리면 왠지 뒷방이나 다락, 창고에 치워 둔 물건들이 떠오르는 이유는 뭘까? 생각해 보니 전통의 의미를 제대로 배운 적도 없던 것 같다. 그저 '옛것' 정도로만 생각하고 살았다. 하지만 여전히 현재하는 것임을 부인할 수도 없다. 전통을 그대로 고수하는 것도 하나의 방법이겠지만 그것은 집안의 일이거나 전수자로 자청한 이들의 과제다. 아이들이 있는 교육 현장에서 되살려야 할 것은 옛것의 감각일 것이다. 수원화성에 가 보자. 단체로 왁자지껄 갈 것이 아니라, 소규모로 화성의 구석구석 문손잡이 하나까지 살펴보자. 한양 도성을 천천히 걸으며 성돌에 새긴 이름을 찾아봐도 좋겠다. 전통 자수와 바느질 장인과 전수자들을 모시고 지금 쓰이는 물건을 만들어 보는 것도 좋은 방법이다. 요리를 하고 그릇을 만들어 보면서 그 과정의 정성과 섬세함을 알게 되는 것도 좋을 것이다. 옛것으로부터 얼마나 많은 것을 배우고 되살려 이어갈지는 우리들의 몫이다.

 **함께 읽고 이야기 나누기**

- 전통문화와 문물의 감각을 살린다는 것은 어떤 의미인지 이야기해 보자.
- 사람과 시간과 자연이 힘을 실어준 옛 문화를 찾아보고 감상을 나눠 보자.

266 수원 화성 정조의 꿈을 품은 성곽

김진섭 지음 | 김병하 그림 | 웅진주니어 | 32쪽 | 2012.06.21 | 15,000원

우선 아코디언 구조의 책이 가진 위용이 대단하다. 성곽의 특성을 따라 빙 둘러 쳐놓고 볼 수 있게 만들었다. 바깥은 성곽의 형체를 그대로 그려 완공 이후 수원 화성을 찾은 정조의 발길을 따라가며 각각의 명칭과 어떻게 활용되었는지를 알려준다. 수원 화성은 준공 당시 모습 그대로 거의 손상되지 않는 상태로 보존된 성이다. 게다가 건축 전 과정을 상세히 적은 '화성성역의궤'가 남아 있어 일부 훼손된 부분의 복원도 거의 완벽하다. 읍성의 기능을 하면서 산성이 가진 군사적 기능도 할 수 있게 설계되었다. 새로운 개념의 계획적 신도시로서의 수원 화성을 한 발짝 다가가서 들여다보자.

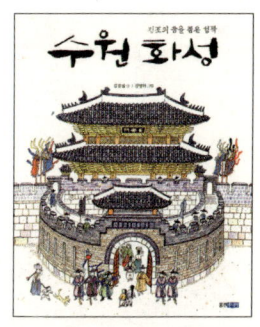

- 정조가 수원에 따로 화성을 지은 까닭을 역사적 사실에 근거하여 이야기해 보자.

267 여기는 한양도성이야

김항금 지음 | 문종훈 그림 | 사계절출판사 | 48쪽 | 2016.11.14 | 13,000원

성을 쌓는 돌을 '성돌'이라고 한다. 성돌에는 돌마다 그 돌을 다듬어 만든 이의 이름이 새겨져 있다. 한 아이가 '석수 오유선'이라고 적힌 종이를 들고 한양도성을 오른다. 돌마다 들여다보면서 그 이름이 새겨진 돌을 찾고 있다. 그 과정에서 만난 네 사람의 이야기를 통해 한양도성의 가치와 의미를 알게 되는 이야기다. 성벽을 지탱하는 돌의 모양은 쌓은 시기에 따라 제각각이어서 흥미롭다. 돌을 찾은 아이는 진짜 할아버지인 오유선을 꿈인 듯 만나게 된다.

- 한양도성의 진짜 주인은 누구일까?

268 한 땀 한 땀 손끝으로 전하는 이야기
지혜라 지음 | 보림 | 36쪽 | 2014.08.11 | 11,000원

할머니를 만날 때마다 설레는 슬이는 오늘 옷 한 벌을 지어내는 시간과 노력과 정성에 대한 이야기를 듣는다. 이불과 가리개에는 자수도 넣고, 만들다 남은 자투리는 또 작은 주머니로 만들어내는 할머니의 손이 신기하다. 할머니가 간직한 다섯 개의 보따리에서 나온 굴레와 가리개, 조각보 등에는 말로 다할 수 없는 정성과 사연이 담뿍 담겨 있다.

- 옷은 집과 마찬가지로 '짓다'라는 술어로도 불린다. 그 까닭은 무엇이며 어떤 가치를 두는 것일까?

269 할머니가 물려주신 요리책
김익선, 김숙년 지음 | 김효순 그림 | 장영 | 56쪽 | 2013.11.28 | 12,000원

호박꽃 탕, 과실편, 진달래 화전과 목련 차… 침이 고이는 음식과 차의 이름들이다. 서울에서 10대 이상을 살아온 양반가 출신 할머니가 어렸을 때 듣고 배운 요리법은 말할 수 없이 정갈하고 맛깔 난다. 게다가 이 음식들은 짧고 빠른 시간에 순간적으로 만들어낼 수 없는 것이다. 제철이 되어야만 만날 수 있는 식재료들, 한 번의 조리가 아니라 오랜 시간 기다리고 끓이고 말리고 골라내는 공정이 있어야 만날 수 있다. 전통 채색화의 기법으로 섬세하게 그려낸 아름다운 그림도 한몫한다.

- 오랜 시간을 들여야 맛볼 수 있는 음식의 가치에 대해 이야기해 보자.

270 후안이 빚은 도자기

낸시 앤드루스 괴벨 지음 | 데이비드 디아즈 그림 | 이상희 옮김 | 은나팔 | 40쪽 | 2008.06.20 | 9,500원

후안은 멕시코 전통 도자기 기술을 지켜내려 노력하는 공예가다. 20년 간의 실험을 통해 마타 오르티스 지역에서만 구할 수 있는 천연 자원으로 도자기를 만들었다. 그렇게 멕시코 카사스 그란데 민족의 원시적인 도자기 제조 공정을 그대로 재현해 냈다. 나아가 그 기술을 자기만의 특허로 만들기보다는 가난한 이웃들에게 기술을 가르쳐 마을 전체가 예술인 공동체를 이룰 수 있도록 만들었다. 문화의 뿌리를 찾아 실천해온 후안의 실화는 오늘날 우리에게도 좋은 본보기가 된다.

- 기술을 독점하지 않고 많은 사람들과 나누는 후안의 태도는 미래에 어떤 결과를 가져올 것인가?
- 전통문화의 현재화가 어려운 이유는 무엇일까?

271 흑룡만리

박소명 지음 | 민들레 그림 | 우리아이들 | 40쪽 | 2014.10.20 | 12,000원

중국의 만리장성보다 10배 더 긴 담이 있다. 제주의 검은 돌로 만들어진 밭담과 돌담이 그것이다. 힐링 열풍을 타고 제주에 대한 관심이 어느 때보다 높아졌다. 수많은 이야기를 품은 제주의 얼굴이 궁금하다면 이 책이 도움이 될 것이다. 제주 이야기 중 제주에서 나는 돌로 만들고 그 이어진 모양이 흑룡처럼 살아 움직이는 듯 보이는 '담'에 관해 신화를 엮어 풀어낸 책이다. 서로의 경계를 지키고 제주의 농업을 지켜온 '담'이 들려주는 이야기를 들어 보자.

- 문화유산에 대한 역사와 정보를 스토리텔링으로 들려주는 것에는 어떤 이점이 있는가?

삶은 자연과 함께 이어진다

사람의 역사를 지키고 보전하는 일은 사람 혼자 할 수 있는 것이 아니다. 온 우주가, 아주 작은 씨앗이, 어린 양들과 바람이, 깃들어 사는 장소가 사람을 돌본다. 그렇게 이어져온 사람의 역사를 들려주는 책들이 있다. 5대가 한 집에서 생활하며 자연을 거스르지 않고 살아가는 이야기는 먼 나라 일처럼 보이지만 왠지 낯설지 않다. 가축도 한 가족이다. 17세기에 지어졌으나 어떠한 이유로 버려졌던 낡은 집이 300년이 지난 어느 날 발견된다. 지붕과 담벼락을 다시 세워 가족이 살기 시작한다. 그렇게 다시 백 년 간의 역사가 이루어진다. 집이 들려주는 사람과 세상의 이야기는 다정하고 진지하다. 사람과는 또 다르게, 세상은 지금 이 순간에도 자기 일을 성실히 쉬지 않고 하는 중이다.

 **함께 읽고 이야기 나누기**

- 가족주의의 장단점을 이야기해 보자.
- 인류의 역사에 결정적인 역할을 하는 장소 혹은 사물에 대해 조사하고 그 의의를 이야기해 보자.

272 5대 가족

고은 지음 | 이억배 그림 | 바우솔 | 40쪽 | 2014.04.25 | 12,000원

자고 일어나면 양들이 태어난다. 동시에 죽기도 한다. 한 가족인 5대가 함께 살아가는 몽골의 검은 바위산 비탈길 아래에는 삶과 죽음이 따로 있지 않다. 모든 것이 거스를 수 없는 자연의 순리 안에서 돌고 돌아간다. 크게 기쁠 일도 대단한 절망도 없다. 잠을 청하는 가족들 눈동자에 내려앉은 수천의 별빛만이 의미를 갖는다. 동물도 사람도 자연 안에서 그 질서에 순응하며 살아간다. 고은 시인의 글에 이억배 작가의 그림이 만나 삶과 죽음, 인간과 자연과 우주를 연결하는 서사시가 탄생했다. 현대 도시의 인생들은 이해하기 힘들 수도 있는 먼 몽골의 이야기, 멀고먼 시원으로부터 내려온 신비로운 이야기다.

- 도시의 불빛이 사라지고 별들과 우리 가족만 남는다면 어떨지 상상해 보고 친구들의 생각도 들어 보자.
- 대자연에 순응하는 삶이란 어떤 것일지 이야기해 보자.

273 그 집 이야기

존 패트릭 루이스 지음 | 로베르토 인노첸티 그림 | 백계문 옮김 | 사계절출판사 | 64쪽 | 2010.05.17 | 21,000원

오랫동안 숲속에 버려졌던 집이 어느 날 소풍 온 아이들에게 발견된다. 사람들은 집을 수리하고 그 안에 깃들어 살아간다. 결혼을 하고 아기가 태어나며 결실과 수확, 전운을 겪어내는 시대의 이야기. 그 집을 둘러싸고 이어지는 인간의 역사, 시대의 뒤안길을 집의 목소리로 담은 책이다. 아름다운 시와 세심한 그림이 집의 서사를 더 풍성하게 돕는다. 앞으로도 오랫동안 집은 그 자리에 서서 나고 드는 사람의 역사를 지켜갈 것이다.

- 나의 역사를 지켜본 사물은 어떤 것이 있을까?
- 집의 가치는 어디서 찾을 수 있는 것인지 이야기해 보자.

자라는 삶

철부지 아이들은 자라면서 감정을 조절하게 되고 자기 생활에 책임을 지면서 조금씩 성숙해간다. 아이가 자기 자신을 믿는 것도 중요하지만 지지하고 응원해 주는 존재도 필요하다. 넘어지고 상처 입어도 위로와 격려와 적절한 치유를 통해 다시 시작할 힘을 주는 책을 소개한다. 지지자의 여러 가지 모습을 담은 책도 있다. 아이 이상으로 아이다우며 세상을 넓게 느끼고 삶을 즐기는 어른들은 아이들에게 좋은 동반자가 되어줄 것이다. 마음을 튼튼하게 단련하여 성큼 자라나는 아이들의 모습을 보여 주는 책도 있다. 이런 책들은 미완의 존재인 아이들이 잘 자라도록 지키고 보살피는 역할이 얼마나 중요한지 알려 준다.

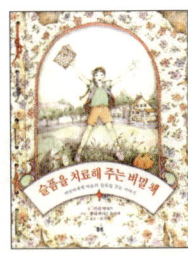

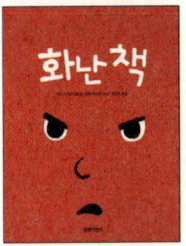
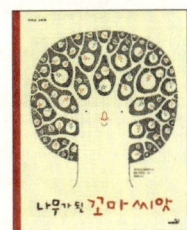

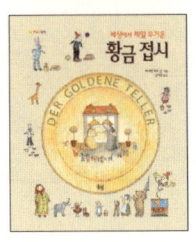

몸과 마음이 자라는 아이들

요즘 같은 경쟁 사회에서 아이들이 겪는 나쁜 경험을, 나쁜 기억을, 나쁜 감정을 아이들은 어떻게 극복할 수 있을까? "그래, 네 맘 알아. 울고 싶으면 실컷 울어 버리렴."이라고 말하면서 등을 토닥여 주는 『눈물바다』처럼, 그림책을 통해 아이들에게 따뜻한 치유를 메시지를 전할 수도 있겠다. 나만의 나쁜 경험이 누구나 겪을 수 있는 평범한 경험임을 알게 되면 아이들은 혼자 고민하지 않는다. 힘들었던 일, 슬펐던 일, 위로 받고 싶은 일 등 친구들과 함께 이야기를 나누어 보자. 그러면 마음의 상처가 조금씩 아물 것이다. 그 아픔의 흔적이 몸과 마음을 자라게 할 것이다.

 **함께 읽고 이야기 나누기**

-마음의 고통과 몸의 고통은 어떤 연관성이 있는지 이야기해 보자.
-성장통에 대해 이야기해 보자.

274 눈물바다
서현 지음 | 사계절출판사 | 48쪽 | 2009.11.02 | 10,500원

속상한 일이 많은 주인공이 눈물을 흘려 온 세상을 눈물바다로 만들어 버리는 이야기다. 주인공인 '나'는 사람들이 허우적대는 눈물바다에서 노를 젓기도 하고 급류를 타며 환호성을 지르기도 한다. 주인공을 속상하게 했던 사람들이 바다 속에서 허우적거린다. 하지만 파도가 몰아친 뒤 '나'는 힘들게 했던 부모님과 선생님, 그리고 친구들을 건져내 준다. 아이들의 상상력에 유머를 더해 아이들의 마음을 치유한다.

-실컷 울고 난 뒤 모든 앙금이 해소되는 느낌을 받았다면, 그 이유에 대해 이야기 해 보자.
-마음에 상처를 받았을 때 어떻게 극복하는지 각자 이야기해 보자.

275 병원에 간 니나
마틸다 루타 지음 | 강희진 옮김 | 우리나비 | 36쪽 | 2015.12.10 | 12,000원

스웨덴 작가 마틸다 루타가 병원을 두려워하는 아이들을 위해 병원을 친근한 곳으로 느끼게 해 주는 이야기를 쓰고 그림도 그렸다. 두 갈래 머리를 한 소녀가 병원을 돌아다니며 곳곳의 풍경을 소개한다. 병원에는 아픈 사람도 있지만, 아픈 사람을 돌봐 주는 가족, 아픈 사람을 고쳐 주는 의사도 있다. 혼자 잘 움직일 수 없는 할머니 할아버지도 있고 이제 막 태어난 아기도 있다. 소녀가 들려주는 병원 이야기는 병원이 불안과 공포에 떨어야 하는 곳이 아니라 평화롭고 고요한 곳임을 알려 준다.

-자신이 의사라면 어떤 사람들을 위해 일하고 싶은지 이야기해 보자.

276 슬픔을 치료해 주는 비밀 책
카린 케이츠 지음 | 웬디 앤더슨 홀퍼린 그림 | 조국현 옮김 | 봄봄 | 36쪽 | 2005.04.10 | 8,800원

부모님과 떨어져서 살게 되어 슬퍼하는 주인공 롤리가 이모의 비밀 책을 보고, 책의 처방을 따라서 마음의 평화를 찾는 이야기이다. 롤리는 책의 처방에 따라 맛있는 사과 주스를 마시고, 좋은 땅에 씨를 심고, 아주 먼 곳까지 걸어 보는 등 이모와 함께 일상적이고 평범한 일들을 한다. 매일 해야 할 일을 마치고 나면 기분 좋게 자고, 다음날 아침 어떤 일이 자신을 기다리고 있을까 하는 기대감에 즐겁게 잠을 깬다. 롤리는 몸을 움직여 자신에게 의미 있는 일을 하고 하루를 충실하게 보내는 것으로 슬픔을 치료한다. 이 작품은 슬픔에 빠진 아이를 세심하게 돌봐 주는 어른의 역할을 보여 준다. 만화처럼 칸칸이 나뉜 공간에는 롤리의 다양한 표정을 담았다. 수채화풍의 따뜻한 그림이 인상적이다.

-슬픔을 치료하는 나만의 처방전이 있다면 친구들과 공유하자.

277 앞니가 빠졌어!
안토니오 오르투뇨 지음 | 플라비아 소리야 그림 | 유아가다 옮김 | 지양어린이 | 48쪽 | 2017.01.07 | 11,000원

자전거를 타다가 넘어져서 빠진 앞니 때문에 조바심이 나는 나탈리아의 마음을 섬세하면서도 생동감 있게 묘사하고 있다. 이가 빠지는 경험을 통해 얻게 되는 두려움, 아픔, 위로 등의 다양한 감정을 고스란히 보여 준다. 새 이가 나오려면 얼마나 기다려야 하는지 등, 나탈리아가 아빠와 함께 인체에 대한 책을 보면서 우리의 몸에 대해서도 알려준다. 유치가 빠지고 새로운 이가 나오는 자연스러운 과정을 작가의 상상력을 동원해 독자들에게 흥미롭게 보여 준다.

-책에서 상징과 비유로 쓰인 여러 가지 이미지 요소들을 찾아 비교하며 이야기해 보자.

278 친구와 헤어져도

안드레아 마투라나 지음 | 프란시스코 하비에르 올레아 그림 | 김영주 옮김 | 책속물고기 | 48쪽 | 2017.03.30 | 11,000원

마이아는 친구와 헤어지는 아픈 경험을 한다. 그런데 헤어짐이라는 경험은 뜻밖에도 새로운 경험으로 이어진다. 친구와 헤어지고 나서 새로운 친구를 만나게 되고 새로운 취미도 생긴다. 그리고 친구와 헤어져도 우정은 변하지 않는다는 사실을 깨닫게 된다. 마이아는 친구와 헤어지고 나서 비로소 더 넓은 세상을 만나게 된다. 무엇보다 처음 겪는 헤어짐의 경험 앞에서는 누구나 마음 아파하고 힘들어한다는 점을 알려 주면서 혼자서 고민하지 않도록 다독여 준다.

- 친구와 헤어진 경험을 이야기해 보자.

'나는 누구인가'에 대한 성찰

우리가 살아가면서 고민해야 할 가장 기본적인 질문은 '나는 누구인가'에 대한 성찰이다. 너무나 철학적인 질문인 것 같지만 사실 가장 기본적이면서도 단순한 질문이다. 내가 누구인지, 어떤 존재인지에 대한 반성적 사유를 하게 하는 책들이 있다. 이 짧은 책들은 하나같이 '나' 스스로를 자세히 들여다보길 권한다. 세상을 살아갈 때 필요한 주옥같은 진리 속에서 사는 대로 살아가는 나를 잠시 되돌아보게 한다. 또 나의 결점에 사로잡혀 진짜 나를 발견하지 못하는 건 아닌지 자문하게 한다. 전혀 다른 각도에서 나를 바라보게 하고, 사람들과의 관계 속에서 나를 찾게 한다. 여성 혹은 남성이기에 겪게 되는 편견과 가족들 사이에서 느끼는 다양한 감정들이 있음을 깨닫게 한다. 우리가 살고 있는 지금의 보편적 이념과 기준에서 벗어나 오롯이 주체적인 한 사람으로 성장하게끔 한다.

 **함께 읽고 이야기 나누기**

-인생에서 자신의 주인으로 산다는 것은 어떤 것일까?
-우리 삶의 궁극적인 동력은 무엇일까?

279 가장 소중한 너

린다 크란츠 지음 | 신유나 옮김 | 옐로스톤 | 32쪽 | 2012.03.20 | 12,000원

이제 막 세상에 첫발을 내딛으려는 아이에게 부모가 전하는 지혜와 사랑을 담은 책이다. 어느 날 아빠 물고기는 아들 애드리에게 세상을 살아가는 지혜를 들려준다. 어디에 있든 아름다움을 발견하고, 길을 잘못 들어섰을 땐 돌아 나오면 되고, 밤하늘의 별을 보며 가슴 속에 소망을 품길 바란다는 아빠 물고기의 음성이 정말 나지막이 들리는 것 같다. 바다의 실제 사진에 알록달록 예쁘게 색칠한 돌멩이 물고기가 눈길을 사로잡는다. 돌 그림을 그리는 작가가 조약돌에 새겨 넣은 물고기 그림은 신기하기도 하고 화사해서 기분을 좋게 만든다. 간결한 문장 속에서 진정한 삶의 지혜를 찾을 수 있게 한다.

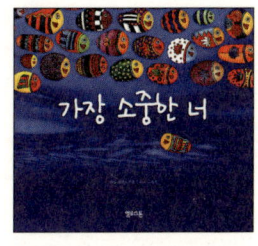

-지혜란 어디로부터 오고 어떻게 생기는지 생각하고 이야기해 보자.

280 고약한 결점

안느 가엘 발프 지음 | 크실 그림 | 전수정 옮김 | 파랑새 | 50쪽 | 2017.05.20 | 14,800원

아주 작은 결점을 가지고 태어난 아이가 그 결점을 어떻게 극복하고 성장하는지 보여 준다. 태어났을 땐 인식조차 할 수 없던 결점이 아이가 자라면서 점점 커진다. 그 결점을 없애려고 안경도 써보고 애를 쓰지만 생각대로 되지 않는다. 결점은 노란색 실로 표현되어 아이의 발목을 붙잡아 넘어트리기도 하고, 다른 이의 말을 듣지 못하게 두 귀를 막기도 한다. 결점에만 신경을 쓰고 고민하다가 정작 중요한 자기 자신을 제대로 보지 못하는 우리에게 깨달음을 주는 책이다. 투명 종이를 사용하여 역동적인 장면을 연출하고, 색다른 질감을 느끼게 해 또 다른 즐거움을 선사한다.

-나의 결점이 장점으로 작용하려면 어떻게 해야 할지 이야기 나눠 보자.

281 또또와 사과나무

나카에 요시오 지음 | 우에노 노리코 그림 | 이재은 옮김 | 세상모든책 | 32쪽 | 2008.05.13 | 9,500원

나무에 달린 사과를 따먹고 싶은 아기 생쥐 또또가 여러 동물 친구들을 관찰하며 방법을 찾아가는 이야기다. 높은 나무에 달린 빨간 사과가 탐스럽다. 다른 동물들은 도대체 저 사과를 어떻게 따 먹을까? 비둘기는 푸드득 푸드득 날아서, 코끼리는 긴 코를 쭈욱 늘려서 사과를 딴다. 또또는 그 모습을 자세히 살펴보고 따라해 보지만 똑같이 할 수 없다. 각 장마다 동물들의 특징을 묘사하는 의성어와 의태어가 나와 책을 읽을 때 리듬감을 느끼게 한다. 또또는 다른 동물들을 관찰하면서 자신에게 맞는 방법을 궁리한다. 혼자 할 수 없다면 다른 친구와 어떻게 힘을 합치는지 재치 있게 보여 준다.

- 주변의 사람들을 관찰해 보고 장점을 찾아 의성어, 의태어를 써서 표현해 보자.
- 나와 함께 시너지 효과를 낼 수 있는 친구의 장점에 대해 이야기해 보자.

282 말라깽이 챔피언

레미 쿠르종 지음 | 권지현 옮김 | 씨드북 | 40쪽 | 2016.09.29 | 11,000원

러시아에서 프랑스로 이민 온 말라깽이 여자아이 파블리아의 이야기다. 택시 운전을 하며 가족의 생계를 책임지는 아빠와 개성 강한 세 명의 오빠들 사이에 잔가지처럼 파블리아가 있다. 힘센 오빠들은 힘쓰는 내기를 해서 집안일 당번을 정하는데 약한 파블리아는 매번 지기만 한다. 이런 불공정한 상황에 맞서 파블리아는 좋아하던 피아노 대신 권투를 배우게 된다. 여자아이에 대한 편견과 고된 훈련이 기다리고 있었지만 파블리아는 도전을 멈추지 않는다. 도전, 가족의 사랑, 젠더 문제 등 다양한 이야깃거리를 담고 있다. 매 장마다 나오는 타이포그래피는 책을 더 자세하고 재미있게 보도록 이끈다.

- 세상의 편견을 깨고 도전했던 인물들을 조사해 보자.
- 각자 깨고 싶은 편견에 대해 이야기해 보자.

283 이게 정말 나일까?

요시타케 신스케 지음 | 김소연 옮김 | 주니어김영사 | 32쪽 | 2015.09.10 | 11,000원

나를 대신할 가짜 로봇을 만들어 귀찮은 일을 시키겠다는 발칙한 상상에서 시작된 이야기다. 숙제, 심부름, 방 청소 등 아이에게 귀찮은 일이 한두 가지가 아니다. 지후는 용돈을 털어 도우미 로봇을 구입하고, '가짜 나 작전'을 실행한다. 하지만 로봇은 자꾸 지후가 누구인지 더 자세히 알려달라고만 한다. 지후는 이름부터 나이, 가족, 겉모습, 취미, 여러 사람들과의 관계 속의 나까지 자신을 면밀히 들여다보게 된다. 지후는 로봇과의 대화를 통해 자신이 이 세상에서 단 하나뿐인 소중한 존재라는 것을 깨닫게 된다. 우리는 스스로를 얼마나 잘 알고 있을까? '나' 스스로에 대해 다각도로 바라볼 수 있게 하는 책이다.

- "나는 _____이다." 빈칸을 채워 자신을 소개해 보자.
- 다른 사람과 구별할 수 있는 나만의 특징을 이야기해 보자.

284 착한 용과 못된 용

크리스티네 뇌스틀링거 지음 | 옌스 라스무스 그림 | 김라합 옮김 | 웅진주니어 | 36쪽 | 2013.11.25 | 10,000원

아이의 다양한 감정을 수용하고 경청하는 것이 얼마나 중요한지 깨닫게 하는 책이다. 플로리안에게는 자신에게만 보이는 두 마리 용이 있다. 하나는 콧구멍으로 비눗방울을 불어 주는 착한 용, 다른 하나는 불을 뿜는 못된 용이다. 착한 용은 플로리안이 친구와 사귈 수 있게 도와주고, 못된 용은 플로리안을 괴롭히는 나쁜 친구에게 뜨거운 불맛을 보여 준다. 작가는 착한 용과 못된 용을 초록과 빨강으로 표현하여 아이의 다양한 감정을 적절하게 나타냈다. 부모의 따뜻한 관심과 적극적인 경청이 아이 내면을 성장시킨다는 걸 알려준다.

- 각자 자신의 부모님께 기쁘거나 화날 때 등 자신의 감정을 어떻게 표현하는지 이야기해 보자.
- 감정 조절이 필요한 까닭은 무엇인지 이야기해 보자.

기쁨과 슬픔
고르게 마주하며 자라기

사람은 감정의 동물이다. 인간의 욕구는 활짝 열려 있고 누구나 자유로운 생각을 표현하고 싶어 한다. 사람이 느끼는 희로애락 중에서 기쁨과 즐거움이란 감정은 언제 어디서든 환영을 받아 왔지만 슬픔과 분노, 두려움과 같은 감정은 누구든지 좀처럼 드러내지 않는다. 부정적인 감정이라고 여기고 참고 누르고 애써 아닌 척하는 경우가 많다. 이로 인해 마음이 병들고 고통스러운 사람들이 많다. 본래 행복한 삶이란 인간이 느낄 수 있는 모든 감정을 표현하고 이를 적절하게 조절하면서 사는 것이다.

　아이들이 어릴 시절부터 슬픔과 분노를 자연스럽게 드러내게 하면서 어루만져 준다면 아이들은 감정을 조절하는 법을 자연스레 배우고 좀 더 행복할 수 있을 것이다. 두려움이나 슬픔, 분노와 같은 감정들을 직면하여 받아들이면서 성장의 기쁨을 느끼게 될 것이다. 이럴 때 그림책은 치유 효과가 있다. 그림과 색채가 사람의 마음을 안정시켜 주고 평온함을 느끼게 해준다. 감정이 자유롭지 못한 사람들에게 그림책 읽기를 권한다.

 **함께 읽고 이야기 나누기**

　-인간이 느낄 수 있는 다양한 감정들에 대해 이야기 나눠 보자.
　-여러 감정 중 가장 참기 힘든 건 무엇인지 이야기해 보자.

285 성질 좀 부리지 마, 닐슨!

자카리아 오호라 지음 | 유수현 옮김 | 소원나무 | 32쪽 | 2015.11.10 | 11,000원

화를 참지 못하는 아이들이 점점 많아지고 있다. 이는 어떤 이유든 간에 아이들의 마음이 편안하지 않기 때문이다. 평소에는 얌전한 닐슨이 본인의 실수나 다른 사람의 실수로 인하여 상황이 나빠지면 그르렁 그르렁 소리를 내며 성질을 부린다. 작은 소녀 아멜라는 닐슨의 마음을 잘 알고 있다. 그래서 닐슨이 화를 낼 때마다 아멜라는 닐슨이 분노와 화해할 수 있도록 도와준다. 아이들이 이 책을 읽는다면 분노라는 감정을 잘 극복하여 진정한 행복을 느끼면서 성장할 수 있을 것이다.

-화를 잘 다스릴 수 있는 방법으로 무엇이 있을까?

286 화가 나서 그랬어!

레베카 패터슨 지음 | 김경연 옮김 | 현암주니어 | 32쪽 | 2016.03.30 | 10,000원

벨라가 아침에 일어났는데 동생이 자신의 물건을 핥고 있는 모습을 보고는 화가 치밀었다. 그때부터 벨라는 이유 없이 억지를 부리고 소리를 지르면서 주변 사람들을 힘들게 한다. 하지만 그림을 자세히 보다 보면 벨라의 마음을 알게 된다. 엄마가 동생한테만 관심을 보이고 동생은 엄마 곁에서 늘 웃고 있다. 미처 보지 못했던 첫째 아이의 속마음을 이해할 수 있는 책이다.

-형제자매 때문에 힘들었던 일과 그것을 잘 해결하는 방법에 대해 이야기를 나눠 보자.

287 화난 책
세드릭 라마디에 지음 | 뱅상 부르고 그림 | 조연진 옮김 | 길벗어린이 | 18쪽 | 2017.04.25 | 11,000원

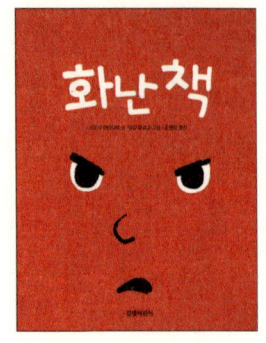

화가 나서 얼굴이 빨개진 책이 말도 함부로 한다. 화난 책을 달래 주고, 책의 이야기를 들어 주니 책의 표정이 밝아진다. 화를 풀어 가는 두 가지 자세를 한 단계씩 차근차근 구체적이고 명쾌하게 알려 준다. 책의 왼쪽 페이지의 화를 달래는 역할과 오른쪽 페이지의 화난 책의 역할을 맡아 한 장씩 넘기면서 책 놀이를 해 보면 재미를 느낄 수 있을 것이다. 그 과정에서 아이는 '화'라는 감정을 알고 스스로 지혜롭게 조절할 수 있을 것이다.

-스스로 화가 났을 때 어떻게 대처했는지 각자의 경험을 이야기해 보자.

혼자서도 잘해요

동물의 새끼들 중에서 인간이 가장 늦게 부모로부터 독립을 한다. 완성도를 높이기 위해 늦게 독립한다고 한다. 요즘은 부모의 간섭으로부터 벗어나 자립하고 싶어하는 아이들이 점점 많아지고 있으며, 나이도 어려지고 있다. 하지만 아이들의 요구에 부모들은 동의할 수가 없다. 부모 눈에는 자식이 아무리 나이가 많아도 어려 보이기 때문이다.

 **함께 읽고 이야기 나누기**

- 부모에 대한 의존도가 높아졌을 때 생길 수 있는 상황에 대해 이야기해 보자.
- '자립하는 힘'이 중요한 까닭에 대해 각자 생각하는 바를 나눠 보자.

288 나무가 된 꼬마 씨앗

크리스티나 발렌티니 지음 | 필립 지오다이 그림 | 최재숙 옮김 | 사파리 | 32쪽 | 2011.03.25 | 9,800원

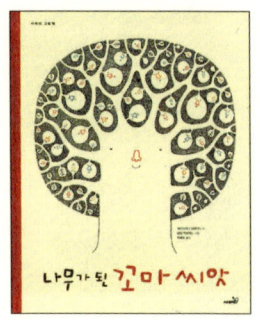

부모는 아이가 원할 때 심리적·물리적으로 독립을 시켜야 한다. 그래야만 하나의 존재로서 우뚝 설 수 있다. 나무도 그렇다. 독립된 나무가 되기 위해 여행을 떠나야 하는 수많은 씨앗들 가운데 작고 여리고 용기가 부족한 한 씨앗과 그 씨앗을 끝까지 품으려는 엄마 나무가 있다. 한 아기 씨앗은 새가 물어가는 바람에 어쩔 수 없이 엄마 나무를 떠나게 된다. 씨앗은 어느 봄날, 꼿꼿한 잿빛 줄기에 어린잎들이 빼곡이 덮인 나무가 되어 자신을 품어 주던 나무와 다시 만난다. 엄마 나무 근처에서 당당하게 자란 어린 나무의 모습이 대견하다.

－각자 부모님으로부터 독립하고 싶은 시기와 그 이유에 대해 구체적으로 이야기해 보자.

289 엄마 껌딱지

카롤 피브 지음 | 도로테 드 몽프레 그림 | 이주희 옮김 | 한솔수북 | 32쪽 | 2017.04.03 | 13,000원

아이의 몸은 빠르게 성장하는데 마음은 더디게 자란다. 엄마와 애착 관계가 형성되지 않은 상황에서 아이가 엄마와 분리되면 스스로 독립하는 순간이 왔을 때, 분리 불안 증세를 보이면서 '엄마 껌딱지'가 된다. 이 작품은 아이가 엄마의 치마 속에서 살면서 조금씩 자연스레 엄마와 분리하여 스스로 독립을 선언할 때까지 기다려 주는 과정을 보여 준다. 아이는 엄마를 떠나 새로운 친구를 사귀고 더 넓은 세상을 접하며 성장한다. 책을 읽으면 아이의 독립이 자연스러운 성장 과정임을 알게 된다.

－부모님으로부터 독립하기에 앞서 스스로 준비해야 할 것들은 무엇일까?

290 엄마 뽀뽀는 딱 한 번만!

토미 웅게러 지음 | 조은수 옮김 | 비룡소 | 40쪽 | 2003.04.23 | 8,500원

발톱이는 엄마가 자신에게 "아기"라고 부르는 것이 무척 싫다. 엄마의 지나친 사랑이 간섭 같아서 사사건건 버릇없이 굴고 반항한다. 엄마인 비단결 여사는 발톱이의 그런 행동에 계속 상처를 받는다. 엄마가 해 주고 싶은 것과 아이가 받아들이는 사랑은 확실하게 다르다. 아이가 원하는 대로 하는 것이 가장 최선의 정답이라는 것을 알려주는 책이다.

- 엄마는 자녀에게 왜 지나친 간섭을 하게 되는 걸까?
- 엄마가 지나치게 간섭할 때 엄마의 기분을 나쁘지 않게 하면서 거절하는 방법을 고민해 보자.

두려움에게 인사하는 법

유년시절 가졌던 두려움과 공포를 생각해 보면 막연함에서 오는 것이 대부분이었다. 특히 잠자리에 들 무렵 어둠 속에서 보이는 희미한 형체들과 작은 소리들이 그러했다. 그런데 잘 살펴보면 낮에 보았던 내 책상 위 스탠드, 옷걸이에 걸려 있는 옷가지들, 가전제품 소리들이 전부였다. 아이들이 두려움과 공포를 어떻게 극복하고 자라나는지 이야기해 주는 책들을 보았다. 어둠의 도움을 받아 어둠 앞에 마주하게 하는 독특한 이야기와 다양한 각도로 화면을 분할하여 빛과 어둠의 경계, 그림자의 깊이를 표현해 보는 즐거움을 더한 책. 또한 어둠은 빛과 마찬가지로 우리 곁에 늘 함께 있음을 이야기해 주는 책. 실체를 알 수 없는 두려움에 맞서면 마음이 단단한 아이로 성장하게 한다.

함께 읽고 이야기 나누기

- 두려움이라는 감정은 나쁜 것일까?
- 두려움을 극복한 각자의 경험을 함께 이야기해 보자.

291 그날, 어둠이 찾아왔어

레모니 스니켓 지음 | 존 클라센 그림 | 김경연 옮김 | 문학동네 | 40쪽 | 2013.09.26 | 11,000원

두려움, 무서움, 불안함 등을 대변하는 '어둠'의 새로운 면을 보게 하는 책이다. 라즐로는 어둠을 싫어한다. 그 어둠은 옷장에 숨어 있거나 샤워커튼 뒤에 앉아 있기도 하면서, 라즐로와 함께 살고 있다. 아침이 되면 어둠은 지하실로 돌아간다. 그러던 어느 날 어둠이 라즐로에게 말을 걸어온다. 라즐로는 용기를 내어 어둠을 따라 캄캄한 지하실로 들어간다. 어둠을 다정한 인격체로 표현하여 신비로우면서도 독자들의 몰입도를 높여 준다. 두려웠던 어둠 속으로 천천히 걸어가는 라즐로의 모습이 인상적이다. 두려움에 맞선 작가의 상상력이 돋보이는 책이다.

- 두려움의 대상이었던 것들에 대해, 그 극복 방법에 대해 이야기 나눠 보자.

292 밤이 무서워?

강보나 지음 | 책내음 | 36쪽 | 2014.12.20 | 10,000원

아이들에게 밤의 무서운 모습을 보여 주면서 두려움을 느끼게 한 뒤, 다음 장면에는 두려움의 정체를 밝혀 주는 방식으로 이야기가 전개된다. 불 꺼진 밤, 창 밖에서 노려보는 것이 귀신일 거라는 생각이 들면 무서움이 밀려온다. 하지만 낮에 확인해 보면 나무가 흔들리고 있었음을 알게 된다. 내가 두려워했던 사물이 일상적인 자연의 모습임을 알고 나면 막연한 두려움에서 벗어날 수 있게 된다. 아이들이 성장하면서 겪는 두려움의 실체를 문답 형식으로 구성하여 재미있게 보여 준다.

- 귀신은 정말 있는 걸까?
- 공포의 대상이었던 것의 실체를 확인하고 안도했던 경험에 대해 이야기해 보자.

마음도 자란다

사람들은 누구나 가벼운 거짓말을 하거나 실수를 저지르기도 한다. 그런데 착하고 순수할 것만 같은 아는 아이가 거짓말을 하면 마치 나쁜 아이가 된 것처럼 여겨지기는 한다. 거짓말을 하고 실수를 저지른다는 것은 아이가 성장하고 있다는 뜻이다. 아동학자들에 의하면 거짓말의 출현은 사회성 발달의 증거라고 한다. 아이들의 성장 과정을 어른들이 어떻게 지켜봐 주어야 할지 생각해 보게 하는 책들을 소개한다. 의도치 않게 사소한 거짓말을 했다가 그것으로 인해 아무것도 하지 못하게 된 아이에게 질책을 할 것이 아니라 살며시 무슨 일인지 물어봐 주면 그만이다. 작은 실수를 저지른 아이의 이야기를 들어주고 아이가 잘못을 바로잡을 수 있도록 시간을 주어야 한다. 아이들의 마음은 그렇게 실수하고 넘어지고 깨지면서 조금씩 성장한다. 여러 가지 일을 겪어보고 자신의 행동에 책임을 지는 과정은 꼭 필요하다. 아이들이 마음의 힘을 키울 수 있도록 어른과 아이가 함께 읽어 보길 권한다.

 **함께 읽고 이야기 나누기**

- 잘못을 인정하게 되면 얻게 되는 점에 대해 이야기해 보자.
- 스스로 전보다 성숙했다고 느껴지는 때가 있었다면, 그 이유에 대해 함께 이야기 나눠 보자.

293 거짓말

카트린 그리브 지음 | 프레데리크 베르트랑, 권지현 옮김 | 씨드북 | 44쪽 | 2016.09.22 | 11,000원

우연히 사소하게 튀어 나온 거짓말이 점점 커져서 마음이 무거웠던 경험을 누구나 해봤을 것이다. 작은 거짓말을 했는데 아무도 모르고 있으면 호기심이 생겨서 또 거짓말을 해 본다. 그런데 이상한 일이 벌어진다. 거짓말을 하는 아이 주변에 빨간 점이 생기고 점점 커져 버린다. 거짓말을 하면 생기는 빨간 점을 없애려고 진정한 용기를 내는 주인공처럼, 우리 아이들에도 야단보다는 잘못된 행동을 바로잡을 기회를 줘야 한다. 아이들에게 잘못을 뉘우치고 바로잡을 마음의 힘이 있음을 믿어 보자. 그리고 아이가 진심으로 반성할 때까지 기다려 주는 어른의 인내심도 필요하다.

- 어렸을 때 거짓말을 해 본 적이 있다면 고백하는 시간을 가져 보자.
- 누군가의 거짓말을 확인했을 때, 어떻게 반응하는 게 좋을까?

294 세상에서 제일 무거운 황금 접시

버나뎃 와츠 지음 | 김서정 옮김 | 봄볕 | 36쪽 | 2016.07.26 | 13,000원

이소벨은 친구 집에 놀러 갔다가 벽에 걸려 있는 예쁜 황금 접시를 보고 마음을 빼앗긴다. 반짝반짝 빛이 나는 접시를 자기도 모르게 얼른 주머니에 넣어서 집으로 가져온다. 그때부터 이소벨의 마음은 한없이 무겁고 불편하기만 하다. 황금 접시를 꺼내 책장 위에 올려놓았지만 이상하게도 전혀 예쁘지 않다. 그토록 예뻤던 접시는 이제 더 이상 보고 싶지 않다. 이소벨은 엄마에게 이 사실을 털어놓는다. 엄마의 조언으로 이소벨은 용기를 내어 엘리자베스에게 황금 접시를 돌려주고 용서를 구한다. 사람은 누구나 잘못을 저지를 수 있다. 그리고 그 잘못은 바로잡으면 된다. 아이들에게 마음의 무게가 어떤 것인지 생각해 보게 하는 책이다.

- 마음의 무게를 느꼈을 때가 있다면, 그 경험을 이야기해 보자.

역할과 책임에 대한 생각

쓸모없어 보이는 물건에 집착하는 아이가 있다. 아빠는 그런 아이의 마음을 잘 이해해 준다. 아이도 자기 물건에 짧고 긴 이야기까지 만들어 붙이며 물건을 지키려 한다. 자기 방도 정리하지 않는 제멋대로인 아이가 있다. 일상생활을 책임지지 않는 아이에게 엄마는 엄청난 과제를 준다. 이 아이는 엄마의 과제로 하여금 아주 색다른 경험을 하게 된다. 아주 작은 역할이라도 자신에게 꼭 맞는 일을 맡아 충실히 제 몫을 다하는 무당벌레도 있다. 다 함께 노를 젓는 조정 경기에서 타수를 맡은 이고르는 팀을 승리로 이끈다. 물론 이고르 혼자만의 노력은 아니다. 경기에 임하는 모든 선수들이 각자 책임을 다한 결과다. 책임을 지려 하지 않는 것도 문제지만 맡은 일만큼은 책임지고 마무리하는 자세가 한 사회를 건강하게 만드는 원동력이 될 것이다.

 **함께 읽고 이야기 나누기**

-책임에 있어 역할의 크고 작은 비중이 상관이 있는지 이야기해 보자.
-역할에 따른 책임을 다하지 못할 경우 발생하는 문제에 대해 사례를 들어 이야기해 보자.

295 안 버려, 못 버려, 모두 소중해!

페트라 포스테르트 지음 | 옌스 라스무스 그림 | 김희상 옮김 | 씨드북 | 36쪽 | 2015.12.15 | 11,000원

아이들에게 보물은 값비싼 것이 아니다. 아이들은 작고 사소한 물건이지만 자기에게 의미가 있는 것을 소중하게 여긴다. 아이들은 놀다가 색깔이 독특하게 생긴 것을 주워서 기뻐하며 주머니에 넣거나 보물 상자를 마련하여 넣어 두기도 한다. 짐의 아빠가 빨랫감을 정리하면서 짐의 옷에서 나온 녹슨 열쇠, 단추, 돌멩이를 그냥 버리자고 하지만 짐은 모두 다 소중한 것이라며 못 버린다. 그리고 아빠에게 물건에 담긴 이야기를 들려주며 어떻게든 자신의 보물을 지켜내려 한다. 자신이 소중하다고 생각하는 물건에 대한 책임은 아주 작은 것에서부터 시작한다. 독자들도 작은 물건을 보며 어떤 이야기가 담겼을지 상상력과 감수성을 발휘해 보자.

- 책임감에 대한 압박을 느껴본 일이 있다면 그때의 감정에 대해 이야기해 보자.
- 어른들과 아이들이 보물로 삼는 물건은 왜 다를까?
- 자신이 어렸을 때 소중하게 보관했던 보물이 있으면 소개해 보자.

296 엄마 말 안 들으면… 흰긴수염고래 데려온다!

맥 바네트 지음 | 애덤 렉스 그림 | 장미란 옮김 | 다산기획 | 40쪽 | 2010.07.26 | 16,000원

대부분의 어른들은 아이가 초등학교에 입학을 하면 생활 태도가 바뀌기를 기대한다. 어른들 말도 잘 듣고, 물건을 쓰고 나면 스스로 정리를 해야 한다고 말한다. 하지만 빌리는 장난감을 가지고 놀 때 정리할 것을 생각하지 않고 논다. 빌리가 자기 방 정리정돈을 몇 차례나 하지 않아서 엄마는 흰긴수염고래를 키우라는 벌을 준다. 빌리는 흰긴수염고래를 키우면서 어쩔 수 없이 귀찮고 어려운 일을 하게 된다. 엉뚱하고 황당한 설정이기는 하나 흰긴수염고래에 대한 흥미로운 일을 알게 된다. 판타지적인 요소와 유머러스한 내용이 책의 재미에 빠지게 한다.

- 반려동물에 대한 책임은 누구의 몫인지 사례를 들어 이야기해 보자.
- 스스로 하는 정리정돈은 몇 살부터 하는 게 좋을까?

297 큰 소리로 하나 둘 하나 둘

휘도 판 헤네흐텐 지음 | 최진영 옮김 | 책속물고기 | 32쪽 | 2014.08.15 | 11,000원

꼬마 무당벌레 이고르는 조정선수다. 어리고 몸집이 작지만 목소리는 크다. 이고르는 노를 잡지는 않지만 물결의 세기나 방향을 보고, 배의 속도와 방향을 결정하는 중요한 역할을 한다. 큰 목소리로 경기 상황과 물결의 상태를 알려 주고, 동료 선수들을 격려하기도 한다. 이고르가 노를 젓지 않지만 배에서 꼭 필요한 선수임을 동료는 물론 자신도 알고 있다. 이르고는 제 역할을 하기 위해 큰 소리 내기를 정말 열심히 연습한다. 다른 선수들도 제 역할을 열심히 하고 힘을 모아서 배를 힘차게 움직인다.

- 조정 경기에서 이고르의 역할이 중요한 까닭은 무언인지 이야기해 보자.
- 자신의 역할을 다해 보람있었던 경험에 대해 이야기해 보자.

이런 지지자만 있다면

아이들에게 엄마나 아빠만한 아군은 없다. 엄마 아빠가 아니라면 아이를 돌보는 이들은 누구라도 아이들의 모든 것을 지지하고 응원해야 한다. 누구도 모든 면에서 완벽할 수는 없고, 아이들은 세상을 배워나가는 단계이기 때문이다. 그런 시기에 듣게 되는 부정적인 말과 반응들은 아이에게 아무 도움이 되지 못한다. 엄마의 응원과 할머니의 성원과 이웃의 아낌없는 지지가 아이를 건강하게 자라도록 돕는다. 몸을 키우는 어떤 지원도 마음을 응원하지 않는다면 해가 된다. 자존감을 벅차게 느끼고, 세상에 쓸 만한 자신의 모습을 발견하며, 어떤 상황에서도 유연하게 대처할 수 있는 아이 뒤에는 언제나 든든한 지원군이 있기 마련이다. 여기 세 권의 책에 그런 지원군이 등장한다.

 **함께 읽고 이야기 나누기**

-자존감을 높이는 요소로는 어떤 것이 있을까?
-한 사람의 성장에 있어 자존감이 미치는 영향에 대해 이야기해 보자.

298 엄마가 너에 대해 책을 쓴다면
스테파니 올렌백 지음 | 김희정 옮김 | 청어람아이 | 40쪽 | 2017.04.21 | 12,000원

부모가 자녀에게 기대하는 바는 말할 수 없이 많다. 이 책은 엄마의 입장에서 아이를 위한 책을 쓰게 될 때 어떤 기대와 꿈을 담을 것인지 들려준다. 엄마가 바라는 아이는 사람들의 마음을 사로잡고 맑은 빗방울과도 같은 심성과 곧은 심지, 따뜻한 마음을 지니는 것이다. 자신의 손으로 키운 아이에 대한 이야기니 모든 면에서 긍정적이고 희망적인 말로 피력한다. 아이는 자신을 바라보는 엄마의 마음을 알게 되고 엄마는 미처 기억하지 못한 순간들을 발견하며 행복해 한다. 이런 엄마의 이야기를 들으면 아이들 스스로도 자신이 얼마나 소중한 존재인지 새삼 깨닫게 될 것 같다.

- 누군가를 배려하고 격려하는 구체적인 방법에 대해 논의해 보자.
- 지지자가 있을 때와 없을 때의 삶의 자세는 어떻게 다를지 이야기해 보자.

299 저를 돌봐 주면 되죠!
로렌츠 파울리 지음 | 미리엄 체델리우스 그림 | 김경연 옮김 | 노란상상 | 40쪽 | 2016.04.25 | 11,000원

세상의 위험에 대해 늘 걱정하며 사는 아이가 있다. 아이는 모든 것을 조심하고 피해 다니며 나쁜 일이 일어날까 봐 어떤 시도도 하지 않는다. 반면 무슨 일이 일어나도 상관없고, 필요하다면 시간을 만들어서라도 즐기는 아저씨가 있다. 그러고 보니 거꾸로 된 것 같다. 틀에 박힌 생각과 자신만의 기준에 맞춰 모든 일을 사전에 막아버리고, 변화 그 자체를 싫어하는 것은 기성세대의 흔한 모습이 아닌가. 멋대로 하려 들고 자기 시간을 즐기며 규제와 틀을 싫어하는 것이 본래 아이들의 속성이다. 아이들을 지지하고 돌보기엔 무조건 모든 걸 제한하는 어른보다는 아이 같은 마음을 간직한 어른이 적격이다. 신나게 놀고 세상의 멋진 것들을 즐기는 맛을 알게 된 아이는 아저씨와 함께 일요일에만 먹기로 한 쿠키를 즐긴다. 일요일이 아닌데도 말이다.

- 누군가를 돌봐 준 경험이 있다면 그때의 기분을 이야기해 보자.

300 커다란 악어 알

김란주 지음 | 타니아손 그림 | 파란자전거 | 34쪽 | 2013.12.23 | 10,500원

커다란 악어 알에서 나온 아주 작은 새끼 악어가 있다. 악어 가족은 새끼 악어가 태어나자마자 부정적인 말을 쏟아낸다. 너무 작아 악어로서 할 수 있는 어떤 것도 해내지 못하게 될 거라는 말들이다. 그런 말들만 듣다 보니 새끼 악어는 잔뜩 주눅이 들어 점점 아무것도 할 수 없게 된다. 그런데 어느 날 찾아온 할머니의 한마디가 새끼 악어의 모든 것을 바꿔 놓는다. 식물에게도 부정적인 말을 계속 들려주면 덜 자라거나 꽃을 늦게 피우고 열매를 맺지 않기도 한다. 긍정의 말 한마디가 이뤄낸 희망의 씨앗이 어떤 이의 삶 전체를 바꿔 놓을 수도 있다. 특히 아이들은 미완의 존재다. 아프게 찌르는 말들보다 격려하고 북돋우며 지지하는 말이 더 힘이 될 것이다.

-칭찬과 격려는 삶을 변화시키는 데 실제로 도움이 되는지 이야기해 보자.

책 보는 삶

책을 읽는 삶이 그렇지 않은 삶에 비해 더 고단할 수 있지만 적어도 아이들이 어둠 속에서 살아가게 해서는 안 된다. 이야기가 얼마나 큰 영향력을 가졌는지 알려주는 책이 있다. 책과의 만남이 쉬워보여도 평생 책 한 권을 가질 수 없어 목이 타는 아이도 있다. 그런 아이들에게 책을 배달해 주고 지식에 대한 갈증을 해소해 주는 이들의 숨은 노력이 고맙다. 책보다 재미나는 것이 더 많아진 현재의 아이들에게 책이 들려주는 이야기를 담은 책도 있다. 책으로 어둠을 깨치고 꽃을 피우며 영원한 삶에 대해 알게 되는 아이들이 들려주는 이야기는 그래도 책에 대한 희망을 버리지 않게 해 준다.

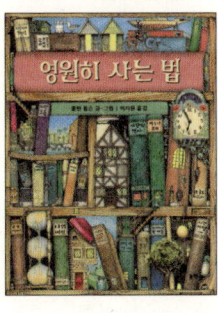

책을 통해 만나는 이야기의 힘

이야기가 위대한가, 이야기를 제멋대로 휘두르는 작가가 위대한가? 이야기는 어느 곳 어느 시간에도 존재할 수 있지만 그 이야기를 들어주는 이가 없다면 어떤 의미도 가질 수가 없다. 그렇게 이야기는 모닥불 주변에서 두루마리 양피지에서 광장에서 이야기를 듣는 이들과 함께 전해져 왔다. 이번에 소개하는 책들과 함께 이야기가 주는 많은 것들을 경험해 보자. 책을 만드는 데 자기주장만 고집하는 작가가 있다. 본인 취향의 문학성을 강조하다가 재미없어진 아빠의 이야기를 자기가 좋아하는 이야기로 살짝 바꾸는 아기 곰의 이야기도 있다. 이야기를 어떻게 만드는지 알려주는 책도 있다. 이 한 권이면 이야기를 만들고 책을 쓰는 데 더 이상 두려움은 없을 것 같다. 어떤 책은 이야기 속 주인공의 실제 모델을 찾아 그에 얽힌 사연을 들려준다. 이야기의 힘은 캐릭터를 살리고 그 캐릭터는 이야기의 힘을 더 강하게 증폭시킨다. 책에 푹 빠진 아이의 이야기도 있다. 책의 바다에서 이야기를 즐기며 마음껏 노는 아이 모습은 더할 나위 없이 행복하다. 이야기의 힘은 그런 것이다.

 **함께 읽고 이야기 나누기**

- 이야기가 가진 힘에 대해 의견을 나눠 보자.
- 스토리텔링이 현대 조직 사회에서 효과적인 커뮤니케이션 방법으로 활용되는 까닭은 무엇일까?

301 나는 이야기입니다

댄 야카리노 지음 | 유수현 옮김 | 소원나무 | 36쪽 | 2017.02.10 | 12,000원

이야기는 어디에서 오는지 그리고 어떻게 전해지는지에 대한 모든 것을 담은 책이다. 이야기는 아주 오래 전에 시작되었고, 여러 가지 방법으로 보전되었으며 시대에 따라 수정되고 때로 핍박도 받으며 명맥이 유지되며 이어지고 있다. 모닥불 주변에서 스마트폰까지 끊이지 않는 이야기의 힘은 위대하다. 간략하면서도 구체성을 잃지 않은 일러스트가 이야기의 힘을 전달하는 데 큰 몫을 한다.

– 이야기를 담아 전해 준 매체들을 시대 순으로 정리하고 장단점에 대해 이야기해 보자.

302 사자 사냥꾼 클로이의 끝없는 이야기

맥 바네트 지음 | 애덤 렉스 그림 | 고정아 옮김 | 다산기획 | 48쪽 | 2015.01.12 | 12,000원

모든 책은 이야기를 지어내는 사람으로부터 시작한다. 하지만 출간되기까지 많은 이들과 함께 논의해야 좋은 책을 완성할 수가 있다. 이 책은 이야기를 만들어낸 글 작가가 자기 마음대로 그림과 캐릭터의 성격을 바꾸고 고치는 바람에 일어난 소동을 보여 준다. 결국 이야기는 산으로 가고 이도저도 아닌 상황이 오자 글 작가는 사자 먹이로 던져준 화가를 다시 불러온다. 사실 출판 현장에서 참 많이 볼 수 있는 풍경이다. 작가들뿐 아니라 어떤 일에서도 주도권을 자신이 쥐었다고 생각하는 사람들의 횡포는 어마어마하다. 이야기가 제자리를 찾고서야 글 작가는 자신의 생각을 수정하게 된다. 다행이다.

– 여러 사람이 하나의 목표를 갖고 함께 일할 때, 각자에게 어떤 태도가 필요한지 이야기해 보자.

303 아빠 곰은 모르는 이야기

구스타보 롤단 지음 | 김지애 옮김 | 씨드북 | 42쪽 | 2017.06.05 | 12,000원

인간을 주인공으로 글을 쓰는 아빠 곰이 있다. 쉬지 않고 어마어마하게 많은 양의 글을 써낸다. 아빠 곰의 초고를 맨 처음 읽어야 하는 아기 곰은 너무 피곤하다. 아기 곰의 취향은 꽃과 바람과 기타 등등 서정적인 문학을 선호하는 아빠 곰과는 달랐기 때문이다. 어느 날 아기 곰은 잠든 아빠의 원고를 자기 스타일로 좀 고친다. 출판사에서는 그 책을 출간하자고 연락을 해온다. 사실 아빠 곰은 아기 곰이 한 일을 알고 있었다. 작가들은 늘 문학성과 대중성 사이에서 고민한다. 자기만의 문학성을 너무 고집할 일도 아니지만 그렇다고 대중의 입맛만 따라다녀서도 안 되니 너무 어려운 딜레마다. 작가는 아무나 하는 것이 아닌가 보다.

- 문학성과 대중성 각각이 가진 힘에 대해 이야기해 보자.
- 문학성과 대중성의 관계는 어떻게 조절해야 할까? 이야기해 보자.

304 아직 멀었어요?

댄 샌탯 지음 | 고정아 옮김 | 아르볼 | 40쪽 | 2016.08.16 | 12,000원

"아직 멀었어요?" 아이와 함께 자동차 여행을 할 때면 차 안에서 반복적으로 듣는 소리다. 출발은 신나게 했지만 아이들은 지루하게 흘러가는 시간을 견디지 못한다. 그러니 그 시간을 조금이라도 덜 지루하게 만들기 위해 아이는 이런저런 일을 벌인다. 거의 같은 속도로 달리고 있지만 너무 지루하다 보니 시간이 거꾸로 흐르는 듯한 느낌이 들었나 보다. 아이는 책을 한 바퀴 돌려 거꾸로 들고 보게 만들면서 시간을 거슬러 여행을 시작한다. 급기야 할머니 댁에는 공룡 등에 업힌 채로 도착하게 된다. 이런 이야기는 처음이다. 시간 여행과 책의 구조를 적절히 접목하여 짧은 그래픽 노블과도 같이 읽을 수 있다. 애니메이션 감독인 작가의 그림도 한몫한다.

- 시간 여행은 이론상으로는 가능하다. 시간여행이론 6가지를 알아보고 그 이론들을 비교하여 이야기해 보자.

305 위니를 찾아서

린지 매틱 지음 | 소피 블래콜 그림 | 정회성 옮김 | 미디어창비 | 68쪽 | 2016.03.02 | 15,000원

오랫동안 우리 곁에서 친구가 되어 준 '아기 곰 푸'의 이야기는 어디서 시작되었는지 알려주는 책이다. 수의사 해리 콜번과 만난 엄마 잃은 아기 곰은 군대와 함께 이동하며 지내게 된다. 이때의 이름은 '위니'다. 이후 아기 곰은 바다를 건너 참전하게 된 군대를 따라갈 수 없는 상황이 되자 런던 동물원에 맡겨진다. 이 동물원에서 지내는 동안 유독 위니를 좋아하고 자주 찾아오는 아이가 있었다. 그 아이의 아버지가 바로 '곰돌이 푸'의 작가다. 아들 크리스토퍼 로빈이 너무도 사랑하는 곰돌이 푸에 관한 이야기를 쓴 책은 전 세계의 어린이들을 사로잡았다. 푸의 실제 모델 위니에 대한 놀라운 사실은 암컷이었다는 것이다.

-곰돌이 푸처럼 다른 이야기 주인공들의 유래나 시작을 찾아보자.

306 이야기는 어떻게 만들까?

페르닐라 스탈펠트 지음 | 이미옥 옮김 | 시금치 | 32쪽 | 2017.05.07 | 10,000원

제목 그대로 이야기를 어떻게 만들 것인가에 대한 책이다. 글쓰기를 두려워하는 아이들에게 이야기가 여러 가지 방법으로 만들어질 수 있다는 것을 알려준다. 글 한 줄, 사진이나 그림 하나만으로도 이야기는 만들어진다. 그것을 긴 이야기로 늘여 쓰는 기법도 알려주며 이야기에 담길 주제와 연결시킬 수 있도록 알려준다. 그림을 그려가며 표현과 감정 등을 보여 주는데 그림은 마치 아이들이 쓱쓱 그린 듯하다. 이야기 쓰기에 도전하고 싶은 아이들에게 도움이 될 것이다. 글과 그림으로 이야기를 들려주듯 글쓰기로 안내하는 이 책은 청소년들이 더 좋아할 수도 있겠다.

-이야기 만들기를 이야기로 들려주는 것은 어떤 장점이 있는가?
-모든 분야에 적용되는 스토리텔링이 설득력을 갖는 까닭은 무엇일까?

307 작은 파도

이자벨 미노스 마르틴스 지음 | 야라 코누 그림 | 최혜기 옮김 | 산하 | 2014.08.13 | 36쪽 | 11,000원

책의 바다에 풍덩 빠진 아이가 있다. 바다와 책 읽기를 사랑하는 아이가 바다에 대해, 책에 대해, 삶의 두려움에 맞서는 자세에 대해 들려준다. 책의 구조를 활용한 그림은 책 자체가 바다처럼 보이게 만든다. 주인공 아이는 독자들에게 말을 걸기도 한다. 아이들은 주인공과 이야기를 주고받는 기분으로 바다와 책을 여행할 것이다. 고도의 상상력과 기획이 더해져 만든 그림책이다. 그저 바닷가에서 책 보고 헤엄치고 하는 이야기로 보일 수도 있다. 하지만 책 자체를 바다로 만들어 버리는 대담함이, 바다를 책 속으로 끌고 들어온 재치가 이 책의 강점으로 빛난다.

- 이야기에 빠져 두려움이나 슬픔 등과 같은 감정적 동요를 일으킨 적 있는가?
- 바다 외에 책 자체에 대한 비유가 될 수 있는 것에 대해 이야기해 보자.

새로운 삶을 여는 책을 만남

지금은 누구나 아무 때나 책을 볼 수 있는 시대다. 꼭 돈을 주고 사지 않더라도 서점에서 도서관에서 얼마든지 볼 수가 있다. 하지만 그런 혜택을 받기 시작한 것은 얼마 되지 않았다. 산골짝 깊은 곳 학교도 없는 마을의 한 아이는 자신이 가진 책 딱 한 권을, 내용을 다 외울 정도로 읽고 또 읽는다. 그런 아이에게 어느 날 당나귀 두 마리가 싣고 온 책은 인생 최고의 선물이었을 것이다. 친구를 통해 책의 재미를 깨닫게 된 아이도 있다. 책 속의 책을 들여다보며 놀이하는 기분으로 동물 친구들을 만날 수도 있다. 어떤 아이는 이야기 속으로 직접 들어가 새 이야기를 만들기도 한다. 책만 읽으면 불이 붙으니 결말을 읽은 적 없는 아기 용은 생쥐의 도움으로 책을 끝까지 읽을 수 있게 된다. 그 행복은 말로 다 할 수 없는 것이었다. 책을 통해 새로운 세상을 만나고 이전과는 다른 삶을 살게 되는 아이들이 더 많아졌으면 좋겠다.

 **함께 읽고 이야기 나누기**

- 책이 나를 변화시킨 적이 있는가? 경험을 나누어 보자.
- 책을 읽고 나서, 지금까지와는 다른 시선으로 세상을 보게 되는 이유는 무엇일까?

308 당나귀 도서관

모니카 브라운 지음 | 존 파라 그림 | 이향순 옮김 | 북뱅크 | 32쪽 | 2014.03.20 | 12,000원

사서 루이스 소리아노 보르케스에 대한 실제 이야기를 그림과 함께 소개하는 책이다. 외진 산골짜기 농가의 딸 아나는 열심히 책을 읽는다. 동생이 잠들기 전 책을 읽어 주는 일도 도맡아 한다. 하지만 집에 있는 단 한 권의 책은 다 읽고 외울 정도였다. 아나는 동생에게 이야기를 지어내 들려주곤 했다. 그런데 어느 날, 아침 당나귀 발굽 소리와 함께 책을 잔뜩 실은 당나귀 두 마리와 사서선생님이 나타난다. 아나는 뛸 듯이 기뻤고 이제는 매일 당나귀 도서관이 오기를 기다리며 지낸다. 도서관도 서점도 학교도 없는 산골짜기의 아이들이 책을 만날 기회는 거의 없다. 작가는 오지의 아이들에게 책을 전해 주는 이동도서관이 얼마나 소중한 것인가를 들려주고 싶었다고 한다.

- 가까운 도서관에 찾아가 본 적 있는가? 도서관의 장점에 대해 이야기해 보자.
- 책을 마음껏 볼 수 있는 도서관, 서점 등이 없다면 어떻게 될지 생각하고 이야기해 보자.

309 브루노를 위한 책

니콜라우스 하이델바흐 지음 | 김경연 옮김 | 풀빛 | 32쪽 | 2003.05.20 | 10,500원

갖고 놀 장난감이 많은 브루노에게 책은 그저 지루한 물건일 뿐이었다. 그러니 올라를 이해할 수가 없다. 게다가 자기에게 왜 자꾸 같이 책을 읽자고 하는지 모를 일이다. 올라는 꾀를 내어 브루노가 자연스럽게 책 속으로 빠져들게 만든다. 세상 두려울 것 없이 놀기를 좋아하던 브루노는 책을 통해 자신이 경험하지 못했던 상황과 감정들을 겪고 한층 성숙한다. 이야기를 끌고 가는 작가의 상상력이 대단하다. 글 없이도 이렇게 스펙터클할 수 있다니 놀랍다. 책의 매력을 맛본 브루노가 다음엔 어떤 책을 선택하게 될지 기대된다.

- 브루노가 책 읽기를 싫어하게 된 이유를 찾아 이야기해 보자.
- 책 읽기의 매력이 무엇이라고 생각하는가?
- 책 읽기를 좋아하게 하는 방법이 있다면 이야기해 보자.

310 이 작은 책을 펼쳐 봐

제시 클라우스마이어 지음 | 이수지 그림 | 이상희 옮김 | 비룡소 | 40쪽 | 2013.01.02 | 15,000원

책을 펼치면, 각 책장의 크기가 점점 작아지는 책 속의 책들이 차례로 나온다. 책의 색깔도 다양하다. 하나로 연결된 이야기는 캐릭터의 특성을 살리면서, 서로 연결지어 재미를 더한다. 주황색 책 다음엔 당근을 좋아하는 토끼가 나온다. 빨간색 다음엔 무당벌레. 엄지만 등장하는 맨 마지막 책속의 거인은 책을 읽는 독자다. 놀이와 이야기를 동시에 경험할 수 있도록 구성하여 지루할 틈이 없다. 누구는 무엇을 좋아하나 식의 연결고리를 찾을 수도 있어 책 보는 즐거움이 배가될 듯하다. 흔히 보던 책과는 구조부터 다른 책이어서 읽는 동안 매번 색다른 상상을 펼칠 수 있을 것이다.

- 책의 내용과 구조는 어떤 상관관계가 있는가?
- 이야기를 꾸밀 때의 상상력과 책을 만들 때의 상상력이 합쳐지면 어떤 일이 벌어질까?

311 책 속으로 들어간 공주

알랭 세레스 지음 | 상드라 푸아로 세리프 그림 | 이정주 옮김 | 개암나무 | 56쪽 | 2014.12.31 | 12,000원

아이가 잠들기 싫어 떼를 쓰며 책을 읽어달라고 한다. 그런데 엄마 아빠가 읽어 주는 책들은 늘 거기서 거기다. 매번 같은 책 몇 권을 돌려가며 읽어 준 것이다. 책 읽어 주는 소리를 들으며 잠깐 잠든 사이에 아빠 엄마도 잠들었다. 자다 깬 아이는 이야기 속으로 들어가 공주 역할을 하며 이리도 가고 저리로도 간다. 모험을 마치고 돌아온 아이는 아빠 엄마 품에서 잠이 든다. 그렇게 모두 네 편의 이야기가 실려 있다. 아이들이란 존재는 만족할 만큼 충분히 이야기를 즐겨야 잠자리에 드는가 싶다. 불만 가득한 아이 얼굴이 계속 생각나는 책이다.

- 기존의 이야기 속 주인공들이 등장하는 새로운 이야기에 내가 주인공이 되어 한 편의 글을 완성해 보고 감상을 나누자.
- 재미있는 이야기를 듣고 만족감을 느낀 적이 있는가? 이야기의 본질과 속성에 대해 알아보자.

312 책 속의 책 속의 책

요르크 뮐러 지음 | 김라합 옮김 | 비룡소 | 30쪽 | 2005.05.11 | 12,000원

거울 속의 끝없는 거울, 책 속의 책, 무한히 이어지는 심연과 같은 이미지가 계속된다. 가만히 보니 그 끝에 이 책의 작가가 있다. 뭔가 도움을 청하는 눈치다. 끝나지 않는 이야기 속에 갇힌 작가는 그곳으로부터 빠져나오고 싶어 한다. 작가는 그 심연으로부터 탈출할 수가 있을까? 3D 안경을 쓰고 보면 독자마저 책 속에 갇힌 느낌을 준다. 환상과 현실의 경계를 허무는 독특한 창작물이다. 독자들은 이야기 속의 이야기를 접하는 동안 예전과 다른 인식의 확장을 경험하게 될 것이다.

- 이 책은 미장아빔(mise en abyme)기법을 적용하여 현실과 환상의 경계를 허무는 실험적인 작품이다. 미장아빔에 대해 좀 더 알아보고 액자 기법과 비교하여 이야기해 보자.
- 작가가 이런 기법을 사용한 이유는 무엇일까?

313 책 읽는 유령 크니기

벤야민 좀머할더 지음 | 루시드 폴 옮김 | 토토북 | 24쪽 | 2015.07.03 | 10,000원

선물로 받은 책 속이 텅 비어 있다. 크니기는 너무 황당했지만 혹시라도 글씨가 있을까 책을 이리 저리 뒤적거린다. 자신의 책 읽는 방법이 혹 잘못된 것은 아닌지 이렇게도 읽어 보고 저렇게도 살펴본다. 도서관의 책들도 텅 비어 있다. 유령도서관이라서 그런가? 고민하던 크니기에게 책 속 글씨가 보이는 순간이 온다. 책이 보이자 온 세상이 다 아름답다. 글 읽기 책 읽기가 모두 익숙하지 않다면 아이들은 어떤 고민을 할지 궁금했었다. 책을 장난감처럼 생각할 수도 있고 가구나 장식품으로 생각할 수도 있을 것이다. 하지만 읽기의 재미를 알기만 하면 책에 관해 이전과는 다른 세계가 열린다는 것을 크니기가 보여 준다.

- 읽는 재미를 알게 해 준 책을 떠올려보고, 그 이유에 대해 이야기해 보자.
- 번역의 묘미는 무엇일까?

314 책을 사랑한 아기 용 던컨

아만다 드리스콜 지음 | 송화 옮김 | 스케치북스 | 40쪽 | 2016.08.30 | 12,000원

책 읽기를 정말 사랑하는데 재미있어지려고 할 때마다 불이 붙어버려 곤란한 아기 용이 있다. 그저 신이 나서 '불붙었다'라고 하는 것과는 좀 다르다. 던컨이 책에 재미가 좀 붙을라치면 진짜로 불이 붙어 책도 태우고 이야기도 날아가 버리는 일이 매번 생긴다. 상황이 이러니 던컨은 늘 책의 마지막이 어떻게 되는지 알지 못한다. 너무 속상해서 울고 있는 던컨에게 선물처럼 책 읽어 주는 친구가 나타난다. 친구와 함께 책을 끝까지 읽을 수 있게 된 던컨은 책을 더 좋아하게 된다. 책을 끝까지 읽을 수 없어 못내 아쉬운 일이 일상적인 상황인지는 모르겠다. 작가의 의도는 책을 좀 더 사랑해 달라는 것인 듯하다. 책 때문에 속상한 던컨의 마음은 독자들이 헤아려 줄 것이다. 오히려 '나는 책 읽을 때 그렇게 불붙지 않아서 다행이야.'라고 생각하며 열심히 책을 읽을지도!

–책 읽기에 불붙어 본 적이 있는가? 그런 경험이 있다면 이야기 나누어 보자.

책이 우리에게 들려주는 이야기

만약 내가 책의 입장이라면 사람들에게 어떤 말을 하고 싶을지 생각해 보기 바란다. 책을 읽거나 읽지 않거나 책을 두고 생각하는 바는 다 다를 것이다. 하지만 책이 원하는 것은 그리 복잡하지는 않을 듯싶다. 책에 관한 한 어느 누구 못지않게 많이 읽은 사람들이 들려주는 이야기도 있다. 그들의 글에 붙인 그림은 더 진지하게 글이 말하는 의미를 증폭시킨다. 책을 통해 금기를 깨고 다른 세계로 들어가 모험을 하게 된 아이들도 있다. 어떤 아이는 금지된 책으로부터 읽은 이야기를 바탕으로 어두운 세상에서 사라진 꽃을 다시 피워내기 위해 씨를 뿌리게 된다. 읽지 말라는 책을 읽은 대가는 아이와 아이가 살고 있는 세계를 어둠으로부터 밝혀낸다. 책이 가진 가치는 무한하다. 책을 읽는 것만으로도 꽃 한 송이만큼의 빛과 같은 변화를 기대하는 것은 무리일까?

 **함께 읽고 이야기 나누기**

-'책 읽는 것 자체를 즐겨라'라는 말은 무슨 뜻인지 생각하고 이야기해 보자.
-책 읽기를 통해 무엇을 얻을 수 있을까?

315 내가 책이라면
쥬제 죠르즈 레트리아 지음 | 안드레 레트리아 그림 | 임은숙 옮김 | 국민서관 | 64쪽 | 2012.11.26 | 12,000원

책을 읽는 독자들에게 책이 들려주는 이야기다. 노년의 작가에게 책이 주는 의미는 남다를 것이다. 스스로가 책이라면 어떤 기분으로 무엇을 사람들에게 원하게 될지 풀어 놓았다. 글쓴이와 그린 이는 부자지간이다. 간단한 그림과 짧은 글 안에 책을 대하는 태도와 읽는 방식, 책을 읽는 이들이 꾸었으면 하는 꿈들이 담겨 있다. 어려운 경우처럼 들릴지 모르나 그림과 함께여서 낮은 연령의 아이들도 충분히 이해할 만하다. 책을 좀 읽은 아이들과 청소년 이상의 독자라면 책에 대한 생각을 가슴 깊이 새기게 될 이야기다.

-스스로 책이 되어 자신의 이야기를 해 보자.

316 책그림책
헤르타 뮐러, 밀란 쿤데라 외 지음 | 크빈트 부흐홀츠 그림 | 장희창 옮김 | 민음사 | 124쪽 | 2001.02.20 | 15,000원

세계 문학사의 거장들이 쓴 글과 크빈트 부흐홀츠의 그림이 만났다. 르네 마그리트를 연상시키는, 현실을 초월한 듯 보이는 그림이 글과 만나 책과 사람의 관계를 다양하게 음미하도록 한다. 번역이 애매해서 원문을 궁금하게 만드는 부분도 있지만, 시처럼 음악처럼 서술한 글은 아련하면서도 폐부를 찌르고 그림의 은유도 매번 빛을 발한다. 책을 두고 이런 이야기까지 쓸 수 있을까 싶다. 일단 읽어 보자.

-책은 내게 어떤 의미인지 이야기해 보자.
-마음에 드는 한 편을 골라 글과 그림을 함께 감상한 것을 나눠 보자.

317 영원히 사는 법

콜린 톰슨 지음 | 이지원 옮김 | 논장 | 36쪽 | 2010.04.10 | 9,800원

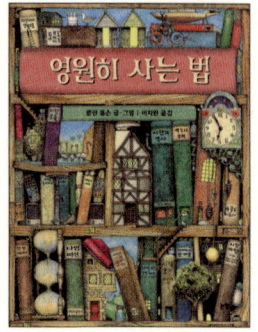

인류가 펴낸 모든 책이 한꺼번에 모여 있는 곳, 바로 도서관에서 일어나는 이야기다. '모과류' 책에 사는 피터는 '영원히 사는 법'이란 기록 카드를 발견하고 그 책을 찾아 나선다. 문 닫은 밤 도서관에서 벌어지는 이야기는 상상을 초월한다. 책마다 그 속에 살고 있는 존재들이 깨어나고 적막할 것 같은 밤의 도서관은 저마다의 생을 꾸려가는 하나의 세계가 된다. 그림의 디테일이 굉장하다. 도서관에 관한 상상력을 이만큼 담은 책은 없었다. 화려하고 웅장한 그림을 보느라 중요한 메시지를 놓치게 될 수도 있다. 피터가 찾아 나선 책이 간직한 비밀, 영원히 사는 법에 관한 답은 책으로 확인하기 바란다.

- 영원히 사는 법이 있다면 어떻게 하겠는가?
- 문 닫은 도서관에서 한밤에 일어나는 일에 관한 비슷한 설정의 이야기들과 비교하며 읽고 이야기해 보자.
- 같은 화가의 다른 책도 찾아보자.

318 위험한 책

존 라이트 지음 | 리사 에반스 그림 | 김혜진 옮김 | 천개의바람 | 36쪽 | 2014.07.28 | 11,000원

꽃이 사라진 알 수 없는 시대, 알 수 없는 무채색의 공간이다. 우연히 한 아이가 도서관에서 '읽지 마시오'라고 표시된 책을 발견한다. 몰래 그 책을 읽은 아이는 꽃에 대해 알게 된다. 하지만 왜 꽃이 사라졌는지 그 꽃에 대해 쓴 책조차 볼 수 없게 만들었는지 알 수가 없다. 통제와 금기의 나라에서 아이는 꽃을 찾아 나선다. 씨앗을 심고 가꾸어 사람들에게 꽃의 존재를 알린다. 잊었던 감정을 되찾고 꽃을 심으면서 세상은 조금씩 바뀌어 간다. 금기와 통제와 억압으로 유지되는 사회의 양면을 보여 주는 책이다. 한 아이의 무모한 용기는 세상을 변화시킬 수도 있다.

- 주인공과 같은 상황에서 읽지 말라는 책을 몰래 읽는다는 것은 어떤 의미인지 이야기해 보자.
- 꽃이 의미하는 바는 무엇인지 이야기해 보자.
- 소설 『비명을 찾아서』와 함께 읽어 보자.

생각하는 삶

생각을 하지 않기로 하면 맘 편히 살 수 있을 것 같지만 결국 힘들어진다. 해결해야 할 문제를 피해 다닐 수만은 없는 노릇이기 때문이다. 어떤 생각을 조금 더 하면 좋을지 관련된 책들을 모았다. 나와 너의 관계에 대해서도 늘 생각해야 한다. 대상의 본질에 대한 생각을 담은 책도 있다. 상대적으로 다른 생각을 비교하는 이야기도 있다. 왜 그렇게 갖고 싶은 것은 많은지, 사람은 왜 사랑하는지, 시간은 또 왜 그렇게 빠르거나 느린지 생각하게 만드는 책도 있다. 삶이 있다면 죽음도 있다. 삶과 죽음은 서로 좋은 짝이 된다. 그렇게 삶과 죽음에 대해 다양한 생각을 담은 책은 의외로 많다.

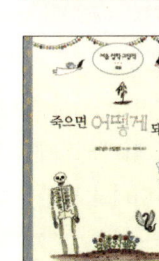
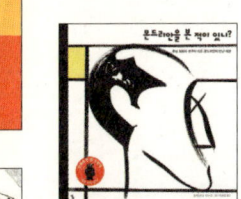

토론 그림책 추천 · 생각하는 삶

나와 다른 생각

하나의 사건이나 사물을 볼 때 저마다 다른 생각을 하게 된다. 그렇게 서로 다른 생각을 인정하고 다른 이의 의견을 존중하는 일은 중요하다. 물컵의 물을 보더라도 반밖에 안 된다고 볼 수도 있고 반이나 남았다고 볼 수도 있는 것이다. 그럴 수 있다고 인정하면서 나와 다른 생각에서 새로운 것을 배울 수 있다면 그만이다. 하나의 문제를 해결하기 위해 꼭 하나의 답만 있어야 하는 것도 아니다. '궁금이'의 양들은 모두들 자기만의 해법으로 울타리를 넘어가게 된다. 방법도 제각각이다. 양들의 개성이 다르니 저마다 다른 해결책을 생각해낸다. 저마다 각자의 방법대로 울타리를 넘었고 큰 어려움은 없었다. 틀리고 맞는 답이 아니라, 달라서 다 인정할 만한 답들의 기발함을 하나하나 짚어 보자.

 **함께 읽고 이야기 나누기**

-나와는 다른 생각에 대해 어떻게 대응하는 것이 옳은가?
-생각의 차이는 어디에서 오는 것일까?

319 반이나 차 있을까 반밖에 없을까?

이보나 흐미엘레프스카 지음 | 이지원 옮김 | 논장 | 32쪽 | 2008.12.25 | 9,800원

어떤 시각으로 보는가에 따라 모든 것이 달라진다. 물 컵에 물이 절반 들어 있다. 어떤 사람은 반이나 있다고 생각할 것이고 어떤 이는 반밖에 없다고 생각한다. 높은 산을 오르려고 하니 노인에게는 너무 높고 험하지만, 젊은 사람에게는 거뜬하니 그리 높지 않은 산으로 여겨진다. 대상이 달라지는 것은 아니니 모든 것은 우리의 생각에서 나온 것이 된다. 우리의 일상에서도 많이 일어나는 일이다. 모든 것은 상대적이다. 끝없이 비교만 하면서 살 수는 없다. 나의 관점만이 아니라 나와 상대방의 관점의 차이를 모두 고려한다면 다툼이 일어날 일이 없을 것이다.

-상대주의의 갈래와 장점에 대해 이야기해 보자.

320 울타리를 넘는 방법이 하나일까요?

야엘 비란 지음 | 유지훈 옮김 | 책속물고기 | 36쪽 | 2015.05.15 | 10,000원

궁금이는 잠이 오지 않아 양을 세기 시작한다. 양을 세면서 울타리에 하나씩 들여놓는다. 그런데 이 양들의 수가 많아지자 한 마리씩 울타리를 빠져나오려고 한다. 그러다 울타리는 무너진다. 궁금이는 궁금한 게 생겼다. 맨 처음 울타리를 넘은 양은 누구인지 말이다. 양들이 울타리를 넘는 방법은 다양했다. 그냥 폴짝 뛰어넘거나 울타리를 부수거나 털이 다 빠져도 울타리 사이를 비집고 빠져나가기도 했다. 이 책은 문제의 해결법이 한 가지가 아니라 여러 가지일 수 있다는 이야기를 들려준다.

-하나의 문제를 해결하는 데 여러 가지 답이 나올 수 없는 학문은 무엇인지 알아보고 그 이유를 밝혀 보자.
-울타리를 넘는 방법은 어떤 것이 있을지 각자 생각해 보고 타당성 여부에 대해 이야기해 보자.

무엇을 어떻게 가졌는가?

자신이 누리던 모든 것을 과감히 버리고 떠날 수 있는 건 누구나 할 수 있는 일이 아니다. 더구나 왕이 그런 결단을 하게 되는 것은 무언가 결정적인 생각의 전환이 있어야 가능하지 않을까? 상인의 광고에 속아 별 쓸모없는 물건들을 잔뜩 사 모으는 군중들도 있다. 지금 그들은 그때 산 물건들을 아직도 유용하게 쓰고 있을까? 공구 하나를 사러 들어간 마트에서 매번 정신을 잃고 정작 공구는 사지도 않은 채 엉뚱한 물건만 사고 돌아온 이도 있다. 쓸데없이 돈을 다 써버린 뒤 필요한 물건은 결국 살 수 없게 된다. 내게 필요한 물건인지, 지금 당장 꼭 써야 할 물건인지를 생각하지 않는 소비 습관에 내일이 없다. 지금 내 가방 속부터 들여다보자.

 **함께 읽고 이야기 나누기**

－건강한 소비 습관은 언제부터 배우는 것이 마땅하다고 보는가?
－삶의 태도를 전환하게 되는 계기로는 어떤 것이 있을까?

321 다르다넬 왕 이야기
아누슈 스탄니 지음 | 이지원 옮김 | 여유당 | 32쪽 | 2010.03.30 | 9,500원

용을 잡겠다며 큰소리를 치고 떠난 왕이 빈손으로 돌아오자 환영식도 없이 성문 앞은 고요하다. 한동안 생각에 골똘히 빠진 왕은 무언가 결심한 듯 행동에 옮긴다. 왕관을 벗어던지더니 중절모를 쓴다. 말에서 내려와 자전거를 타고 망토와 옷을 벗고 평상복으로 갈아입는다. 궁 안의 모든 이들이 말리고 왕의 그런 행동을 싫어하지만 다르다넬 왕은 오히려 즐겁다. 왕궁에서 나와 제 길을 가는 왕의 모습은 행복해 보인다. 자신이 가진 모든 것을 과감히 내려놓고 떠나는 것은 아무나 할 수 있는 게 아니다.

-다르다넬 왕이 모든 것을 내려놓기로 결심한 계기는 무엇이었을까?

322 또 마트에 간 게 실수야!
엘리즈 그라벨 지음 | 정미애 옮김 | 토토북 | 32쪽 | 2013.05.20 | 10,000원

우유를 사러 마트에 갔을 뿐인데, 사지 않아도 될 물건을 사들고 온 경험이 있을 것이다. 이 책의 주인공이 그렇다. 자전거를 고치려니 몽키 스패너가 없다. 그것을 사려고 '몽땅 마트'로 달려간다. 주인공은 점원의 요란한 상품 소개를 들으며 마트로 달려간 목적을 이미 잊었다. 아이스크림을 넣을 수 있는 모자, 노래가 흘러나오는 잠옷, 특이한 확성기 등을 사서 집으로 온다. 정작 사려고 했던 몽키 스패너는 사지도 않았다. 주인공은 다시 마트로 달려간다. 그런 식으로 세 번이나 마트를 가게 된 주인공은 돈을 다 써버려 진짜 필요한 건 살 수 없게 된다. 남 얘기가 아니다. 대형 쇼핑몰과 마트의 현란한 상품들의 유혹을 뿌리치기란 정말 힘든 일이다.

-충동 구매를 했을 때의 기분을 이야기해 보자.
-윤리적 소비는 어떤 결과와 영향을 미치는지 조사하고 이야기해 보자.

323 오, 멋진데!

마리 도롤레앙 지음 | 이정주 옮김 | 이마주 | 48쪽 | 2017.02.15 | 9,500원

유행에 뒤처지지 않으려는 노력이 우리의 일상을 어떻게 만드는지 보여주는 책이다. 유행을 따르거나 남들보다 더 잘나 보이려고 애쓰는 일에 집중하는 마음은 누구에게나 있다. 그런 욕구가 과하면 오히려 우스운 꼴만 보이게 되기도 한다. 그림이 그런 세태를 재미있게 표현했다. 그런데 이것은 다 한 상인이 생각해낸 상술로 인해 벌어진 일이었다. 유행이라며 사놓은 옷, 가구, 온갖 물건들이 집안을 채우고 있다. 유행이 지나면 또 버려질 물건들이다. 얼마 안 가 새로운 유행에 따라 또 무언가 사게 될 것이기 때문이다. 독자들 역시 이 책을 다 보고 나면 집 안에 잡동사니 취급을 받으며 굴러다니거나 한구석에 처박힌 물건은 없는지 둘러보게 될 것이다.

-충동적으로 산 물건을 처음 가지게 되었을 때 생각했던 '쓸모'와 현재의 '쓸모'에 대해 이야기해 보자.
-유행과 트렌드는 다르다. 차이를 구분하여 비교하며 이야기해 보자.

죽음과 삶은 쌍둥이다

만약 죽음이 머리에 꽃을 달고 자전거를 타면서 내게 온다면 정말 웃길 것 같다. 소개할 이야기 속 '죽음들'은 하나같이 친근하면서도 유별나게 그려져 있다. 튤립을 들고 서 있거나 사과나무에 붙어 있기도 하다. 작가들의 고민이 엿보이는 지점이다. 아이들에게 어떻게 하면 무섭지 않으면서도 너무 가볍지 않게 죽음의 형상을 보여 줄 수 있을지 궁리한 결과다. 덕분에 죽음이 하는 이야기에 더 쉽게 귀 기울일 수 있게 되는지도 모른다. 죽어 떠난 이들을 기억하고 추모하는 방법은 저마다 다를 수 있다. 엄마의 죽음 뒤에 그 빈자리를 나름의 방식으로 이겨내는 아이도 있다. 아이의 마음이 단단해지기까지는 어느 정도의 시간이 필요할 것이다. 떠난 이를 추억하며 서로를 위로하는 모습은, 슬픔을 감당하는 살아남은 자의 몫이다.

함께 읽고 이야기 나누기

- 죽음이 예고를 하고 온다면 사람들의 삶은 어떻게 달라질까? 각자 어떤 준비를 할 것인지 이야기해 보자.
- 추억은 죽은 자를 위한 것인가 아니면 살아남은 이들을 위한 것인가?

324 나는 죽음이에요

엘리자베스 헬란 라슨 지음 | 마린 슈나이더 그림 | 장미경 옮김 | 마루벌 | 48쪽 | 2017.04.20 | 11,000원

죽음이 말하기를 삶이 삶이듯 죽음도 그저 죽음일 뿐이라고 한다. 죽음은 자신이 어느 때 어느 곳에서 어떤 모습으로 찾아가는 것인지 들려준다. 코끼리와 새들에게도 찾아가고 주름이 많거나 손이 따뜻한 아가에게도 찾아간다. 한밤중에 찾아가기도 하며 이른 새벽에 방문하기도 한다. 죽음이 찾아갔을 때 문을 닫고 그저 지나가 버리기를 기다리는 것은 부질없다. 자연스럽게 자신에게 온 죽음을 받아들이는 게 삶의 과정이다. 죽음에 관해 이야기하지만 그렇게 우울한 분위기는 아니다. 밝고 따뜻한 색감도 한몫을 한다.

- 죽음을 머리에 꽃을 달고 자전거 페달을 밟으며 온 모습으로 설정한 까닭은 무엇일지 추측해 보자.

325 내가 함께 있을게

볼프 예를브루흐 지음 | 김경연 옮김 | 웅진주니어 | 32쪽 | 2007.10.31 | 9,500원

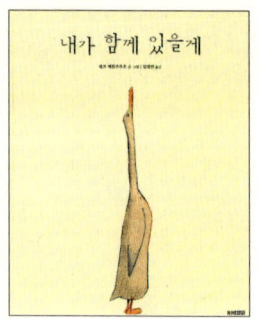

오리는 어느 날 자기 곁에 다가온 '죽음'을 보고 깜짝 놀란다. '죽음'이 함께 있는 이유는 만약의 사고에 대비해서라고 한다. '삶'은 사고가 나지 않을까 걱정하며 지켜주지만, 막상 불의의 사고가 나면 그 순간은 '죽음'이 지켜내는 것이라고 말한다. 오리는 그런 '죽음'과 함께 많은 시간을 보낸다. 추울 때 서로 껴안아 주고 자맥질도 해 준다. 정말 오리가 죽었을 때 '죽음'은 오리를 위해 슬퍼하며 오리 곁을 지킨다. '죽음'은 오리에게 마지막으로 좋은 친구였던 것이다.

- 작가가 그린 '죽음'의 모습은 어떤 기분이 들게 하는지 이야기해 보자.
- 죽음을 정면으로 바라본다는 것은 어떤 의미일까?

326 무릎딱지

샤를로트 문드리크 지음 | 올리비에 탈레크 그림 | 이경혜 옮김 | 한울림어린이 | 32쪽 | 2010.10.20 | 10,500원

엄마를 잃은 아이의 슬픔은 경험하지 않고는 체감하기 힘든 것이다. 섣부른 위로도 소용없다. 아이는 무릎에 난 상처가 아물지 않게 자꾸만 후벼 판다. 엄마를 생각하며 피가 날 때까지 긁어댄다. 고통스러운 기억이 어느 날 문득 싹 사라진다면 홀가분할 테지만, 그렇다고 완전히 사라진 느낌은 서글플 것 같다. 무릎에 딱지가 앉으면 엄마에 대한 기억도 덜 간절해질 것이다. 아이는 씩씩하게 자기 방식대로 아픈 시간을 견뎌 낸다.

- 무언가를 잊기 위해 자기 몸을 괴롭힌 경험이 있다면 이야기해 보자.
- 슬픔을 극복하는 자기만의 방법이 있다면 이야기해 보자.

327 사과나무 위의 죽음

카트린 세러 지음 | 박선주 옮김 | 푸른날개 | 36쪽 | 2016.10.01 | 12,000원

여우 할아버지는 자신의 사과나무를 지키기 위해 사과를 몰래 따러 오는 동물들을 나무에 찰싹 달라붙게 만든다. 욕심 많은 여우 할아버지는 모두에게 인기 만점인 사과나무를 혼자 독차지하게 되었다. 그런데 어느 날 '죽음'이 찾아온다. 여우 할아버지는 '죽음'마저 나무에 찰싹 붙게 만들었다. 그러자 총알도 사냥꾼도 다 피하고 혼자만 죽지 않게 되고 말았다. 좋을 줄 알았던 여우 할아버지는 친구도 가족도 떠난 숲에서 홀로 너무 외롭다. 죽음을 맞는 일이 반갑지 않지만 시간의 흐름에 순응하는 것도 중요하다. 누구든지 언젠가는 죽게 되니, 죽음이 오기 전까지 살아 있는 순간을 충실히 사는 것이 더 나을 것 같다.

- 사과나무는 무엇에 비유한 것일까?
- 죽음이 아무 것도 하지 못하게 할 수 있다면 무슨 일을 하고 싶은가?

328 어느 날 씨앗이…

마르케타 진네로바 지음 | 마리나 리히테로바 그림 | 이지원 옮김 | 문학동네 | 40쪽 | 2006.06.22 | 8,800원

세월이 흐르는 것을 막을 수만 있다면 얼마나 좋을까? 이 책의 저자는 세월이 흐르는 것을 자연스럽게 받아들여야 한다고 이야기한다. 세월의 흐름은 거스를 수 없는 것이어서 주름이 늘고 허리는 굽어지며 꽃은 시들어 죽음을 맞는다. 꽃이 죽는 것은 슬프지만 다시 알뿌리를 통해 새싹이 나고 새로운 삶이 시작된다는 것이 중요하다고 저자는 이야기한다. 누군가는 죽고 또 새로운 생명이 태동하며 그의 삶을 살게 된다. 그렇게 돌고 도는 것이 세월이다.

－시간의 흐름을 막을 수 있게 된다면 세상에는 어떤 일이 생길 것 같은가?

329 여우 나무

브리타 테켄트럽 지음 | 김서정 엮음 | 봄봄 | 32쪽 | 2013.11.05 | 11,000원

너무 기운이 빠져 버린 여우는 숲 속 빈터에서 한숨 한 번 크게 쉬고는 조용히 눈을 감는다. 오렌지빛 털을 가진 여우에게 온 숲속 동물들이 슬픈 이별 인사를 한다. 부엉이와 곰과 토끼와 다람쥐들은 오렌지빛 여우와 나누었던 시간을 기억해 낸다. 얼마 후 여우가 죽은 자리에서 오렌지 나무 한 그루가 자라난다. 남겨진 이들이 죽어 떠난 이를 추모하는 방식은 함께한 추억을 소환하는 일이다. 떠난 이들이 알 지 모를지 알 수 없지만 떠난 이의 자리는 생각보다 커서 슬픔을 잊는 데 얼마의 시간이 필요한지 가늠할 수 없다. 그렇게 남은 이들이 떠난 이를 추모하는 동안 슬픔도 옅어지고 각자의 일상을 되찾게 된다.

－추억의 힘에 대해 이야기해 보자.

330 오소리의 이별 선물
수잔 발리 지음 | 신형건 옮김 | 보물창고 | 20쪽 | 2009.03.10 | 11,800원

나이 많은 오소리가 자신의 죽음을 직감하고 친구들에게 편지를 쓴다. 자신이 떠난 후에 남은 친구들이 걱정되었기 때문이다. 동물들은 힘든 일이 생길 때마다 달려와 주던 오소리의 죽음을 몹시 안타까워한다. 동물들은 모두에게 의지가 되어 주던 오소리가 죽었다는 사실을 실감하기 힘들다. 동물들은 오소리가 남긴 선물에 대해 이야기하며 함께 그의 죽음을 기린다. 죽음은 떠나는 당사자보다 남은 이들에게 더 힘들다고 한다. 이른바 '남겨진' 이들은 떠난 이와의 추억을 되새기고 그리워하며 서로 위로하는 시간을 보낸다. 오소리가 남긴 것은 친구들과 나누어야 빛을 발하는 것들이었다. 그러니 오소리는 오래도록 기억될 것이다.

-죽음을 앞두고 주변 사람들에게 선물을 한다면 어떤 것을 준비하고 싶은지 이야기해 보자.

331 죽으면 어떻게 돼요?
페르닐라 스탈펠트 지음 | 이미옥 옮김 | 시금치 | 36쪽 | 2014.06.05 | 9,500원

죽음 뒤에 무엇이 있을지 증명된 바는 아무것도 없다. 하지만 모든 사람이, 죽으면 어떻게 될지 궁금해한다. 유머러스한 그림에 담긴 죽음에 대한 고찰은 어떤 철학자의 이야기보다 진지하면서도 담담하다. 꽃도 피어 있는 동안은 아름답지만 시간이 지나면 시들어 버리는 것처럼 사람도 당연히 죽는다. 다만 언제 어떻게 그런 일을 맞게 될지 아무도 모른다는 것이 함정이다. 작가는 죽음의 여러 형태들을 정리하면서 죽은 후에 일어날 일들에 대한 가설과 농담 같은 이야기로 죽음을 너무 심각하게 여기지 않도록 이끈다. 죽음을 맞은 당사자와 죽음을 애도하는 남은 사람들의 이야기도 흥미롭다. 언어와 문화는 달라도 죽은 이의 평화를 바라는 마음은 다 똑같다.

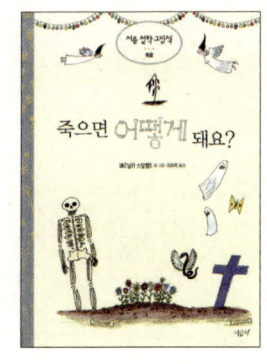

-죽음 뒤에 무엇이 있을지 추측해 보고 이야기 나누자.

왜 사랑인지 묻는다

사랑이 얼마나 많은 얼굴을 가졌는지 측정할 수는 없다. 막상 '이것은 무엇이다'라고 정의 내리기도 어렵다. 최근 사랑에 대해 이야기하는 그림책이 많이 나왔다. 그 책들은 좀 더 보편적인 사랑에 대해 말해 준다. 사랑이 어떤 느낌인지에 대해 이야기하고, 대상에 따라 조금씩 다른 양상을 보이는 사랑에 대해서도 설명해 준다. 가족이나 혈연, 반려동물과의 사랑을 경험한 아이들에게 보다 넓게 확장된 형태의 사랑을 알려주기도 한다. 이 책들은 살아 있는 모든 존재 혹은 사물들과도 사랑을 주고받는다는 것을 보여 준다. 그리고 우리가 사랑을 통해 얻는 것은 무엇보다 행복이라는 점을 강조한다.

 **함께 읽고 이야기 나누기**

-누군가를 사랑하는 일이 쉽지 않은 이유는 무엇 때문일까?
-사람들 사이에 사랑이 없다면, 세상은 어떻게 바뀔까?

332 사랑하니까 사람

오치아이 게이코 지음 | 와타나베 겐이치 그림 | 송태욱 옮김 | 너머학교 | 32쪽 | 2017.06.20 | 12,000원

사랑에 대한 여러 가지 의문과 나름의 정의를 담은 책이다. 사랑에 대해 다 알고 있는 것 같지만 막상 사랑이 무엇인지에 대한 물음에 명확하게 답할 수 있는 사람은 없을 것이다. 책 속의 사랑에 대한 다양한 질문은 지금껏 생각하지 못한 사랑의 모든 것을 꼼꼼히 짚어볼 수 있게 한다. 가족 간의 사랑에서 이성과 동성의 사랑의 결을 비교하고 인정하기도 한다. 사랑의 반대어를 찾음으로써 사랑의 참 의미를 다지기도 한다. 어쩌면 사랑에 대한 궁금증이 이 책 한 권으로 해소될 수도 있을 것 같다.

- 사랑은 무엇이라고 생각하는가?
- '사랑'이라고 말할 수 있는 모습에 대해 이야기 나누자.

333 자꾸 마음이 끌린다면

페르닐라 스탈펠트 지음 | 이미옥 옮김 | 시금치 | 36쪽 | 2016.09.15 | 10,000원

자기 자신을 충분히 사랑할 수 있다면 다른 사람을 사랑하는 일이 그렇게 어렵지는 않을 것이다. 이 책은 사랑함으로써 겪게 되는 많은 일들과 사랑의 양면성, 단점들에 대해 이야기해 준다. 작가는 사랑의 대상을 생명을 가진 존재에서 물건으로까지 확장시킨다. 사랑할 때의 기분, 사랑하면 함께하고 싶은 일 등 사랑이 우리에게 주는 많은 감각적인 요소들도 이야기하고 결혼, 임신, 출산에 대해서도 거침없이 들려준다. 작가의 글과 그림은 유머와 진지함을 겸비해 사랑에 대한 생각을 추상적이지 않고 좀 더 일상적으로 바라볼 수 있게 했다.

- 사랑이 가진 양면성에 대해 이야기해 보자.
- 사랑의 대상을 무엇으로 정할 때 가장 만족감이 클까?

'너' 없는 '나'는 없다

사람은 누구나 사회 속에서 관계를 맺고 살아가고, 관계로부터 자유롭기가 어렵다. 소개할 두 권의 책은 그런 관계 속에서 '나'와 '너'를 어떻게 인식해야 하는가에 대해 이야기한다. 또한 나를 다각도로 인식하게 해 주고, 관계 속 다양한 나의 존재에 대해서도 생각해 보게 한다. 너를 두고 내가 존재할 수 없다는 것 역시 관계를 통해 알려준다. 책을 읽다 보면 어떻게 하면 서로를 이해하고 조화를 이루며 살아갈 수 있을지에 대한 답을 찾을 수도 있을 것이다. 어른이 되어서도 실천하기 힘든 것이 관계에 대한 해법이다. 아이 때부터 학습하지 못한 탓일 듯싶어서 이 두 책을 추천한다.

 **함께 읽고 이야기 나누기**

- 타인과의 관계가 삶에 미치는 영향에 대해 자신의 예를 들어 이야기해 보자.
- 사르트르의 "타인은 지옥이다."라는 말은 어떤 의미인지 생각하고 이야기해 보자.

334 같이 시리즈 : 나

다니카와 슌타로 지음 | 초 신타 그림 | 엄혜숙 옮김 | 한림출판사 | 28쪽 | 2011.12.20 | 11,000원

주변과의 관계를 통해 '나'를 규정하는 이야기다. 나는 아빠가 보기엔 딸, 남자아이가 보기엔 여자아이, 개미의 눈엔 거인으로 보일 것이다. 그렇게 나의 의미를 정의하다 보면 나와 타인과의 관계가 얼마나 중요한지 알게 된다. 또 관계로써의 나를 다각도로 인식할 수도 있다. 책에는 다양한 '나'에 대한 정의가 새침하면서도 풍부한 표정의 그림으로 재미있게 표현되어 있다. 단순한 글과 그림 같지만 '나'에 대해 의문을 갖게 되는 어린이부터 어른들까지 충분히 공감할 만하다.

- '나'는 어떤 존재인지 책에 나온 내용 이외의 예를 들어 이야기해 보자.

335 같이 시리즈 : 너

다니카와 슌타로 지음 | 초 신타 그림 | 엄혜숙 옮김 | 한림출판사 | 32쪽 | 2013.07.30 | 11,000원

'나'에 이어 '너'에 대해 생각하게 하는 책이다. 나는 너와 어떤 차이가 있는지 살펴본다. 아무 상관없던 타인이 잘 아는 '너'가 되는 순간은 어떤 때인지, 그렇게 만난 '너'를 어떻게 대해야 하는지 알려준다. 독자 입장에서 화자는 '너'가 된다고도 한다. 이렇게 '나'와 '너'에 대한 탐구는 우리가 미처 알지 못했던 사실도 깨닫게 해 준다. 글도 그림도 시처럼 들리고 보인다. 그렇게 알게 된 나와 너의 관계는 타인에 대한 존중과 이해를 더 넓고 깊게 확장할 수 있도록 돕는다.

- '너'를 이해하는 방법에는 어떤 것이 있을까?

대상의 본질을 보다

추상회화는 세상을 끝없이 관찰하고 탐색한 화가 몬드리안으로부터 시작된 것으로, 대상을 그대로 재현하던 그림에서 벗어나 대상을 새롭게 볼 수 있는 눈을 뜨게 해 줌으로써 본질에 더 다가갈 수 있게 한다. 눈으로 볼 수 없는 대상을 다른 모든 감각을 통해 알아가는 소년이 있다. 소년의 체험은 독자의 감각에도 자극을 준다. 눈이 보이는 사람들은 자기 눈에 보이는 것에만 집착할 수 있다. 눈이 보이지 않는 경우라면, 시각 이외의 모든 감각을 동원해 눈을 통해 알 수 있을 것으로 짐작되는 것을 느끼고자 할 것이다. 사실 본질은 눈으로는 확인하기 힘든 경우가 더 많다. 마음으로 보라는 말도 있지 않은가.

 **함께 읽고 이야기 나누기**

- 보이는 것이 전부라고 생각하는가? 만약 보이는 것이 전부가 아니라고 생각한다면, 보이지 않는 것들에 대해서 어떻게 파악하고 소통할 수 있을까?
- 느낀다는 것과 안다는 것의 차이에 대해 이야기해 보자.

336 몬드리안을 본 적이 있니?

알렉산드로 산나 지음 | 이현경 옮김 | 톡 | 48쪽 | 2015.09.18 | 12,000원

추상회화의 선구자 몬드리안의 그림에 쓰인 색은 빨강 노랑 파랑이 다다. 거기에 수평과 수직선이 있다. 하지만 사물의 모든 것을 표현하고 보여 준다. 표지를 넘겨 본문을 보면 먹 선으로 그려진 그림과 질문 하나가 나오고 그 뒷면에 컬러 그림과 답이 있다. 그림도 대답도 몬드리안이 대상을 본 느낌을 전한다. 끊임없이 살피고 탐색한 결과 대상의 본질을 최소한의 색과 선으로 표현해 낸 것이다. 그것만으로도 충분하다. 몬드리안이 본 대상과 그 대상을 보았을 때의 느낌이 그림 안에 고스란히 담겨 있다. 몬드리안의 눈으로 본 세상을 통해 독자들도 세상을 발견하게 될 것이다.

- 몬드리안이 자신의 작업을 통해 추구한 것은 무엇이었는지 조사하고 이야기해 보자.
- 추상미술의 시작과 그 계보를 알아보자.

337 바람은 보이지 않아

안 에르보 지음 | 김벼리 옮김 | 한울림어린이 | 48쪽 | 2015.10.05 | 22,000원

세상을 눈으로 볼 수 없는 소년이 묻는다. 바람은 무슨 색이냐고. 자신의 감각으로 결코 경험할 수 없는 대상을 경험해본 이들에게 질문을 던진 것이다. 소년이 만난 이들은 자신만의 경험을 있는 그대로 표현해 들려준다. 바람의 색을 눈으로 볼 수 없는 소년은 귀로 듣고 손으로 만지며 뺨을 스치는 감각을 통해 느껴본다. 온몸의 감각을 동원해 다른 누구보다 더 구체적으로 느끼고 어느 누구보다 더 대상의 본질에 가까이 다가갈 수 있었다. 눈이 멀쩡한 이들은 결코 알 수 없는 것이다. 그들은 바람은 보이지 않는 것이라고 단정한다. 그들은 절대로 바람을 볼 수 없을 것이다.

- 바람을 볼 수 있는 방법은 무엇일까?
- 저마다 다른 감각으로 대상을 본다면, 그 대상의 본질은 다 다른 것이 아닐까?

사람도 역시 동물

지구의 주도권이 인간에게 있다고 믿는 한 인간을 제외한 동물들에 대한 가해는 사라지지 않을 것이다. 자유롭게 살아가는 동물들을 잡아 가두고 실험으로 괴롭힐 권리는 누구에게도 주어지지 않았다. 인간이 사용할 수많은 화학제품은 거의 다 동물을 대상으로 행한 실험 후에 판매된다. 인간의 건강과 미용을 위한 도구로 철저히 유린되는 동물들의 사연은 이미 알려진 바 있다. 동물 복지에 관한 관심이 생겨나면서 최소한의 실험을 권장하고 있지만 얼마나 달라졌는지는 명확하게 알려지지 않는다. 아래 책들은 최근 폐지 논란이 뜨거워진 동물원에 대한 생각으로 안내하는 책이다. 동물원 우리의 쇠창살은 누구를 위한 것인지 생각해 보는 계기가 되었으면 한다.

 **함께 읽고 이야기 나누기**

-동물 실험의 윤리성에 관해 조사하고 이야기해 보자.
-동물원은 폐지되어야 한다고 생각하는가?

338 아무 데나 동물원

나디아 부데 지음 | 박영선 옮김 | 씨드북 | 36쪽 | 2015.11.16 | 11,000원

자신을 펭귄 같다고 생각하는 아이의 상상이 들려주는 이야기다. 아이는 자신이 펭귄을 닮은 것처럼 누나, 엄마, 친구들도 다 어떤 동물과 닮아 있다고 생각한다. 그들이 식탁에 둘러앉아 있는 모습은 마치 동물원과도 흡사하다. 그래서 아이는 '그런데 왜 동물원이 있는 거지?'라고 생각한다. 사람도 동물과 매한가지다. 모든 면에서 그들과 다를 바가 없다. 그런데 동물원을 만들어 동물을 가둬 놓고 구경하는 것에 대해 의아해진다.

-인간과 동물의 공통점과 차이점을 비교하여 이야기해 보자.

339 안녕, 썬더!

이작은 지음 | 리틀씨앤톡 | 38쪽 | 2015.08.18 | 10,000원

동물원의 사자 썬더는 오고가는 사람들을 보는 둥 마는 둥 늘 같은 자리에 엎드리고 있다. 날이 좋건 비가 오건 꼼짝 않고 앉아 있는 썬더가 무슨 생각을 하고 있는지 궁금해진다. 며칠 후 비가 많이 온 뒤 썬더가 보이지 않는다. 썬더가 어디로 갔는지는 독자마다 다르게 해석할 수 있다. 몇 년 전만 해도 많은 사람들이 동물원의 동물들이 어떤 심정으로 우리 안에 있는지에 대해서는 관심을 갖지 않았었다. 최근에 반려동물 인구가 증가하고 동물 복지에 대한 관심이 높아지자 동물원에 있는 동물들의 복지에 대한 관심도 늘어났다. 지구의 주도권이 인간에게 있지 않았다면 주도권을 가진 존재에 의해 인간도 구경거리가 되어 있지 않았을까?

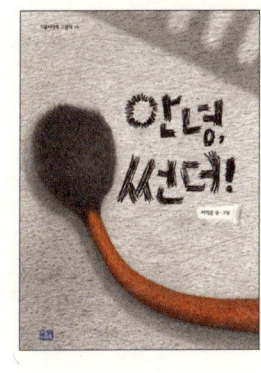

-사자 썬더가 사라진 이유를 두 가지로 읽을 수 있다. 그 까닭은 무엇일까?

무한을 생각하며 영원을 꿈꾼다

각기 다른 두 책의 주인공 아이 앞에 던져진 과제는 모두 수학의 무한대 개념으로 수렴된다. 한 아이는 무한대 자체의 의미를 찾으려다 영원한 사랑의 의미를 깨닫는다. 또 다른 아이는 사물의 숫자를 세다가 무한한 하늘의 별 세기에 도전하게 된다. 별의 개수는 지금으로서는 무한대다. 사람은 유한한 존재이지만 언제나 무한을 꿈꾼다. 하지만 그 모든 것의 시작은 있다. 처음부터 하나 둘 차근차근 하다 보면 끝도 있고 무한의 개념과 만나게 되기도 할 것이다.

 **함께 읽고 이야기 나누기**
- 무한한 것에는 어떤 것이 있는지 이야기해 보자.
- 무한대 개념이 적용되는 수식에 대해 이야기해 보자.

340 무한대를 찾아서
케이트 호스포드 지음 | 가비 스바이아트코브스카 그림 | 장미란 옮김 | 웅진주니어 | 33쪽 | 2013.10.15 | 10,000원

밤하늘의 별을 보며 무한대에 관한 개념이 궁금해진 아이는 나름의 방식대로 풀이를 찾아간다. 처음엔 수학적 개념으로 생각했지만 가늠하기 불가능한 거대한 무엇이라 생각하기도 한다. 아이는 궁금증을 풀기 위해 주변 사람들의 생각을 묻는다. 찰리도 사만다도 요리사 아저씨도 각자 생각하는 무한대는 다 달랐다. 그러다 문득 무한대는 '영원'과 떼려야 뗄 수 없는 관계라는 사실을 알게 된다. 그렇게 해결할 수 없는 답을 찾느라 지쳐가던 중 영원을 알려준 할머니를 사랑하는 마음이 무한대만큼 크다는 것을 깨닫는다. 개성 강한 그림이 눈을 사로잡으며 주제를 더 부각시킨다.

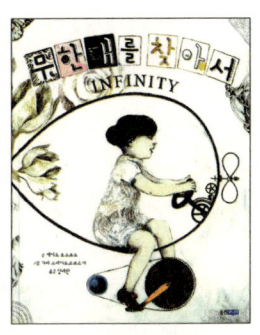

- '무한대'와 '영원'은 어떤 차이가 있는지 이야기해 보자.
- 다빈치의 그림에서 차용한 이미지에 대한 느낌을 나누자.

341 밤하늘의 별을 다 세는 방법
로마나 로맨션, 안드리 레시브 지음 | 천미나 옮김 | 책과콩나무 | 32쪽 | 2014.11.10 | 11,000원

숫자 세기를 정말 좋아하는 아이가 있다. 눈에 보이는 모든 것의 수를 센다. 잠이 오지 않을 때 세는 동물부터 꽃씨, 원피스의 물방울무늬, 목걸이의 진주알, 신문의 글자까지 셀 수 있는 건 모두 일일이 다 세어 본다. 그러다 밤하늘의 별을 세기 시작하는데 아무리 해도 끝날 것 같지 않다. 엄마는 어려운 문제에 부딪혔을 때 그것을 극복하기 위해 처음부터 차근차근 접근하는 태도라면 답에 도달할 수 있을 거라고 격려한다. 차분하게 처음부터 차근차근 접근하는 것은 숫자 세기에만 해당하는 것은 아니다. 우리 삶도 모든 면에서 차근차근 순서를 밟아가는 것이 옳을 것이다. 그게 순리다.

- 어렵고 힘든 문제에 부딪혔을 때의 해결 방법을 어떻게 찾는 것이 좋을지 이야기해 보자.

저마다의 삶

삶을 어떻게 살아왔는가를 현재의 얼굴을 통해 어느 정도 가늠할 수 있다는 사실은 때로 일상을 다잡게 만든다. 어떤 일을 겪고, 누구를 만나고, 무슨 생각을 하며 매일을 살아가는지 늘 의식하고 살지 않는다. 그러니 문득 거울에 비친 얼굴을 보고 낯설게 느껴지거나 세월이 보일 때 유령이라도 만난 듯 놀라게 되는 것이다. 여기 다양한 시간과 공간을 살아가는 사람들의 얼굴로 삶을 돌아보게 하는 책이 있다. 짧은 시가 들려주는 인생 이야기도 놀랍지만 딱 들어맞는 오브제로 구성한 이미지는 더 인상적이다. 근사한 늑대 한 마리가 학살의 얼굴로 살아가던 한 인간의 삶을 완전히 바꿔버리는 이야기도 있다. 연구라는 미명 아래 수많은 동물을 마구잡이로 잡아들이거나 죽였던 시턴을 환경운동가로 만든 것은 위대한 늑대 로보를 죽게 만든 순간이었다. 삶의 전환은 어떤 찰나의 깨달음인 것이다.

 **함께 읽고 이야기 나누기**

-삶을 전환하고 이끄는 주도권은 누구에게 있는가?
-이미지에 쓴 오브제가 주는 효과는 어떤 것인지 이야기해 보자.

342 제멋대로인 사람들

프랑수아 데이비드 지음|올리비에 티에보 그림|길미향 옮김|단비어린이|40쪽|2014.03.20|12,000원

사람이라는 존재에 대한 다양한 성찰을 보여 주는 책이다. 과거로부터 미래에 이르기까지 시간의 흐름에 따라 변하는 사람의 모습을 담았다. 또한 바다, 우주, 숲 등의 공간에서 사람은 어떤 방식으로 존재하는지 알려준다. 사람의 내면과 이면을 고찰한 장면도 인상적이다. 아르침볼도를 오마주하듯 사람의 형상을 대표적인 재료를 활용해 콜라주한 이미지가 놀랍다. 이미지에 쓰인 재료들을 꼼꼼히 살펴보면서 읽기를 권한다. 각각 한 편씩의 시와 함께 감상하게 편집해 놓아서 주제별로 하나씩 읽고 이야기 나누기에 좋다.

–사람이란 존재가 여러 가지 얼굴을 하고 살아가게 되는 이유는 무엇일지 생각하고 이야기해 보자.

343 커럼포의 왕 로보

윌리엄 그릴 지음|박중서 옮김|찰리북|81쪽|2016.10.14|15,000원

세상을 바꾼 한 마리 늑대, 로보에 관한 이야기이다. 표지는 상하로, 면지는 좌우로 나누어 늑대와 인간을 대치시켜 놓았다. 인간은 총을 들고 있다. 옛 서부 시대 커럼포에서, 늑대 사냥꾼 시턴이 블랑카를 이용하여 늑대 왕 로보를 사로잡는다. 로보의 죽음은 인간의 삶에 어떤 변화를 이끌어 낼까? 과감하면서 섬세한 색연필화의 아름다움을 만끽할 수 있다. 붉은 색연필로 광활한 1862년의 옛 서부를 표현한 첫 페이지와 달리 다음 장은 작은 컷으로 분할된 여러 그림으로 그 시대에 일어났던 늑대의 잔혹사가 고스란히 담겨 있다. 늑대 사냥꾼이던 시턴이 로보라는 늑대를 통해 동물보호가가 된다는 개인사와 서부 개척 시대의 인간과 동물이 겪은 시대사가 잘 엮이며 이야기가 사실적으로 전달된다.

–늑대 로보의 죽음은 인간의 삶에 어떤 변화를 미쳤을까?

모두의 아름다운 집

우리가 사는 집을 투기나 돈벌이의 수단으로 이용하지만 않았다면 집을 생각하는 마음은 달라졌을 것이다. 살아있는 거의 모든 존재는 어떤 형식으로든 집을 만들어서 산다. 누구라도 편안히 쉴 곳이라고 하면 '집'을 꼽을 것이다. 집에 관한 두 권의 책을 골랐다. 『우리집』은 집에 관해 상상해 볼 많은 것들을 제시한다. 논픽션이지만 간간히 픽션의 요소도 갖춘 아름다운 책이다. 『나의 작은 집』은 작고 낡은 집을 거쳐 간 사람들과 그들의 꿈에 대한 이야기다. 집은 사람도 품고 그들의 꿈도 품는다. 작가의 작업실을 배경으로 만들었으며 바로 우리 주변에 살 것만 같은 사람들의 이야기어서 그런지 현실감이 느껴진다. 집이 가진 많은 의미도 함께 생각하게 한다.

 **함께 읽고 이야기 나누기**

－집이 가진 본래의 기능과 의미를 찾아 오늘날 집의 의미와 비교하여 이야기해 보자.

344 우리집
카슨 엘리스 지음 | 이순영 옮김 | 북극곰 | 40쪽 | 2016.08.12 | 15,000원

작가가 상상할 수 있는 모든 집을 총망라했다. 현실적인 상황과 비현실적인 상황이 어울려 있다. 어느 곳이건 누구건 간에 각자의 집에 살고 있다는 단순한 설정에서 시작되었지만 땅속과 바다, 지상과 우주를 총망라하는 모든 집에 관한 이야기를 담았다. 새의 둥지와 달팽이가 짊어진 집에서부터 사람이 사는 집에 이르기까지 저마다 모양도 제각각이다. 화려하면서도 위트 넘치는 아름다운 그림은 상상력에 날개를 달아 준다.

- '집'의 의미는 무엇인지 이야기해 보자.

345 나의 작은 집
김선진 지음 | 상수리 | 48쪽 | 2016.08.17 | 13,000원

오래되고 낡은 집이 있다. 어느 동네 골목 어귀에서나 볼 수 있는 집이다. 그 집에는 다양한 직업의 사람들이 깃들어 있으며, 저마다의 꿈을 꾸며 산다. 자동차 정비를 하는 아저씨, 사진사, 모자 가게 청년 등 꿈이 다양하다. 어느 날 그 집에 살던 작가의 작업실을 거쳐 간 사람들에 대한 궁금증이 이 책을 탄생시켰다. 열심히 성실하게 살아가는 사람들을 품었던 집은 행복했을 것 같다. 그림이 순하다. 누구든 그가 품고 있는 작은 꿈을 품어 주던 작고 낡은 집에 관한 조용한 노래 같은 그림책이다.

- 내가 사는 집에 관한 역사에 대해 생각해 보고 이야기 나눠 보자.

그 사정의 진짜 이유

싸움에 집중하느라 그 싸움이 왜 시작되었는지 잊게 되는 경우가 있다. 그렇게 싸움 자체가 목적이 되어버리면 아주 사소한 원인 따위 신경도 안 쓰게 된다. 그러다 진짜 이유를 알게 되면 부끄러워지는 것은 말할 것도 없다. 자기가 저지른 잘못을 덮느라 말도 안 되는 핑계를 갖다 붙이는 경우도 있다. 그러다 보면 핑계는 꼬리를 물고 눈덩이처럼 불어나기도 한다. 핑곗거리를 계속 찾는 당사자의 모습은 바닥을 드러내기 마련이다. 사정이 그렇게 되고 보면 진짜 이유를 알게 되는 것이 무슨 의미가 있나 싶어진다. 그래도 아이가 숙제를 못한 진짜 사정은 말하지 않아도 짐작할 만 한 것이다. 선생님의 재치 있는 대처는 노련함에서 온 것이리라.

 **함께 읽고 이야기 나누기**

−진실을 은폐하려다 보면 사건의 본질도 역시 흐려진다. 무엇이 문제인가?
−어떤 경우에 진실을 말할 수 없게 되는지 이야기해 보자.

346 싸움에 관한 위대한 책
다비드 칼리 지음 | 세르주 블로크 그림 | 정혜경 옮김 | 문학동네 | 40쪽 | 2014.11.24 | 12,800원

아이들 싸움이 어른 싸움 된다는 말이 있다. 싸움이 끝난 뒤 생각해 보면 별것 아닌 이유로 싸움이 시작되었다는 것에 놀라기도 한다. 아이들 싸움엔 그래도 나름의 규정이 있다. 하지만 어른 싸움은 다르다. 국가 간 전쟁으로 번지기도 한다. 이 책에는 싸움에 관한 시작과 발단, 그 종류와 갖추어야 하는 조건까지 총망라해 놓았다. 어이없게도 싸움의 발단이 볼펜 한 자루 때문이었다는 것을 알게 되는 순간 허망함을 느끼는 건 당사자들의 몫이다.

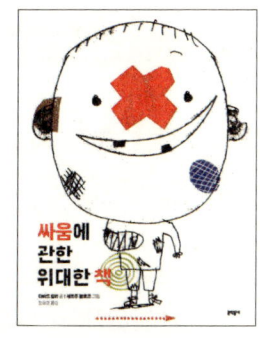

-싸움 끝에 남는 것은 무엇인지 이야기해 보자.

347 왜 숙제를 못했냐면요
다비드 칼리 지음 | 벵자맹 쇼 그림 | 강수정 옮김 | 토토북 | 44쪽 | 2014.01.07 | 10,000원

핑계 없는 무덤 없다. 숙제를 하지 않은 아이가 숙제를 하지 못하게 된 이유를 장황하게 설명한다. 아이의 이야기는 점점 엉뚱하고 황당하게 불어난다. 북극도 가고 남극도 다녀온다. 지붕에도 올라가고 서커스도 등장한다. 아이의 이야기를 묵묵히 듣는 선생님이 더 놀랍다. 아무 표정도 없이 이야기를 듣는 선생님은 아이 말을 믿지 않는 눈치다. 아이도 그것을 알고 있다. 선생님 얼굴에 슬쩍 미소가 스친다. 아이가 숙제를 하지 않은 진짜 이유는 무엇이었을지 점점 더 궁금해진다.

-어떤 일을 두고 책임을 다하지 못했을 때 진짜 이유를 말하지 못한 경험이 있는가?

시간과 사건에 대해 몰랐던 이야기

1분이란 시간은 공전과 자전을 고려해 인간이 만든 길이의 시간이어서 거의 늘 일정하다. 그런데 매번 다르게 느껴지는 것이 또 시간이다. 좋은 사람과 있을 땐 시간이 너무 빨리 지나가는 것 같다. 지겨운 강의를 들을 땐 한 시간도 너무 길게 느껴져서 하루가 더 길어지는 것만 같다. 여기 시간에 관한 여러 가지 이야기를 보자. 1분으로 생각해 보는 시간 관념을 아기자기한 그림으로 보여 주는 책이 있다. 시간의 흐름에 따라 연속적으로 일어나는 사건의 변화를 보여 주는 이야기도 있다. 세상의 모든 변화를 전과 후로 배치해 놓은 책은 시간에 대해 좀 더 생각하게 해 준다. 일상 속을 흐르는 시간에 관심을 갖고 그저 쉽게 흘려보내지 않기 위해서라도 이 책들을 잘 살펴보자.

 **함께 읽고 이야기 나누기**

- 시간을 구분하는 방법에는 어떤 것들이 있는지 조사하고 비교하여 이야기해 보자.
- 순차적 시간관념과 동시적 시간관념을 비교하며 이야기해 보자.

348 1분이면…
안소민 지음 | 비룡소 | 40쪽 | 2016.05.31 | 12,000원

일상에서 1분이라는 시간의 가치를 생각하게 만드는 상황들이 있다. 강아지를 꼭 껴안아 주거나, 기차를 놓쳤을 때의 1분이 갖는 위력은 대단하다. 상황에 따라 괴로운 심정이면 1분은 너무 길 것이고 즐거운 마음이면 1분은 턱없이 짧기만 할 것이다. 시간을 어떻게 보는가에 따라 세상도 다르게 보이니 1분을 다시 생각해 보자.

- 1분이 길게 느껴졌던 경험에 대해 떠올려 보고, 물리적 시간과 심리적 시간을 비교하면서 이야기해 보자.

349 그 다음엔
로랑 모로 지음 | 박정연 옮김 | 로그프레스 | 52쪽 | 2015.09.10 | 15,000원

모든 사건은 아이의 일상을 중심으로 일어난다. 화를 낸 다음엔 침묵이 흐르고 긴 침묵이 흐른 다음에 무슨 말을 해야 할지 몰라서 머뭇거리는 아이 모습이 선명히 그려진다. 입술이 마르고 살짝 긴장된 느낌이다. 꽃이 지면 달콤한 열매가 열리고, 어떤 순간은 다시 돌아오지 않기도 하지만 나는 자랄 것이며 지금을 살고 있으니 걱정 없다는 내용이다. 아이는 흐르는 시간 속에서 성장을 위해 매번 한 걸음 나아간다.

- 매 순간 다음에 일어날 일을 대비하여 행동하는 것은 어떤 장단점이 있는가?

350 시작 다음 Before After
안느-마르고 램스타인, 마티아스 아르귀 지음 | 한솔수북 | 176쪽 | 2015.06.29 | 16,000원

세상의 모든 변화에 초점을 맞추어 시간의 흐름을 보여 주는 책이다. 어떤 사건의 전과 후를, 글 없이 이미지로만 책의 좌우나 앞뒤 장으로 나눠 배치해서 보여준다. 그렇게 몇몇 사건들의 전과 후 그림이 제시되어 있는데, 책 맨 앞과 뒤도 그렇게 연결된다. 그 사건의 전과 후 사이에 흐르는 시간은 아주 짧기도 하고 엄청나게 길기도 하다. 이런 원인이 있으면 반드시 저런 결과를 볼 수 있는 책이기도 하다. 반면 하나의 사건 뒤에 예상을 벗어나는 일이 벌어지기도 한다. 놀이와 서사, 철학까지 아우르는 작품이다.

- 다음에 일어날 일을 미리 예상할 수 있는 것과 없는 것에 대해 이야기 나눠 보자.

행복한 삶

행복은 어떻게 오는지, 바쁘고 완벽한 삶만이 행복한 것인지 고민하게 하는 이야기들이 있다. 행복하기 위해 바쁘고 완벽해야 한다면, 완벽하기 위해 스스로를 괴롭히는 것이 바람직한 건지 되묻는다. 다양성의 가치를 인정하는 것이 행복으로 가는 길임을 알려 주는 책도 있다. 행복의 조건과 크기는 사람들마다 다를 것이다. 행복하기 위해 무언가를 희생해야 한다면 행복해도 씁쓸할 것이다. 조건을 충족하지 못해 불행하다면 평생 행복을 만나지 못하고 살게 될 수도 있다. 아주 작은 것에서 자주 많이 행복을 찾고 지나친 조건을 달지 않으며 행복하게 사는 이들을 여러 책을 통해 만나 보자.

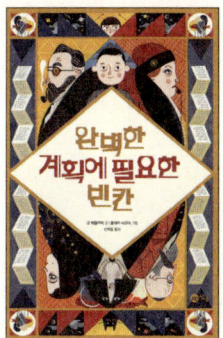

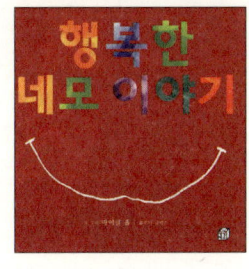

행복으로부터 멀어지는 방법

쉼 없이 바쁘게 사는 것만이 능사는 아니다. 사람이 할 수 있는 많은 일들이 기계로 대체되는데도 여전히 사람들이 바쁜 이유는 뭘까? 아이들 역시 친구들과 노는 시간이 부족하다. 이처럼 빨리 더 많이 무언가 해내야 했던 시대는 "그럼 싸게 팔면 되겠네요."라는 베짱이의 말로 한방에 정리된다. 베짱이는 더 이상 게으름뱅이가 아니다. 느리게, 적게 욕심 없이 사는 현자다. 쌓아두고 팔지도 못할 물건, 그렇다고 내어놓을 배포도 없는 개미들이 그저 딱할 뿐이다. 한편 제 몸을 나누어서라도 그 많은 일을 다 해내야겠다는 강박에 사로잡힌 이들도 작은 깨달음을 얻는다. 이제는 무조건 다 해치우기보다는 천천히 최선을 다하며 일하고 꿈도 꾸고 놀기도 할 것이다. 일에 몰두하다보니 자기 삶을 잃게 되는 자비에의 이야기는 좀 더 심각하다. 한번 사는 인생, 쫓기지 않고 욕심도 내려놓고 친구들과 놀기도 하며 소소한 행복의 얼굴과도 만나 보자.

함께 읽고 이야기 나누기

- 행복으로부터 멀어지던 이들이 깨달음을 얻게 된 상황을 각각 비교하여 읽어보자.
- 지금 우리가 행복하기 위해 버려야 할 것은 무엇인가?

351 거꾸로 읽는 개미와 베짱이

프랑수아즈 사강 지음 | JB 드루오 그림 | 이정주 옮김 | 국민서관 | 40쪽 | 2013.09.30 | 9,500원

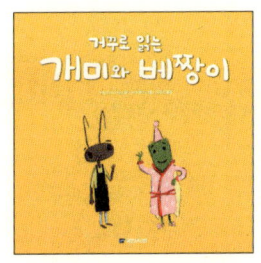

개미는 식량을 잔뜩 사들였지만 생각만큼 팔리지 않아 초조하다. 상품 가치도 떨어지기 시작한다. 개미는 베짱이를 찾아가 물건을 싸게 주겠다느니 들여놓고 돈은 나중에 줘도 된다느니 온갖 상술을 펼친다. 느긋한 베짱이는 개미에게 약 올리듯 말한다. "그럼, 싸게 팔면 되겠네요." 자본주의를 사는 새로운 베짱이의 분석은 예리하고 통쾌하다. 별로 많이 먹지도 않는 베짱이는 나름대로 행복할 뿐이다.

- 원작 「개미와 베짱이」를 함께 읽고 비교하여 이야기해 보자.

352 나 하나로는 부족해

피터 H. 레이놀즈 지음 | 조세현 옮김 | 비룡소 | 32쪽 | 2007.11.23 | 8,000원

할 일이 많은 레오의 소원은 몸이 두 개였으면 하는 것이다. 그런데 그 소원이 이루어진다. 또 하나의 레오가 나타난 것이다. 그러나 일은 점점 더 많아질 뿐 줄어들지 않는다. 꿈꿀 시간도 없이 지친 레오가 깨달은 것은 일을 다 못하더라도 최선을 다하면 된다는 것이다. 밤에는 잠이 들고 꿈도 꾸면서 말이다. 그제야 레오는 미소 짓는다. 이 이야기가 레오와 비슷한 일상을 보내는 아이들에겐 잠깐의 위로가 되었으면 한다.

- 감당하기 힘든 계획에 따라 살고 있다면 삶을 개선할 방법에 대해 이야기해 보자.

353 누가 진짜 나일까?

다비드 칼리 지음 | 클라우디아 팔마루치 그림 | 나선희 옮김 | 책빛 | 64쪽 | 2017.06.30 | 12,000원

공장 부품의 수량을 점검하는 자비에는 일에 치여 친구를 만날 수도 없다. 영화관도 못가고 엄마에게 안부를 물을 수도 없다. 이를 본 사장이 자비에와 똑같이 생긴 복제인간을 데려와 자비에가 일 때문에 할 수 없던 개인적인 일을 대신하게 한다. 일에만 몰두할 수 있게 된 자비에는 행복해졌을까? 집안일을 대신해 주던 자비에의 복제인간은 아예 자비에의 집마저 차지한다. 공원에서 잠을 청하는 자비에가 진짜인지 집안에 있는 자비에가 진짜인지 독자들도 혼란스러워진다.

- 나와 똑같은 복제인간이 생긴다면 어떤 일이 벌어질 지 이야기해 보자.
- 삶의 의미와 노동의 가치는 어떤 관계가 있을까?

완벽하면 행복할까?

모든 일을 실수 없이 완벽하게 처리하기란 참 어려운 것이다. 완벽한 계획도 완전 범죄도 존재할 수 없다. 그런데 사라진 한 통의 수박 때문에 자신의 완벽함에 금이 갔다고 생각하게 된 양통은 스스로를 괴롭히기 시작한다. 여태껏 잘해 왔던 일들을 하지 않고 오직 사라진 수박과 자신의 실수만을 생각한다. 그러다 더 큰 혼란이 오자 그제야 모든 일을 다잡기 시작한다. 하지만 이전과는 다르다. 양통은 수박밭에 난 수박의 줄도 맞추지 않고, 훨씬 자유롭고 시원스러워졌다. 모든 계획이 완벽하지 않으면 안 되는 가족도 있다. 빈칸을 허용하면서부터는 이 가족도 달라진다. 세상에 있을 수 없는, 절대로 실수하지 않는 아이는 막 흐트러진 동생이 부럽기도 했다. 그러다 아이는 어떤 계기로 모든 것으로부터 자유로워진다. 전엔 알 수 없던 행복한 기분도 알게 된다.

 **함께 읽고 이야기 나누기**

-실수하지 않고 살 수 있다면 그렇게 하겠는가? 찬반으로 나누어 이야기해 보자.
-행복의 조건이 있다면 이야기해 보자.

354 앙통의 완벽한 수박밭
코린 로브라 비탈리 지음 | 마리옹 뒤발 그림 | 박선주 옮김 | 정글짐북스 | 32쪽 | 2016.06.30 | 12,000원

앙통은 밭 한가득 줄을 맞춰 늘어선 수박들을 바라보면 행복한 마음이 벅차올랐다. 그런데 수박 한 통이 없어진다. 앙통의 일상은 완전히 무너진다. 수박밭은 고양이들의 놀이터가 되고 만다. 고양이들이 마구 흐트러뜨린 수박밭을 보던 앙통은 그제야 정신이 든다. 잃어버린 수박 한 통은 잊고 제 할 일을 시작한다. 이 작품은 질서 정연하고 완벽하다는 것의 의미를 돌아보고 작은 실수에 지나치게 집착하는 것은 어떤 결과를 불러올지 생각하게 한다.

- 작은 실수에 연연하다가 전체를 망친 경우를 생각하고 이야기해 보자.

355 완벽한 계획에 필요한 빈칸
쿄 매클리어 지음 | 훌리아 사르다 그림 | 신지호 옮김 | 노란상상 | 48쪽 | 2016.12.29 | 12,000원

이 가족의 구성원들은 계획에 맞춰 살기를 좋아한다. 하루 한 시간 1분 단위로 자신이 할 일의 목록을 쓰면서 거기에 맞춰 사는 것에 전력을 다한다. 그러다 알 수 없는 존재가 집으로 찾아오게 되면서 변수가 생긴다. 가족 구성원인 에드워드는 자신의 완벽한 계획 말고도 궁금했던 것들을 질문하기 시작한다. 그리고 마침내 비워진 시간을 즐기며 하늘을 보고 바람을 맞으며 행복한 순간을 즐긴다.

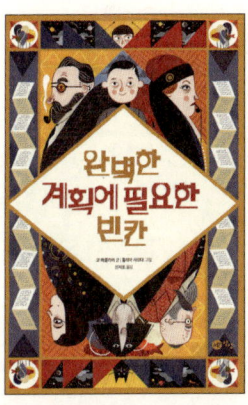

- 계획대로 되지 않을 때 어떤 감정이 생기는지 이야기해 보자.

356 절대로 실수하지 않는 아이
마크 펫, 게리 루빈스타인 지음 | 노경실 옮김 | 두레아이들 | 36쪽 | 2014.04.30 | 12,000원

아이에게 너무 완벽한 것, 실수는 절대 하지 말라는 요구를 하는 것은 잔인할 수 있다. 그런 강요로 아이를 불안과 강박에 사로잡혀 옴짝달싹 못하게 만드는 것일 수도 있다. 이 책은 완벽함에서 의미를 찾던 아이가 단 한 번의 실수로 완벽함에 대한 부담에서 벗어나 일상을 즐길 수 있게 된다는 이야기다. 이제 실수를 즐기며 무슨 일이든 도전할 수 있게 된 아이의 삶은 절대로 실수하지 않던 날들보다는 행복할 것이다.

- 실수는 절대로 하면 안 되는 것인가?
- 무언가를 잘하려고 했지만 실수를 하게 된 이후, 자유로워진 경험이 있다면 이야기해 보자.

스스로 찾아가는 행복의 가치

나만의 행복한 삶은 타인의 시선이나 타인의 조언과는 무관하다. 우리는 이 사실을 알기 위해 얼마나 많은 시간을 허비하게 되는지 모른다. 대부분 사람들은 우선 타인의 시선을 의식하며 산다. 그리고 주변 사람들이 원하고 즐기는 것이 곧 나의 바람이고 행복이 될 수 있을 거라고 생각한다. 사실 이런 삶은 불행의 서막이 시작된 것이나 다름없다. 내 행복을 다른 이의 시선으로 재단하기 시작하면 이미 그 삶은 행복한 삶이 아니게 된다. 달리기를 통해 토끼를 이겨낸 '슈퍼 거북'의 칭호로부터 자유로워지기 위해 놀라운 선택을 하는 꾸물이의 용기는 놀랍다. 다른 물고기들의 조언은 그저 조언으로 흘리고, 끝내 자신의 행복을 찾은 붉은 물고기에게는 칭찬이 절로 나온다. 지금 행복하지 않다면, 꾸물이와 붉은 물고기를 만나 보자.

 **함께 읽고 이야기 나누기**

- 행복하기 위한 조건이 있다면 이야기해 보자.
- 각자 생각하는 행복이란 무엇인지 생각하고 실현 가능성에 대해서도 이야기해 보자.

357 슈퍼 거북

유설화 지음 | 책읽는곰 | 44쪽 | 2014.01.25 | 11,000원

토끼와의 경주에서 승리한 뒤로 거북이의 별명은 '슈퍼 거북'이 되었다. 하지만 거북이는 사람들이 아무리 자신을 칭송해도 자신이 꾸물이라는 사실을 너무나 잘 알고 있다. 이웃들의 기대에 맞춰 살곤 있지만 자신의 본 모습이 들통 날까 봐 진짜 '슈퍼 거북'이 되기로 결심한 꾸물이는 열심히 달리기 연습을 한다. 이제는 정말 쏜살같이 달리는 슈퍼 거북이 된 꾸물이는 마침내 토끼의 도전장을 받는다. 하지만 꾸물이는 경기 도중 중대한 결심을 하게 된다. 남들의 시선을 의식하며 사는 한, 자신의 본 모습을 지켜내기는 어려울 것이다. 꾸물이도 우승한 순간 말고는 내내 불행했다. 다른 이들을 의식하지 않고 느긋하게 예전의 자기 모습을 되찾아 가는 꾸물이에게 응원을 보내고 싶다.

- 늘 다른 사람의 시선을 의식하고 산다면 어떤 문제가 생길까?
- 나답게 사는 행복을 되찾기 위해 꾸물이가 한 결단은 정당한지 이야기해 보자.

358 오직 하나뿐인 너

상 화 지음 | 그렌티 동 그림 | 전수정 옮김 | JEI재능교육 | 30쪽 | 2015.04.27 | 10,000원

온통 흑백인 바다에 오직 한 마리 물고기만이 붉은 색이다. 처음엔 친구들의 칭찬이 좋았지만 곧 외로워진 물고기는 자신과 같은 친구를 찾아 나선다. 바다 속 다른 친구들은 나름대로 조언을 한다. 그래도 붉은색 물고기는 자기가 할 일을 정확히 알고 있다. 붉은 물고기는 마침내 바다 속 어느 곳에서 누군가를 만난다. 자신의 행복을 찾는 것은 자신의 일이다. 어떻게 생각하고 어떤 자세로 사는지도 중요하다. 자기가 원하는 것을 분명히 아는 붉은 물고기는 곧 행복을 찾게 될 것이다.

- 나의 행복을 누군가 만들어 주는 것이라는 생각은 온당한 것인가?
- 스스로 찾아가는 행복의 무게에 대해 이야기해 보자.

행복하기 힘든 조건

누군가에 의해 소비를 강요당한 미어캣들은 행복한 기분에 사로잡힌다. 하지만 곧 다른 물건이 나타나고 그것을·소유하기 위해 또 끝없이 다투게 된다. 정신을 차렸을 때는 이미 자신들의 터전은 폐허가 되고난 뒤다. 잠깐의 만족, 조작된 행복감은 달콤했을지 몰라도, 살기 좋았던 초원과 사냥감이 있던 터전을 되찾는 일은 적어도 당대에는 불가능할 것이다. 태생이 자유로운 아이에게 모든 것을 새로 주입시키는 일이 아이의 행복을 위해서라는 미명 아래 자행되는 이야기가 있다. 숲에서 온 자유로운 아이의 모습이 우리 아이들 모습과 겹쳐진다. 아이들 한 사람 한사람마다 그에 맞는 교육을 일일이 제공할 수는 없을 것이다. 하지만 아이들의 말에 조금만 더 귀 기울일 수는 있지 않을까?

 **함께 읽고 이야기 나누기**

-과시용 소비를 통해 행복을 느낄 수 있는지 생각해 보자.
-강제된 교육은 효과가 있는가?

359 미어캣의 스카프
임경섭 지음 | 고래이야기 | 32쪽 | 2013.11.15 | 12,000원

"이 스카프는 매우 중요하므로 먹잇감을 많이 가져오면 주겠다!"라며 조건을 걸어 서로 경쟁을 하게 하는 미어캣이 나타난다. 스카프만 갖게 된다면 행복해질 거라는 생각에 사로잡힌 미어캣들도 등장한다. 빨간색 스카프가 시작이다. 모두가 빨간 스카프를 하고 다니자, 이번엔 다른 스카프가 나타난다. 미어캣들은 그것을 갖기 위해 또 다시 거래를 하고 스스로를 경쟁으로 몰아넣는다. 빨간 스카프는 내다버린 지 오래다. 이런 식이면 미어캣들은 평생 행복할 수 없을 것이다. 미어캣들은 너도나도 가진 아이템을 버리고 사고 또 버리고 모았지만 그 누구도 쉽게 행복해지지 않았다. 사냥 거리는 바닥나고 서로를 경쟁의 대상으로만 생각하게 되었다.

- '유행을 따르는 것'은 어떤 의미가 있는가?
- 소비를 통해 정체성을 평가하는 경향에 대한 생각을 말해 보자.
- 소비 문화를 바라보는 사회학자와 경제학자의 견해를 두고 모둠을 나누어 이야기해 보자.

360 숲에서 온 아이
에밀리 휴즈 지음 | 유소영 옮김 | 담푸스 | 40쪽 | 2015.05.15 | 10,800원

숲에서 온 아이는 그 어떤 것에도 길들여지지 않았다. 아이는 곰에게 먹는 법을 배우고, 새에게 말하는 법을 배웠다. 재미나게 노는 법은 여우가 가르쳐 주었다. 문제는 숲에서 아이를 데려온 사람들이다. 식탁 예절도 엉망이며 글자도 도통 깨우치지 못한다. 사람들은 차라리 숲에 살게 내버려두는 편이 낫다고 생각한다. 아이 입장은 또 다르다. 손으로 해도 될 일을 도구를 쓰도록 강요한다고 느껴진다. 또한 깨우치기 힘든 알파벳을 자신에게 들이댄다고 생각한다. 혼자도 잘 노는 아이에겐 인간이 위대하다고 생각하는 문명이 오히려 독이 된다. 아이는 웃지 않고 퀭하니 눈만 껌뻑인다. 이 책은 아이들보다 부모들에게 더 필요할 것 같다.

- 통제와 강요와 규제의 공통점과 차이점에 대해 함께 이야기해 보자.
- 나의 규칙을 강요할 때 상대방의 반응을 관찰해 보고 이야기해 보자.

찾기 힘들 만큼 작아도,
찾는다면야 행복

작은 행복의 발견은 일상적일 수 있다. 하지만 일상이라서 더 찾기 힘들 수도 있다. 여러 사람들의 아주 작은 '행복 찾기'를 바라며 그린 책이 있다. 『아주 작은 것』의 작가는 그림으로 독자들에게 말을 건다. 바로 곁에, 발밑에, 손닿는 곳에 있는 아주 작고 작은 그것을 찾아보라고 말을 건넨다. 마음을 꽁꽁 닫은 한 할머니는 한 번 열어준 문으로 인해 마음도 함께 활짝 열린다. 그리고 잊었던 행복을 만난다. 칙칙했던 집안까지 환하게 빛난다. 그리고 할머니는 그 행복을 다시 나눠주기 위해 움직이기 시작한다. 행복을 찾거나 발견한 이들은 그것을 나누려는 듯 움직인다. 행복한 느낌은 숨겨둘 수 없는 것이기 때문이다. 나누고 싶지 않아도 감추려 해도 빛나는 것, 행복한 이들의 마음이다.

 **함께 읽고 이야기 나누기**

-행복에 크기가 있을까?
-사소한 부분에서 행복을 느낀 경험을 공유하고 이야기해 보자.

361 색깔 손님
안트예 담 지음 | 유혜자 옮김 | 한울림어린이 | 40쪽 | 2015.05.30 | 11,000원

혼자 있기를 좋아하는 할머니의 집은 온통 잿빛이다. 할머니는 누군가의 방문이 두렵기만 하다. 갑자기 날아든 파란 종이비행기도 그냥 벽난로에 던져버린다. 하지만 다음 날 찾아온 소년에게 곁을 내어 주기 시작하자 온 집안은 색깔로 물이 든다. 천진한 소년과 함께 보낸 잠깐의 시간은 할머니에게 예기치 않은 행복감을 준다. 끝까지 문을 열어주지 않았다면 느낄 수 없던 행복이다. 마음을 닫고 사는 일상은 스스로에게도 고통스러운 일일 것이다. 아주 조금이라도 생각의 변화가 필요한 때다. 소년이 가고 나자 할머니는 문득 파란 종이를 꺼내 비행기를 접기 시작한다.

- 먼저 손을 내밀어 관계가 좋아진 경험이 있는가? 그때 기분은 어땠는지 이야기해 보자.
- 스스로를 괴롭히지 않기 위해 할 수 있는 일은 어떤 것이 있을까?

362 아주 작은 것
베아트리체 알레마냐 지음 | 길미향 옮김 | 현북스 | 40쪽 | 2016.06.01 | 12,000원

아이가 무언가를 찾고 있다. 아주 작고 작은 무언가다. 남자아이 발아래에 있는 아주 작은 무언가는 아이를 행복하게 해줄 것이 분명하다. 신발을 벗어 들고 양말 신은 발로 땅을 딛고 선 미소 짓는 남자아이 발아래에는 물웅덩이가 있다. 이 아이가 곧 무엇을 하게 될지는 금방 알아차릴 수 있을 것이다. 사람들은 그 아주 작은 것을 잘 모르고 지나치기도 한다. 하지만 그 작은 것은 좋은 것임이 분명하다. 무슨 말인가 싶다가도, 찬찬히 보면 일상의 소소한 행복에 대해 말한다는 것을 알게 된다. 행복은 어쩌면 어디에나 있는데도 발견하지 못하는 것이 아닌가 싶다. 편안하고 능숙하게 그림 그림은 콜라주와 한데 어우러져 이야기거리를 만든다. 차분하게 가라앉은 색깔을 표현하여 작은 행복에 대해 들려주는 책이다.

- 작은 행복을 발견했을 때 우리는 어떻게 반응하는가?
- 나만의 작은 행복에 대해 이야기해 보자.

행운과 불운은
같은 얼굴을 가졌다

살아가면서 겪게 되는 우울한 감정으로부터 벗어나는 방법은 나름대로 다 다를 것이다. 우울감이 자라날 때 계속 피하기만 할 것이 아니라 인정하고 받아들이면 오히려 그런 기분으로부터 벗어나기가 더 쉽다. 다음 책들은 어려운 일, 우울한 경험을 하게 될 때 어떻게 하면 잘 이겨내고 행복해질 수 있는지 들려주는 이야기들이다. 행운과 불운을 다르게 볼 필요도 없다. 그 둘은 늘 함께 다닌다. 우울감과 기쁜 마음도 마찬가지다. 일상에는 그 두 가지 뿐 아니라 많은 감정들이 함께 있다. 중요한 것은 그 어느 것도 부정하지 않고, 있는 그대로 받아들이는 것이다. 행복하기를 바라는 마음은 누구나 다 같다. 소개하는 책에 나오는 '울적이'를 부정하고 부서진 네모는 포기할 것인가? 아니면 불운의 순간도 긍정적으로 받아들일 것인가?

 **함께 읽고 이야기 나누기**

- 불행이 찾아왔다고 느꼈을 때 어떻게 대처했는지 이야기해 보자.
- 행운과 불운이 같은 얼굴이라는 것에 대해 어떻게 생각하는지 이야기해 보자.

363 안녕, 울적아
안나 워커 지음 | 신수진 옮김 | 키다리 | 40쪽 | 2016.09.10 | 12,000원

울적한 마음이 생길 때마다 거부하고 인정하지 않으니 아이의 울적함은 점점 자라났다. '울적이'는 커다란 회색 구름 마냥 점점 몸집이 부풀어 간다. 참다못한 아이가 울적이를 향해 떠나가라고 소리를 지른 날, 울적이가 눈물을 흘리기 시작한다. 그 눈물에 비친 자신의 모습을 본 아이는 마음이 이상하다. 울적이의 손을 잡아 주고 길도 함께 걷는다. 이렇게 인정하고 나니, 울적이가 점점 줄어들었다는 이야기다.

-이유 없이 울적한 감정이 들 때가 있다. 그럴 때는 어떻게 하는지 이야기해 보자.

364 행복한 네모 이야기
마이클 홀 지음 | 글박스 옮김 | 상상박스 | 40쪽 | 2012.02.20 | 10,000원

네모는 자신이 네모인 것이 행복했다. 그런데 갑자기 자신이 찢기고 구겨지는 일들을 계속 겪게 된다. 그럴 때마다 네모는 이런 모양 저런 모양이 되어가며 그 시간을 견디고 즐겼다. 더 이상 아무 일도 일어나지 않자 이번엔 스스로 모양을 바꾸기 시작한다. 네모가 만든 창문 너머로 놀라운 일이 일어난다. 예기치 않은 변화나 기대하지 못했던 어려움이 닥쳤을 때 어떻게 대처하는 것이 좋을지 알려주는 책이다.

-예상치 못한 변화를 겪게 될 때 우리는 어떻게 반응하는지 이야기해 보자.

365 행운을 찾아서
세르히오 라이롤라 지음 | 아나 G. 라르티테기 그림 | 남진희 옮김 | 살림어린이 | 56쪽 | 2017.01.17 | 12,000원

행운 씨의 여행은 느긋하게 시작된다. 불운 씨의 여행은 시작부터 뭔가 심상치 않다. 나쁜 일만 거듭되던 불운 씨는 한 번의 결정으로 인해 모든 것을 바꾸는 상황을 맞이한다. 불만투성이였던 불운 씨의 삶은 행복만 남은 듯 보인다. 늘 긍정적이던 행운 씨는 여행을 다녀온 뒤 여자 친구가 생긴 것 말고는 크게 좋아진 것도 없다. 그래도 행운 씨는 행복하다. 두 사람은 전혀 모르는 사이다. 하지만 여행 내내 아주 가까운 거리에서 스치고 연결되며 함께 여행한다. 행운과 불운은 단짝이다.

-불운도 행운으로 만드는 '긍정의 힘'은 어디서 오는 걸까?

책 이름으로 찾아보기

ㄱ

가장 소중한 너	279
갈라파고스	231
감기 걸린 물고기	183
강냉이	200
같을까? 다를까? 개구리와 도롱뇽	119
같이 시리즈 : 나	329
같이 시리즈 : 너	329
개미와 베짱이 거꾸로 읽는	347
거미 엄마, 마망 루이스 부르주아	100
거짓말	291
경극이 사라진 날	200
고구마구마	235
고래가 보고 싶거든	87
고만녜	209
고약한 결점	279
고함쟁이 엄마	73
곰의 노래	141
곰이와 오푼돌이 아저씨	201
공장 견학 그림책	253
괴짜 발명가 노트	87
그 다음엔	343
그 집 이야기	271
그날, 어둠이 찾아왔어	289
근사한 우리가족	61
금붕어 2마리와 아빠를 바꾼 날	70
기름 뚝뚝 햄버거, 너 없인 못 살아!	260
긴 여행	201
길과 집 근대부터 현대까지, 역사 속 생활의 변화	265
깃털 없는 기러기 보르카	154
깊은 산골 작은 집	106
까치가 물고 간 할머니의 기억	80
깜박깜박 도깨비	258
꼬마 난민, 아자다	202
꼬마 예술가 라피	159
꽃살문	106
꽃향기에 나비 날고	106
꿀벌	265
꿈꾸는 꼬마 건축가	101
꿈틀꿈틀 지렁이다!	231
끝나지 않은 겨울	202

ㄴ

나 태어날 거예요!	247
나 하나로는 부족해	347
나, 꽃으로 태어났어	88
나, 여기 있어	176
나는 고양이라고!	141
나는 이야기입니다	301

나는 죽음이에요	322
나르와 눈사람	171
나무가 된 꼬마 씨앗	286
나무는 좋다	232
나무의 아기들	235
나의 간디 이야기	207
나의 릴리외르 아저씨	255
나의 엉뚱한 머리카락 연구	133
나의 작은 집	339
나의 작은 칼더	101
나팔꽃	113
난 곰인 채로 있고 싶은데…	141
난 네 엄마가 아니야!	179
난 커서 바다표범이 될 거야	61
내 동생과 할 수 있는 백만 가지 일	154
내 동생은 늑대	76
내 이웃은 강아지	159
내 친구 무무	160
내가 나눠줄게 함께하자	160
내가 책이라면	311
내가 함께 있을게	322
내게는 소리를 듣지 못하는 여동생이 있습니다	155
내 동생 눈송이 아저씨	95
너 왜 울어?	73
너울너울 신바닥이	209
넌 누구야?	161
네모	88
노각 씨네 옥상 꿀벌	225
노래하는 병	89
높이-뛰어라-생쥐 미국 인디언 옛이야기	96
누가 진짜 나일까?	347
누나에겐 혼자만의 세상이 있어	155
눈물바다	275
눈부신 빨강 현대 미술가 호레이스 피핀의 삶과 예술	102
눈을 감아 보렴!	156
늘 꿈꾸는 코끼리	89
니 꿈은 뭐이가? 비행사 권기옥 이야기	93

ㄷ

다르다넬 왕 이야기	319
다르면 다 가둬!	195
다른 쪽에서	176
다시 그곳에	62
단 1초 동안에	125
달라도 괜찮아!	156
달에 가고 싶어요	96
당나귀 도서관	306
대신 사과하는 로봇 처음 사과하는 아이	161
더 나은 세상 어린이가 누려야 할 권리	213
더운 나라에 간 펭귄, 추운 나라에 간 원숭이	143
돌그물	186
동생만 예뻐해!	76
두꺼비가 돌아왔어요	119
두더지의 고민	162
둥지 아파트 이사 대작전	149
둥지는 소란스러워	117
딴생각 중	90
또 마트에 간 게 실수야!	319
또또와 사과나무	280
똥 밟을 확률	251
뛰지 마!	149

ㄹ

로댕의 미술 수업	102
로리스의 특별한 하루	157
로켓 펭귄과 끝내주는 친구들	120
린드버그 하늘을 나는 생쥐	97

ㅁ

| 마당 위 쑥쑥 땅 아래 꿈틀 | 225 |

마레에게 일어난 일	81	백만 억만 산타클로스	108
마르타와 사라진 물	223	버스 여행의 끝은 어디일까요	203
마사, 마지막 여행비둘기	169	벌집이 너무 좁아!	145
마지막 큰뿔산양	169	병원에 간 니나	275
마티스의 정원	103	브루노를 위한 책	306
만리장성	122	비무장지대에 봄이 오면	203
말, 말, 말	181	빨간 모자의 여동생	219
말라깽이 챔피언	280	빨간 자전거	253
말썽꾸러기 벌주기	74	뿔쇠똥구리와 마주친 날	232
말하는 옷	265		
멧돼지를 통째로 삼키는 법	120		
명왕성이 뿔났다!	127		

ㅅ

모기가 할 말 있대!	249	사과 맛있는 어린이 인문학 5	260
모냐와 멀로 가족이 된 고양이	62	사과나무 위의 죽음	323
모든 가족은 특별해요	63	사람들이 세상을 바꾸기 시작했어요	245
모든 것을 끌어당기는 힘	130	사람이 뭐예요?	247
몬드리안을 본 적이 있니?	331	사랑하니까 사람	327
무릎딱지	323	사자 사냥꾼 클로이의 끝없는 이야기	301
무슨 꿈이든 괜찮아	90	사자와 세 마리 물소	183
무한대를 찾아서	335	사회 계급이 뭐예요?	217
물이 돌고 돌아	238	산딸기 크림봉봉	261
미어캣의 스카프	353	새들은 왜 깃털이 있을까?	117
민들레	113	색깔손님	355
		샌드위치 바꿔 먹기	163
		생태 통로	173

ㅂ

바람은 보이지 않아	331	선생님은 몬스터!	181
바람의 맛	261	선생님은 싫어하고 나는 좋아하는 것	143
바이러스 빌리	132	성질 좀 부리지 마, 닐슨!	283
반이나 차 있을까 반밖에 없을까?	317	세밀화로 보는 나비 애벌레	115
발명 토끼의 친구 만드는 기계	162	세상에서 가장 큰 나무	228
밤나들이 고양이	134	세상에서 가장 큰 케이크	97
밤이 무서워?	289	세상에서 제일 무거운 황금 접시	291
밤하늘의 별을 다 세는 방법	335	세상에서 제일 힘센 수탉	70
배고픔 없는 세상	217	세상을 이어주는 다리를 건너요	256
배추흰나비 알 100개는 어디로 갔을까?	114	세상의 모든 가족	63
		세상의 모든 속도	125

세쿼이아 체로키 인디언의 글자를 만든 소년, 떠나다	93 204	아킴 달리다	204
소리 산책	137	아프리카 초콜릿	223
소리를 그리는 마술사 칸딘스키	103	악어 씨의 직업	185
소피 스코트 남극에 가다	132	악어오리 구지구지	179
솔부엉이 아저씨가 들려주는 뒷산의 새 이야기	118	안 버려, 못 버려, 모두 소중해!	293
수원 화성 정조의 꿈을 품은 성곽	267	안녕, 썬데!	333
수호의 하얀 말	258	안녕, 울적아	357
숲	173	알록달록 오케스트라	145
숲 이야기	174	알사탕	177
숲에서 온 아이	353	암스트롱 달로 날아간 생쥐	98
쉿! 오빠괴물이 왔어	77	앙통의 완벽한 수박밭	349
슈퍼 거북	351	앞니가 빠졌어!	276
스톤헨지의 비밀	123	약속	236
슬픔을 치료해 주는 비밀 책	276	양들의 왕 루이 1세	196
시금치가 울고 있어요	211	어느 날 씨앗이…	324
시작 다음 Before After	343	어느 날, 고양이가 왔다	181
싱크홀이 우리 집을 삼켰어요!	244	어른들은 하루 종일 어떤 일을 할까?	185
싸움에 관한 위대한 책	341	어슬렁어슬렁 동네 관찰기	133
싸워도 우리는 친구!	163	어쩌다 여왕님	196
씨앗의 여행 식물의 한살이에 대한 이야기	236	얼음	134
		엄마 껍딱지	286
ㅇ		엄마 등에 업혀서	171
		엄마 말 안 들으면… 흰긴수염고래 데려온다!	293
아기돼지 세 자매	215	엄마 뽀뽀는 딱 한 번만!	287
아마존 숲의 편지	241	엄마, 잠깐만!	67
아무 데나 동물원	333	엄마가 너에 대해 책을 쓴다면	296
아무도 듣지 않는 바이올린	189	엄마가 말이 됐어요	66
아무도 지나가지 마!	195	엄마의 초상화	66
아빠 곰은 모르는 이야기	302	에드몽은 왜 채소만 먹게 되었을까?	150
아스트로캣의 우주 안내서	127	에이다	93
아이스크림 여행	262	엘리베이터	150
아이쿠, 낌찍이아 맛있는 채소 이야기	226	여기가 우리 집이라면	146
아주 작은 것	355	여기는 한양도성이야	267
아주 아주 센 모기약이 발명된다면?	249	여러 가지 새 둥지	118
아직 멀었어요?	302	여우 나무	324

연어	115		이야기는 어떻게 만들까?	303
영원히 사는 법	312		이웃사촌	151
오, 멋진데!	320		이웃에 온 아이	177
오늘도 마트에 갑니다	186		인디언의 진짜 친구	164
오늘은 5월 18일	193			
오른발, 왼발	81			

ㅈ

오소리의 이별 선물	325
오직 하나뿐인 너	351
온세상 물의 왈츠	238
완벽한 계획에 필요한 빈칸	349
왜 숙제를 못했냐면요	341
왜?	167
우당탕탕, 할머니 귀가 커졌어요	151
우리 가족	71
우리 몸의 물물물	239
우리 엄마는 청소노동자예요!	197
우리 엄마야	67
우리 학교 장독대	262
우리 할아버지(마르타 알테스)	80
우리 할아버지(존 버닝햄)	82
우리가 원주민 마을에 간 이유는?	244
우리나라가 100명의 마을이라면?	217
우리는 엄마와 딸	68
우리집	339
우주는 어떻게 시작되었나	128
울타리를 넘는 방법이 하나일까요?	317
위니를 찾아서	303
위대한 가족	64
위를 봐요!	157
위험한 책	313
은이의 손바닥	177
이 작은 책을 펼쳐 봐	307
이건 꿈일 뿐이야	241
이게 정말 나일까?	281
이봐요, 까망 씨!	109

자꾸 마음이 끌린다면	327
자연은 우리 친구야!	233
작은 파도	304
잠자리 나들이도감	115
저를 돌봐 주면 되죠!	296
적정기술 세상을 행복하게 하는 작은 노력	255
절대로 실수하지 않는 아이	349
점과 선이 만나면	146
제멋대로인 사람들	337
제무시	193
제인 에어와 여우, 그리고 나	164
죽으면 어떻게 돼요?	325
지구가 빙글빙글	128
지구는 왜 똥으로 가득 차지 않을까?	251
지구촌 문화 여행	123
지혜로운 멧돼지가 되기 위한 지침서	242
진실을 보는 눈	188
진짜 진짜 재밌는 멸종위기동물 그림책	228
짝꿍	165

ㅊ

착한 용과 못된 용	281
창덕궁 자연을 담을 궁궐	122
책 속으로 들어간 공주	307
책 속의 책 속의 책	308
책 읽는 유령 크니기	308
책그림책	311
책으로 전쟁을 멈춘 남작	109
책을 사랑한 아기 용 던컨	309

처음 그림을 그린 아이	104
청딱따구리의 선물	233
최고로 멋진 놀이였어!	64
춘희는 아기란다	205
친구를 모두 잃어버리는 방법	165
친구와 헤어져도	277
친해질 수 있을까?	165

ㅋ

커다란 악어 알	297
커럼포의 왕 로보	337
코끼리랑 집을 바꿨어요	147
콧수염 형제	207
콩, 풋콩, 콩나물	226
콩콩콩! 접시까지 온 콩 이야기	263
쿠베가 박물관을 만들었어요!	91
쿵! 중력은 즐거워!	130
크라신스키 광장의 고양이들	198
큰 눈 내린 숲 속에는	174
큰 소리로 하나 둘 하나 둘	294

ㅌ

태양이 보낸 화석 에너지	223
티베트의 아이들	205

ㅍ

파란 나무	197
파란 도시	147
파란집	198
팔랑팔랑 버들잎 여행	233
팬티 매일매일 입는 속옷 이야기	135
펭귄 365	229
평화는…	167
폭설	152
플라스틱 섬	242

피터의 의자	77

ㅎ

하늘을 나는 어린 왕자	98
한 땀 한 땀 손끝으로 전하는 이야기	268
할머니 주름살이 좋아요	83
할머니가 물려주신 요리책	268
할아버지와 보낸 하루	211
할아버지의 시계	82
할아버지의 코트	253
해바라기	114
행복을 나르는 버스	188
행복한 네모 이야기	357
행운을 찾아서	357
화가 나서 그랬어!	283
화난 책	284
후두둑!	239
후안이 빚은 도자기	269
훌륭한 이웃	152
흑룡만리	269
흔한 자매	78
희망의 목장	211

123

1999년 06월 29일	108
100명의 피카소	100
1분이면…	343
20세기 최고의 탐험가 어니스트 섀클턴	95
5대 가족	271

ABC

Promenade 산책	137

1년 365일, 하루 한 권!

주제별 좋은 책 365권!
교사와 사서가 가려 뽑고 서평을 쓴
알차고 유익한 테마 서평집

테마 서평집 365 시리즈
학교도서관저널 도서추천위원회 엮음 | 각 390쪽 안팎 | 각 30,000원

과학 365
흥미롭게 펼치는 탐구
쉽고 즐겁게 읽는 과학

성과 사랑 365
다양한 관점을 통한
성과 사랑의 폭넓은 이해

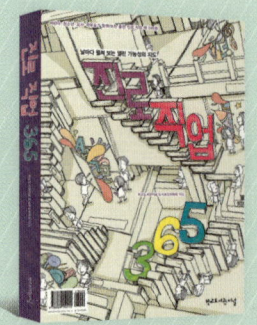

진로 직업 365
학생·교사·부모가 함께 보는
진로 직업 추천도서

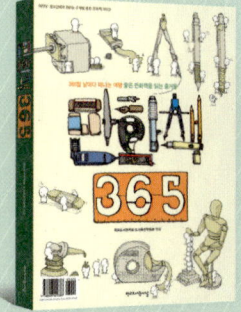

만화책 365
만화에 대한 편견을 깨는
만화책 추천

책+영화 365
읽는 재미를 보는 즐거움으로
함께 볼만한 책과 영화 추천

그림책 365
주제별로 날마다 한 권씩
2000년대 좋은 그림책

그림책 365 vol.2
주제별로 날마다 한 권씩
2010년대 좋은 그림책

토론 그림책 365
어린이도 청소년도
그림책 읽고 토론하기!

배우는 교사, 자라는 부모, 즐거운 아이 **학교도서관저널** 전화 02-322-9677 웹사이트 www.slj.co.kr